FLORIAN ILLIES

1913

DER SOMMER DES JAHRHUNDERTS

WAS ICH UNBEDINGT NOCH ERZÄHLEN WOLLTE

FISCHER Taschenbuch

Aus Verantwortung für die Umwelt hat sich der S. Fischer Verlag zu einer nachhaltigen Buchproduktion verpflichtet. Der bewusste Umgang mit unseren Ressourcen, der Schutz unseres Klimas und der Natur gehören zu unseren obersten Unternehmenszielen.

Gemeinsam mit unseren Partnern und Lieferanten setzen wir uns für eine klimaneutrale Buchproduktion ein, die den Erwerb von Klimazertifikaten zur Kompensation des CO_2-Ausstoßes einschließt.

Weitere Informationen finden Sie unter: www.klimaneutralerverlag.de

FSC www.fsc.org MIX Papier | Fördert gute Waldnutzung FSC® C083411

Erschienen bei FISCHER Taschenbuch
Frankfurt am Main, Oktober 2023

Satz: Fotosatz Amann, Memmingen
Druck und Bindung: CPI books GmbH, Leck
Printed in Germany
ISBN 978-3-596-70975-5

INHALT

DER SOMMER DES JAHRHUNDERTS

JANUAR

Das ist der Monat, in dem sich Hitler und Stalin beim Spazierengehen im Schlosspark von Schönbrunn begegnen, Thomas Mann fast geoutet und Franz Kafka vor Liebe fast verrückt wird. Zu Sigmund Freud auf die Couch schleicht eine Katze. Es ist sehr kalt, der Schnee knirscht unter den Füßen. Else Lasker-Schüler ist total verarmt und verliebt in Gottfried Benn, bekommt eine Pferdepostkarte von Franz Marc, nennt Gabriele Münter aber eine Null. Ernst Ludwig Kirchner zeichnet die Kokotten am Potsdamer Platz. Der erste Looping wird geflogen. Aber es hilft alles nichts. Oswald Spengler arbeitet schon am »Untergang des Abendlandes«.

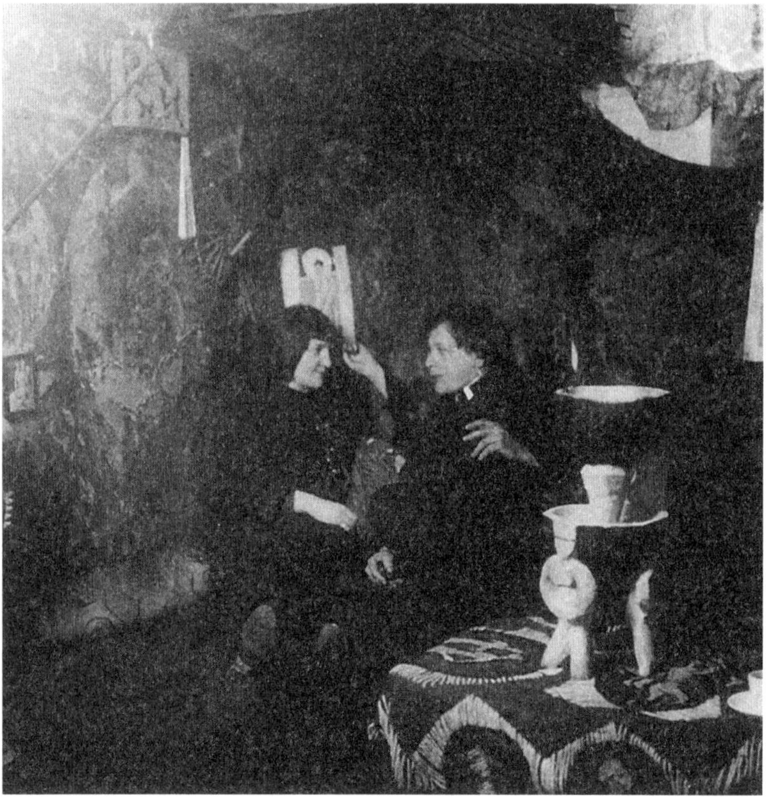

Es ist die erste Sekunde des Jahres 1913. Ein Schuss hallt durch die dunkle Nacht. Man hört ein kurzes Klicken, die Finger am Abzug spannen sich an, dann ein zweiter, dumpfer Schuss. Die alarmierte Polizei eilt herbei und nimmt den Schützen sofort fest. Er heißt Louis Armstrong.

Mit einem gestohlenen Revolver hatte der Zwölfjährige in New Orleans das neue Jahr begrüßen wollen. Die Polizei steckt ihn in eine Zelle und schickt ihn schon am frühen Morgen des 1. Januar in eine Besserungsanstalt, das Colored Waifs' Home for Boys. Er führt sich dort so wild auf, dass der Leiter der Anstalt, Peter Davis, sich nicht anders zu helfen weiß, als ihm spontan eine Trompete in die Hand zu drücken (eigentlich hat er ihn ohrfeigen wollen). Louis Armstrong aber wird urplötzlich stumm, nimmt das Instrument fast zärtlich entgegen, und seine Finger, die noch in der Nacht zuvor nervös mit dem Abzug des Revolvers gespielt hatten, spüren erneut das kalte Metall, doch statt eines Schusses entlockt er der Trompete noch im Zimmer des Direktors erste warme, wilde Töne.

◈

»Gerade der Mitternachtsschuss. Schreien auf der Gasse und der Brücke. Glockenläuten und Uhrenschlagen.« Aus Prag berichtet: Dr. Franz Kafka, Angestellter der Arbeiter-Unfall-Versicherung für das Königreich Böhmen. Sein Publikum sitzt im fernen Berlin, in der Etagenwohnung in der Immanuelkirchstraße 29, es ist nur eine Person, doch es ist für ihn die ganze Welt: Felice Bauer, fünfundzwanzig, etwas blond, etwas knochig, etwas schlaksig, Stenotypistin in der Carl Lindström A. G. Im August, es goss in Strömen, da hatten sie sich kurz kennengelernt, sie hatte nasse Füße bekommen, er sehr schnell kalte. Aber seitdem schreiben sie sich nachts, wenn ihre Familien schlafen, hochtemperierte, zauberhafte, seltsame, verstörende Briefe. Und nachmittags meist noch einen hinterher. Als Felice einmal ein paar Tage nichts von sich hören ließ, da fing er, als er aus unruhigen Träumen erwachte, verzweifelt »Die Verwandlung« an zu schreiben. Er hatte ihr von dieser Geschichte erzählt, kurz vor Weihnachten war sie fertig geworden (sie lag jetzt in seinem Sekretär, gewärmt von den beiden Fotos, die ihm Felice von sich geschickt hatte). Doch wie schnell sich ihr ferner, geliebter Franz selbst in ein schreckliches Rätsel verwandeln konnte, das erfuhr sie erst mit diesem Silvesterbrief. Ob sie ihn wohl, so fragt er aus dem Nichts, mit dem Schirm kräftig schlagen würde, wenn er einfach im Bett liegen bliebe, wenn sie sich für ein Treffen in Frankfurt am Main verabredet hätten, um nach einer Ausstellung ins Theater zu gehen, so also fragt Kafka einleitend in einem dreifachen Konjunktiv. Und dann beschwört er scheinbar harmlos ihre gemeinsame Liebe, träumt davon, dass Felices und seine Hand unlösbar zusammengebunden sind. Um dann fortzufahren: Es sei »immerhin möglich, dass einmal auf solche Weise zusammengebunden ein Paar zum Schafott geführt wurde«. Was für ein reizender Gedanke für einen Brautbrief. Man hat sich noch nicht einmal geküsst, da phantasiert der Mann schon vom gemeinsamen Gang zum Schafott. Kafka selbst scheint kurzzeitig erschrocken über das, was da aus ihm herausbricht: »Aber was läuft mir denn da alles durch den Kopf?«, schreibt er. Die Erklärung ist einfach: »Das macht die 13 in der neuen

Jahreszahl.« So also beginnt 1913 in der Weltliteratur: mit einer Gewaltphantasie.

◈

Vermisstenanzeige. Es fehlt: Leonardos »Mona Lisa«. 1911 wurde sie aus dem Louvre gestohlen, es gibt noch immer keine heiße Spur. Pablo Picasso wird von der Pariser Polizei verhört, doch er hat ein Alibi und darf wieder nach Hause gehen. Im Louvre legen die trauernden Franzosen Blumensträuße an der kahlen Wand ab.

◈

In den ersten Januartagen, ganz genau wissen wir es nicht, kommt aus Krakau mit dem Zug ein leicht verwahrloster, vierunddreißigjähriger Russe am Wiener Nordbahnhof an. Draußen Schneegestöber. Er hinkt. Seine Haare sind in diesem Jahr noch nicht gewaschen worden, sein buschiger Schnurrbart, der sich wie wucherndes Gestrüpp unter seiner Nase ausbreitet, kann die Pockennarben im Gesicht nicht verbergen. Er trägt russische Bauernschuhe und einen vollgestopften Koffer, kaum angekommen, steigt er sofort in eine Trambahn, die ihn rausbringen soll nach Hietzing. In seinem Pass steht »Stavros Papadopoulos«, das soll nach einer griechisch-georgischen Mischung klingen, und so verwahrlost, wie er aussah, und so kalt, wie es gerade war, nahm ihm das jeder Grenzer ab. In Krakau, im anderen Exil, hatte er am Abend zuvor Lenin ein letztes Mal beim Schach besiegt, zum siebten Mal hintereinander. Das konnte er deutlich besser als Fahrradfahren. Lenin hatte verzweifelt versucht, ihm auch das beizubringen. Revolutionäre müssen schnell sein, hatte er ihm eingebläut. Doch der Mann, der eigentlich Josef Wissarionowitsch Dschugaschwili hieß und sich jetzt Stavros Papadopoulos nannte, lernte das Radfahren nicht. Kurz vor Weihnachten stürzte er übel auf den vereisten Kopfsteinpflaster-Straßen Krakaus. Sein Bein war noch voller Wunden, sein Knie verstaucht, erst seit ein paar Tagen konnte er überhaupt wieder auftreten. Mein »prächtiger Georgier« hatte Lenin ihn lächelnd genannt, als er ihm entgegengehinkt kam, um den gefälschten Pass für die Reise nach Wien entgegenzunehmen. Und nun gute Fahrt, Genosse.

Unbehelligt überquerte er die Grenzen, fieberhaft saß er im Zug über seinen Manuskripten und Büchern, die er beim Umsteigen hektisch in seinen Koffer stopfte.

Nun, in Wien angekommen, legte er den georgischen Tarnnamen ab. Vom Januar 1913 an sagte er: Mein Name ist Stalin, Josef Stalin. Als er aus der Tram gestiegen war, sah er rechts das Schloss Schönbrunn, hell erleuchtet im matten Wintergrau, dahinter den Park. Er geht in die Schönbrunner Schlossstraße 30, so stand es auf dem kleinen Zettel, den ihm Lenin gegeben hatte. Und: »Bei Trojanowski klingeln«. Also schlägt er sich den Schnee von den Schuhen, schnäuzt in sein Taschentuch und drückt etwas unsicher den Klingelknopf. Als das Hausmädchen erscheint, sagt er das verabredete Codewort.

◈

Eine Katze schleicht sich in der Wiener Berggasse 19 in das Arbeitszimmer von Sigmund Freud, in dem sich gerade die Mittwochsgesellschaft zum Kolleg versammelt hat. Das ist die zweite Überraschungsbesucherin innerhalb kurzer Zeit: Im Spätherbst war schon Lou Andreas-Salomé zu der Herrenrunde gestoßen, erst argwöhnisch beäugt, nun schmachtend verehrt. Lou Andreas-Salomé trug an ihrem Strumpfband eine lange Reihe von Skalps erlegter Geistesgrößen: Mit Nietzsche war sie in einem Beichtstuhl im Petersdom, mit Rilke im Bett und in Russland bei Tolstoi, Frank Wedekind nannte angeblich seine »Lulu« nach ihr und Richard Strauss seine »Salomé«. Nun erlag ihr Freud zumindest intellektuell – sie durfte in diesem Winter sogar in seiner Arbeitsetage wohnen, diskutierte mit ihm sein neues Buch über »Totem und Tabu«, an dem er gerade saß, und hörte ihm zu, wenn er sein Leid klagte über C. G. Jung und die abtrünnigen Psychologen aus Zürich. Vor allem aber ließ sich die inzwischen 52-jährige Lou Andreas-Salomé, Autorin mehrerer Bücher über den Geist und die Erotik, vom Meister selbst in der Psychoanalyse ausbilden – im März dann würde sie in Göttingen ihre eigene Praxis eröffnen. So sitzt sie also im feierlichen Mittwochskolleg, neben ihr die gelehrten Kollegen, rechts die schon damals legendäre Couch und überall die kleinen Skulpturen, die der antikenversessene Freud sammelte, um sich über die Gegenwart hinwegzutrösten. Und in diese andächtige Runde huschte nun, als Lou durch die Tür trat, auch eine Katze hinein. Erst war Freud irritiert, doch als er sah, mit welcher Neugier die Katze die griechischen Vasen und römischen Kleinskulpturen musterte, da ließ er ihr gerührt etwas Milch bringen. Aber Lou Andreas-Salomé berichtet: »Dabei nahm sie jedoch von ihm trotz seiner steigenden Liebe und Bewunderung durchaus keine Notiz, richtete ihre grünen Augen mit den schiefen Pupillen kaltsinnig auf ihn wie auf einen beliebigen Gegenstand, und wenn er auch nur für einen Augenblick mehr wollte als ihr egoistisch-narzisstisches Schnurren, dann musste er den Fuß vom bequemen Liegestuhl heruntertun und mit den erfinderisch bezauberndsten Bewegungen der Stiefelspitze um ihre Aufmerksamkeit werben.« Woche für Woche erhielt die Katze fortan Zutritt zum Kolleg, als sie kränkelte, durfte sie mit Wickelkompressen auch auf Freuds Couch liegen. Sie erwies sich als therapierbar.

◈

Apropos kränkelnd. Wo steckt eigentlich Rilke?

◈

Die Angst, dass sich 1913 als Unglücksjahr erweisen könnte, sitzt den Zeitgenossen im Nacken. Gabriele D'Annunzio schenkt einem Freund sein »Martyrium des Heiligen Sebastian« und datiert es in der Widmung lieber vorsorglich als »1912 + 1«. Und Arnold Schönberg hält den Atem an angesichts der Unglückszahl. Nicht ohne Grund erfand er die »Zwölf-Ton-Musik« – eine Grundlage der modernen Musik, geboren auch aus dem Schrecken ihres Schöpfers vor dem, was danach kommen würde. Die Geburt des Rationalen aus dem Geist des Aberglaubens. In Schönbergs Stücken kommt die Zahl »13« nicht vor, nicht als Takt, kaum einmal als Seitenzahl. Als er mit Entsetzen merkte, dass seine Oper über Moses und Aaron 13 Buchstaben haben würde, strich er Aaron das zweite a, und so heißt sie seitdem »Moses und Aron«. Und nun also ein ganzes Jahr im Zeichen der Unglückszahl. Schönberg wurde an einem 13. September geboren – und es trieb ihn die panische Angst um, an einem Freitag, dem 13. zu sterben. Aber es half alles nichts. Arnold Schönberg starb an einem Samstag, dem 13. (allerdings erst 1913 + 38, also 1951). Doch auch 1913 wird für ihn noch eine schöne Überraschung bereithalten. Er wird öffentlich geohrfeigt. Aber der Reihe nach.

◈

Nun erst einmal: Auftritt Thomas Mann. Am frühen Morgen des 3. Januar setzt sich Mann in München in den Zug. Er liest erst ein paar Zeitungen und Briefe, blickt hinaus auf die schneebedeckten Hügel des Thüringer Waldes, nickt dann im überheizten Abteil immer wieder ein über den sorgenden Gedanken um seine Katia, die schon wieder zu einer Kur in die Berge aufgebrochen ist. Im Sommer hatte er sie in Davos besucht und im Wartezimmer des Arztes hatte er plötzlich eine Idee für eine große Erzählung gehabt, doch jetzt kommt sie ihm sinnlos vor, zu weltabgewandt, diese Sanatoriumsgeschichte. Na ja, jetzt würde ja erst einmal in ein paar Wochen sein »Tod in Venedig« erscheinen.

Thomas Mann sitzt im Zug und sorgt sich um seine Garderobe, ärgerlich, dass die langen Zugfahrten immer diese Druckfalten an den Kleidern hinterlassen, er würde den Mantel nachher im Hotel noch einmal aufbügeln lassen müssen. Er steht auf, schiebt die Abteiltür zur Seite und beschließt, ein wenig auf und ab zu gehen. So steif, dass die anderen Gäste immer denken, der Schaffner kommt. Draußen fliegen die Dornburger Schlösser vorbei, Bad Kösen, die Weinhänge der Saale, tiefverschneit, die Rebenreihen ziehen sich wie Zebrastreifen die Hänge empor. Hübsch eigentlich, aber Thomas Mann spürt, wie die Angst in ihm hochsteigt, je näher er Berlin kommt.

Er lässt sich, als er den Zug verlassen hat, sogleich ins Hotel Unter den Linden fahren und schaut an der Rezeption umher, ob er denn auch erkannt werde von den anderen Gästen, die hinter ihm zu den Aufzügen drängen. Dann bezieht er sein Zimmer, dasselbe wie stets, um sich aufwendig neu einzukleiden und seinen Schnurrbart noch ein wenig zu kämmen.

Im Grunewald, tief im Westen der Stadt, bindet sich zur selben Stunde Alfred Kerr im Ankleidezimmer seiner Villa in der Höhmannstraße 6 seine Fliege und zwirbelt die Enden seines Schnurrbartes kampfeslustig empor.

Um zwanzig Uhr soll ihr Duell beginnen. Um Viertel nach sieben steigen beide in ihre Droschken. Sie fahren zu den Kammerspielen des Deutschen Theaters, gleichzeitig treffen sie ein. Und ignorieren sich. Es ist kalt, schnell eilen beide hinein. Einst in Bansin am Ostseestrand, aber das muss unter uns bleiben, da hatte er, Alfred Kerr, Deutschlands größter Kritiker und eitelster Fatzke, um Katia Pringsheim geworben, die reiche Jüdin mit den Katzenaugen. Doch sie hatte ihn, den gedankenwilden, stolzen Breslauer, abgewiesen und sich Thomas Mann an die Brust geworfen, diesem stocksteifen Hanseaten. Unbegreiflich eigentlich. Aber vielleicht konnte er es ihm ja heute Abend heimzahlen.

Thomas Mann setzt sich in die erste Reihe und versucht gravitätische Ruhe auszustrahlen. Heute Abend hat seine »Fiorenza« Premiere in Berlin, das Buch, das er schrieb, als er Katia liebenlernte. Aber er ahnt, dass es heute ein Debakel geben könnte, das Stück war seit langem sein Sorgenkind. Man hätte es nicht zu einem Drama machen sollen, um ein Drama zu verhindern, denkt er. »Ich habe einiges zu retten versucht, glaube aber nicht, dass man auf mich hört«, hatte er an Maximilian Harden geschrieben, bevor er in München aus der Mauerkircherstraße 13 aufbrach.

Er hasste es, sehenden Auges in ein Unglück zu gehen. Das war eines Thomas Mann nicht würdig. Aber was er im Dezember bei den Proben gesehen hatte, verhieß nichts Gutes. Gequält verfolgt er das Stück, das die Florentiner Hochrenaissance zum Leben erwecken soll, aber es kommt nicht in Fahrt, mehr Uff als Uffizien.

Irgendwann erlaubt sich Mann einen verstohlenen Blick über die linke Schulter. Dort, in der dritten Reihe, entdeckt er Alfred Kerr, dessen Bleistift über den Notizblock rast. Tief ist das Dunkel im Zuschauerraum, und doch meint er auf den Zügen Kerrs ein Lächeln zu erkennen. Es ist das Lächeln des Sadisten, der sich freut, dass ihm diese Inszenierung schönsten Stoff zum Quälen bietet. Und als er den unruhigen Blick Thomas Manns erhascht, durchläuft ihn noch ein wohligerer

Schauer. Er genießt es, dass Thomas Mann und seine verunglückte »Fiorenza« nun in seiner Hand liegen. Denn er weiß: Er wird sehr fest zudrücken, und wenn er loslässt, wird sie leblos zu Boden taumeln.

Da fällt der Vorhang, und freundlicher Applaus kommt auf, so freundlich sogar, dass es dem Regisseur in seiner einzig wirklich geglückten Inszenierung gelingt, Thomas Mann zweimal auf die Bühne zu bitten. Er wird dies in unzähligen Briefen in den nächsten Wochen nie vergessen zu bemerken. Zweimal! Würdevoll versucht er sich also zu verbeugen, zweimal!, es wirkt eher ungelenk. In der dritten Reihe sitzt Alfred Kerr und klatscht nicht. Noch in der Nacht, als er in seiner Villa im Grunewald ankommt, lässt er sich einen Tee bringen und fängt an zu schreiben. Feierlich setzt er sich an seine Schreibmaschine und setzt als Erstes eine römische Eins aufs Papier. Kerr nummeriert seine Absätze einzeln, als seien es Bände einer Werkausgabe. Zunächst wetzt er den Säbel: »Der Verfasser ist ein feines, etwas dünnes Seelchen, dessen Wurzel ihre stille Wohnung im Sitzfleisch hat.« Und dann legt er los: Die Dame Fiorenza, die wohl als Symbol Florenz' zu gelten habe, sei völlig blutleer, das ganze Stück in den Bibliotheken zusammengeschrieben, steif, trocken, kraftlos, kitschig, überflüssig. Das sind so seine Worte.

Als Kerr auch seinen zehnten Absatz nummeriert und abgeschlossen hat, zieht er zufrieden das letzte Papier aus der Maschine. Eine Vernichtung.

Am nächsten Morgen, als Thomas Mann in den Zug zurück nach München steigt, lässt Kerr den Text in die Redaktion der Zeitung »Der Tag« bringen. Am 5. Januar erscheint er. Als Thomas Mann ihn liest, bricht er zusammen. »Unmännlich« sei er, so schreibt Kerr – das wird Mann am meisten treffen. Ob Kerr damit auf Thomas Manns verheimlichte Homosexualität anspielte oder ob es Mann nur als eine Anspielung verstand, ist einerlei. Kerr sah so genau wie sonst nur Kraus, wo er mit Worten tiefe Wunden hinterlassen konnte. Thomas Mann in jedem Fall fühlt sich tief getroffen, »bis ins Blut«, wie er schreibt. Das gesamte Frühjahr 1913 wird er sich von dieser Kritik nicht erholen, in keinem Brief fehlt der Hinweis, kein Tag ohne Wut auf diesen Kerl, auf diesen Kerr. An Hugo von Hofmannsthal schreibt Mann: »Ich hatte ungefähr gewusst, was kommen würde, aber es übertraf alle Erwartungen. Ein giftiges Gejökel, dem der Ahnungsloseste die persönliche Mordlust anmerken muss!«

Das hat er nur geschrieben, weil er mich nicht bekommen hat, du lieber Thommy, sagt Katia zum Trost und streicht ihm mütterlich über den Scheitel, als sie aus der Kur zurückgekommen ist.

◈

Zwei Nationalmythen werden begründet: In New York erscheint die erste Ausgabe der »Vanity Fair«. In Essen eröffnet die Mutter von Karl und Theo Albrecht den Prototyp des ersten Aldi-Supermarkts.

◈

Und wie geht es Ernst Jünger? »Noch gut«. So jedenfalls lautet die Note, die der 17-jährige Jünger in der Reformschule in Hameln für seinen Aufsatz über Goethes »Hermann und Dorothea« erhält. Er schrieb zwar: »Das Epos versetzt uns in die Zeit der Französischen Revolution, deren glutsstrahlender Flackerschein sogar die friedlichen Bewohner des stillen Rheintals aus dem zufriedenen Halbschlaf der Alltäglichkeit stört.« Doch dem Lehrer war das nicht gut genug. Er schrieb mit roter Tinte an den Rand: »Ausdruck diesmal zu nüchtern«.

Wir lernen: Ernst Jünger war also schon nüchtern, als ihn alle anderen noch nicht einmal für voll nahmen.

◈

Jeden Nachmittag steigt Ernst Ludwig Kirchner in die neugebaute U-Bahn und fährt bis zur Station Potsdamer Platz. Mit Kirchner waren auch die anderen Maler der »Brücke« gerade aus Dresden, ihrem Gründungsort, dieser wunderbar vergessenen sommerlichen Stadt des Barock, nach Berlin gezogen, Erich Heckel, Otto Mueller, Karl Schmidt-Rottluff. Sie waren eine eingeschworene Gemeinschaft gewesen, die die Farben und Frauen teilten und deren Bilder sich zum Verwechseln ähnlich sahen – aber Berlin, diese pochende Überforderung, die sich Hauptstadt nennt, macht sie zu Individuen und sägt an den Brücken, die sie verbinden. Alle anderen waren in Dresden bei sich gewesen, als sie die reinen Farben, die Natur und die menschliche Nacktheit feiern konnten. In Berlin drohen sie unterzugehen.

Ernst Ludwig Kirchner aber kommt erst in Berlin zu sich – mit Anfang 30. Seine Kunst ist städtisch, rauer, die Figuren überlängt und sein Zeichenstil so hektisch und aggressiv wie die Stadt selbst, seine Gemälde tragen den Ruß der Metropole wie einen Firnis auf der Stirn. Schon in den Waggons der U-Bahn saugen seine Augen die Menschen gierig auf, auf dem Schoß macht er seine ersten, schnellen Studien, zwei, drei Striche mit dem Bleistift, ein Mann, ein Hut, ein Regenschirm. Dann steigt er aus, zwängt sich durch die Menschenmassen, seine Skizzenblöcke und die Farben in der Hand. Es zieht ihn zum Aschinger, dort kann man den ganzen Tag sitzen bleiben, wenn man einmal eine Suppe bezahlt hat. Da also hockt Kirchner und schaut und zeichnet und schaut. Der Wintertag dämmert schon, der Lärm auf dem Platz ist ohrenbetäubend, es ist der verkehrsreichste Platz Europas, und auf ihm kreuzen sich vor aller Augen nicht nur die zentralen Verkehrsadern der Stadt, sondern auch die Linien der Tradition und der Moderne: Wer aus der U-Bahn hinaufkommt in den Schneematsch des Tages, der sieht oben noch Pferdefuhrwerke, die Fässer transportieren, direkt daneben die ersten noblen Automobile und die Droschken, die den Pferdeäpfeln auszuweichen versuchen. Mehrere Trambahnen ziehen gleichzeitig über den großen Platz, ein schleifendes, metallisches Ziehen erfüllt den weiten Raum, wenn sie sich in die Kurve legen. Und dazwischen: Menschen, Menschen, Menschen, alle rennen, als liefe ihnen die Zeit davon, über ihnen die Reklametafeln, die die Würstchen anpreisen, das Kölnisch Wasser und das Bier. Und unter den Arkaden die elegant gekleideten Kokotten, die Prostituierten, die Einzigen, die sich kaum bewegen an diesem Platz, wie Spinnen am Rande des Netzes. Sie tragen den schwarzen Witwenschleier vorm Gesicht, um der polizeilichen Aufsicht zu entgehen, vor allem aber sieht man ihre riesigen Hüte, skurrile Turmbauten mit Federn, unter den Laternen, deren grünes Gaslicht angezündet wird, wenn der frühe Winterabend hereinbricht.

Es ist dieses fahle Grün, das in den Gesichtern der Kokotten auf dem Potsdamer Platz aufleuchtet, und der malmende Lärm der Großstadt dahinter, den Ernst Ludwig Kirchner zu Kunst machen will. Zu Gemälden. Aber er weiß noch nicht wie. Und zeichnet deshalb vorerst weiter – »meine Zeichnungen duze ich«, sagt er, »meine Bilder sieze ich«. Er packt also seine Duzfreundschaften, Stapel voller Skizzen, die er in den letzten Stunden vom Tisch aus gemacht hat, in seine Mappe und hetzt nach Hause, in sein Atelier. In Wilmersdorf, in der Durlacher Straße 14, zweite Etage, hat sich Kirchner eine Höhle geschaffen: Fast komplett behängt mit orientalischen Teppichen, vollgestellt mit afrikanischen und ozeanischen Figuren und Masken und japanischen Schirmen, daneben eigene Skulpturen, eigene Möbel, eigene Bilder. Es gibt Fotos von Kirchner aus dieser Zeit, da ist er entweder nackt oder aber trägt den schwarzen Anzug mit Binder, das hochgeschlossene Hemd blütenweiß, die Zigarette so lässig in der Hand, als sei er Oscar Wilde. Daneben immer Erna Schilling, seine Geliebte, die Nachfolgerin der selbstvergessenen, weichumrandeten Dresdener Dodo, eine Frau der Gegenwart mit freiem Geist unterm Bubikopf, physiognomisch von bestürzender Ähnlichkeit zu Kafkas Felice Bauer. Sie hat die Wohnung mit Stickereien nach Kirchners und eigenen Entwürfen dekoriert.

Kirchner hatte Erna und ihre Schwester Gerda Schilling ein Jahr zuvor in einem Berliner Tanzlokal kennengelernt, wo auch Heckels Freundin Sidi auf der Bühne stand. Er lockt die hübschen Tänzerinnen mit den traurigen Augen noch am ersten Abend in sein Atelier, denn er wusste auf den ersten Blick: Deren architektonisch aufgebaute Körper »erziehen mein Schönheitsempfinden zur Gestaltung der körperlich schönen Frau unserer Zeit«. Erst ist Kirchner mit der 19-jährigen Gerda zusammen, dann mit der 28-jährigen Erna und dazwischen auch mit beiden. Kokotte, Muse, Modell, Schwester, Heilige, Hure, Geliebte – man darf das nicht so genau nehmen bei ihm. Durch Hunderte von Zeichnungen kennen wir jedes Detail der beiden Frauen, Gerda sinnlich provozierend, Erna mit kleinen, hochsitzenden Brüsten und einem ausladenden Gesäß, gesammelt, in melancholischer Ruhe. Es gibt ein herrliches Gemälde aus dieser Zeit, drei nackte Frauen links, werbend, rechts der Künstler in seinem Atelier, die Zigarette im Mund, die Frauen kennerschaftlich checkend, so gefällt er sich, »Urteil des Paris« schreibt er mit schwarzer Farbe hinten auf die Leinwand, 1913, Ernst Ludwig Kirchner.

Doch als der Paris Kirchner in dieser Nacht heimkehrt vom Potsdamer Platz, sind die Lichter schon gelöscht, Paris kommt zu spät zu seinem Urteil, und Erna und Gerda sind eingeschlafen, vergraben in die riesigen Kissen im Wohnraum, der durch dieses Trio infernale zum berühmtesten Berliner Zimmer der Welt werden wird.

◈

Die preußische Prinzessin Viktoria Luise und Ernst August von Hannover küssen sich im Januar zum ersten Mal.

◈

In der Neujahrsausgabe der »Fackel« in Wien, der damals schon legendären Ein-Mann-Zeitschrift von Karl Kraus, erscheint ein Hilferuf: »Else Lasker-Schüler sucht 1000 Mk zu Gunsten der Erziehung ihres Sohnes.« Es unterzeichnen unter anderen Selma Lagerlöf, Karl Kraus, Arnold Schönberg. Die Schriftstellerin konnte nach ihrer Scheidung von Herwarth Walden nicht mehr die Kosten für die Odenwaldschule bezahlen, wo sie ihren Sohn Paul untergebracht hatte. Ein halbes Jahr hat Kraus mit sich gerungen, ob er den Aufruf abdrucken soll, inzwischen geht Paul längst in Dresden ins Internat, aber an Weihnachten hatte selbst ihn, Kraus, diesen Scharfrichter und rigiden Trenner zwischen Emotion und Rationalität, die Barmherzigkeit übermannt. Also setzt er die kleine Anzeige tatsächlich auf den letzten freien Platz der »Fackel«. Davor schreibt Kraus: »Ich sehe einen apokalyptischen Galopin die Vorbereitungen zur Weltbaisse treffen, den Sendboten des Verderbens, der die Vorhölle der Zeitlichkeit überheizt.«

◈

Es ist eiskalt im winzigen Mansardenzimmer in der Humboldtstraße 13 in Berlin-Grunewald, Else Lasker-Schüler hat sich in mehrere Decken gewickelt, als die Türklingel sie mit ihrem schrillen Laut aus ihren Tagträumen reißt. Lasker-Schüler, wilde schwarze Augen, dunkle Mähne, liebessüchtig, lebensuntüchtig, schlingt sich ihren orientalischen Morgenmantel um und öffnet dem Briefträger, der ihr die Post entgegenhält. Die leuchtend rote »Fackel« aus Wien ihres fernen, strengen Freundes Karl Kraus und dann, direkt darunter, ein kleines blaues Wunder: Eine Postkarte von Franz Marc, dem Künstler des »Blauen Reiter«. Lasker-Schüler, mit ihren bunten Gewändern, den klappernden Ringen und Armreifen, ihrer wilden, märchenhaften Phantasie; sie war in jener Zeit die Verkörperung des inneren Orients einer in die Moderne hetzenden Gesellschaft, eine Traumgestalt, das Sehnsuchtsobjekt von so unterschiedlichen Männern wie Kraus, Wassily Kandinsky, Oskar Kokoschka, Rudolf Steiner und Alfred Kerr. Aber vom Vergöttertwerden kann man nicht leben. Else Lasker-Schüler geht es sehr schlecht, jetzt wo ihre Ehe mit Herwarth Walden, dem großen Galeristen und Verleger der »Sturm«-Zeitschrift, geschieden ist und er mit der schrecklichen Nell, seiner neuen Frau, in den Cafés sitzt, in die sie deshalb nicht mehr gehen kann. Aber genau in solch einem Künstlercafé traf sie im Dezember Franz und Maria Marc, und sie werden zu ihrer Leibgarde, ihren Schutzengeln.

Else Lasker-Schüler nimmt also die »Fackel« in die Hand, nichts ahnend von der rührenden Anzeige von Karl Kraus, und dann dreht sie die Postkarte um, die ihr Franz Marc geschickt hat. Sie erstarrt in stillem Jubel. Auf winzigem Raum hat ihr ferner Freund hier einen »Turm der blauen Pferde« gemalt, kraftstrotzende Tiere, die sich zum Himmel türmen, ganz aus der Zeit gefallen und doch mitten in ihr stehend. Sie spürt, dass sie ein einzigartiges Geschenk bekommen hat: die ersten blauen Pferde des Blauen Reiters. Vielleicht spürt diese besondere Frau, die immer alles spürt, sogar noch mehr – dass aus der Idee dieser Postkarte in den Wochen danach im fernen Sindelsdorf ein noch viel größerer »Turm der blauen Pferde« entstehen sollte, ein Gemälde als Programm, ein Jahrhundertbild. Es wird später verbrennen, und es wird allein diese winzige Postkarte sein, die die Fingerabdrücke von Franz Marc und Else Lasker-Schüler bis heute bewahrt hat, die auf alle Ewigkeit von dem Moment erzählen wird, als der Blaue Reiter zu galoppieren begann.

Gerührt sieht die Dichterin, wie der große Maler ihre Zeichen, den Halbmond und die goldenen Sterne, in sein kleines Pferdebild aufgenommen hat, ein Dialog beginnt, die Assoziationen, die Worte und die Postkarten gehen hin und her. Sie ernennt ihn zum imaginären »Fürsten von Cana«, sie ist der »Prinz Jussuf von Theben«. Schon am 3. Januar schreibt Else zurück und dankt für ihr blaues Wunder: »Wie schön ist die Karte – ich habe mir zu meinen Schimmeln immer solche meiner Lieblingsfarbe gewünscht. Wie soll ich Ihnen danken!!«

Als Marc sie dann per Postkarte sogar einlädt, mit nach Sindelsdorf zu kommen, sagt sie, völlig erschöpft von der Scheidung und von Berlin, sofort zu und steigt mit den Marcs in den Zug. Sie ist viel zu dünn angezogen, Maria Marc packt sie in eine mitgebrachte Decke. Es ist sehr gut möglich, dass sie im selben Zug sitzt, in dem Thomas Mann nach seiner verkorksten »Fiorenza«-Premiere zurückeilt in die heimische Familienburg. Das ist eine schöne Vorstellung, dieser Nordpol und dieser Südpol der deutschen Kultur des Jahres 1913 gemeinsam in einem Zug.

Als die geschwächte Dichterin dann eintrifft in Sindelsdorf im Voralpenland, lebt sie zunächst tatsächlich bei Franz Marc und seiner Frau Maria, einer wuchtigen Matrone, unter deren Fittiche Marc schlüpfte, wenn die Winde zu rau bliesen. »Maler Marc und seine Löwin«, wie Else sie nannte.

Sie hält es nur ein paar Tage im Gästezimmer des kinderlosen Paares aus, dann zieht sie weiter in das Sindelsdorfer Gasthaus, mit weitem Blick über das Moor bis zu den Bergen. Doch auch hier kommt sie nicht zur Ruhe, die Wirtin rät ihr besorgt zu einer Kneippkur und leiht ihr die entsprechenden Bücher. Das hilft alles nichts, Else Lasker-Schüler reist Hals über Kopf ab aus Sindelsdorf nach München, findet ein Zimmer in einer Münchner Pension in der Theresienstraße.

Die Marcs reisen ihr nach und finden sie dort im Frühstücksraum, vor sich auf dem Tisch ganze Armeen von Zinnsoldaten, die sie wohl für ihren Sohn Paul gekauft hat, und wie sie dort auf dem weiß-blau karierten Tischtuch »heftige Kämpfe ausfocht – an Stelle der Kämpfe, die ihr Leben ihr ständig brachte«. Sie war in Kampfeslaune, wütend, bebend, nicht ganz bei Sinnen in diesen Tagen. Ende Januar, in der Galerie Thannhauser bei der Eröffnung der großen Franz-Marc-Ausstellung, lernt sie Kandinsky kennen, dann gerät sie in einen Clinch mit der Malerin Gabriele Münter. Die hatte etwas bemerkt, was Lasker-Schüler als Beleidigung von Marc auffasste, woraufhin sie durch die Galerie schrie: »Ich bin Künstlerin und lasse mir das nicht bieten von solch einer Null.«

Maria Marc stand zwischen den keifenden Frauen, völlig überfordert, und rief nur »Kinder, Kinder«. Später wird sie klagen, Else Lasker-Schüler habe schon sehr viel »von der Pose der weltschmerzlichen Literatin an sich«, aber immerhin: »sie hat auch wirklich was erlebt im Gegensatz zu den jungen Weltschmerzlern in Berlin«. So also sieht die Welt des Jahres 1913 aus, von Sindelsdorf aus betrachtet.

◈

Am 20. Januar findet im mittelägyptischen Tell el-Amarna eine Fundteilung der neuesten, vom Berliner James Simon finanzierten Ausgrabungen der Deutschen Orient-Gesellschaft statt: Dabei wird die Hälfte der Funde dem Museum in Kairo zugesprochen, die andere Hälfte den deutschen Museen, darunter die »bemalte Gipsbüste einer Prinzessin der Königsfamilie«. Der Direktor der französischen Altertümerverwaltung in Kairo genehmigt die vom Grabungsleiter, dem deutschen Archäologen Ludwig Borchardt, vorgenommene Aufteilung. Borchardt allein ahnte sofort, dass er einen Jahrtausendfund in der Hand hatte, als ihm ein aufgeregter ägyptischer Grabungsgehilfe die Büste in die Hand drückte. Schon ein paar Tage später tritt die Gipsbüste ihre Reise nach Berlin an. Noch trägt sie nicht den Namen Nofretete. Noch ist sie nicht die berühmteste Frauenbüste der Welt.

◈

Es ist ein völlig überdrehtes Jahr. Kein Wunder also, dass der russische Pilot Pjotr Nikolajewitsch Nesterow mit seinem Kampfflugzeug 1913 den ersten Looping der Menschheitsgeschichte flog. Und dass der österreichische Eiskunstläufer Alois Lutz auf einem zugefrorenen See im bitterkalten Januar sich so gekonnt in der Luft drehte, dass dieser Sprung bis heute den Namen Lutz trägt. Man muss dafür rückwärts Anlauf nehmen, dann muss man von der Auswärtskante des linken Beins abspringen. Die Drehung wird erreicht, indem man die Arme ruckartig an den Oberkörper reißt. Für den doppelten Lutz macht man das, logisch, zweimal.

◈

Vier Wochen wird Stalin in Wien bleiben. Nie wieder wird er Russland für so lange Zeit verlassen, die nächste längere Auslandsreise wird ihn dreißig Jahre später nach Teheran führen, seine Gesprächspartner heißen dann Churchill und Roosevelt (der eine war 1913 englischer Marineminister, der andere kämpfte als Senator in Washington gegen die Abholzung der amerikanischen Wälder). Stalin verlässt sein geheim gehaltenes Versteck in der Schönbrunner Schloßstraße Numero 30 bei den Trojanowskis nur selten, er ist komplett damit beschäftigt, seinen Aufsatz »Der Marxismus und die nationale Frage« zu verfassen – ein Auftrag von Lenin. Nur ganz manchmal, am frühen Nachmittag, vertritt er sich die Füße im nahen Park von Schloss Schönbrunn, der kalt und wohlgeordnet daliegt im Januarschnee. Einmal am Tag gibt es eine kurze Aufregung, wenn der Kaiser Franz Joseph das Schloss verlässt und mit seiner Kutsche in die Hofburg zum Regieren fährt. Unglaubliche fünfundsechzig Jahre, seit 1848, ist Franz Joseph jetzt an der Macht. Den Tod seiner geliebten Sissi hat er nie verwunden, bis heute hängt ihr lebensgroßes Porträt über seinem Schreibtisch.

Der greise Monarch geht gebeugt die paar Schritte zur dunkelgrünen Kutsche, sein Atem hinterlässt eine kleine Wolke in der kalten Luft, dann schließt ein livrierter Diener die Tür, und die Pferde traben los durch den Schnee. Dann wieder Stille.

Stalin geht durch den Park, denkt nach, es dämmert schon. Da kommt ihm ein anderer Spaziergänger entgegen, 23 Jahre alt, ein gescheiterter Maler, dem die Akademie die Aufnahme verweigerte und der nun die Zeit totschlägt im Männerwohnheim in der Meldemannstraße. Er wartet, wie Stalin, auf seine große Chance. Sein Name ist Adolf Hitler. Vielleicht haben sich die beiden, von denen ihre Bekannten aus dieser Zeit erzählten, dass sie beide gerne im Park von Schönbrunn spazieren gingen, einmal höflich gegrüßt und den Hut gelüpft, als sie ihre Bahnen zogen durch den unendlichen Park.

Das Zeitalter der Extreme, das schreckliche kurze 20. Jahrhundert, beginnt an einem Januarnachmittag des Jahres 1913 in Wien. Der Rest ist Schweigen. Selbst als Hitler und Stalin 1939 ihren verhängnisvollen »Pakt« schlossen, sind sie sich nicht begegnet. Sie waren sich also nie näher als an einem dieser bitterkalten Januarnachmittage im Park von Schloss Schönbrunn.

◈

Die Droge Ecstasy wurde erstmals synthetisiert, das ganze Jahr 1913 über läuft der Patentantrag. Dann aber gerät sie für einige Jahrzehnte in Vergessenheit.

◈

Da meldet sich endlich Rainer Maria Rilke! Rilke ist auf seiner Flucht vor dem Winter und seiner Schaffenskrise im südspanischen Ronda gelandet. Die Reise nach Spanien hatte ihm eine Unbekannte in einer nächtlichen Séance befohlen, und da Rilke zeitlebens angewiesen war auf die Handlungsanweisungen reifer Damen, musste er offenbar zu okkulten Zwischenreichbewohnerinnen greifen, wenn die realen Mäzeninnen und Geliebten ihm gerade keine Order zu erteilen wussten. Nun also residiert er in Ronda im schicken Hotel Reina Victoria, einem britischen Haus auf neuestem Stand, aber jetzt, außerhalb der Saison, fast leer. Brav schreibt er von hier oben jede Woche an »die liebe gute Mama«. Und an die anderen fernen Damen, mit denen er gemeinsam so schön schmachten kann, an Marie von Thurn und Taxis, an Eva Cassirer, Sidie Nádherný, an Lou Andreas-Salomé. Wir werden noch hören von diesen Damen in diesem Jahr, keine Sorge.

Zurzeit steht Lou, die Frau, die ihn entjungferte und ihn überredete, das René seines Vornamens zu Rainer aufzumöbeln, plötzlich wieder sehr hoch im Kurs: »Wenn wir uns nur sehen, liebe Lou (das Wort »liebe« dreimal unterstrichen), das ist jetzt meine große Hoffnung.« Und an den Rand kritzelt er noch »mein Halt, mein Alles, wie immer«. Dann ab zum Postzug, der drei Stunden bis Gibraltar braucht. Und von dort dann weiter in die Berggasse 19, Lou Andreas-Salomé c/o Prof. Dr. Sigmund Freud. Und Lou schreibt an den »lieben, lieben Jungen«, sie glaube, jetzt härter mit ihm sein zu können als damals. Und: »Ich glaube, dass Du leiden musst und immer wirst.« Ist das noch Sado-Maso oder schon Liebe?

Mit Leiden und Briefeschreiben gehen die Tage so dahin. Manchmal arbeitet Rilke weiter an seinen »Duineser Elegien«, immerhin die ersten 31 Verse der sechsten Elegie gelingen ihm, doch er wird einfach nicht fertig damit, lieber geht er in seinem weißen Anzug und seinem hellen Hut spazieren oder liest im Koran (um sofort danach ekstatische Gedichte auf Engel und Marias Himmelfahrt zu schreiben). Man könnte sich wohlfühlen hier, fernab des finsteren Winters, und zunächst genießt es Rilke auch, dass hier die Sonne auch im Januar erst um halb sechs hinter den Bergen versinkt, dass sie vorher die so stolz auf ihrem Felsplateau thronende Stadt Ronda noch einmal warm aufleuchten lässt, »ein unvergleichliches Schauspiel«, wie er seiner Frau Mama schreibt. Die Mandelbäume blühen schon, die Veilchen, im Hotelgarten sogar die lichtblaue Iris. Rilke zückt sein kleines schwarzes Taschenbuch, bestellt einen Kaffee auf der Terrasse, schlägt die Decke um die Hüften, blinzelt noch einmal in die Sonne und notiert dann: »Ach wers verstünde zu blühn: Dem wäre das Herz über alle / Schwachen Gefahren hinaus und in der großen getrost.«

◈

Ja, wers verstünde zu blühn. In München arbeitet Oswald Spengler, der dreiunddreißigjährige Misanthrop, Soziopath und Mathematiklehrer außer Dienst, am ersten Hauptteil seines Monumentalwerkes »Der Untergang des Abendlandes«. Er selbst geht bei diesem Untergang mit gutem Beispiel voran. »Ich bin«, so schreibt er 1913 in den Notizen zu seiner Autobiographie, »der letzte meiner Art«. Alles gehe zu Ende, in ihm und an seinem Leib würden die Leiden des Abendlandes sichtbar. Negativer Größenwahn. Verwelkende Blüten. Spenglers Urgefühl: Angst. Angst davor, einen Laden zu betreten. Angst vor Verwandten, Angst, wenn andere Dialekt sprechen. Und natürlich: »Angst vor Weibern – sobald sie sich ausziehen.« Unerschrockenheit kennt er nur im Denken. Als 1912 die Titanic sank, erkannte er darin eine tiefe Symbolik. In seinen parallel entstandenen Notizen leidet er, lamentiert, klagt über eine schwere Kindheit und eine noch schwerere Gegenwart. Täglich neu notiert er: Es geht eine große Zeit zu Ende, merkt es denn keiner? »Kultur – noch letztes Aufatmen vor dem Erlöschen.« Im »Untergang des Abendlandes« formuliert er es dann so: »Jede Kultur hat ihre neuen Möglichkeiten des Ausdrucks, die erscheinen, reifen, verwelken und nie wiederkehren.« Aber so eine Kultur gehe langsamer unter als ein Ozeandampfer, keine Sorge.

◈

Seit Anfang des Jahres vertreibt der Verlag Carl Simon in Düsseldorf eine neue Original-Lichtbilder-Serie mit 72 farbigen Original-Glas-Platten, sieben Pappschachteln in einer hölzernen Kiste, mit einem 35-seitigen Zusatzheft. Thema: »Der Untergang der Titanic«. Überall im Land wurden die Lichtbildervorträge gezeigt. Zuerst sieht man den Kapitän, das Boot, die Kabinen. Dann den nahenden Eisberg. Die Katastrophe, die Rettungsboote. Das sinkende Schiff. Es stimmt: Ein Ozeandampfer geht schneller unter als das Abendland. Leonardo DiCaprio ist noch nicht geboren.

◈

Franz Kafka übrigens, einer von denen mit großer Angst, wenn die Weiber sich ausziehen, hat erst einmal eine ganz andere Sorge. Ihm fällt siedend heiß etwas ein. In der Nacht vom 22. zum 23. Januar schreibt er seinen etwa zweihundertsten Brief an Felice Bauer und fragt: »Kannst Du eigentlich meine Schrift lesen?«

◈

Kannst du eigentlich die Welt lesen? So fragen sich Pablo Picasso und Georges Braque und erfinden immer neue Chiffren, die die Betrachter entziffern sollen. Gerade haben sie der Welt beigebracht, dass man Perspektivwechsel malen kann – genannt Kubismus, nun, im Januar 1913, gehen sie schon wieder einen Schritt weiter. Synthetischer Kubismus wird man das später nennen, weil sie nun Holzfaserfolie auf die Bilder kleben und allerlei anderes, die Leinwand wird zum Abenteuerspielplatz. Braque hatte gerade ein neues Atelier in Paris bezogen, ganz oben im Hotel Roma in der Rue Caulaincourt, da nahm er plötzlich seinen Kamm und zog ihn durch sein Bild »Obstschale, Kreuz As« – und die Linien sahen aus wie Holzmaserung. Picasso nahm das noch am selben Tag auf. Und wie immer konnte er es bald besser als der Erfinder selbst. So eilten die Revolutionäre der Kunst immer weiter, getrieben von der panischen Angst, vom bürgerlichen Publikum vollständig verstanden zu werden. Es dürfte Picasso beruhigt haben, wenn er gewusst hätte, dass Arthur Schnitzler am 8. Februar in sein Tagebuch schreibt: »Picasso: die frühern Bilder außerordentlich; heftiger Widerstand gegen seinen jetzigen Kubismus.«

◈

Mit knapper Not hat er überlebt. Und nun muss Lovis Corinth ordentlich bezahlen für sein Lebenswerk. Am 19. Januar soll in der »Secession« am Kurfürstendamm 208 eine spektakuläre Ausstellung eröffnet werden, 228 Gemälde, Titel »Lebenswerk«. Heute, am ersten Tag des Jahres, erschöpft und verkatert auf seinem Kanapee in der Klopstockstraße 48 liegend, graut ihm ein wenig davor. Es ist kaum vier Uhr und schon wieder dunkel, vom Himmel kommt Schneeregen.

Nun will also erst einmal die Rahmenhandlung Weber aus der Derfflingerstraße 28 ihr Geld für die Einrahmung des »Lebenswerkes« – und zwar stolze 1632,50 Mark. Und für den Empfang, den er zur Eröffnung gibt, braucht der Caterer, Adolf Kraft Nachfolger, Kurfürstendamm 116, 200 Mark Vorkasse. Dafür wird geliefert: »1 Schüssel Zunge. 1 Schüssel Coburger Schinken mit Cumberlandsauce. 1 Schüssel Rehrücken mit Cumberlandsauce. 1 Schüssel Roastbeef mit Remoulade.« Lovis Corinth wird schon beim Lesen übel. Lebenswerk mit Cumberlandsauce. Ihm liegt noch der schlecht gekochte polnische Karpfen vom Abend zuvor im Magen. Wenn seine geliebte Charlotte weg ist, dann frisst er immer zu viel, das ist die Sehnsucht, er kennt das schon. Und so schreibt er einen Neujahrsbrief an seine Frau Charlotte, die fern in den Bergen durch den Schnee wandert: »Wer weiß, wie nun dieses neue Jahr gehen wird; schön war ja nicht das alte. Schwamm drüber.« Fürwahr. Corinth, dieser immer vor Kraft strotzende Maler, den es aus dem Hochbarock ins Berlin des frühen 20. Jahrhunderts hinübergefegt hatte, wurde von einem schweren Schlaganfall gebeutelt, seine Frau hatte ihn aufopfernd gepflegt. Als die »Lebenswerk«-Ausstellung geplant wurde, befürchteten alle, dass ebenjenes bei Corinth abgeschlossen war. Doch er hatte sich zurückgekämpft ins Leben. Und auch an die Staffelei. Nun hingen überall in der Stadt die Plakate für die große Ausstellung, täglich 9–4 Uhr, Eintritt 1 Mark, darauf Corinth, ungläubig staunend über sich selbst, während Charlotte sich also fern von Corinth in Tirol ein wenig von Corinth erholte. Rechtzeitig zum Empfang ist sie zurück. Gut sehen Sie aus, Madame, sagt Max Liebermann zu ihr am 19. Januar in der »Secession« bei der Eröffnung, den Rehrücken mit Cumberlandsauce in der rechten Hand. Gut sieht es aus, mein Lebenswerk, denkt sich Lovis Corinth, als er brummelnd durch die Ausstellungsräume stapft. Doch jetzt geht es weiter. Aber auch künftig bitte ohne diesen Kubismus.

◈

Noch einmal kurz zu Freud in die Berggasse 19. Der sitzt also in diesen Januartagen in seinem Arbeitszimmer an dem Abschluss seiner Arbeit über »Totem und Tabu«. Und es ist natürlich selbstverständlich, dass das Unbewusste mit aller Macht hineindrängt in dieses Buch über ethnologische Prinzipien von Tabubruch und Fetischisierung. Aber es scheint, als sei es ihm selbst gar nicht bewusst geworden: In jenem Moment jedenfalls, in dem ihn seine Schüler, vor allem der Zürcher C. G. Jung, Jahrgang 1875, herausfordern und mit heftigen Vorwürfen überziehen, entwickelt Freud, Jahrgang 1856, seine Theorie vom »Vatermord«. Jung hatte Freud im Dezember 1912 geschrieben: »Ich möchte Sie aber darauf aufmerksam machen, dass Ihre Technik, Ihre Schüler wie Ihre Patienten zu behandeln, ein Missgriff ist.« Er erzeuge so »freche Schlingel« und »sklavische Söhne«. Und weiter: »Unterdessen bleiben Sie immer schön oben als Vater. Vor lauter Untertänigkeit kommt keiner dazu, den Propheten am Barte zu zupfen.«

Selten in seinem Leben hat Freud etwas so getroffen wie dieser Vatermord. Sein Bart wird in jenen Monaten viele neue graue Haare bekommen haben, er entwirft einen ersten Antwortbrief, den er nicht abschickt und den man erst nach seinem Tod in seinem Schreibtisch finden wird. Am 3. Januar 1913 aber nimmt er doch seine ganze Kraft zusammen und schreibt an C. G. Jung nach Küsnacht: »Ihre Voraussetzung, dass ich meine Schüler wie Patienten behandle, sind nachweisbar unzutreffend.« Und dann: »Im übrigen ist Ihr Brief nicht zu beantworten. Er schafft eine Situation, die im mündlichen Verkehr Schwierigkeiten bereiten würde, im schriftlichen Wege ganz unlösbar ist. Es ist unter uns Analytikern ausgemacht, dass keiner sich seines Stückes Neurose zu schämen braucht. Wer aber bei abnormen Benehmen unaufhörlich schreit, er sei normal, erweckt den Verdacht, dass ihm die Krankheitseinsicht fehlt. Ich schlage Ihnen also vor, dass wir unsere privaten Beziehungen überhaupt aufgeben. Ich verliere nichts dabei, denn ich bin gemütlich längst nur durch den dünnen Faden der Fortwirkung früher erlebter Enttäuschungen an Sie geknüpft.« Was für ein Brief. Ein Vater, vom Sohn herausgefordert, sticht wütend zurück. Nie ist Freud so in Rage geraten wie in diesen Januartagen, nie habe sie ihn so deprimiert erlebt wie in jenem Jahr 1913, wird Anna, seine geliebte Tochter, später erzählen.

C. G. Jung antwortet am 6. Januar: »Ich werde mich Ihrem Wunsche, die persönliche Beziehung aufzugeben, fügen. Im übrigen werden Sie wohl am besten selber wissen, was dieser Moment für Sie bedeutet.« Das schreibt er mit Tinte. Und dann setzt er maschinengeschrieben hinzu, es wirkt wie ein Grabstein für eine der großen intellektuellen Männerbeziehungen des 20. Jahrhunderts: »Der Rest ist Schweigen«. Es ist eine schöne Ironie, dass einer der meistgedeuteten und meistbeschriebenen und meistdiskutierten Brüche des Jahres 1913 mit einem Schweigegelöbnis beginnt. Von diesem Moment an arbeitet sich Jung an Freuds Methoden ab und Freud umgekehrt an denen von Jung. Und vorher definiert er noch einmal ganz genau den Vatermord bei den Naturvölkern: Sie setzen

Masken des gemordeten Vaters auf – und beten ihr Opfer dann an. Das ist ja schon fast Dialektik der Aufklärung.

◈

Doch zunächst sind wir noch beim Dialekt der Aufklärung. Der zehnjährige Theodor W. Adorno, Spitzname »Teddie«, wohnt in der Schönen Aussicht 12 in Frankfurt am Main, wird aufgeklärt und lernt Hessisch. Zentrale Bezugsperson neben seiner Mama ist die Schimpansin Basso im Frankfurter Zoo. Frank Wedekind, Autor von »Frühlings Erwachen« und der »Lulu«, ist in jener Zeit befreundet mit Missie, einer Schimpansin aus dem Zoologischen Garten in Berlin.

◈

Marcel Proust sitzt in seinem Arbeitszimmer am Boulevard Haussmann 102 in Paris und baut sich seinen eigenen Käfig. Weder Sonnenlicht noch Staub noch Lärm dürfen ihn beim Arbeiten stören. Eine sehr spezielle Work-Life-Balance. Er hat sein Arbeitszimmer mit dreifachen Vorhängen verhängt und die Wände mit Korkplatten tapeziert. In dieser Schallschutzkammer sitzt Proust bei elektrischem Licht und schickt überhöfliche Neujahrsbriefe, wie jedes Jahr, mit der dringenden Bitte, ihn künftig mit Geschenken zu verschonen. Er wurde zwar immer wieder eingeladen, aber wer es tat, wusste, wie anstrengend es war, weil er zuvor mehrfach Mitteilungen und Billetts schickte, ob er nun komme oder nicht und warum wahrscheinlich eher doch nicht etc., ein Zauderer vor dem Herrn, dem in dieser Disziplin eigentlich nur Kafka das Wasser reichen konnte.

Hier also in der Schallschutzkammer des Geistes sitzt Marcel Proust und versucht sich an seinem Roman über das Erinnern und die Suche nach der verlorenen Zeit. Der erste Teil daraus soll »Eine Liebe von Swann« heißen, und er schreibt mit feiner Tinte den letzten Satz aufs Papier: »Die Wirklichkeit, die ich einst kannte, existierte nicht mehr. Die Erinnerung an ein bestimmtes Bild ist wehmutsvolles Gedenken an einen bestimmten Augenblick; und Häuser, Straßen, Avenuen sind flüchtig, ach! die Jahre.«

◈

Kann Erinnerung nur wehmutsvolles Gedenken sein? Gertrude Stein, die große Pariser Salondame und Freundin der Avantgardisten, friert ein paar Straßen von Proust entfernt. Sie streitet sich ungeheuer mit ihrem Bruder Leo, ihre jahrzehntelange Wohngemeinschaft droht auseinanderzubrechen. Ist alles flüchtig? Sie träumt vom Frühling. Sie wärmt sich an einem Gedanken. Sie schaut sich die Picassos und die Matisses und die Cézannes an ihrer Wand an. Aber macht ein Gedanke schon einen Frühling? Sie schreibt ein kleines Gedicht, darin der Satz: »Eine Rose ist eine Rose ist eine Rose«. Genau wie Proust will sie etwas festhalten, was vergehen will. So weit ist die Welt der Poesie, so weit ist die Vorstellungskraft also schon im Januar 1913.

◈

Max Beckmann schließt sein Gemälde »Der Untergang der Titanic« ab.

FEBRUAR

Es geht los: In New York sorgt die »Armory-Show« für den Urknall der modernen Kunst, Marcel Duchamp zeigt den »Akt, eine Treppe heruntersteigend«. Danach geht es mit ihm steil bergauf. Auch ansonsten: überall Akte, vor allem in Wien, die nackte Alma Mahler (bei Oskar Kokoschka) und all die anderen Wienerinnen bei Gustav Klimt und Egon Schiele. Die anderen entblößen ihre Seelen für 100 Kronen die Stunde bei Dr. Sigmund Freud. Und währenddessen malt Adolf Hitler im Aufenthaltsraum des Wiener Männerwohnheims rührende Aquarelle vom Stephansdom. Heinrich Mann schreibt in München am »Untertan« und feiert bei seinem Bruder seinen 42. Geburtstag. Es liegt immer noch tiefer Schnee. Am Tag darauf kauft Thomas Mann ein Grundstück und baut sich ein Haus. Rilke leidet weiter, Kafka zögert weiter, aber der kleine Hutladen von Coco Chanel expandiert. Und der österreichische Thronfolger, Erzherzog Franz Ferdinand, rast in seinem Auto mit goldenen Speichen durch Wien, spielt mit seiner Modelleisenbahn und sorgt sich um die Attentate in Serbien. Stalin trifft das erste Mal auf Trotzki – und im gleichen Monat wird in Barcelona der Mann geboren, der Trotzki einmal im Auftrag Stalins ermorden wird. Ist 1913 doch ein Unglücksjahr?

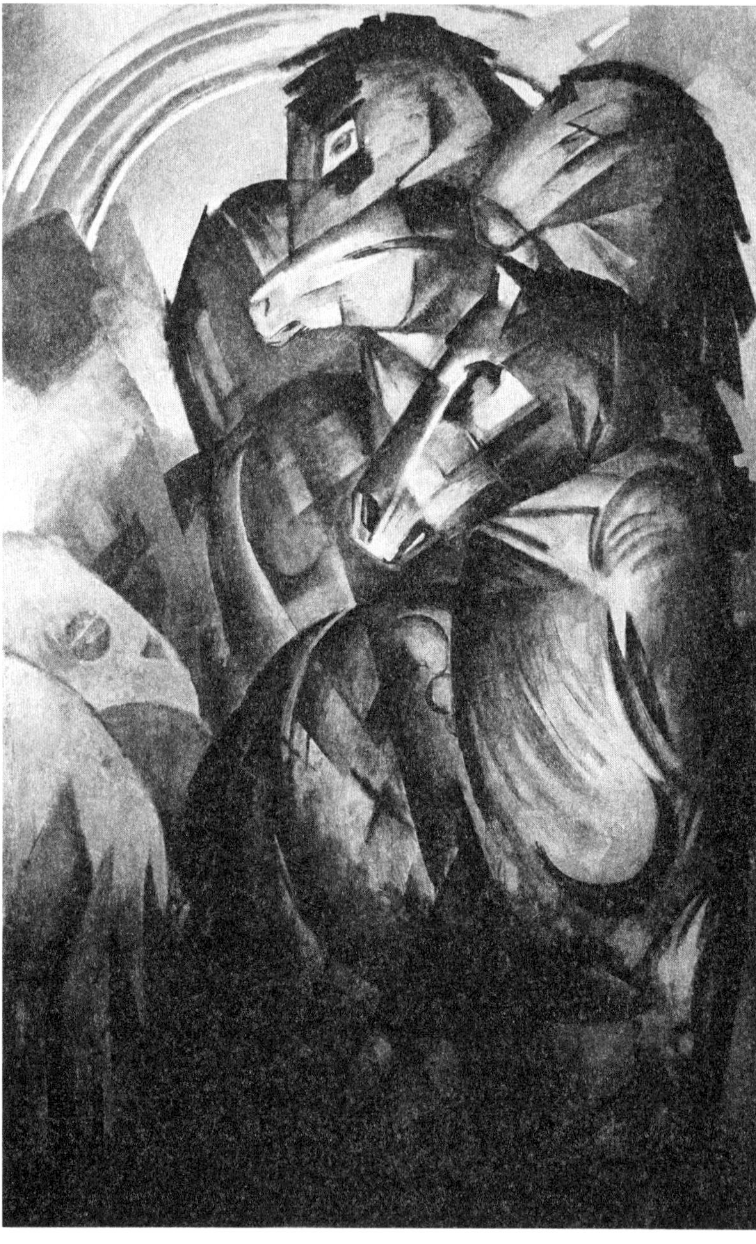

Wann geht es endlich los? Der österreichische Thronfolger Franz Ferdinand wird wahnsinnig vor lauter Warten. Seit unfassbaren 65 Jahren sitzt der 83-jährige Kaiser Franz Joseph auf dem Thron und will ihn einfach nicht räumen für seinen Neffen, der nun an der Reihe wäre, nachdem Sissi tot ist, Franz Josephs geliebte Frau, und Rudolf, sein geliebter Sohn. Immerhin hat sein Auto auch goldene Speichen wie die Kutsche des Kaisers. Doch den Titel, den hat seit 1848 nur er: Kaiser Franz Joseph. Oder, um korrekt zu sein: »Seine Kaiserliche und Königliche Apostolische Majestät, von Gottes Gnaden Kaiser von Österreich, König von Ungarn und Böhmen, von Dalmatien, Kroatien, Slawonien, Galizien, Lodomerien und Illyrien; König von Jerusalem etc.; Erzherzog von Österreich; Großherzog von Toskana und Krakau; Herzog von Lothringen, von Salzburg, Steyer, Kärnten, Krain und der Bukowina; Großfürst von Siebenbürgen, Markgraf von Mähren; Herzog von Ober- und Niederschlesien, von Modena, Parma, Piacenza und Guastalla, von Auschwitz und Zator, von Teschen, Friaul, Ragusa und Zara; Gefürsteter Graf von Habsburg und Tirol, von Kyburg, Görz und Gradisca; Fürst von Trient und Brixen; Markgraf von Ober- und Niederlausitz und in Istrien; Graf von Hohenems, Feldkirch, Bregenz, Sonnenberg etc.; Herr von Triest, von Cattaro und auf der Windischen Mark; Großwojwode der Wojwodschaft Serbien etc., etc.«

Die Schulkinder, die das auswendig lernen müssen, lachen immer am meisten über das »etc., etc.«, das klingt, als gehöre dem Kaiser eigentlich die ganze Welt, als hätte man nur einen kleinen Teil davon aufgezählt. Den Thronfolger Franz Ferdinand aber bringen die beiden Wörter genau vor dem »etc., etc.« in Wallung: Die »Wojwodschaft Serbien«. Dort unten im Balkan tobt ein Krieg, der ihm nicht geheuer ist. Er bittet um einen Termin in Schloss Schönbrunn beim »Großwojwoden der Wojwodschaft Serbien« – dem Kaiser, dessen weiße Koteletten so lang sind wie seine Titel.

Franz Ferdinand springt vor Schönbrunn mehr aus seinem Gräf & Stift Automobil als dass er ihm entsteigt und stürzt in seiner Generalsuniform die Treppen empor zum Arbeitszimmer Franz Josephs. Man müsse dringend etwas tun, um den Serben Einhalt zu gebieten. Zu aufmüpfig agiere das Königreich an der Südostflanke des Reiches, zündele, destabilisiere. Aber man müsse es mit Augenmaß tun. Man dürfe auf keinen Fall einen Präventivkrieg führen, wie das der Generalstabschef in seinem Memorandum vom 20. Januar fordert, weil das unweigerlich Russland auf den Plan rufen werde. Der Kaiser hörte sich seinen polternden, zeternden, bebenden Neffen ungerührt an: »Ich werde darüber nachdenken lassen.« Dann ein kühler Abschied. Der Rest ist Schweigen. Franz Ferdinand hastet erregt in sein riesiges Automobil. Der livrierte Fahrer lässt den Motor an und muss, vom Thronfolger angefeuert, in einem Höllentempo die Schönbrunner Schloßstraße herunterbrausen. Wenn Franz Ferdinand schon sein Leben lang warten muss, dann wenigstens nicht im Straßenverkehr.

◈

Oben am Fenster bei den Trojanowskis steht Stalin in einer seiner kurzen Arbeitspausen, schiebt den Vorhang zur Seite und blickt neugierig, aber doch auch verstört auf das Auto des Thronfolgers, das mit jäher Geschwindigkeit unter seinen Blicken dahinschießt. So hatte es auch schon Lenin gemacht, der immer bei den Trojanowskis unterschlüpfte, wenn er in Wien war. Irgendwo in der Stadt mustert in diesem Februar 1913 mit Kennermiene auch ein junger Kroate das vorbeipreschende Gefährt mit den goldenen Speichen. Er weiß ganz genau um die Qualitäten des Automobils des Thronfolgers, denn er ist Automechaniker und seit neuestem Testfahrer in Wiener Neustadt für Mercedes. Sein Name ist Josip Broz, er ist ein 21-jähriger Draufgänger und Frauenschwarm und lässt sich aktuell von der großbürgerlichen Liza Spuner als Liebhaber aushalten und die Fechtstunden bezahlen – von ihren Geldgeschenken bezahlt er die Alimente für seinen frischgeborenen Sohn Leopard in der Heimat, dessen Mutter er kurz zuvor verlassen hat. Liza lässt ihn mit seinen Testwagen durch ganz Österreich fahren, um für sie neue Kleider zu kaufen. Als sie schwanger wird, verlässt er auch sie. So wird es dann immer weitergehen. Irgendwann kehrt er in seine Heimat, die jetzt Jugoslawien heißt, zurück und macht sie sich untertan. Josip Broz nennt sich dann: Tito.

In den ersten Monaten des Jahres 1913 also waren mit Stalin, Hitler und Tito, die zwei größten Tyrannen des 20. Jahrhunderts und einer der übelsten Diktatoren, für einen kurzen Moment gleichzeitig in Wien. Der eine studierte in einem Gästezimmer die Nationalitätenfrage, der zweite malte in einem Männerwohnheim Aquarelle, der dritte fuhr sinnlose Runden durch die Ringstraße, um das Kurvenverhalten von Automobilen zu testen. Drei Statisten, so könnte man meinen, ohne eigenen Text im großen Schauspiel »Wien um 1913«.

◈

Es war eisig kalt in diesem Februar, aber die Sonne schien, was selten war und ist im Winter in Wien, aber so leuchtete die neue Ringstraßenpracht im Schneeglanz noch mehr. Wien strotzte vor Kraft, war eine Weltstadt geworden, was man in der ganzen Welt sah und spürte, nur in Wien selbst nicht, dort hatte man vor lauter Lust an der eigenen Selbstvernichtung übersehen, dass man unversehens an die Spitze der Bewegung gerückt war, die sich Moderne nannte. Weil eben Selbstbefragung und Selbstzerstörung zu einem zentralen Bestandteil des neuen Denkens geworden waren und das »nervöse Zeitalter«, wie Kafka es nannte, ausgebrochen war. Und in Wien lagen die Nerven – praktisch, metaphorisch, künstlerisch, psychologisch – so herrlich blank wie nirgends sonst.

Berlin, Paris, München, Wien. Das waren die vier Frontstädte der Moderne 1913. Chicago straffte seine Muskeln und vor allem New York mauserte sich langsam, übernahm aber erst 1948 endgültig den Staffelstab von Paris. Doch schon 1913 wurde dort das Woolworth-Gebäude fertig – das erste Gebäude der Welt, das den Eiffelturm überragte, die Grand Central Station, der größte Bahnhof der Welt, wurde eröffnet und die Armory-Show sorgte dafür, dass der Funken der Avantgarde auf Amerika überschwappte. Aber Paris war in jenem Jahr immer noch eine Klasse für sich, weder das Woolworth-Gebäude noch die Armory-Show oder Grand Central sorgten in den französischen Zeitungen für Aufregung – warum auch? Schließlich hat man Rodin, Matisse, Picasso, Strawinsky, Proust, Chagall »etc. etc.« – und alle arbeiten an ihrem nächsten großen Werk. Und die Stadt, auf dem Gipfel ihrer Manieriertheit und Dekadenz, verkörpert durch die Tanzexperimente um die »Ballets Russes« und Sergej Djagilew, zieht magisch jeden kultivierten Europäer an, vor allem die vier Überkultivierten mit den weißen Anzügen, also Hugo von Hofmannsthal, Julius Meier-Graefe, Rainer Maria Rilke und Harry Graf Kessler. Nur Proust wollte sich schon erinnern im Paris des Jahres 1913, alle anderen wollten immer weiter nach vorn, aber anders als in Berlin inzwischen am liebsten nur noch mit dem gefüllten Champagnerglas in der einen Hand.

Im deutschsprachigen Raum explodierte Berlins Bevölkerungszahl, aber kulturell hat es seine allergrößte Zeit noch vor sich, es stürmt noch etwas ungestüm voran – doch dass das »Night-life von Berlin eine Spezialität ist«, das hatte sich schon bis Paris und zur Künstlerszene um Marcel Duchamp herumgesprochen. München hingegen war stilvoll und doch etwas zur Ruhe gekommen – was am deutlichsten daran zu sehen ist, dass man in München bereits mit der Selbstglorifizierung anfängt (wofür in Berlin kein Mensch Zeit hat) und zum Beispiel die wunderbar versponnene Franziska zu Reventlow sich von Ascona aus in »Herrn Dames Aufzeichnungen oder Begebenheiten aus einem merkwürdigen Stadtteil« rückblickend über die Zeit beugt, als die Boheme in Schwabing wohnte. Und natürlich auch daran, dass die Boheme komplett verbürgerlicht, Thomas Mann, der Kinder wegen, ein Haus in den Vororten sucht, mit Ruhe und großem Garten, und dann am 25. Februar 1913 das Grundstück in der Poschingerstraße 1 kauft und mit einer prächtigen Villa bebauen lässt. Und sein Bruder Heinrich hat sich München ausgesucht – weil man von dort so gut über Berlin schreiben kann, die sich selbst nach vorne katapultierende Stadt, in der er seinen »Untertan« ansiedelt, seinen großen Roman, den er in diesen Monaten abschließt. Wenn man den Münchner »Simplicissimus« liest, dann steckt er bereits voller Spott darüber, dass die Polizisten in München nach 20 Uhr Sorge haben, vor Langeweile einzuschlafen, die große Zeitschrift der Jahrhundertwende kann sich an der eigenen Stadt nicht mehr reiben, wirkt aufs angenehmste ermüdet, wie ausgestreckt auf einer Chaiselongue, die Zigarette in der linken Hand. Es ist die »Fackel« in Wien, der »Sturm«, die »Tat« und die »Aktion« in Berlin, die schon alle in ihrem atemlosen

Namen verraten, dass dort die Kämpfe der Gegenwart ausgetragen werden.

Und natürlich kann man das stille, sanfte Ende Münchens als Hauptstadt des Jugendstils und des Fin de Siècle auch daran ablesen, dass die Pension in der Theresienstraße, in der Else Lasker-Schüler in diesem Februar 1913 wohnt, »Pension Modern« heißt (»La Maison Moderne«, das legendäre Einrichtungsgeschäft des deutschen Kunstpropagandisten und Schriftstellers Julius Meier-Graefe in Paris, war hingegen schon 1904 geschlossen worden). Wenn also die Pensionen die Moderne stolz im Namen tragen, dann ist diese längst weitergezogen – und zwar ins Café »Größenwahn« nach Berlin, ins Café »Central« in der Herrengasse 14 in Wien. Namen können so sprechend sein.

Auf nach Wien also, der Zentrale der Moderne anno 1913. Ihre Hauptdarsteller heißen: Sigmund Freud, Arthur Schnitzler, Egon Schiele, Gustav Klimt, Adolf Loos, Karl Kraus, Otto Wagner, Hugo von Hofmannsthal, Ludwig Wittgenstein, Georg Trakl, Arnold Schönberg, Oskar Kokoschka, um nur ein paar Namen zu nennen. Hier tobten die Kämpfe um das Unbewusste, die Träume, die neue Musik, das neue Sehen, das neue Bauen, die neue Logik, die neue Moral.

◈

Am 25. Februar wird Gert Fröbe geboren.

◈

»Angst vor Weibern – sobald sie sich ausziehen«. Es gibt zwei Orte im Europa des Jahres 1913, da ist diese Angst Oswald Spenglers nicht verbreitet. Das eine ist der Monte Verità in Ascona am Lago Maggiore, wo ein wunderbar verrücktes Völkchen aus Freidenkern, Freigeistern und Freikörperkultlern seine Übungen macht, die irgendwo zwischen Eurythmie, Yoga und Krankengymnastik angesiedelt sind. Das andere sind die Ateliers von Gustav Klimt und Egon Schiele in Wien. Die Zeichnungen der beiden, deren Linien so lustvoll an der Grenze zwischen Pornographie und Neuer Sachlichkeit entlanglaufen, waren die Fieberkurve der »erotischsten Stadt der Welt«, wie Lou Andreas-Salomé damals Wien empfand. Waren die Frauen in Klimts Gemälden immer in eine goldene Ornamentik gehüllt, so umrundete er die Körper in seinen Zeichnungen mit einem unnachahmlichen Strich, der immer leicht gewellt über das Blatt läuft wie Locken, die auf die Schultern fallen. Egon Schiele ging noch viel weiter in seiner Körpererkundung – es sind gequälte, nervlich überspannte, gemarterte Körper, die er zu fassen versucht, verdreht, weniger erotisch als sexuell. Wo bei Klimt weiche Haut ist, da sind bei Schiele Nerven und Sehnen, wo es bei Klimt fließt, da spreizt und verschränkt und verdreht sich bei Schiele der Leib. Wo bei Klimt die Frau lockt, da schockt sie bei Schiele (und natürlich ist Schiele der größere Künstler).

»Ich interessiere mich nicht für die eigene Person«, sagt Klimt, »eher für andere Menschen, vor allem weibliche.«

Wurden die Blätter, die jeden Betrachter dazu zwingen, Voyeur zu sein, einmal bekannt, fielen sie schnell unter Zensur und mehrten zugleich den Ruhm ihrer Schöpfer. Als Schiele sein Blatt »Freundschaft« in München ausstellen wollte, bekam er ein interessantes Ablehnungsschreiben. Der Leiter des Ausstellungshauses schrieb Schiele, man könne die Arbeit wegen ihrer Drastik auf keinen Fall zeigen, sie verletze Sitte und Anstand. Punkt. Absatz. Er selbst allerdings sei sehr daran interessiert, diese Arbeit käuflich zu erwerben. Da sind sie, die Sollbruchstellen zwischen öffentlicher und privater Moral im Jahre 1913.

◈

Es wird zu hell in Berlin. Die Gaslaternen, die Leuchtreklamen, die Lichter der Stadt drohen die Sterne am Firmament zu überstrahlen. 1913 rollen die Abrissfahrzeuge an, um die »Neue Berliner Sternwarte« in der Nähe des Halleschen Tores abzureißen. Zwischen Lindenstraße und Friedrichstraße hatte Karl Friedrich Schinkel 1835 das neue preußische Observatorium fertiggestellt, das wie alles aus diesem schönsten Jahrzehnt der deutschen Geschichte sowohl praktisch wie ästhetisch kaum zu übertreffen war. Ein umwerfend schlichter Bau, über dem die Kuppel wie ein Kirchturm thront – eine weltliche Kirche, aber mit direktem Blick in den Himmel. Es wurden hier ein paar Kometen entdeckt und auch ein paar Asteroiden. Vor allem aber der Planet Neptun. Aber das interessierte 1913 niemanden mehr. Es brauchte nur ein paar Wochen, dann war wieder Acker, wo einst eines von Schinkels kühnsten Gebäuden stand. Die Sternwarte wurde nach Babelsberg verlegt, weil es dort dunkler und Neptun viel besser zu erkennen war. Und da in Preußen gut gerechnet wurde, verkaufte man das Grundstück zwischen Linden- und Friedrichstraße, um von dem Erlös die 1,1 Millionen Goldmark für die Errichtung der neuen Sternwarte und die 450 000 Goldmark für die Anschaffung neuer Instrumente ausgeben zu können. Das Grundstück selbst stiftete das Königshaus – im Babelsberger Schlosspark. Pünktlich zur Gründung der Filmstudios im Jahr zuvor war damit 1913 alles in Berlin, was Stars und Sternchen betrifft, in Babelsberg gelandet.

◈

Am 6. Februar 1913 beginnt nach dem chinesischen Kalender das Jahr des Büffels. Dem Büffel, sagt ein altes chinesisches Sprichwort, ist das frische Gras lieber als eine goldene Futterkrippe.

◈

In Sindelsdorf arbeitet Franz Marc an seinem Hauptwerk, Else Lasker-Schüler ist zurück nach Berlin gereist. Oben, im ungeheizten Speicher des alten Bauernhauses in Sindelsdorf, in dem man kaum hörte, wenn unten Maria Marc Klavier spielte, hat er sich sein Atelier eingerichtet. Es ist so kalt, dass selbst Hanni, die geliebte Katze, sich an den Kamin zurückzieht. Kandinsky kommt aus München zu Besuch und erzählt: »Außen alles weiß – der Schnee bedeckt die Felder, die Berge, die Wälder – der Frost zwickt an der Nase. Oben auf dem niedren Speicher (fortwährend stieß man mit dem Kopf an den Balken) stand ›Der Turm der blauen Pferde‹ auf der Staffelei, Franz Marc stand da mit seinem Pelzmantel, großer Pelzmütze und selbstgeflochtenen Strohschuhen an den Füßen. Nun sagen Sie mir aufrichtig, wie Sie das Bild finden!« Was für eine Frage.

◈

Am 13. Februar gibt es immer noch keine Spur von Leonardos »Mona Lisa« aus dem Louvre. Es erscheint ein neuer Louvre-Katalog, in dem das Bild nicht mehr aufgeführt wird. In Berlin hält am 13. Februar Rudolf Steiner einen seiner großen Vorträge – »Lionardos geistige Größe am Wendepunkt zur neueren Zeit«. Steiner spricht lange, zwei Stunden fast. Die Zuhörer hängen an seinen Lippen. Auch er spricht, wie Oswald Spengler, viel vom Untergang. Aber er hält ihn für notwendig, damit er Platz machen kann für das Neue: »Denn in den ersterbenden Kräften ahnen, ja schauen wir zuletzt die sich für die Zukunft vorbereitenden Kräfte, und in der Abendröte geht uns auf die Ahnung und die Hoffnung der Morgenröte. Immerdar muss unsere Seele gegenüber der Menschheitsentwickelung so empfinden, dass wir uns sagen, alles Werden, es verläuft so, dass wir sehen: Da, wo das Geschaffene zur Ruine wird, da wissen wir, dass stets aus den Ruinen neues Leben blühen werde.«

◈

Am 17. Februar eröffnet im ehemaligen Waffenarsenal »Armory« in New York eine der wichtigsten Ausstellungen des Jahrhunderts. Welches Jahrhunderts? Vielleicht kann man sagen, dass erst mit der ersten Armory-Show die Kunst des 19. Jahrhunderts an ihr Ende gekommen ist. Und dass damit die Moderne nicht nur in Europa, sondern global die Vorherrschaft übernahm.

Drei Amerikaner mit großer Neugier und Sachverstand, die Maler Walter Pach, Arthur Davies und Walt Kuhn, waren Ende 1912 nach Europa gereist, um die interessantesten Künstler kennenzulernen und ihre Hauptwerke nach New York zu holen. Im Gremium saßen mit Claude Monet, Odilon Redon und Alfred Stieglitz große Maler und Fotografen – die Öffentlichkeit in Amerika begriff rasch, dass es darum ging, die Kubisten und Futuristen und Impressionisten Alt-Europas gegen die behäbige amerikanische Fin de Siècle-Malerei ins Feld zu führen. Es war ein Kampf. Und erstmals wurde er auch auf amerikanischem Boden ausgetragen, nachdem in Europa die Schlachten geschlagen waren. Es gab 1300 Bilder insgesamt zu sehen, nur ein Drittel der Bilder kam aus Europa. Aber es war genau dieses Drittel, das die amerikanischen Bilder uralt aussehen ließ – vor allem die acht Bilder von Picasso und die zwölf von Matisse. Für aufgebrachte Diskussionen sorgten vor allem die Skulpturen von Brancusi und die Gemälde von Francis Picabia und Marcel Duchamp. In »Camera Work«, der legendären Zeitschrift von Stieglitz, war zu lesen: »Die Ausstellung mit neuer Kunst aus Europa fiel auf uns herab wie eine Bombe.« Und die Wucht der Detonation war genauso heftig – Wut, Unverständnis, Gelächter waren die Reaktionen, aber die Menschenmassen pilgerten in die Ausstellung, um sich selbst ein Bild zu machen. Die Zeitungen zeigten fast täglich Karikaturen, und auf ihrer zweiten Station in Chicago kam es zu einer Protestdemonstration von Studenten des Chicago Art Institute – sie verbrannten angeblich drei Kopien von Matisse-Gemälden. Matisse galt als der größte Primitivling beim amerikanischen Publikum. Das ist wie stets langfristig der größte Qualitätsbeweis.

Am meisten Aufsehen erzeugten aber die drei Brüder Raymond Duchamp-Villon, Jacques Villon und Marcel Duchamp. Siebzehn Arbeiten von ihnen wurden ausgestellt, alle, bis auf eine, verkauft. Und Marcel Duchamps »Akt, eine Treppe herabsteigend« wurde zum Signet der »Armory-Show«, zum meistdiskutierten und meistkarikierten Kunstwerk. »Explosion in einer Schindelfabrik« nannte es ein Kritiker, das sollte nach Spott klingen, demonstrierte aber, wie stark die Druckwellen waren, die von diesem Werk ausgingen. Eine Frau, die Raum und Zeit durchschreitet – eine geniale Kombination aus den großen Zeitphänomenen des Kubismus, Futurismus und der Relativitätstheorie. Der Saal mit dem Bild wurde jeden Tag gestürmt, die Leute standen Schlange, warteten vierzig Minuten, um nur einen Blick auf das Skandalbild werfen zu können. Offenbar war für die traditionsbewussten Amerikaner dieses Gemälde der Inbegriff des seltsamen, irrationalen Europa. Ein Antiquitätenhändler aus San Francisco kaufte es – irgendwo auf der unendlichen Rückreise mit dem Zug von New York, an einem Provinzbahnhof in New Mexiko, stieg er aus und telegraphierte nach New York: »Kaufe Duchamp nackte Frau Treppe herunterkommend bitte reservieren.«

Die Duchamps arbeiteten weiter in ihrem Atelier in Neuilly vor sich hin, ohne etwas von ihrem amerikanischen Ruhm zu erfahren – doch plötzlich kamen die Schecks mit der Post. Marcel Duchamp erhielt für seine vier Gemäldeverkäufe

972 Dollar – das war 1913 kein hoher Preis. Cézannes »La Colline des Pauvres« etwa wurde aus der Ausstellung für 6700 Dollar an das Metropolitan Museum verkauft. Aber er freute sich doch sehr.

In dem Moment aber, als ihn Amerika und auch Paris als Maler entdeckten, hatte Marcel Duchamp selbst mit dem Kubismus und dem Thema Bewegung abgeschlossen – oder, wie er es so schön sagte, »mit Bewegung vermischt mit Ölfarbe.« In dem Moment, als er zu einem der großen Maler seiner Zeit werden sollte, erklärte Duchamp, dass ihn das Malen langweile. Er suchte etwas Anderes, Neues.

◈

Minervasaal in Triest, der bedeutendsten Hafenstadt Österreich-Ungarns, hält James Joyce eine Vorlesungsreihe über Hamlet. Er hat zuvor versucht, mit einem Kino in Dublin zu Geld zu kommen, und mit dem Gedanken gespielt, Tweedwolle aus Irland nach Italien zu importieren. Aber ist daran gescheitert. Auch seine Versuche, mit seinen Büchern Geld zu verdienen, sind nicht geglückt. Jetzt schlägt er sich vormittags als Englischlehrer durch – und nachmittags gibt er Privatunterricht, unter anderem dem späteren Schriftsteller Italo Svevo (Aron Ettore Schmitz). Und abends sprach er über Hamlet. Die Lokalzeitung »Piccolo della Sera« ist begeistert: Die Vorlesung habe mit ihren »dichten, jedoch klaren Gedanken, mit einer Form, die zugleich erhaben und schlicht war, mit ihrem Witz und ihrer Lebhaftigkeit von echter Brillanz« gezeugt.

◈

In Prag leidet Kafka. Darunter, dass seine aus der Ferne brieflich angeschmachtete Felice nichts sagt zu dem Band »Betrachtungen«, den er ihr im Dezember geschickt hatte. Darunter, dass seine Schwester Valli heiratet, darunter, dass es in der Wohnung immer so laut ist (weil die Türen klappern und seine Eltern und seine Schwestern zu reden wagen), darunter, dass er tagsüber in der Versicherung arbeitet und nachts an seinem Werk. Es drohen Dienstreisen, Unterbrechungen, Erkältungen. Vor allem aber leidet er unter der Angst, dass seine kreative Kraft versiegt ist. Und so schrecklich die Vorstellung war, als Junggeselle zu leben – vielleicht war das die einzige Möglichkeit, Schriftsteller sein zu können. Denn mit panischer Angst überkommt ihn diese eine Frage: »Was würde in einer Ehe aus mir werden?« Wie sollte er umgehen mit dem, was er das »Recht der Ehefrau« nannte? Und was für ihn aus zwei Schreckensszenarien bestand: den körperlichen Ansprüchen der Gattin, aber vor allem auch den zeitlichen. So bittet er Felice, nicht noch einmal davon zu schreiben, dass sie bei ihm sitzen wolle, wenn er an seinen Büchern arbeite – denn wenn sie oder jemand anders hinter ihm sitze, dann sei das Geheimnis des Schreibens gestört. Und dann schreibt er an Felice noch den Satz: »Dem Wagnis, Vater zu sein, würde ich mich niemals aussetzen dürfen.« Kann man mehr vor sich selbst warnen, als es Kafka in diesen Briefen tat? Aber Felice reagiert, obwohl zerrissen zwischen Büro und Zuhause, Briefeschreiben und Sorgen um die Familie, als sei es ihre göttliche Berufung, als Adressatin für Kafka und die Weltliteratur da zu sein. Gelassen und mit großem Ernst nimmt sie diese Aufgabe an.

◈

Überall drängt 1913 die Kunst voran in die Abstraktion. Kandinsky in München, Robert Delaunay und František Kupka in Paris, Kasimir Malewitsch in Russland und Piet Mondrian in Holland versuchen alle auf ihrem eigenen Weg, sich immer mehr von allen realen Bezügen loszueisen. Und dann gibt es da noch diesen wohlerzogenen, reservierten jungen Mann in Paris: Marcel Duchamp, der aber plötzlich nicht mehr malen will.

◈

In München geht eine Benefizauktion für Else Lasker-Schüler vollkommen schief. Franz Marc hatte auf rührende Weise Künstlerfreunde um Gemälde gebeten, um die von Karl Kraus in der »Fackel« initiierte Hilfsaktion mit weiterem Geld zu unterstützen: Und tatsächlich kamen am 17. Februar Ölgemälde von Ernst Ludwig Kirchner, Emil Nolde, Erich Heckel, Karl Schmidt-Rottluff, Oskar Kokoschka, Paul Klee, August Macke, Alexej von Jawlensky, Wassily Kandinsky und Franz Marc selbst zur Versteigerung. Nur Ludwig Meidner aus Berlin lehnte ab (er habe selbst kein Geld und hungere). Es kam zur Auktion im Neuen Kunstsalon, doch niemand zeigte Interesse. So boten die Künstler gegenseitig, um die totale Blamage zu verhindern, und es kamen 1600 Mark zusammen.

Der Gesamtwert der am 17. Februar 1913 nicht versteigerten Werke würde heute bei circa 100 Millionen Euro liegen, ach was: bei 200 Millionen.

◈

Sigmund Freud arbeitet weiter an der Theorie des Vatermordes. Gleichzeitig feiern die neugegründeten Filmstudios in Potsdam-Babelsberg am 28. Februar die Uraufführung des Films »Die Sünden der Väter« mit Asta Nielsen. Und, passend zum Titel, fühlte sich Asta Nielsen später mitschuldig »an dem Kitsch in jener Frühzeit des Films«. Auf dem Filmplakat trägt sie einen engen Rock und eine offene Bluse. Asta Nielsen war schlank, das war damals noch unüblich und eine Freude für die

Karikaturisten, die einen Hungerhaken am Werk sahen. Die meisten Männer jedoch störte das wenig. 1913 war Asta Nielsen das Sexsymbol schlechthin; ein großer Vertrag mit ihr umfasste acht Filme zwischen 1912 und 1914, die unmittelbar nacheinander abgedreht und aufgeführt wurden. In der neuen Zeitschrift »Bild und Film« hieß es: »Man drängt sich wie bei Hungersnot an Bäckertüren und bricht um ein Billett sich fast die Hälse. Dabei gibt es zahlreiche Leute, die den Film zwei- oder dreimal kurz hintereinander ansehen und immer wieder entzückt sind.« Auch Samuel Fischer, berühmtester Verleger seiner Zeit, sieht mit wachsender Bewunderung, wie Asta Nielsen die Massen bewegt. Er erkennt im Film das Medium der Zukunft und will seine berühmtesten Autoren überreden, künftig auch Drehbücher zu schreiben.

◈

Es ist 1913, doch die Katastrophe für Arnold Schönberg lässt auf sich warten. Am Sonntagabend, dem 23. Februar um halb acht, haben seine »Gurre-Lieder« Premiere im Großen Musikvereinssaal in Wien – und das Publikum erwartet sehnsüchtig einen neuen Skandal. Schon seine letzten Auftritte und Kompositionen hatten Wien verstört und für Tumulte gesorgt, der einstige Romantiker hatte sich konsequent zum »Neutöner« entwickelt. Letztes Jahr hatte er Entsetzen ausgelöst mit seinem »Pierrot lunaire, opus 21«. Doch nun das: Plötzlich hört man von Schönberg keine moderne Radikalität, sondern pure Spätromantik. Fünf Vokalisten, drei vierstimmige Männerchöre, ein riesiges Orchester mit jeder Form von Flöte und Trommel und Streichinstrumenten. Allein 80 Streicher waren bei der Uraufführung aktiv, es ist der ganze Gigantismus der Jahrhundertwende, der sich hier Bahn bricht. Ohne 150 Musiker im Orchester sei das Oratorium nicht zu spielen, erklärte

Schönberg. Das Stück selbst ist ein großes, bombastisches, raunendes und schwingendes Naturschauspiel, es geht um Gewitter und um den Sommerwind. Unüberschaubare Chöre besingen die Schönheit der Sonne – so wie sie Schönberg einmal erschienen war als überwältigender Natureindruck, als er nach durchzechter Nacht auf den Anninger gezogen war, einen der Hausberge Wiens.

»In hundert Augen lauert schon die Schadenfreude: heute wird man's ihm wieder einmal zeigen, ob er sich's wirklich erlauben darf, zu komponieren wie er will und nicht wie die anderen es ihm vorgemacht haben«, schreibt Richard Specht für den Berliner »März« in seinem Bericht. Doch der Skandal bleibt aus, stattdessen: ein Triumph. »Das jubelnde Rufen, das schon nach dem ersten Teil losbrach, stieg zum Tumult nach dem dritten, ... Und als dann der machtvoll aufbrausende Sonnenaufgangsgruß des Chors vorüber war, ... kannte das Jauchzen keine Grenze mehr; mit tränennassen Gesichtern wurde dem Tondichter ein Dank entgegengerufen, der wärmer und eindringlicher klang, als es sonst bei einem ›Erfolg‹ zu sein pflegt: er klang wie eine Abbitte. Ein paar junge Leute, die ich nicht kannte, kamen mit schamglühenden Wangen und gestanden mir: sie hätten Hausschlüssel mitgebracht, um zu Schönbergs Musik die ihnen angemessen erscheinende hinzuzufügen, und nun seien sie so ganz von ihm bezwungen worden, dass sie nun nichts mehr von ihm abbringen könne.«

Die »Gurre-Lieder« mit ihren hymnischen, prachtvollen Melodiebögen waren der größte Publikumserfolg, den Schönberg je erleben sollte. Aber Schönberg war auch nie so sehr auf sein Publikum zugegangen wie hier – offenbar auch aus der panischen Angst vor der Katastrophe, die 1913 droht. Die »Gurre-Lieder« sind ein schwelgerisches und verschwenderisches Stück der Spätromantik, melodisch, obwohl ihr Schöpfer längst die Grenzen der Tonalität hinter sich gelassen hatte.

Betörende Schönheit, hart am Rande des Kitsches. Es hatte zehn Jahre gedauert, bis Schönberg die richtige Orchestrierung geschrieben hatte, die Komposition selbst stammte jedoch noch von der Jahrhundertwende – und war nun also dreizehn Jahre später genau auf der Höhe des Geschmacks des Wiener Publikums. Wer zu spät kommt, den belohnt das Leben. Die Hausschlüssel, mit denen sie Schönberg niederrasseln wollten, ließen die Zuhörer diesmal in der Tasche. Aber dort werden sie nicht bleiben.

◈

Es geht weiter Schlag auf Schlag in Wien im Jahre 1913.

An genau demselben Abend wird das Aufführungsverbot für Arthur Schnitzlers neues Stück »Professor Bernhardi« durchbrochen: In Form einer »Vorlesung« des Stückes im Verein Volksheim am Koflerpark, direkt an der Haltestelle der Elektrischen 8, »pünktlich um 7 Uhr abends«. Obwohl die k. k. Polizei-Direktion Wien festgestellt hatte: »Wenn auch die Bedenken, die gegen die Aufführung des Werkes vom Standpunkte der Wahrung religiöser Gefühle der Bevölkerung vorliegen, durch Striche oder durch Änderung einiger Textstellen immerhin beseitigt werden könnten, so stellt doch das Bühnenwerk schon in seinem gesamten Aufbau durch das Zusammenwirken der zur Beleuchtung unseres öffentlichen Lebens gebrachten Episoden österreichische staatliche Einrichtungen unter vielfacher Entstellung hierländischer Zustände in einer so herabsetzenden Weise dar, dass seine Aufführung auf einer inländischen Bühne wegen der zu wahrenden öffentlichen Interessen nicht zugelassen werden kann.«

◈

Nach dem Abend bei den »Gurre-Liedern« trifft sich am Montag um Viertel vor sechs ein illustrer Kreis im Salon von Arthur Schnitzler. Hugo von Hofmannsthal hatte am 21. Februar zugesagt – »weil es mir eine der größten und reinsten Freuden ist, eine neue Ihrer Arbeiten von Ihrer eigenen Stimme zu hören – und weil ich überhaupt beständig traurig darüber bin, dass ich Sie so wenig sehe. Von Herzen Ihr Hugo«. Schnitzler selbst quält sich durch die Lesung, er hustet und schwitzt, hat starkes Fieber. Schon zu den »Gurre-Liedern« am Abend zuvor hatte er nicht gehen können. Aber ein Arzt taugte noch nie zum Patienten, und so liest er am Montagabend tapfer vor aus »Frau Beate und ihr Sohn«, seiner neuesten Novelle, einer Ödipusgeschichte, an der Freud seine Freude hatte. Es ist ein langer Text, aber Schnitzler hält durch. Eine Frau schläft mit dem Freund ihres jugendlichen Sohnes. Der Freund prahlt damit herum, der Sohn schämt sich fast zu Tode, die Mutter schämt sich fast zu Tode, Mutter und Sohn rudern auf den See hinaus, lieben sich und schämen sich dann wirklich zu Tode. In Sachen Sinnlichkeit wurde Schnitzler von allen, auch seinen Kritikern, große Kennerschaft bescheinigt. Heute noch mehr, also seit auch seine Tagebücher bekannt sind.

Während seine Frau Olga, mit der er 1913 in einen zersetzenden Stellungskrieg verkeilt ist, mit den Gästen noch etwas isst und trinkt, zieht er sich zurück auf sein Zimmer und notiert: »Nachmittags mit heftiger Grippe ›Beate‹ vorgelesen von 6–9 beinah. Richard, Hugo, Arthur Kaufmann, Leo, Salten, Wassermann, Gustav; Olga.« Salten übrigens war Felix Salten, jene wunderbar schillernde Wiener Doppelbegabung des frühen 20. Jahrhunderts, der mutmaßlich die Erzählung »Bambi« veröffentlichte und wohl – und unter Pseudonym – »Die Erinnerungen der Josefine Mutzenbacher«, eine selbst das in erotischen Dingen durchaus avancierte Wien herausfordernde Pornographie im Wiener Dialekt. Zwischen Porno und

Bambi – das war genau die Janusköpfigkeit, die den besonderen Zauber und die besondere subversive Kraft Wiens in jenen Jahren ausmachte. Adolf Loos fand für all die Gestalten aus den Analysen von Sigmund Freud, aus den Geschichten von Arthur Schnitzler und aus den Bildern von Gustav Klimt die einzigartige Formel: »Ornament und Verbrechen«.

◈

Einen Tag nach der Lesung im Hause Schnitzler, am Dienstag, dem 25. Februar, kauft Thomas Mann in München das Grundstück Poschingerstraße 1. Noch am selben Tag beauftragt er den Architekten Ludwig offiziell mit dem Bau einer Villa, die seiner würdig ist: ruhig, überlegen, etwas steif. Gemeinsam mit seinem Architekten wartet er in der Nähe des Baugrundstücks auf die Tram Nr. 30 zur Innenstadt. Den Stock mit dem runden Griff hat Thomas Mann wie immer über den linken Arm gehängt, und als er ein Staubkorn entdeckt, schlägt er es mit der Hand vom Paletot. Dann hört er die Tram von der Bogenhausener Höhe herunterkommen.

◈

Picasso besitzt drei Siamkatzen. Marcel Duchamp nur zwei. Und so steht es auch bis heute zwischen den beiden großen Revolutionären: 3 zu 2.

◈

Das bedeutendste Werk, das Franz Kafka in diesem Jahr 1913 schreiben wird, sind seine Briefe an Felice. Es ist voller Ernst, voller Verzweiflung, voller Komik. So schreibt er gleich am 1. Februar: »Mein Magen ist, wie mein ganzer Mensch, seit paar Tagen nicht in Ordnung und ich suche ihm durch Hungern beizukommen.« Dann berichtet er Felice in wunderbaren Worten von einer Lesung Franz Werfels am vergangenen Tag. »Wie ein solches Gedicht, den ihm eingeborenen Schluss in seinem Anfang tragend, sich erhebt, mit einer ununterbrochenen, innern, strömenden Entwicklung – wie reißt man da, auf dem Kanapee zusammengekrümmt, die Augen auf!« Er hat Felice sogar ein Exemplar von dessen neuem Gedichtband gewidmet, für »eine Unbekannte«; doch, »oh weh«: »Ich schicke Dir das Buch nächstens, wenn mir nur nicht immer die Art der Verpackung, der Aufgabe u. s. w. solche Sorgen machen würden.« Da sitzt also Franz Kafka in seinem Zimmer in Prag und verzweifelt über die Frage, wie er ein Buch einpacken soll. Wie gut, dass in diesem Moment die Druckfahnen für »Das Urteil« eintreffen.

Aber was wird Felice, dieser ungezwungenen, modernen, tangotanzenden jungen Angestellten und Frau im bestem Alter, wohl durch den Kopf gehen, wenn sie von ihrem Franz Zeilen wie diese liest: »Liebste, sag warum liebst Du gerade einen so unglücklichen, mit seinem Unglück auf die Dauer gewiss ansteckenden Jungen? Ich muss einen Dunstkreis von Unglück mit mir führen. Aber nicht Angst haben, Liebste, und bei mir bleiben! Ganz nahe bei mir!«

Danach berichtet er wieder klagend von Schmerzen in der Schulter, von Erkältungen und Darmproblemen. Am 17. Februar dann die vielleicht ehrlichsten und sicherlich schönsten Worte, die er je an die geliebte Verzauberin im fernen Berlin schrieb: »Manchmal denke ich, Du hast doch, Felice, eine solche Macht über mich, verwandle mich doch zu einem Menschen, der des Selbstverständlichen fähig ist.« Es wird ihr selbstverständlich nicht gelingen.

◈

Am 16. Februar 1913 besteigt Josef Stalin am Wiener Nordbahnhof den Zug und reist zurück nach Russland.

◈

Seine Tagesration ist eine Leiche. Am Ende sind es genau 297 Körper, Bierkutscher, Prostituierte, namenlose Wasserleichen, die Dr. med. Gottfried Benn zwischen dem 25. Oktober 1912 und dem 9. November 1913 seziert. Tag für Tag steigt er in diesem kalten, vermaledeiten Februar mit weißem Kittel hinab in den Keller des Westend-Klinikums in Berlin-Charlottenburg und zückt sein Messer. Durchwühlt die Leichen, findet Todesursachen, aber keine Seelen. Es ist die Hölle für diesen empfindsamen, gerade 26-jährigen Pfarrerssohn aus der Neumark, dieses pausenlose Aufschneiden, Vollstopfen, Zunähen, Aufschneiden. In diesen einsamen Monaten unter Tage und im Angesicht des Todes schließen sich Benns Augenlider, wie die Fotografien erzählen, von oben und von unten ein wenig zu. Er wird sie nie wieder ganz öffnen. »Dünn sah er durch die Lider«, schreibt Benn, kaum dem Sektionskeller entstiegen, als er sich in der Figur des »Rönne« das Leiden von der Seele zu kratzen versucht. Beim Blick durch seine dünnen Lider ahnt Benn, ungläubig blinzelnd, in seinem tristen Leichenkeller das Modell des 20. Jahrhunderts: Eyes wide shut. Darum dichtet er, abends, nach dem zweiten, dritten Bier auf irgendein Blatt Papier: »Die Krone der Schöpfung, das Schwein, der Mensch«. Und er weiß, am nächsten Tag, wenn der Morgen graut, wartet unten im Keller die nächste Leiche, die jetzt vielleicht noch lebt und um die Häuser zieht. Im nächsten Frühjahr bittet er ausgezehrt um seine Entlassung, und der Professor Dr. Keller lügt in seinem Abschlusszeugnis: »Während seiner Tätigkeit hat sich Herr Dr. Benn seiner Aufgabe in jeder Weise gewachsen gezeigt.« Schon Benns Erstling

»Morgue«, seine im März 1912 erschienenen Gedichte aus dem Leichenschauhaus, bewies das Gegenteil: Schonungslose, kalte und doch verwegen spätromantische Gedichte über Körper, Krebs und Blut, die eine große, existentielle Erschütterung verraten und die man auf nüchternen Magen noch heute nicht lesen kann.

Ihre Wut und ihre Wucht aber machten über Nacht ihren Urheber, den unscheinbaren, nur 167 Zentimeter großen Pathologen mit Geheimratsecken und Bauchansatz, zu einer geheimnisumwitterten Figur der Berliner Avantgarde. Der Bürgerschreck im Dreiteiler. »Schon diese erste Gedichtsammlung brachte mir den Ruf eines brüchigen Roués ein«, erinnerte sich Benn, »eines infernalischen Snobs und des typischen Kaffeehausliteraten, während ich auf den Kartoffelfeldern der Uckermark die Regimentsübungen mitmarschierte und in Döberitz beim Stab des Divisionskommandeurs im englischen Trab über die Kiefernhügel setzte.« Wir wissen nicht, ob es der Militärarzt Benn war, der eines Abends im »Café des Westens«, Kurfürstendamm/Ecke Joachimsthaler Straße, an den Tisch Else Lasker-Schülers trat oder umgekehrt. Aber es gab keinen besseren Ort für diese beiden vor lyrischer Erschütterung bebenden Außenseiter, um sich zu finden. Das Künstlerlokal war ein mit Noblesse verkommener Ort, es gab mittelmäßige Wiener Küche wie bis heute in allen Berliner Künstlerlokalen, die etwas auf sich halten, die Luft stand von dem Qualm der Zigaretten, von draußen drang der ohrenbetäubende Straßenlärm hinein, auf den Zeitungen prangte der Stempel »Gestohlen im Café des Westens« und drinnen saß die Boheme und trank auf Pump. Eine Tasse Kaffee oder ein Glas Bier kosteten 25 Pfennig, und man konnte bis fünf Uhr morgens davor sitzen bleiben.

Benn und Lasker-Schüler waren ständig hier, sie hatten sich zunächst beäugt wie zwei Raubtiere, waren umeinander herumgeschlichen, hatten ihren Hunger gefüttert, in dem sie wochenlang Gedichte des anderen laut vor sich her sagten, wenn sie nachts durch die neugebauten Straßenzüge des Westens heimwärts zogen. »Jeder seiner Verse ein Leopardenbiss, ein Wildtiersprung«, schreibt sie in diesen Tagen über Benn. Else Lasker-Schüler, die um siebzehn Jahre ältere Dichterin, frisch geschieden von ihrem zweiten Mann, in Affären mit allen zentralen Figuren der Berliner Boheme verbandelt, wild behangen mit Schmuck, Fußglocken und orientalischen Gewändern, verfällt auf der Stelle dem steifen Dr. med mit seinem schläfrigen Blick und seinem scheuen, fast unbeteiligten Tonfall, mit dem er wie in seinen Gedichten Ungeheuerliches über den Tod, die Leichen und den Körper der Frau sagen konnte, als bestelle er bloß einen Kaffee. Und Gottfried Benn, noch etwas präpotent und unsicher, verfällt der sinnlichen, reifen Frau mit den Augen, die funkeln wie schwarze Diamanten.

Die beiden Menschen, die sich in diesem kalten Berliner Winter treffen und einander annähern, sind Gescheiterte, 44 und bald 26 Jahre alt. Else Lasker-Schüler, die einst behütete Bankierstochter aus Elberfeld, bettelarm, sich wochenlang nur von Nüssen und Obst ernährend, von Fieber gepeinigt, zieht mit ihrem Sohn durch die Nacht, haust unter Brücken und in Pensionen, schnorrt sich jede Tasse Kaffee. Mit ihren verschlissenen orientalischen Gewändern wirkt sie wie ein Clochard aus Tausendundeiner Nacht. Sie dichtet auf geklauten Telegrammformularen aus dem Hauptpostamt. Benn auf der anderen Seite, der verirrte behütete Pfarrerssohn vom Lande, sucht verzweifelt nach seiner Profession, er ist gerade zum zweiten Mal gescheitert, erst als Arzt in der Psychiatrie der Charité, dann als Truppenarzt, wo man ihn auf Zwangsurlaub schickt. Gutachten bescheinigen ihm Probleme im Umgang mit Menschen. Man empfiehlt den Umgang mit Leichen. Kurz nach seinem Dienstantritt in der Pathologie stirbt die geliebte Mutter. Und Benn, inzwischen routiniert im Zunähen, dichtet: »Ich trage dich wie eine Wunde auf meiner Stirn, die sich nicht schließt«. Das ist der biographische Moment, in dem sich Benn und Lasker-Schüler wahrnehmen und wie zwei Ertrinkende aneinanderketten. »O Deine Hände«, heißt Lasker-Schülers Gedicht aus dem Oktober 1912 – und daran erkennt man das erste Mal auf ihrem Herzen die Handschrift des Dr. Gottfried Benn. Sie kann ihm, welch Glück, sogar auf Hebräisch schreiben, der Pfarrerssohn kennt das Alte Testament aus der Theorie. Nun also die Praxis.

Kann das gutgehen?

◈

In der Berggasse 19, der schon seinerzeit berühmtesten Adresse Wiens, sitzt Dr. Sigmund Freud. Seine Analysen hatten ihn reich gemacht, bis zu elf Sitzungen schafft er noch an einem Tag, 100 Kronen bekommt er für jede, so viel wie seine Hausangestellten in einem ganzen Monat. Dass er aber nach dem Tod von Gustav Mahler an dessen Nachlassverwalter schrieb und die Kosten für einen gemeinsamen Spaziergang mit dem Komponisten einzutreiben versuchte, das hat ihm Alma Mahler ein Leben lang übel genommen. Er ist 1913 eine Legende, seine Forschungen zu Träumen und Sexualität sind Allgemeingut, wenn Schnitzler oder Kafka ihre Traumbilder notieren, dann gerne mit der Frage, was wohl Dr. Freud dazu sagen würde. Er forschte über die Sexualität, die die anderen verdrängten – und die er nach heutigem Forschungsstand in jenem Jahr 1913 selbst verdrängte. Nachdem ihm seine Frau sechs Kinder geboren hatte, zog er offenbar die Enthaltsamkeit vor, Affären sind nicht bekannt, nur sein ungeklärtes Verhältnis zu Minna Bernays, der Schwägerin, die mit im Hause wohnte, gibt Anlass zu Spekulationen, aber nichts Genaues weiß man nicht.

Es amüsierte Freud, dass die Wiener seine Forschungen über das Verdrängte und das Unbewusste in dem Moment ernst nahmen, als er zum Professor ernannt worden war. »Es regnet jetzt schon Glückwünsche und Blumenspenden, als sei die Rolle der Sexualität plötzlich von Seiner Majestät amtlich anerkannt, die Bedeutung des Traumes vom Ministerrat bestätigt.«

◈

Schon den Zeitgenossen kamen Dr. Freud und Dr. Schnitzler wie siamesische Zwillinge vor: Hier die »Traumdeutung«, da die »Traumnovelle«, hier der Ödipuskomplex, da »Frau Beate und ihr Sohn«. Aber gerade weil sie sich offenbar so nahe waren, gingen sie sich höflich aus dem Weg. Einmal raffte sich Freud auf und schrieb Schnitzler von seiner Scheu, ihn zu treffen, es sei »eine Art von Doppelgängerscheu«. Denn er habe durch die Lektüre von Schnitzlers Erzählungen und Theaterstücken den Eindruck gewonnen, dass »Sie durch Intuition – eigentlich aber in Folge feiner Selbstwahrnehmung – alles das wissen, was ich in mühseliger Arbeit an anderen Menschen aufgedeckt habe«. Doch auch dieses Bekenntnis änderte nichts. Wie zwei Magnete mit gleichen Polen konnten sie sich nicht zu nahe kommen. Aber sie nahmen es beide mit Humor. Als 1913 bei Dr. Schnitzler in die Praxis der blutüberströmte Sohn eines Industriellen eingeliefert wurde, dem ein Pony in den Penis gebissen hatte, da ordnete der Doktor an: »Den Patienten bringen Sie sofort in die Unfallklinik – und das Pony am besten zu Professor Freud.«

◈

Die große Berliner Zigarettenfirma »Problem« wirbt überall in Berlin auf den Bussen und Droschken mit ihrer Zigarettenmarke, die den Namen »Moslem« trägt. So liest man, wenn man über den Potsdamer Platz läuft oder den Kurfürstendamm, in großen Lettern: »Moslem. Problem Zigaretten«.

◈

Heinrich Mann lebt jetzt in München mit Mimi Kanova zusammen, die er 1912 – wie passend – während der Berliner Proben zu seinem Stück »Die große Liebe« kennengelernt hat. Sie ist ein bisschen dick. Er nennt sie »Pummi«. Aber sie schrieb ihm, wenn er für sie ein weiteres Engagement am Theater besorge, dann werde sie »ihn pflegen wie ein Baby«. Das fand er offenbar attraktiv. Alle anderen rümpfen ihre Nase über die ordinäre Frau und die Beziehung unter Niveau (natürlich auch sein Bruder Thomas, der immer seine Lippen spitzt, wenn Heinrich wieder zu forciert heterosexuell agiert). Heinrich, der mit seinem Spitzbart und seinen leicht hängenden Lidern aussieht wie ein spanischer Adliger, sitzt zufrieden mit seiner Mimi in München in der Leopoldstraße 49 und schreibt.

Als Heinrich 42 Jahre alt wird, lädt Thomas seinen Bruder und dessen Frau ein, herüberzukommen für ein kleines Abendessen. Aber ansonsten arbeitet er permanent an seinem großen Buch »Der Untertan«. Er ist sehr diszipliniert, schreibt mit feiner Handschrift Seite um Seite in seine im kleinen Quartformat beschnittenen Hefte und ist fast fertig mit seiner schonungslosen Analyse der deutschen Gesellschaft unter Kaiser Wilhelm II. Nur zwischendurch zeichnet er Akte, meist wohlbeleibte Frauen in gewagten Posen, sie erinnern sehr an die Bordellzeichnungen von George Grosz. Später, nach seinem Tod, wird man sie einmal in seinen unteren Schreibtischschubladen finden.

Heinrich Mann verhandelt mit verschiedenen Zeitschriften über einen Vorabdruck des »Untertan« und jetzt wird er mit der Münchner Zeitschrift »Zeit im Bild« handelseinig. Am 1. November 1913 soll der Vorabdruck beginnen. Gegen die Zahlung von 10000 Reichsmark Honorar willigt Heinrich Mann ein, gegebenenfalls »Streichungen von Stellen allzu erotischer Art vorzunehmen«. Na gut, so mag sich Heinrich Mann gedacht haben, in diesem Fall geht es mir ja auch eher um Stellen allzu sozialkritischer Natur … Ein paar Jahre zuvor in einem Café Unter den Linden in Berlin war ihm die Idee gekommen angesichts der Masse des bürgerlichen Publikums, das sich gierig an die Scheiben drückte, weil draußen der Kaiser vorbeiritt. »Zu dem alten menschenverachtenden preußischen Unteroffiziersgeist ist hier die maschinenmäßige Massenhaftigkeit der Weltstadt gekommen«, schrieb Mann, »und das Ergebnis ist ein Sinken der Menschenwürde unter jedes bekannte Maß.« Früh hat Mann die Idee für einen Papierfabrikanten, der nur noch verherrlichende Postkarten mit dem Konterfei des Kaisers druckt, er macht große Recherchen, fährt zu Papiermühlen und in Reproduktionsanstalten, macht sich akribisch Notizen, spricht mit den Arbeitern, arbeitet wie ein Reporter. Und Richard Wagner, vor allem dessen irritierend narkotisierende Wirkung auf den Widerspruchsgeist, ist ihm ein solches Rätsel, dass er erstmals, aus Recherchegründen, einen Lohengrin besucht. Während sich also sein Bruder Thomas mit der »Königlichen Hoheit« beschäftigt und mit dem Hochstapler Felix Krull, sucht Heinrich Mann nach dem Untertänigen im Deutschen – und erschreckt stellt er fest: Er findet es überall. Von einem Juristen lässt er sich haargenau den Tatbestand der Majestätsbeleidigung erklären. Denn genau das soll es werden, sein Buch »Der Untertan«: eine Beleidigung Seiner Majestät, des deutschen, kleinbürgerlichen Geistes.

◈

Hermann Hesse lebt sehr unglücklich mit seiner Frau Maria in Bern zusammen. Er engagiert sich gemeinsam mit Theodor

Heuss (ja: *dem* Theodor Heuss) in der Zeitschrift »März«, doch auf ihm und seinem Schreiben lastet die Situation zu Hause. Auch der Umzug vom Bodensee, wo sie ein vegetarisches Reformleben versucht hatten, in das ruhige Zentrum der Schweiz, in die Heimat seiner Frau, brachte die Beziehung nicht voran. Es gibt drei Kinder, Martin, der Jüngste, ist gerade zwei Jahre alt, doch das Band zwischen den Eltern ist mürbe geworden. Hesse greift zu dem Herz- und Kreislaufmittel, das nur Schriftsteller sich selbst verordnen können: der Fiktionalisierung. Er streitet sich in der Stube und geht dann in die Schreibkammer, spannt einen neuen Bogen in seine geliebte Schreibmaschine ein und schreibt den Streit als Dialog. So entsteht 1913 »Roßhalde«, die er noch im selben Jahr in »Velhagens & Klasings Monatsheften« veröffentlicht. Die Hauptfigur Johannes Veraguth durchlebt Hesses Leiden ein zweites Mal, also sein Schwärmen, das naturgemäß in Ernüchterung endet. Adele heißt seine Frau im Roman – sie ist so resigniert und verbittert wie Maria, Hesses Frau. Sehr offen thematisiert er nicht nur das Scheitern seiner Ehe – sondern ganz grundsätzlich die Unmöglichkeit, als Künstler in Ehe und Gesellschaft bei sich bleiben zu können. Der 23 Jahre junge Jurastudent Kurt Tucholsky, der seit Januar 1913 für die »Schaubühne« arbeitet, die dann zur »Weltbühne« wird, schreibt über »Roßhalde« Sätze von großer Hellsichtigkeit: »Wenn nicht vorn auf dem Titelblatt der Name Hesse stünde, so wüssten wir nicht, dass er es geschrieben hat. Das ist nicht unser lieber, guter, alter Hesse: das ist jemand anders.« Vor allem aber hat Tucholsky auf den ersten Blick die schwachen Grenzen zwischen Fiktion und Wirklichkeit durchschaut: »Hesse ist wie dieser Veraguth; er hat die heimatlichen Zelte abgebrochen und geht – wohin?« Gute Frage.

◈

Natürlich klappt auch 1913 nicht alles. Es hat Vorbereitungen für eine Ausstellungstournee gegeben, Auftakt in Frankfurt, die die Kunst der Berliner Expressionisten und der Secessionisten mit der des Blauen Reiters vereint hätte. Doch zu ihrer Überraschung erhalten die Blauen Reiter in Oberbayern aus Berlin ihre Bilder zurückgeschickt. Verärgert schreibt Franz Marc aus Sindelsdorf am 28. Februar mit dem Signet des Blauen Reiters auf dem Briefkopf an Georg Tappert, den Vorsitzenden der Neuen Secession in Berlin: »Beim Auspacken meiner Bilderkiste fand ich zu meinem größten Verdruss auch die ›Hirsche‹ beigepackt, die doch nach meiner ausdrücklichen Bestimmung auf die Tournee (zunächst April in Frankfurt) mitgehen sollten. Nun schreibt mir heute Kandinsky, dass zu seinem unverhohlenen Erstaunen ihm seine 4 Berliner Bilder nach München geschickt worden sind. Wie sollen wir uns nun dazu stellen? Die Logik scheint, dass aus der Tournee nichts geworden ist. Aber wie ist es möglich, dass Sie, ohne uns zu fragen, uns die Bilder einfach auf den Hals schicken?« Doch es ist noch nicht aller Tage Abend. Im Herbst wird das einzigartige Gipfeltreffen der beiden Pole des deutschen Expressionismus dann doch noch gelingen.

◈

Rainer Maria Rilke wird es schon Anfang Februar zu heiß. Er war in den Süden geflohen, um die Sonne zu sehen. Doch nun, im weißen Sommeranzug im Gartenstuhl des Hotel Reina Victoria in Ronda liegend, sehnt er sich nach dem kühlen Norden. Er wäre sonst auch nicht Rilke. Er ist ein so großer Frauenversteher, Naturnachempfinder und Hineinfühler, dass er selbst Mitleid hat, wenn im Spätsommer die Städte »vom unnachgiebigen Sommer recht mitgenommen sind«. Und wahrscheinlich spürt deshalb auch nur jemand wie Rilke bei den ersten warmen Sonnenstrahlen des Jahres schon ihre künftige, sengende Vernichtungskraft. So klagt er also Anfang Februar in den Briefen an die Mama und die fernen Seelenfreundinnen, der Frühling bekomme ihm nicht: »Die Sonne war zu heftig, am Morgen um 7 Uhr war sichtlich Februar, vier Stunden später, gegen 11, hätte man sich rein im August glauben können.« Sie werde doch sicher verstehen, so schreibt er an Sidonie Nádherný, dass es »unerträglich« sei, wenn die Sonne so steche. Am 19. Februar reist er fluchtartig ab. Ende des Monats bezieht er in Paris seine neue Wohnung in der Rue Campagne-Première. Nach anderthalb Jahren auf der Flucht vor sich selbst durch halb Europa landet er in der vorfrühlingshaft flirrenden Metropole. Er hat Angst davor, anzukommen. Aber er will es noch einmal versuchen, hier, in diesem Paris, an diesem Ort. Aber er weiß gar nicht mehr, wie das geht. Sitzen, arbeiten, ruhig bleiben. Leben.

◈

Im Frühjahr 1913 gelingen Charles Fabry die entscheidenden Experimente zur Entdeckung der Ozonschicht. Sie ist noch vollkommen intakt.

◈

Nach nur einem Tag Zugfahrt ist man schon in Galizien, österreichischem Kronland, deshalb wird Wien in diesen Jahren zum beliebtesten politischen Exil für flüchtige Revolutionäre aus Russland. In der Döblinger Rodlergasse etwa arbeitet in ärmlich-kleinbürgerlicher Atmosphäre mit Frau Natalia und Kindern der Schriftsteller und Journalist Leo Bronstein, besser bekannt als Leo Trotzki. Weihnachten leisteten sich die Trotzkis einen Christbaum, um so zu tun, als gehörten sie dazu und als wollten sie nie wieder weg. Trotzki verdient wenig Geld mit seinen journalistischen Arbeiten für diverse liberale und sozialdemokratische Blätter, oft sitzt er ganze Tage im Café Central und spielt Schach, 1913 gilt »Herr Bronstein« als der beste Schachspieler in der Wiener Kaffeehausszene, und das will etwas heißen. Immer wenn er Geld braucht, bringt er wieder einige seiner Bücher ins Leihhaus, eine andere Wahl hat er nicht.

Stalin arbeitet Anfang Februar weiter an »Marxismus und die nationale Frage«, das sein berühmtestes Werk werden wird – und das Völkergemisch in Österreich-Ungarn ist ihm anschauliches Lehrbeispiel. Stalin entwickelt in Wien die Idee eines Zentralreiches hinter scheinbarer nationaler Autonomie – also letztlich die Programmatik der Sowjetunion. Stalin, von seinen Freunden »Sosso« genannt, redet auch mit den Kindern der Trojanowskis über nichts anderes. Er versucht kurz, mit dem Kindermädchen zu flirten, daraus wird aber nichts, darum stürzt er sich wieder in seine Arbeit. Nun gut, für eine praktische Anwendung der Übel des Kapitalismus hat er kurz Zeit. Er wettet mit der Mutter, als sie wieder einmal zusammen im Schönbrunner Park sind, dass Galina, die temperamentvolle Tochter, zu ihm gelaufen komme, wenn sie beide sie rufen, bloß weil sie hofft, dass er wieder Bonbons für sie gekauft hat. Auch in diesem Falle behält er recht.

Zwei Männer besuchten ihn in dieser Zeit in der Wohnung der Trojanowskis. Nikolai Bucharin hilft ihm bei Übersetzungen, was ihn freut, kann aber, anders als Stalin, bei dem Kindermädchen landen, was dieser ihm zeitlebens nicht verzeihen wird (und wofür Bucharin irgendwann einmal mit einer Kugel im Kopf bezahlen muss). Und auch Trotzki kommt einmal zufällig vorbei: »Ich saß neben dem Samowar am Tisch in der Wohnung von Skobelow … in der alten Hauptstadt der Habsburger«, schreibt Trotzki, »als sich die Tür plötzlich nach einem

Klopfen öffnete und ein unbekannter Mann eintrat. Er war klein ... dünn ... Pockennarben bedeckten seine graubraune Haut ... Ich sah nicht den geringsten Anflug von Freundlichkeit in seinen Augen.« Das war Stalin. Er holte sich eine Tasse Tee vom Samowar und ging so leise hinaus, wie er gekommen war. Er hatte Trotzki nicht erkannt – zum Glück, denn in Artikeln hatte er Trotzki bereits einen »marktschreierischen Athleten mit falschen Muskeln« genannt.

◈

In ebenjenem Februar 1913, als sich Stalin und Trotzki das erste Mal sehen, wird im fernen Barcelona der Mann geboren, der später auf Geheiß Stalins Trotzki ermorden wird. Er heißt Jaime Ramón Mercader del Río Hernández.

◈

Am 23. Februar wird Josef Stalin in St. Petersburg auf offener Straße festgenommen. Er rennt in Frauenkleidern und einer Perücke um sein Leben. Das hat weder etwas mit dem Fasching noch mit speziellen Neigungen zu tun. Nein, der Revolutionär hält sich illegal in Russland auf und hat die Kleider zuvor aus der Garderobe einer musikalischen Benefizveranstaltung für die »Prawda« gestohlen, die durch eine polizeiliche Razzia gesprengt wurde. Die Polizei stellt den hinkenden Flüchtling und reißt ihm das bunte Sommerkleid und die Perücke vom Leib, darunter kommt die Gestalt Stalins zum Vorschein. Er wird erkannt und nach Turuchansk in Sibirien verbannt.

◈

Es gab im aufgewühlten Wien eine Affäre, die selbst den Wienern den Atem raubte. Alma Mahler, das schönste Mädchen Wiens mit legendärer Taille und ausladendem Busen, frisch verwitwet nach dem Tod des großen Komponisten, war noch in Trauerkleidung Oskar Kokoschka verfallen, dem hässlichsten Maler Wiens, dem ungestümen Provokateur, der immer mit hängenden Hosen oder geöffneten Hemden herumlief und dessen berühmtestes Stück »Mörder, Hoffnung der Frauen« hieß – und der das auch genau so meinte. Kaum hatte er die junge, schöne Witwe im Sturm erobert, bekam er es mit der Angst zu tun. Aber nicht vor ihr – sondern vor potentiellen Nebenbuhlern: »Almi, ich möchte nicht, dass irgendein Auge Deinen offenen Busen sieht, im Schlafrock oder Kleid. Behüte meine Geheimnisse Deines lieben Leibes.« So schonungslos sexuell wie die Briefe und die Affäre zwischen Kokoschka und Alma Mahler war kaum etwas im Wien des Jahres 1913 – tagsüber durfte Alma ihrem gesellschaftlichen Leben als erste Witwe der Stadt nachgehen, mit Empfängen und Salons in ihrer eigenen Wohnung. Aber nachts machte Kokoschka seine Rechte geltend. Er könne nur arbeiten, wenn er jede Nacht mit ihr schlafen könne, so sagt er ihr, und sie ist besessen von seiner Besessenheit. Als er sie malen soll im Haus ihrer Stiefeltern Moll, da zieht sie ihn ins Nachbarzimmer und singt herzzerreißend Isoldes Liebestod. Und stürzt sich mit opernhafter Absolutheit in diese Affäre. Kokoschka kann nichts anderes mehr malen als Alma. Nackt meist, aufgelöstes Haar, geöffnete Bluse, er malt wild und ungestüm, so wie er auch liebt. Er wirft aus Ungeduld den Pinsel weg, weil es ihm zu lange dauert, und malt mit den Fingern, nutzt den linken Handteller als Palette und kratzt dann mit den Fingernägeln Linien hinein in die Farbwulste. Das Leben, die Liebe, die Kunst: alles ein großer Kampf.

Wenn Kokoschka nicht Alma malt, dann malt er Alma und

sich, etwa das »Doppelbildnis Oskar Kokoschka und Alma«. Er nennt es: »Das Verlobungsbild«. Weil er sie heiraten will und hofft, sie so für immer einzufangen. Aber Alma ist eine Schlange. Heiraten, so erklärt sie ihm, könne sie ihn erst, wenn er ein absolutes Meisterwerk geschaffen habe. Kokoschka hofft, dass dieses Verlobungsbild sein Meisterstück wird – Ende Februar ist er fast fertig und Alma ruhelos. Er fleht sie an: »Bitte schreibe mir recht viel Liebes, damit ich nicht mehr einen Rückfall habe und keine Zeit vor dem Bild verliere.« Doch Alma hat gerade das gemeinsame Kind abgetrieben und ärgert sich über den Schwangerschaftsbauch, den Kokoschka ihr gemalt hat. Seltsam verschränkt stehen sie beide auf dem Gemälde – Kokoschka schaut leidend, Alma gefasst. Sie fährt mit ihrer Mutter auf den Semmering und sucht ein Baugrundstück aus auf den Ländereien, die Gustav Mahler einst für sie beide gekauft hatte. Nun plant sie ein Liebesnest für den Nächsten. Und als das »Verlobungsbild« fertig ist, schickt es Kokoschka nach Berlin zur Secession. Es ist natürlich das, was er sich erhofft hat: eine öffentliche Verlobungsanzeige. Als Walter Gropius, der große Architekt, dessen Fagus-Werke gerade gebaut werden und der sich Hoffnungen macht, Alma zu heiraten, das Bild in Berlin sieht, bricht er wie gewünscht zusammen. (Aber, unter uns, er ist es am Ende, der Alma heiraten wird, nicht Kokoschka).

◈

Albert Schweitzer sitzt in Straßburg an seiner dritten Doktorarbeit. Er ist längst ein Dr. phil. dank seiner philosophischen Dissertation »Die Religionsphilosophie Kants. Von der Kritik der reinen Vernunft bis zur Religion innerhalb der Grenzen der bloßen Vernunft«. Und ein Doktor der Theologie ist er auch schon: »Kritische Darstellung unterschiedlicher neuerer historischer Abendmahlsauffassungen«. Er war dann Dozent für Theologie in Straßburg geworden und sogar Vikar an der Kirche St. Nikolai, als er sich entschied, auch Doktor der Medizin zu werden. 1912 erhielt er die Approbation als Arzt. Der Arzt und Vikar und Dozent und Dr. phil und Lic. theol. aber lässt nicht locker. Seine Doktorarbeit »Die psychiatrische Beurteilung Jesu« muss fertig werden. Die Sekundärliteratur erschlägt ihn, die Dreifachbelastung sorgt für bleierne Müdigkeit. Damit er nicht einschläft beim Lesen, hat er sich angewöhnt, einen Eimer mit kaltem Wasser unter seinen Schreibtisch zu stellen. Wenn er den Ausführungen in den Büchern nicht mehr wirklich folgen kann, zieht er seine Socken aus, stellt seine Füße ins kalte Wasser und liest dann weiter. Er ist jetzt fast fertig. Und er hat schon sein nächstes großes Ziel vor Augen: Afrika.

MÄRZ

Im März fährt Kafka tatsächlich zu Felice Bauer nach Berlin, sie versuchen, zusammen spazieren zu gehen, doch es klappt nicht. Robert Musil konsultiert einen Nervenarzt, darf aber wieder gehen, Camille Claudel kommt in die Nervenklinik und muss dreißig Jahre bleiben. Und in Wien findet am 31. März das große »Watschenkonzert« statt: Arnold Schönberg wird öffentlich geohrfeigt, weil er zu schrille Töne angeschlagen hat. Albert Schweitzer und Ernst Jünger träumen von Afrika. In Cambridge beginnt Ludwig Wittgenstein mit seinem Outing und mit seiner neuen Logik, Virginia Woolf hat ihr erstes Buch fertig und Rainer Maria Rilke hat: Schnupfen. Allgemein die große Frage: »Wohin treiben wir?«

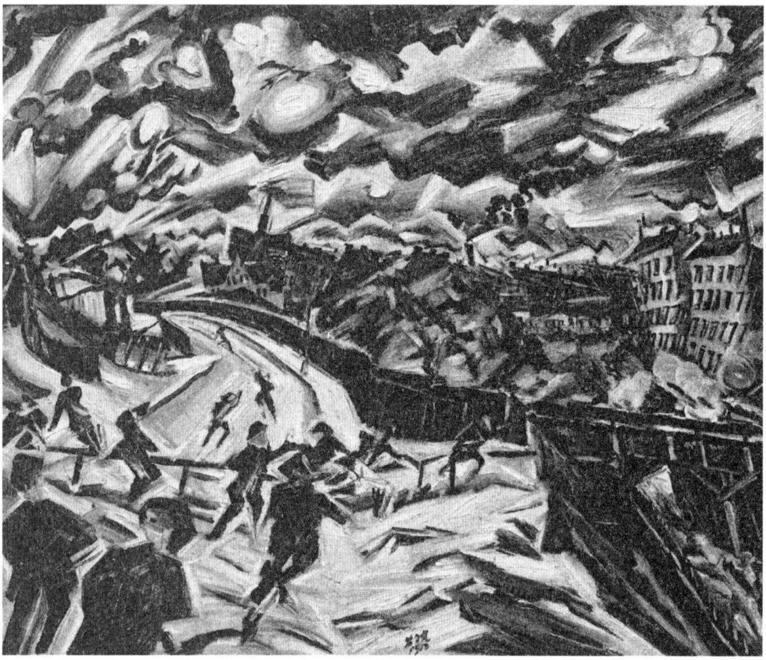

In Berlin-Nikolassee, vor den Toren der Stadt, am Rande der verwunschenen Rehwiese, werden im Kirchweg 27 und 28 fast gleichzeitig zwei besondere Villen fertig: Hermann Muthesius' »Haus Stern« für den Bankpräsidenten Julius Stern und direkt daneben, erbaut von dem Architekten Walther Epstein, die Villa für den vielleicht wichtigsten deutschen Kunstschriftsteller, Julius Meier-Graefe, der durch Erbe, Bucherfolge und Kunsthandel zu einem gewissen Vermögen gekommen war. Als es gebaut wurde, fuhr Meier-Graefe immer von der Baustelle in die Stadt, um Lovis Corinth Porträt zu sitzen, stundenlang, es wird ein besonderes Bild, das zwei der wichtigsten deutschen Figuren des Kunstlebens des Fin de Siècle auf immer vereint.

Meier-Graefes Haus in Nikolassee atmete französischen Chic, hatte Eleganz und eine gewisse Behäbigkeit, es war perfekt zugeschnitten auf den gerade 50 Jahre alt gewordenen Meier-Graefe und seine Ehefrau (ein paar Jahre später übrigens wurde dann der Architekt Epstein post mortem sein Schwiegervater, weil Meier-Graefe in dritter Ehe dessen Tochter Annemarie heiratete, aber das verwirrt jetzt nur). Hier, im Kirchweg 28, »draußen auf dem Lande«, wie Meier-Graefe in Briefen an den Maler Edvard Munch sein Haus lokalisierte, entstand 1913 ein zentrales Werk der Kunstgeschichtsschreibung: »Die Entwicklungsgeschichte der modernen Kunst«, die ab 1914 erscheinen sollte.

Über Meier-Graefes Schreibtisch hing ein riesiger Delacroix, »Löwin, ein Pferd zerfleischend« – und in der Diele stand Lehmbrucks Torso »Frau, sich umwendend«, die Möbel und die ganze Inneneinrichtung hatte Meier-Graefes Vertrauter Rudolf Alexander Schröder ästhetisch überwacht. Die Villa war ein stark frankophil geprägtes, gut abgehangenes Gesamtkunstwerk, ein Traumschloss. Aber eben keine »Maison moderne« mehr.

Ohnehin muss jetzt mal Schluss sein mit der »Moderne« in diesem Jahr – das ist ein solch flexibler Begriff, von Zeitgenossen und Nachgeborenen immer anders ausgelegt und von jeder Generation zeitlich wieder neu angesiedelt, dass er eigentlich gar nicht taugt, um die ungeheure ungleichzeitige Gleichzeitigkeit, die das Jahr 1913 vor allem ausmacht, angemessen zu schildern.

Und das Haus von Julius Meier-Graefe in Berlin war ein solcher Tempel der irritierenden Gleichzeitigkeit: Die Bilder im Speisezimmer stammten von Erich Klossowski, dem malenden Kunsthistoriker und Freund Meier-Graefes vom Montmartre, es war bravster, freundlicher Spätimpressionismus (Balthasar aber, Klossowskis vierjähriger Sohn, der ihm immer gebannt beim Malen der Bilder für Meier-Graefe zusah, wurde dann später unter dem Namen Balthus einer der großen unbraven französischen Maler, so ist das mit den Vätern und den Söhnen). Meier-Graefe war damals schon eine legendäre und heftig umstrittene Figur wegen seines vorbehaltlosen Einsatzes für die Kunst des Erzfeindes Frankreich. Bereits in seiner ersten Auflage der »Entwicklungsgeschichte« hatte er Degas, Cézanne, Manet und Renoir zu den vier Säulen der Moderne ernannt. Und so stand das Schlagwort »Meier-Graefetum« für einen übergroßen Hang zum Französisch-Impressionistischen und für eine kritische Haltung zur deutschen Kunst. Nun, fünfzehn Jahre nach der Niederschrift der ersten Fassung, entstand eine vollkommen neue – denn die Künstler waren, wie er schrieb, reifer geworden und vor allem auch der Autor selbst.

Doch Achtung. »Reife«, das ist in Geschmacksfragen eine oft

heikle Kategorie. Erstaunt und verwundert erlebt man immer wieder, dass die glühendsten Propagandisten der Avantgarde nur Augen für diese eine künstlerische Revolution haben. Kommt dann die nächste Generation, die sich anschickt, die letzte Avantgarde alt aussehen zu lassen, dann kommen die Kennerschaft, die Urteilskraft, das unbestechliche »Auge« oft nicht mehr mit. So auch hier. Dieser Meier-Graefe, der im Alleingang den Deutschen die Augen geöffnet hatte für Delacroix und Corot und Cézanne und Manet und Degas und und und, dieser Meier-Graefe also sitzt im Jahre 1913 in seinem Landhaus in Berlin-Nikolassee und schreibt ungerührt den Satz: »Bei dem Namen Picasso wird der Historiker der Zukunft stillhalten und feststellen: Hier hörte es auf.« Ende. Unvorstellbar, dass es nach der Formenzertrümmerung des Kubismus noch einmal weitergehen könnte. Der große Autor, der vielleicht feurigste kunstkritische Stilist des Jahrhunderts, der ein Meister des Erzählens der »Entwicklung« der Kunst war, der sieht sie, ganz nüchtern, jetzt an ihr Ende gekommen. Dort, wo wir heute ihren Anfang sehen.

Es passt dazu, dass er in der »Neuen Rundschau« seinen Aufsatz »Wohin treiben wir?« veröffentlicht – der für großes Aufsehen sorgt und für Verstörung. Der große Mittler zwischen den Nationen, der Kunst und Kunsthandwerk der Franzosen für fast dreißig Jahre ins ästhetische Bewusstsein des Reiches transformierte, steigert sich in einen Wutausbruch über die zeitgenössische Kunst aus Deutschland – und Frankreich. Vor allem die jungen Expressionisten, also die gerade nach Berlin übergesiedelten Maler der »Brücke« und die Münchner Gruppe des »Blauen Reiters«, nennt er darin »Tapetenmaler«. Er ist erschüttert von der »ausschließlich auf das Konstruktive und Dekorative zielenden Tendenz vieler Künstler des Tags«. Dies seien eindeutige Zeichen des Niedergangs, schreibt Julius Meier-Graefe (während in München Oswald

Spengler angesichts der Auswüchse der Kunst und der Kultur ebenfalls den »Untergang des Abendlandes« gekommen sieht). Die jungen Expressionisten beschäftigten sich nicht mit der Tradition, sie seien ungebildet, klagt Meier-Graefe: »Sie sind Flächenkünstler in jeder Beziehung, flach als Menschen«.

Entsetzen – zu Recht! – bei den Berliner Expressionisten und ihren Propagandisten wie Karl Scheffler. Entsetzen auch darüber, dass diesen Meister der Sprache angesichts der Schrecken, die die Gegenwart für ihn bedeutet, der Geist verlässt. Aber, und das ist dann doch ein Zeichen, wie aufgeheizt die Stimmung im französisch-deutschen Verhältnis 1913 ist, auch in Frankreich gibt es keinesfalls Beifall für »Wohin treiben wir?« Obwohl in seinem Buch ja noch einmal Meier-Graefes Jubelgesänge auf den französischen Impressionismus deutlich bis zur Seine hinüberklingen, wittert die »Nouvelle Revue Française« auf eine sehr verdrehte Weise Gefahr. Sie glaubt, dass sich nun also auch Meier-Graefe langsam zum Nationalisten entwickle, gerade weil er die deutschen Expressionisten so kritisiert. Denn er sei »nur so streng mit der Kultur des Reiches, weil er sie dazu ausersehen hat, unser Erbe anzutreten und den Rest Europas unter ihre Herrschaft zu bringen«. Das sind die Ängste in Paris anno 1913.

◈

Der Bundesrat des Deutschen Reiches genehmigt, dass Preußen im Jahr 1913 für 12 Millionen Mark Erinnerungsmünzen prägt. Sie sollen an die Erhebung Preußens gegen die französische Fremdherrschaft im Jahr 1813 erinnern sowie an das 25-jährige Regierungsjubiläum des deutschen Kaisers Wilhelm II. am 15. Juni.

◈

»Ein Krieg zwischen Österreich und Russland«, schrieb Lenin 1913 an Maxim Gorki, »würde der Revolution in Westeuropa sehr nützlich sein. Allerdings kann man sich kaum vorstellen, dass Franz Joseph und Nikolaus uns diesen Gefallen tun werden.«

◈

Albert Einstein, der große Relativitätstheoretiker, zeigt sich als Praktiker der Realität. 1913, als Einstein in Prag lebte, entfremdet er sich zusehends von seiner Frau Mileva. Er erzählte ihr nichts mehr von seinen Forschungen, seinen Entdeckungen, seinen Sorgen. Und sie schweigt und lässt sich gehen. Es geht ihnen mindestens so schlecht wie Hermann Hesse und seiner Frau in Bern und Arthur Schnitzler und seiner Frau in Wien, um zum Trost nur zwei zu nennen. Abends jedenfalls geht Einstein ganz allein in die Kaffeehäuser oder Kneipen und trinkt ein Bier – vielleicht sitzen nebenan Max Brod, Franz Werfel und Kafka, aber sie kennen sich nicht. Und dann schreibt Albert Einstein in diesem März 1913 – genau wie Kafka – lange Briefe nach Berlin. Er hat sich bei einem Besuch in seine Cousine Elsa verliebt, die gerade frisch geschieden ist. Er schreibt ihr schreckliche Dinge über seine Ehe: Sie schliefen nicht mehr in einem Zimmer, er vermeide es, unter allen Umständen, allein mit Mileva zu sein, denn sie sei eine »unfreundliche, humorlose Kreatur« und er behandle sie wie eine Angestellte, die er leider nicht entlassen könne. Dann steckt er den Brief in einen Umschlag und ab damit zur Post – und so reisten dann vermutlich im selben Postsack von Prag nach Berlin die brieflichen Wehklagen Einsteins und Kafkas an die fernen Sehnsuchtsfrauen Felice und Elsa.

◈

Die »Welt der Frau«, eine Beilage der »Gartenlaube«, meldet in Nummer 5: »Das Abendkleid dieser Saison zeichnet sich durch luxuriöses Gepräge und phantastische Drapierungen aus, die auch der geschicktesten Schneiderin manch harte Nuss zu knacken geben.« Man kann sich für die schönsten Kleider direkt Schnittmuster bestellen. Interessant sind die möglichen Hüftbreiten: 116, 112, 108, 104, 100 und 96. Darunter ist nichts denkbar. Erst in der Nummer 9 hat dann die Redaktion ein Erbarmen und kündigte groß an »Mode für schlanke Damen«! Und es folgt mit großer Anteilnahme der schöne Satz: »Sie haben es nicht immer leicht, die schmächtigen, überschlanken Evastöchter, sich gut und der Mode entsprechend anzuziehen. Da heißt es zu Kompromissen zu greifen und das, was die Natur versagt, durch geschickte, faltige Arrangements zu kaschieren.« Was die Natur versagt – Schlankheit gilt 1913 noch als eine Art Schicksalsschlag.

◈

In New York wird 1913 die Fed, die »Federal Reserve«, gegründet. Die wichtigsten Aktienbesitzer waren die Bankhäuser Rothschild, Lazard, Warburg, Lehman, Rockefellers Chase Manhattan Bank und Goldman Sachs. Die Einführung der Fed sorgte dafür, dass die amerikanischen Regierungen kein neues Geld drucken konnten. 1913 wird daraufhin die Einkommenssteuer eingeführt.

◈

Hellsichtig erkennt Walther Rathenau die wirtschaftliche Herausforderung durch Amerika. Und so skizziert er 1913, im Jahr des gegenseitigen Hochrüstens, das Bild einer friedlichen, wirtschaftlich eng verknüpften Europäischen Union: »Es bleibt eine letzte Möglichkeit: die Entstehung eines mitteleuropäischen Zollvereins. Die Aufgabe den Ländern unserer europäischen Zone die wirtschaftliche Freizügigkeit zu schaffen ist schwer, unlösbar ist sie nicht.«

◆

In der »Cambridge Review«, Vol. 34, No. 853, March 6th, 1913 auf Seite 351 erscheint die erste Veröffentlichung des Studenten Ludwig Wittgenstein. Eine kritische Rezension über P. Coffeys »The Science of Logic«, aber eigentlich bereits das erste Manifest seiner eigenen neuen Logik. Was Coffey sagt, hält er für unlogisch. Auch gegenüber seinem Lehrer am Trinity College in Cambridge, dem legendären Bertrand Russell, wird der bald 24-jährige Wiener Industriellensohn aufmüpfig. In den Semesterferien geht er mit seinem Geliebten, dem Mathematikstudenten David Pinsent, nach Norwegen, wo sie in Skjolden ein kleines Holzhaus gekauft hatten, und arbeitet an den Grundlagen seiner Theorie, die später als »Tractatus logico-philosophicus« zu den wichtigsten Schriften des Jahrhunderts zählen wird (es ist übrigens so komplex, dass selbst Russell, als er brieflich darum gebeten wird, Korrektur zu lesen, sich noch mal seine eigenen Fragen schicken lassen muss, um Wittgensteins Antworten zu verstehen). Nur Pinsent, der Freund, verstand Wittgenstein völlig. Als der zwei Jahre ältere Wittgenstein per Aushang im College eine Versuchsperson für seine psychologischen Experimente zum Rhythmus von Sprache und Musik suchte, da hatte sich Pinsent gemeldet. Er wurde dann sehr rasch auch zu seiner Versuchsperson für die Homosexualität und die Logik. Wittgenstein wird, logisch, Pinsent dann seinen »Tractatus« widmen.

◆

Frühlings Erwachen: Am 8. März treffen sich im Wiener Café Imperial Frank Wedekind, Adolf Loos, Franz Werfel und Karl Kraus nach dem Aufstehen auf einen großen Braunen.

◈

Kafka leidet wie ein Hund unter dem Vater, kann es nicht ertragen, wenn er in der Prager Wohnung nebenan hustet oder die Tür zu laut schließt. Doch seinen »Brief an den Vater«, den schreibt er noch nicht. Aber Egon Schiele, der 22-jährige Wiener Maler, schreibt 1913 seine »Briefe an die Mutter«. Am 31. März etwa: »Ich werde die Frucht sein die nach ihrer Verwesung noch ewige Lebewesen zurücklassen wird, also wie groß muß Deine Freude darob sein, mich gebracht zu haben?« Die Mutter sieht das etwas anders. Sie ist erzürnt darüber, dass das Grab ihres Mannes, Schieles Vaters, auf dem Tullner Friedhof verwildert, und schreibt ihm: »Das verwahrloste ärmste Grab birgt die Gebeine Deines Vaters, der für Dich Blut geschwitzt hätte. Wieviel Geld wirfst Du unnütz von Dir. Für alle und Alles hast Du Zeit, nur für deine arme Mutter nicht! Gott verzeih es Dir, ich kann es nicht.«

Schieles Vater Adolf war früh wahnsinnig geworden, der kleine Egon musste immer für eine unbekannte Person mitdecken am Tisch, kurz vor seinem Tod verbrannte der Vater alles Geld und alle Aktien, seitdem war die Familie sehr arm. Seltsam eng war das Verhältnis von Egon zu seinen Schwestern Melanie und Gerti, immer wieder zeichnet er sie nackt, mit gynäkologischer Genauigkeit interessiert er sich für ihre in der Pubertät erwachenden Körper. Mit Gerti unternimmt er als Jugendlicher gemeinsame Reisen, ohne die Mutter, die Bilder aus ihrer Beziehung wirken wie die Illustrationen zu der gleichzeitigen fatalen Liebe von Georg Trakl zu seiner Schwester.

Gerti kommt dann mit Egons Freund Anton Peschka zusammen, was Schiele lange rasend eifersüchtig macht, irgendwann aber gibt er der Beziehung seinen Segen, als er selbst Wally kennenlernt, jene Frau, die durch seine Zeichnungen zu einem der bekanntesten Körper des 20. Jahrhunderts wurde. Aber so splitterfasernackt er sich und die Seinen auch zeichnete, als arbeite er nicht mit der Feder, sondern mit dem Skalpell – anders als Gustav Klimt war Schiele offenbar keineswegs immer mit seinen Modellen im Bett, er gewann erst aus der Kluft der tatenlosen Beobachtung die Einblicke in die Untiefen der Körperlichkeit. Verstanden hat das damals noch kaum jemand. Selbst sein Galerist, der aufgeschlossene Hans Goltz aus München, schreibt ihm im März 1913, als er nach einer Ausstellung schon wieder kein einziges Bild verkauft hat: »Aber Herr Schiele, so sehr ich mich stets über Ihre Zeichnungen freue und auch bei den bizarrsten Launen gerne mitgehe, wer soll die Bilder kaufen? Ich habe da sehr wenig Hoffnung.« Dieser Brief war das Erste, was Schiele in seiner neuen Wohnung, mit der alles besser werden sollte, empfing. Nicht mehr der 9. Bezirk, nicht mehr Schlagergasse 5, Parterre, Tür 4, sondern endlich 13. Bezirk, Hietzinger Hauptstraße 101, 3. Stock.

Die Mutter von Egon Schiele sah alles genauso wie sein Galerist – »bizarre Launen«, das hätte von ihr stammen können. Sie wirft ihrem Sohn nicht nur sittliche Verwahrlosung vor, sondern auch, dass er das Erbe des Vaters nicht achtet, sein Grab nicht finanziert und sie vergisst. Sie schreibt Egon erneut. Darauf dann der zweite »Brief an die Mutter«, der Eingang finden könnte in alle psychoanalytischen Lehrbücher: »Liebe Mutter Schiele, wozu immer solche Briefe, die ohnehin in den Ofen kommen. Wenn Du etwas brauchst nächstens, so komme zu mir, ich komme nie mehr wieder. Egon«.

1913, das Jahr des Vatermords, war auch für die Mütter eine Herausforderung. Oder, wie es Georg Trakl in einem Brief an seinen Freund Erhard Buschbeck schreibt: »Schreibe mir, Lieber, ob meine Mutter sehr viel Kummer durch mich hat« (Trakl hatte, nicht schlecht, gerade das Armband des Vaters versetzt, um mit dem Geld seine Bordellbesuche zu bezahlen).

◈

Gustav Klimt hingegen wohnt auch 1913, also mit 51 Jahren, noch bei seiner Mutter. Nach dem Frühstück fährt er raus in die Feldmühlgasse 11 im 13. Bezirk (Schieles Atelier ist nur vier Häuserblocks entfernt). Dort malt er und dort lebt er, mit Kreide hat er »G. K.« an die Tür geschrieben und: »Stark klopfen«. Überall liegen Skizzen auf dem Boden, an den Staffeleien stehen mehrere Leinwände. Wenn er morgens kommt, warten vor der Tür schon die Frauen, die sich danach sehnen, sich für ihn auszuziehen. Während er stumm vor seiner Leinwand steht, läuft ein halbes Dutzend nackter Frauen oder Mädchen umher, sie räkeln sich, faulenzen, warten, bis er sie ruft, mit einem kurzen Wink. Er trägt nichts unter seinem weiten Kittel. Damit er ihn schnell ausziehen kann, wenn ihn die Lust übermannt und eine Pose seiner Modelle doch zu verführerisch ist für den Mann im Maler. Aber pünktlich zum Abendessen ist er wieder zu Hause bei Mama, oder er geht mit Emilie Flöge ins Theater. Als Klimt stirbt, melden sich 14 ehemalige Modelle mit Vaterschaftsanträgen.

◈

Georg Trakl im Frühjahr 1913, das ist ein Drama der ganz eigenen Art. Wie in Trance irrt er durch die Welt, nur halb geboren sei er, gesteht er einem Freund. Also versäuft er sein Geld, nimmt Veronal und andere Tabletten und Drogen, säuft wieder, rast umher, schreit wie ein Kind, liebt seine Schwester, hasst sich dafür und die Welt gleich mit. Er versucht, Apotheker zu sein. Das wird nichts. Er versucht, normal zu leben. Das wird natürlich auch nichts. Doch dazwischen: schreibt er schönste, schrecklichste Gedichte. Und Briefe wie diesen: »Ich sehne den Tag herbei, an dem die Seele in diesem armseligen, von Schwermut verpesteten Körper nicht mehr wird wohnen wollen und können, an dem sie diese Spottgestalt aus Kot und Fäulnis verlassen wird, die ein nur allzu getreues Spiegelbild eines gottlosen verfluchten Jahrhunderts ist.« Das ist ein Brief an Ludwig von Ficker, seinen Mäzen, Ersatzvater, ja Freund, wenn man so ein Wort in Bezug auf Trakl in den Mund nehmen darf. Sein Verleger auch, denn »Der Brenner«, dessen Zeitschrift, wird der erste Ort sein, wo Trakls ausweglose Litaneien erscheinen. Zwischen drei Orten irrt er ziellos und heillos umher in diesem Jahr; Salzburg ist die »vermorschte Stadt«, Innsbruck die »brutalste und gemeinste Stadt«, Wien schließlich »die Dreckstadt«. Österreich, ein Bermudadreieck der Abscheu. In der Eisenbahn kann er nicht sitzen, weil er dann einen Menschen direkt gegenüber hätte, vis-à-vis, das hält er nicht aus. Er steht darum immer am Gang, scheu der Blick, gejagt. Schaut ihn jemand an, schwitzt er so stark, dass er das Hemd wechseln muss.

Doch dann bekommt er im März 1913 plötzlich Post aus Leipzig, vom Kurt Wolff Verlag. Man würde in der neuen Reihe »Der Jüngste Tag« gerne einen Gedichtband von ihm drucken. Wird doch noch alles gut?

◈

Rainer Maria Rilke hat Schnupfen.

◈

Am 9. März schickt die schwer depressive 32-jährige Virginia Woolf das Manuskript ihres ersten Romans, »The Voyage Out«, an ihren Verlag. Sie hatte daran sechs Jahre gesessen. Der 9. März 1913 ist zufälligerweise genau der Tag, an dem ihre spätere Geliebte Vita Sackville-West volljährig wird, nämlich 21. Aber jetzt steckt Virginia Woolf noch in ganz anderen, sehr alten Spinnennetzen. Denn der Verleger, an den Virginia Woolf ihr Manuskript schickt, ist ihr Halbbruder Gerald Duckworth. Er hat sie offenbar, wie man heute aus geheimen Tagebuchaufzeichnungen weiß, gemeinsam mit seinem Bruder George als Kind bedroht oder missbraucht.

»The Voyage Out«, der Roman um die unverheiratete, kinderlose Rachel Vinrace, enthält schon viele zentrale Elemente von Virginia Woolfs späteren Hauptwerken. So taucht bereits eine »Mrs Dalloway« auf, die sich später als Romanheldin selbständig machen wird, und es gibt für Rachel auch ein »Zimmer für sich allein«, wie ein wichtiger Essay Woolfs später heißen wird. In »The Voyage Out« lässt sie ihre männliche Hauptfigur 1913 folgende erschreckende Bilanz aufstellen: »Wir stehen am Anfang des zwanzigsten Jahrhunderts, und bis vor wenigen Jahren ist da noch nie eine Frau allein herausgekommen oder hat auch nur den Mund aufgemacht. Da im Hintergrund spielte es sich also ab, all die Tausende von Jahren lang, dies seltsame stumme Leben, das niemals zur Darstellung gelangt. Natürlich schreiben wir ständig über Frauen – schmähen sie oder verhöhnen sie oder verherrlichen sie; doch das ist niemals von den Frauen selbst gekommen.«

Doch das »stumme, nicht dargestellte Leben« setzte sich fort. Bis 1929 waren erst 479 Exemplare davon verkauft; »The Voyage Out« war für Virginia Woolf eine sehr beschwerliche Reise.

◈

Franz Marc will gemeinsam mit befreundeten Künstlern die »Bibel« illustrieren. Er schreibt im März 1913 an Wassily Kandinsky, Paul Klee, Erich Heckel und Oskar Kokoschka. Er selbst, es verwundert kaum, sucht sich die Schöpfungsgeschichte aus und erschafft täglich neue Tiere, blaue Pferde, die keine blauen Reiter brauchen.

◈

In Prag tut sich Ungeheuerliches. Franz Kafka schreibt am 16. März tatsächlich an Felice: »Rund heraus gefragt, Felice: hättest Du Ostern, also Sonntag oder Montag, irgend eine beliebige Stunde für mich frei und wenn Du sie frei hättest, würdest Du es für gut halten, wenn ich komme? Ich wiederhole, es könnte eine beliebige Stunde sein, ich würde in Berlin nichts tun, als auf sie warten.« Felice antwortet sofort mit Ja. Und da 1913 die Post schneller geht als 2013, schreibt Kafka schon am 17. März erwartungsgemäß: »Ich weiß nicht, ob ich werde fahren können.« Am 18. März dann: »*An und für sich* besteht das Hindernis meiner Reise noch und wird, fürchte ich, weiter bestehn, als *Hindernis* aber hat es seine Bedeutung verloren und ich könnte also, soweit dieses in Betracht kommt, kommen.« Am 19. März dann: »Sollte ich doch noch an der Fahrt verhindert werden, würde ich Dir spätestens Samstag telegraphieren.« Am 21. März die Zementierung der Unsicherheit: »Felice! Und dabei ist es noch gar nicht sicher, ob ich fahre; erst morgen vormittag entscheidet es sich, die Müllerversammlung droht noch immer.« Angeblich, so der wunderbare Vorwand, müsse er wohl von seiner Versicherung aus an Ostern zur Versammlung der tschechischen Müllergenossenschaft. Dann neue Sorgen – und auch, wie bei Musil, Anzeichen von Neurasthenie: »Ich muß mich aber ordentlich ausschlafen, ehe ich vor Dich trete. Wie wenig habe ich wieder diese Woche geschlafen, vieles von meiner Neurasthenie und viele meiner weißen Haare stammen von ungenügendem Schlaf. Wenn ich nur gut ausgeschlafen wäre, wenn ich mit Dir zusammenkomme!« Dann am 22. März, also dem Tag, an dem er abreisen soll (und auch abreisen wird), schreibt er Felice noch auf den Umschlag die großen Worte: »Noch immer unentschieden. Franz«. Vier Wörter, eine Autobiographie.

Man kann es kaum glauben, aber der nächste Brief von Franz Kafka an Felice Bauer trägt tatsächlich den Briefkopf des Hotels »Askanischer Hof, Berlin«, von wo er am frühen Morgen des Ostersonntags in panischer Weise schreibt: »Was ist denn geschehn, Felice? Du mußt doch Freitag meinen Expressbrief bekommen haben, in dem ich meine Ankunft für Samstag nacht anzeigte. Es kann doch nicht gerade dieser Brief verlorengegangen sein. Und nun bin ich in Berlin, muss nachmittag um 4 oder 5 wegfahren, die Stunden vergehn und ich höre nichts von Dir. Bitte schicke mir Antwort durch den Jungen. Kannst mich, wenn es unauffällig geht, der Sicherheit halber auch antelephonieren, ich sitze im Askanischen Hof und warte. Franz.« In der Osternacht war er angekommen am Anhalter Bahnhof, hatte wohl gehofft, sie am Bahngleis zu sehen, auf dass sie gemeinsam ihre Auferstehung feiern würden. Aber sie kam nicht. Unruhig lief er die Bahnsteige ab. Setzte sich dann in die Wartehalle, damit er sie ja nicht verpasste. Geht dann nach unendlichen Minuten des Wartens doch und fährt zum Hotel. Findet keinen Schlaf. Kaum dämmert der Tag, springt er auf, rasiert sich. Doch immer noch kein Zeichen von Felice.

Es ist Ostersonntag in Berlin. Franz Kafka sitzt in seinem Hotelzimmer, draußen trübes Wetter, er knetet seine Hände, starrt auf die Tür, ob wohl ein Bote kommt, und starrt aus dem Fenster, ob wohl ein Engel kommt.

Dann irgendwann muss sie sich gemeldet haben. Sie hat

gute Nerven. Sie fahren raus in den Grunewald. Sitzen nebeneinander auf einem Baumstamm. Das ist alles, was wir wissen. Es ist eine sonderbare Leerstelle in diesem Doppelleben – nachdem man monatelang jeden Atemzug und jeden Tag in zwei bis vier Briefen gespiegelt sah, nun plötzlich: nichts.

Am 26. März schreibt ihr Kafka aus Prag: »Weißt Du, dass Du mir jetzt nach meiner Rückkehr ein unbegreiflicheres Wunder bist als jemals?« Das ist alles, was wir wissen über jenen Sonntag in Berlin. Ein Osterwunder, immerhin.

◈

Das ist das Leben von Kafka in jenem März 1913. Aber es gibt ja auch noch das »Werk«. Und also schreibt Kurt Wolff aus Leipzig, der in jenem Frühjahr im Mittelpunkt der gesamten deutschsprachigen Literatur steht: »Herr Franz Werfel hat mir so viel von Ihrer neuen Novelle – heißt sie ›Die Wanze‹? – erzählt, dass ich sie gern kennenlernen möchte. Wollen Sie sie mir schicken?« Die berühmteste deutschsprachige Erzählung des 20. Jahrhunderts heißt »Die Wanze«? Als Gregor Samsa eines Morgens aus unruhigen Träumen erwacht, fand er sich in eine Wanze verwandelt? Natürlich nicht. Also schreibt Kafka an Wolff: »Glauben Sie Werfel nicht! Er kennt ja kein Wort von der Geschichte. Bis ich sie ins Reine werde haben schreiben lassen, schicke ich sie natürlich sehr gerne.« Und dann: »Die andere Geschichte, die ich habe, ›die Verwandlung‹ ist allerdings noch gar nicht abgeschrieben.« So also kam »Die Verwandlung« in die Welt.

◈

Robert Musil wohnt mit seiner Frau in Wien im Dritten Bezirk, Untere Weißgerberstraße 61. Er ist ein Mann mit sehr vielen Eigenschaften. Er ist gepflegt, durchtrainiert, seine Schuhe sind die glänzendsten aller Wiener Kaffeehäuser, und eine Stunde pro Tag stemmt er Hanteln und macht Kniebeugen. Er ist ungeheuer eitel. Aber von ihm geht auch die ruhige Kraft der Selbstdisziplinierung aus. In einem eigenen kleinen Büchlein notiert er jede einzelne Zigarette, die er raucht; wenn er mit seiner Frau geschlafen hat, setzt er ein »C« ins Tagebuch, für Coitus. Ordnung muss sein.

Aber im März 1913 kommt er an deren Ende. Er hält seine Arbeit als Bibliothekar II. Klasse an der Technischen Hochschule Wiens in ihrem Stumpfsinn nicht mehr aus. Er fühlt sich sehr klein und schwach und gleichzeitig zu Höherem berufen, zu einem Jahrhundertroman. Aber er ist sich nicht ganz sicher, ob das nur ein Zeichen dafür ist, dass er langsam, aber sicher durchdreht. Oder ob er seinen Dienst quittieren sollte.

Am 30. März bekommt er endlich einen Termin beim Nervenarzt Dr. Otto Pötzl. Er wartet zwei Stunden. Dann schenkt er dem Doktor erst einmal sein erstes Buch »Die Verwirrungen des Zöglings Törleß«. Er schreibt hinein: »Herrn Dr. Pötzl zur freundlichen Erinnerung«. In den Tagen seines zunehmenden Leidens tröstet ihn die Erinnerung an die Zeiten Dantes. In sein Tagebuch notiert er: »Aber was 1913 zur Geisteskrankheit wird, kann 13 … eine bloße Egozentrizität gewesen sein.« Doch was würde der Doktor sagen? Heute würde man es »Burn-out« nennen, damals sagte man: »Derselbe leidet an den Erscheinungen einer schweren Herzneurose: Anfälle von Herzklopfen mit jagendem Puls, Palpitationen beim Einschlafen, Verdauungsstörungen verbunden mit den entsprechenden psychischen Erscheinungen: Depressionszuständen und mit hochgradiger körperlicher und psychischer Ermüdbarkeit.« 1913 fasste man das zusammen unter dem Begriff: »Neurasthenie«. Spötter sangen: »Raste nie und haste nie, sonst haste die Neurasthenie«. Aber in der Behördenwelt der k.k. Monarchie war das

Schlagwort ein sofortiger Freistellungsgrund. So schrieb auf Wunsch der Bibliothek ein Dr. Blanka ein »Amtsärztliches Zeugnis«: »Herr Dr. phil. Ing. Robert Musil kk. Bibliothekar Wien III unt. Weissgerberstraße 61 zeigt erhebliche Erscheinungen von Neurasthenie, infolge deren er berufsunfähig ist.«

Gleichzeitig mit der Beurlaubung schrieb Franz Blei nach Leipzig an den Kurt Wolff Verlag und erzählte von dem großen, »famosen« Roman, an dem Robert Musil arbeite. Wenn dieser einen »bibliothekslosen Sommer« habe, dann sei bald mit dem Abschluss zu rechnen.

◈

Wer bin ich und wenn ja wie viele? Otto Dix malt 1913 das »Kleine Selbstbildnis«, das »Selbstbildnis«, das Gemälde »Köpfe (Selbstbildnisse)«, dann das »Selbstbildnis mit Gladiolen« und natürlich das »Selbstbildnis als Raucher«. Max Beckmann, der große Selbstporträtist, schreibt 1913 in sein Tagebuch: »Wie traurig und unangenehm, sich immer mit sich selbst abgeben zu müssen. Manchmal wäre man froh sich selbst los zu sein.«

◈

Bei Picasso haben sich, wie stets mit einer neuen Geliebten, das Leben und die Kunst komplett gewandelt. In diesem Fall war es eine besonders schöne Geschichte: Die große Odaliske, die schwüle Schöne Fernande Olivier, deren Hauptberuf die Laszivität war, betrog Picasso mit dem jungen italienischen Maler Ubaldo Oppi und weihte ihre Freundin Marcelle Humbert ein, die spröde Geliebte des Malers Marcoussis und eine der unbeliebtesten Frauen von Montmartre. Marcelle ließ sich sehr gerne dazu anwerben, Picasso während der Rendezvous von Fernande abzulenken, denn sie war selbst längst vollkommen in Picasso vernarrt. Und bevor er sie zu seiner neuen Herzensdame erwählte, gab er ihr einen neuen Namen: Eva. Vor allem wollte er nicht, dass seine Freundin genauso hieß wie die seines Freundes und zunehmenden Konkurrenten Braque. Eva also wurde für Picasso zum Symbol für die Abkehr von der ersten Phase des Kubismus, hin zum synthetischen Kubismus. Er scheint in Eva die Chance gesehen zu haben, mit Anfang dreißig zu verbürgerlichen, ein wenig der Boheme zu entfliehen, die ihn vom Arbeiten abhielt. Und so zogen die beiden als Erstes von Montmartre nach Montparnasse, wohin auch die neue Linie 12 der Pariser Métro fuhr. Während Montmartre der Ort für die mittellosen Künstler blieb, die Opiumraucher, die Prostituierten und die zwielichtigen Varietés, wurde Montparnasse zum neuen Ort der erfolgreicheren Akteure der Pariser Kreativbranche. Mit den Worten des großen Impresarios Apollinaire: »In Montparnasse findet man dagegen die wahren Künstler, nach amerikanischer Art gekleidet. Einige von ihnen mögen die Nase ins Kokain stecken, aber das macht nichts.«

Der 31-jährige Picasso und Eva bezogen 1912 eine Wohnung und ein Atelier in einem kaum zehn Jahre alten Komplex, dem Boulevard Raspail 242. Dann stellte Picasso die neue Freundin im Januar 1913 sogar seinem Vater in Barcelona vor. Don José, der einstmals herrische Familienpatron, hatte offenbar weder etwas gegen Eva noch gegen Pablos synthetischen Kubismus – was aber vermutlich damit zusammenhing, dass er fast vollständig erblindet war. Schon als sich Picasso und Eva kennenlernten, waren sie nach Céret in den Pyrenäen geflüchtet. Und nun, am 10. März 1913, taten sie es wieder. Picasso wollte der Großstadt und ihrer Künstlerszene entfliehen, um endlich arbeiten zu können. Sie atmeten tief durch, als sie den Bergort erreichten, setzten sich in das Straßencafé und genossen einen

Kaffee, als die Sonne frühlingshaft zu glühen begann. Sofort mieten sie das Maison Delcros und richten sich darauf ein, bis zum Herbst zu bleiben. Schon zwei Tage später schickt er zwei muntere Postkarten an seine wichtigsten Förderer: seinen Kunsthändler Kahnweiler, mit dem er im Dezember 1912 einen lukrativen Exklusivvertrag abgeschlossen hat, wodurch er das erste Mal richtiges Geld verdient (und seiner Eva viele hübsche Blusen kaufen kann). Und er schreibt an Gertrude Stein, die Salondame und große Sammlerin, die im Hintergrund mit dafür gesorgt hat, dass zahlreiche Picassos im Februar auf der Armory-Show gezeigt wurden. Die Postkarte an Gertrude Stein, die gerade ihren Bruder Leo aus der gemeinsamen Wohnung hinauswerfen will und nun mit ihrer Freundin Alice Toklas zusammenlebt, zeigt drei katalanische Bauern – den mit dem Bart nennt Picasso mit einem handschriftlichen Zusatz »Bildnis Matisse«.

Doch bald schon verlässt Picasso die gute Laune, denn seinem Vater geht es gesundheitlich immer schlechter; er eilt nach Barcelona, um sich dann in Céret wieder im Atelier einzugraben. Er freut sich, als sein schlampiger Freund Max Jacob aus Paris kommt. Der schreibt nach Paris: »Ich möchte mein Leben ändern, ich fahre nach Céret, um einige Monate bei Picasso zu verbringen.« Doch da der Maler meist im Atelier sitzt und verbissen an neuen Möglichkeiten für die papiers collés arbeitet, die Collagen des synthetischen Kubismus, verbringt Max Jacob die Zeit vor allem mit Eva. Da es die ganze Zeit regnet, sitzen sie drinnen und schlürfen Kakao und warten, bis der Meister sein Tagwerk vollendet hat. Abends trinken sie zusammen Wein, nachts ist die feuchte Luft erfüllt von Fröschen und Kröten und Nachtigallen.

Doch Picasso ist in Gedanken nur bei seinem kranken Vater, seinem Übervater, der ihm das Zeichnen beigebracht hat und den er liebt und den er hasst. Als er 16 war, hatte er gesagt: »In der Kunst muss man seinen Vater töten.« Nun ist es so weit. Don José stirbt, und Picasso ist gelähmt vor Schmerz. Doch damit nicht genug: In diesem Frühjahr in Céret erkrankt Eva schwer, sie hat Krebs. Und als dann auch noch sein größter Tröster krank wird, ist es um Picasso vollends geschehen: Frika, seine geliebte Hündin, um deren Schicksal er sich seit Jahren so aufmerksam bemüht hat wie um das seiner Frauen (manchmal sogar etwas aufmerksamer), liegt im Sterben. Seit Picassos ersten Tagen in Paris war Frika, diese kuriose Mischung aus deutschem Schäferhund und bretonischem Spaniel, immer an seiner Seite gewesen, hatte schon viele Frauen und blaue und rosa und kubistische Perioden erlebt. Am 14. Mai schreibt Eva an Gertrude Stein: »Frika ist nicht mehr zu retten.« Ein Tierarzt kann nicht mehr helfen, also bittet Picasso in Céret den örtlichen Jagdaufseher, Frika den Gnadenschuss zu geben. Bis zu seinem Lebensende vergisst Picasso nicht den Namen des Schützen, »El Ruquetó« – und auch nicht, wie sehr er in diesen Tagen geweint hat. Vater tot, Hund tot, Geliebte todkrank, draußen Dauerregen. Picasso ist in Céret im Frühjahr 1913 in seiner größten seelischen Krise.

◈

Am 22. März erhält Dr. med. Gottfried Benn seine erlösende Nachricht: »Dr. Benn, Assistenzarzt beim Infanterie-Regiment Generalfeldmarschall Prinz Friedrich Karl von Preußen Nr. 64, wird auf sein Gesuch um Verabschiedung zu den Sanitätsoffizieren der Landwehr 1 Aufgebots überführt.« Im Laufe des Jahres wechselt er vom pathologisch-anatomischen Institut des Krankenhauses Westend zum Städtischen Krankenhaus Charlottenburg.

◈

Am 29. März hält Karl Kraus in München im Vierjahreszeiten-Saal einen Vortrag. Unter den Gästen Heinrich Mann. Freundlicher Applaus.

◈

Am 4. März gibt es ein großes Diner in der deutschen Botschaft in London. Dort ist natürlich auch Harry Graf Kessler, jener deutsche Snob im weißen, dreiteiligen Anzug, dessen Adressbuch zehntausend Einträge hat, Freund von Henry van de Velde, Edvard Munch und Maillol, der die Cranach-Presse in Weimar begründet hat und wegen zu freizügiger Aquarelle Rodins dort seinen Posten als Museumsdirektor räumen musste. Jener Graf Kessler, der zwischen Berlin, Paris, Weimar, Brüssel, London und München pendelt, als einer der großen Katalysatoren der modernen Kunst und des Jugendstils. Durch ihn lernen wir die englische Königin ein wenig besser kennen. Gerade hatte er bei diesem Empfang dem deutschen Botschafter Karl Max Fürst von Lichnowsky (dessen kunstsinnige, Picassos sammelnde Frau ihn mochte) Bernard Shaw vorgestellt. Nun revanchiert sich dieser beim Diner: Kessler wird der englischen Königin vorgestellt. »Diese sah in Silberbrokat mit einer Krone aus Diamanten und großen Türkisen verhältnismäßig gut aus.« Ansonsten war es sehr anstrengend: »Ich konnte sie nicht stehen lassen, und sie fand keinen Ausweg aus der Unterhaltung. Jede halbe Minute schläft die Konversation mit ihr ein, und man muss die arme Dame, wie eine abgelaufene Uhr, wieder aufziehen, was aber auch wieder immer nur auf dreißig Sekunden weiterhilft.« Kriegsgefahr übrigens, so vertraut er seinem Tagebuch an, bestehe nicht, wie er gehört hat: »Die europäische Lage habe sich seit anderthalb Jahren vollkommen gedreht. Die Russen und Franzosen seien gezwungen, friedlich zu sein, da sie auf die Unterstützung Englands nicht mehr rechnen können.« Na dann.

◈

Thomas Mann schreibt im März 1913 einen Brief an Jakob Wassermann: »Die Begegnung des Pflichtvergessenen mit dem Pflichtbesessenen im Kriege ist eine tief dichterische Erfindung. Und wie streng und groß wird der Krieg als moralische Reinigungskrisis, als grandioses Hinwegschreiten des Lebensernstes über alle sentimentalen Verwirrungen fühlbar!« Der Krieg, über den Thomas Mann da redet, ist der von 1870/71.

◈

Nun aber schalten wir zu Arnold Schönberg, diesem großen Charismatiker, der an der Grenze zwischen Spätromantik und Zwölftonmusik entlangkomponierte.

Er war nach Berlin gezogen, weil er sich in Wien nicht verstanden fühlte. Im Telefonbuch stand: »Arnold Schönberg, Komponist und Kompositionslehrer, Sprechstunden 1–2 Uhr«. Er hatte eine Wohnung in der Villa Lepcke in Zehlendorf, und an einen Freund in Wien schrieb er: »Sie glauben gar nicht, wie berühmt ich hier bin.«

Doch dann fährt er Ende März nach Wien. Und wird auch dort so berühmt wie in Berlin. Aber etwas anders, als er es sich vorgestellt hat. Im großen Saal des Musikvereins soll er am Abend des 31. März eine eigene Kammersinfonie, Mahler sowie Stücke seiner Schüler Alban Berg und Anton von Webern dirigieren (die beiden Schüler übrigens hatten zu Hause stolz ein Porträt hängen, das Schönberg von ihnen gemalt hatte). Und Alban Bergs Musik ist es, die für den Eklat sorgte. »Lieder mit Orchester nach Ansichtskartentexten von Peter Altenberg op. 4« hat er in bester Pop-Art-Manier sein Stück genannt – aufgeführt von einem riesigen Orchester und mit größtem Ernst. Das bringt das Publikum zur Weißglut, es wird gezischt, gelacht, mit den Schlüsseln geklappert, die alle schon im Februar zu Schönbergs letztem Auftritt mitgebracht hatten, aber nicht brauchten. Da springt Anton von Webern auf und schreit, die ganze Bagage solle nach Hause gehen, worauf die Bagage schreit, wer solche Musik möge, gehöre nach Steinhof. Steinhof, das ist die Irrenanstalt, in der sich Peter Altenberg gerade befindet. Die Diagnose des Publikums: Verrückte Musik zu Texten eines Verrückten. (Es gibt allerdings, das muss man sagen, ein Foto von Altenberg mit seinem Pfleger Spatzek aus Steinhof aus diesen Tagen, und da blickt Altenberg sehr cool und gelassen in die Kamera, man hat den sehr starken Eindruck, es sei Spatzek, der Pfleger, der verrückt ist. Altenberg schreibt dazu »Der Irrsinnige und der Irrenwärter«, es bleibt unklar, wer wer ist.)

Schönberg klopft ab und ruft ins Publikum, er werde jeden Ruhestörer mit Gewalt abführen lassen, worauf es zu Tumulten kommt, Duellforderungen werden in Richtung des Dirigenten gebrüllt, und einer steigt von ganz hinten über die Parkettreihen. Als er vorne angekommen ist, ohrfeigt Oscar Straus, Komponist der Operette »Ein Walzertraum«, den Präsidenten des »Akademischen Verbandes für Literatur und Musik«, Arnold Schönberg.

In der »Neuen Freien Presse« erschien am nächsten Tag folgender Bericht: »Die fanatischen Anhänger Schönbergs und die überzeugten Gegner seiner oft äußerst befremdlichen Klangexperimente sind schon zu wiederholten Malen hart aneinandergeraten. Zu einer Szene aber, wie sie sich in dem heutigen Konzert des Akademischen Verbandes ereignet hat, ist es unseres Erinnerns in einem Wiener Konzertsaale kaum je zuvor gekommen. Die erregt streitenden Gruppen zu trennen, blieb nicht anderes, als die Lichter auszulöschen.« Vier Personen wurden von der Polizei festgenommen, ein Student der Philosophie, ein praktischer Arzt, ein Ingenieur und ein Jurist. Der Abend ging als »Watschenkonzert« in die Geschichte ein.

Aber die Zeitgenossen, vor allem Arthur Schnitzler, der mit seiner Frau Olga das Konzert besuchte, sahen das ganz lakonisch: »Schönberg Orchesterconcert. Ungeheure Skandale. Alban Berg's alberne Lieder. Unterbrechungen. Gelächter. Rede des Präsidenten. ›Hören Sie wenigstens Mahler in Ruhe an!‹ Als wäre es gegen den gegangen! Unverschämtheit – – Einer im Parkett ›Lausbub‹. Der Herr vom Podium ins Parquet, unter athemloser Stille; haut ihm eine herunter. Rauferei allerorten.« Das Leben geht weiter. Schnitzler macht einen Absatz und dann: »Mit Vicki, Fritz Zuckerkandl und dessen Mutter im ›Imperial‹ soupiert.«

Arnold Schönberg reist am nächsten Tag zurück nach Berlin, endgültig in seinem Glauben bestätigt, dass 1913 ein Unglücksjahr ist und die Wiener unfassbare Banausen sind. Er empfängt, kaum nach Berlin zurückgekehrt, den Reporter der »Zeit« und erklärt ihm auf herrlich kleinliche und rechthaberische Weise:

»Eine Konzertkarte gibt nur das Recht, das Konzert anzuhören, nicht aber, die Vorträge zu stören. Der Käufer einer Karte ist ein Eingeladener, der das Recht, zuzuhören, erwirbt: sonst nichts. Es ist ein großer Unterschied zwischen einer Einladung in einen Salon und der in ein Konzert. Der Beitrag zu den Kosten einer Veranstaltung kann unmöglich ein Recht verleihen, sich unanständig zu benehmen.« Herr Schönberg schließt seine Unterredung mit folgenden Worten für sein zukünftiges Verhalten: »Ich habe mir vorgenommen, bei derartigen Konzerten nur dann noch mitzuwirken, wenn auf den Eintrittskarten ausdrücklich vermerkt ist, dass die Störung der Vorträge nicht gestattet ist. Es ist doch selbstverständlich, dass der Veranstalter eines Konzertes nicht nur moralisch, sondern auch materiell der Inhaber eines Rechtsgutes ist, das in einem jeden auf Privateigentum bestehenden Staatswesen Anspruch auf Schutz hat.« Dieses Interview ist ein verstörendes Dokument. Die Verfechter der neuen Musik wollen einen Rechtsanspruch auf ungestörte Avantgarde. Doch das war dann selbst für dieses ungeheure Jahr 1913 zu viel des Guten.

◈

Camille Claudel hatte am Ende des 19. Jahrhunderts den großen Auguste Rodin überwältigt und Skulpturen von einzigartiger Schönheit geschaffen. Sie hatte Rodin einen Vertrag diktiert, in dem sie ihm verbot, andere Modelle als sie selbst zu haben, und ihn verpflichtet, ihr Aufträge zu verschaffen und ihr eine Italienreise zu spendieren – dann dürfe er sie viermal im Monat im Atelier besuchen. Er war ihr hörig. Doch dann verließ sie ihn 1893.

Von diesem Moment an ging es für sie steil bergab. 1913, zwanzig Jahre später, denkt sie noch immer an nichts anderes als an ihn. Sie ist dick und aufgedunsen inzwischen, ungewaschenes, verlottertes Haar, wirrer Blick. Nichts erinnert mehr an die junge Bildhauerin, der erst Rodin und dann Claude Debussy verfielen. Sie haust in einer vollgestopften Erdgeschosswohnung am Quai de Bourbon 19, zerstört im Wahn mit gezielten Hammerschlägen alle Werke, die sie zuvor geschaffen hat, fühlt sich verfolgt von ihrer Familie und von Rodin und vom Rest der Welt. Sie ist davon überzeugt, dass Rodin, den sie das letzte Mal vor sechzehn Jahren gesehen hat, schamlos ihre eigenen Werke plagiiere.

Da sie fest davon ausgeht, dass alle sie vergiften wollen, isst sie nur noch Kartoffeln und trinkt abgekochtes Wasser, die Fensterläden bleiben geschlossen, damit niemand sie ausspionieren kann. Ihr Bruder Paul Claudel besucht sie und notiert danach lapidar in sein Tagebuch: »In Paris. Camille verrückt, die Tapeten in langen Streifen von den Wänden gerissen, ein einziger und kaputter Sessel, furchtbarer Schmutz. Sie selbst ist fett und schmutzig und redet ununterbrochen mit monotoner und metallischer Stimme.«

Am 5. März erstellt Dr. Michaux ein ärztliches Attest, das den Bruder Paul Claudel ermächtigt, seine Schwester in eine geschlossene Anstalt einzuweisen. Am Montag, dem 10. März, öffnen zwei kräftige Krankenwärter gewaltsam die mit mehreren Schlössern gesicherte Tür zu Camille Claudels Atelier und tragen die schreiende Frau hinaus. Sie ist 48 Jahre alt. Am selben Tag wird sie in die Nervenklinik Ville-Évrard gebracht, wo der zuständige Arzt Dr. Truelle die Diagnose einer schweren Paranoia voll bestätigt. Jeden Tag redet sie von Rodin. Jeden Tag hat sie Angst, dass er sie vergiften wolle und dass die Krankenschwestern seine Komplizinnen seien. So wird es noch dreißig Jahre weitergehen. Es gibt noch keine Doktorarbeit über »Die psychiatrische Beurteilung Camille Claudels«.

◈

Albert Schweitzer wird im März 1913 zum Dr. med. promoviert. Seine Arbeit »Die psychiatrische Beurteilung Jesu« irritierte, aber gefiel. Am nächsten Tag verkauft er sein gesamtes Hab und Gut. Dann nimmt er seine Frau Helene und reist am 21. März 1913 nach Afrika. In Französisch-Äquatorialafrika am Ogooué gründet er das Urwaldhospital Lambarene.

◈

Auch Ernst Jünger träumt von Afrika. Unter der Schulbank in der Realschule liest er permanent afrikanische Reisebeschreibungen. Das »tödliche Gift der Langeweile drang immer stärker in mich ein« – so steht es für ihn fest, dass er die Geheimnisse Afrikas suchen müsse, die »verlorenen Gärten«, irgendwo im oberen Stromgeflecht des Nil oder des Kongo. Afrika, das ist für ihn der Inbegriff des Wilden und Ursprünglichen. Da musste er hin. Nur wie? Warten wir ab.

◈

Es ist Ende März. Marcel Proust zieht sich den Pelz über sein Nachthemd und geht mitten in der Nacht noch einmal auf die Straße. Dann betrachtet er volle zwei Stunden lang andächtig das Sankt-Annen-Portal von Notre Dame. Am nächsten Morgen schreibt er an Madame Straus: An diesem Portal sei »seit acht Jahrhunderten eine sehr viel reizvollere Menschheit versammelt als diejenige, mit der wir verkehren«. Das also nennt man seitdem konsequenterweise: Auf der Suche nach der verlorenen Zeit.

◈

Karl Valentin dreht seine ersten drei Stummfilme. »Die lustigen Vagabunden«, »Der neue Schreibtisch« und »Karl Valentins Hochzeit«. 1913 steht er auch das erste Mal mit einer neuen Partnerin auf der Bühne: Liesl Karlstadt.

APRIL

Hitler feiert am 20. April seinen 24. Geburtstag in dem Wiener Männerwohnheim in der Meldemannstraße. Thomas Mann denkt nach über den »Zauberberg«, seine Frau ist schon wieder zur Kur. Lyonel Feininger entdeckt die winzige Dorfkirche in Gelmeroda und macht sie zur Kathedrale des Expressionismus. Franz Kafka meldet sich zum freiwilligen Arbeitsdienst beim Gemüsebauern und jätet nachmittags Unkraut, um seinen »Burn-out« zu therapieren. Bernhard Kellermann schreibt den Bestseller des Jahres: »Der Tunnel«, ein Science-Fiction-Roman über die unterirdische Verbindung zwischen Amerika und Europa. Frank Wedekinds »Lulu« wird verboten. Oskar Kokoschka kauft eine Leinwand genauso groß wie das Bett seiner Geliebten Alma Mahler und beginnt darauf mit seinem Liebespaarbildnis. Wenn es ein Meisterwerk wird, will Alma ihn heiraten. Aber nur dann.

Gefahr im Anzug

(Zeichnung von M. Dudovich)

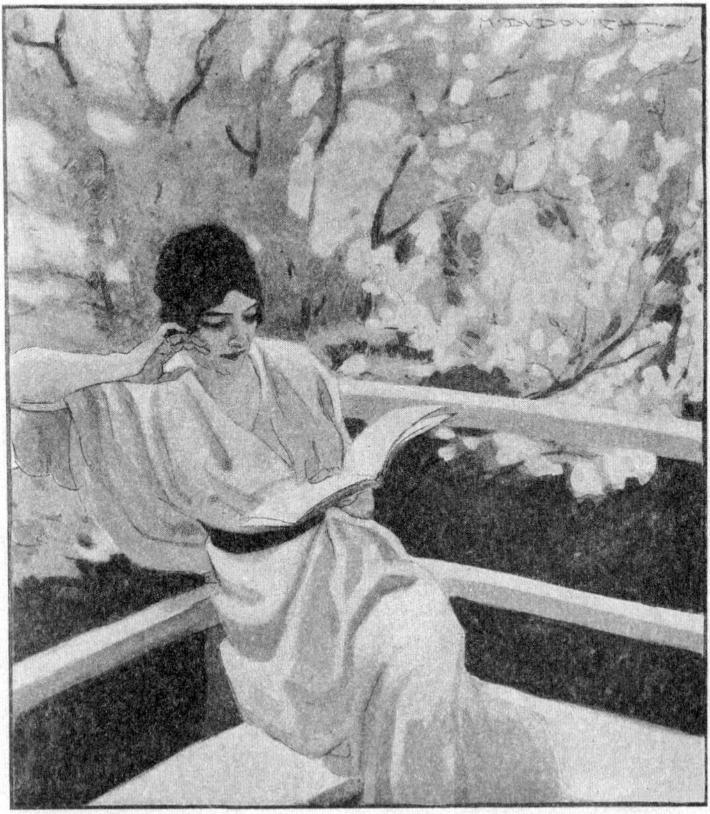

„Diese ewigen Grenzzwischenfälle sind ja schon ekelhaft genug. Aber unsere Männer werden erst staunen, wenn die Franzosen mit ihren Modeschikanen angerückt kommen!"

Wie lange hält »Die Brücke«? Seit die Künstler Ernst Ludwig Kirchner, Karl Schmidt-Rottluff, Erich Heckel, Otto Mueller und Emil Nolde aus Dresden nach Berlin gezogen sind, fliegen immer öfter die Fetzen, es gibt »Weibergeschichten und Intrigen«, wie Kirchner schrieb, und 1912 war bereits Max Pechstein aus der Gruppe ausgetreten. Jeder versucht, sich auf eigene Faust künstlerisch und finanziell durchzuschlagen, alle hausen in Berliner Dachkammern, die Stile entwickeln sich auseinander, die Künstler auch. In ihren Ateliers stapeln sich die unverkauften Werke, doch sie malen tapfer weiter.

Wie ein Liebespaar in der Krise versuchen auch die Brücke-Maler sich der paradiesischen Unschuld und der archaischen Kraft ihres gemeinsamen Anfangs zu erinnern. Sie planen die Herausgabe einer Chronik der »Brücke«. Sie sollte originale Holzschnitte enthalten und Fotografien der Gemälde, Kirchner, der wendige, egozentrische Wortführer soll den Text dazu verfassen. Im April 1913 arbeitet Kirchner fieberhaft an diesem Text, der ein Manifest werden soll, wenn ihm seine Unruhe, seine Drogen, seine Frauen, seine Skizzenblöcke, dieses verfluchte Berlin endlich ein paar Minuten Zeit dafür lassen.

◈

»Das Alte stürzt, es ändern sich die Zeiten«. Dieses Schiller-Zitat aus dem »Wilhelm Tell« prangt in großen Lettern im »Drogisten-Taschen-Kalender für das Jahr 1913«. Steht eine

Revolution bevor? Ahnen etwa die deutschen Drogisten etwas von einer kommenden Katastrophe?

Nein. Es gibt nur neue, hübsche Etiketten für Salben und Hustensäfte. Oder, wie es in der Anzeige weiter heißt: »Die in unserem Verlag erschienenen neuen Etiketten u. s. w. wurden durchweg von berufenen Künstlern entworfen und gelten in geschmacklicher Hinsicht als vorbildlich und unerreicht. Sie übertreffen alles bisher Gebotene.«

Das ist mal Werbung ohne jede falsche Bescheidenheit. Der Name der Firma ist leider nicht ganz so eingängig und übertrifft nicht alles bisher Gebotene: »Etiketten-Druckerei und Verlag für die chem.-pharm., Apotheker-, Drogisten- und verwandte Branchen, Barmen.«

◈

Colonel Mervyn O'Gorman, der Leiter der britischen »Royal Aircraft Company«, treibt 1913 zwei technische Entwicklungen voran, die ebenfalls alles bisher Gebotene übertreffen sollen: Unter der Woche entwickelt der legendäre Luftfahrtingenieur schlagkräftige Kampfflugzeuge für den Kriegseinsatz. Und am Sonntag, wenn die Sonne scheint, arbeitet er mit seiner Kamera und dem Autochromverfahren, um gestochen scharfe Farbfotos von der schönen, herben Nachbarstochter Christina Elizabeth Frances Bevan zu machen. Seine Flugzeuge gehen in die Weltgeschichte ein. Seine Fotos vom Strand in der Nähe von Lulworth Cove in Dorset in die Kunstgeschichte. Ein unschuldiges junges Mädchen in Farbe, am Strand entlanglaufend, an einem Ruderboot lehnend. Kein Flugzeug am Himmel. Nur Rottöne, Blautöne, Brauntöne, sanft schlagen die Wellen an den Strand. Verwunschene Fotos, 1913 entstanden, doch zum Greifen nah.

◈

Um acht erwacht Thomas Mann. Nicht etwa, weil er geweckt wird oder einen Wecker gestellt hat. Nein, er erwacht einfach immer um acht. Als er einmal um halb acht aufwacht, blieb er die halbe Stunde liegen, irritiert, wie ihm das passiert sein konnte. Es sollte nie wieder vorkommen. Sein Körper gehorchte ihm. Wir wissen noch immer sehr wenig aus der Kältekammer der Ehe zwischen Thomas Mann und Katia Pringsheim. Aber es ist auffällig, dass Katia, nachdem ihr Ehemann den »Tod in Venedig« im Jahre 1912 abgeschlossen hat, fast anderthalb Jahre ununterbrochen zu verschiedenen Kuraufenthalten in der Schweiz ist, um ihre Lungenkrankheit zu kurieren. Was ihr den Atem verschlagen hatte, war das versteckte homosexuelle Bekenntnis ihres Mannes. Natürlich wusste sie mehr als jeder andere, dass jener Gustav von Aschenbach ein Selbstporträt ihres Gatten war – und dass es beim gemeinsamen Urlaub in Venedig 1911, im Grand Hotel des Bains war, dass er den Blick nicht abwenden konnte von jenem hübschen Jungen Tadzio, den er im Buch als »vollkommen schön« beschreibt, »bleich und anmutig verschlossen«. Katia hatte sich gewundert über ihren Mann, wie er dem Knaben hinterherstierte, doch nun las sie die Novelle über den alternden Künstler, der hemmungslos seiner Knabenliebe folgte, den Jungen beobachtete, wenn er am Strand war und wenn er aß, »vormännlich hold und herb«. Aber Thomas Mann hat jenen Gustav von Aschenbach stellvertretend für sich seinen Willen ausleben und seinen Tod finden lassen. Das »strenge Eheglück« muss von Katia und Thomas in dem Jahr der permanenten Sanatoriumsaufenthalte schmerzhaft fallengelassen werden. Aber sie bleiben zusammen, bewahren Haltung und bauen ein Haus.

Um Punkt halb neun treffen sich Katia und Thomas Mann an jedem Tag ihrer Ehe, um gemeinsam zu frühstücken. Egal ob in der Mauerkircherstraße oder im Landhaus in Bad Tölz oder später in der Poschingerstraße. Um Schlag 9 Uhr beginnt der Großschriftsteller zu arbeiten. Seine vier Kinder erinnerten sich ein Leben lang an die Art und Weise, wie ihr Vater um Punkt 9 Uhr die Tür schloss – egal ob in der Wohnung in der Mauerkircherstraße in München, im Landhaus in Bad Tölz oder später in der Poschingerstraße.

Es war ein sehr bestimmtes, sehr endgültiges Abschließen der Tür. Die Welt sollte draußen bleiben.

Dann nahm er seinen Manuskriptblock zur Hand und legte los. Wie eine Maschine. »Unser täglich Blatt gib uns heute«, sagte er einmal zu seinem Freund Bertram. »Ich brauche weißes, vollkommen glattes Papier, flüssige Tinte und eine neue, leichtgleitende Feder. Damit es kein Durcheinander gibt, lege ich ein Linienblatt unter. Ich kann überall arbeiten, nur muss ich ein Dach über dem Kopf haben. Der freie Himmel ist gut zum unverbindlichen Träumen und Entwerfen: die genaue Arbeit verlangt den Schutz einer Zimmerdecke.«

Genau drei Stunden später, Schlag 12 Uhr, legt er den Griffel nieder. Und rasiert sich ausgiebig. Er hat es ausprobiert. Wenn er sich schon morgens rasiert, dann kommen schon zum Abendessen wieder die ersten Bartstoppeln zum Vorschein. Seit er sich erst nach 12 Uhr rasiert, sind die Wangen auch beim Abendessen noch glatt. Nach der Rasur und einigen Spritzern des Rasierwassers macht Thomas Mann seinen Spaziergang. Dann gibt es Mittagessen mit den Kindern, anschließend gönnt sich Thomas Mann eine Zigarre in der Sofaecke, liest etwas, spricht etwas. Spielt sogar manchmal mit seinen Kindern. Erika ist sieben, Klaus sechs, Golo vier und Monika drei Jahre alt. Aber dann werden sie alle schnell wieder der Kinderfrau anvertraut, denn Thomas Mann will sich hinlegen. Er schläft immer von vier bis fünf. Natürlich braucht er auch da keinen Wecker. Um 5 Uhr gibt es Tee, danach widmet er sich dem, was er »Nebenaufgaben« nannte, man kann ihn anrufen und auch besuchen (»kommen Sie gegen halbsechs«, schreibt er an Bertram), er ist sozusagen: da. Um 19 Uhr gibt es Abendessen. Weltliteratur ist also nur eine Frage der genauen Planung. In diesem Frühjahr erzählte er seinen Kindern das erste Mal von seinem neuen Buch, das er schreiben will, »Der Zauberberg« soll es heißen. Und es soll lustig werden. Darauf erfindet Erika für ihren Vater den Namen: »Zauberer«. Dabei bleibt es, sein Leben lang. Briefe an seine Kinder unterschrieb er nur noch so und manchmal, ganz vertraulich, nur mit »Z«.

So hatte er scheinbar alles im Griff mit seinem Zauberstab, der sein Füller war. Von A wie Aschenbach bis Z wie Zauberer.

◈

Bibliothekar, die Treppe herabsteigend: Im April 1913 nimmt Marcel Duchamp nach einem erfolgreich absolvierten Kursus in Bibliothekswissenschaften seine Arbeit als Bibliotheksassistent an der Bibliothek Sainte-Geneviève in Paris auf. Trotz seines großen Erfolges auf der New Yorker Armory-Show ist er eigentlich mit der Kunst fertig. Er beginnt zu schweigen, aber das Schweigen von Marcel Duchamp wird noch nicht überbewertet. Es bekommt überhaupt niemand mit. Er spielt permanent Schach. Ist vielleicht nicht nur seine Kunst, sondern die Kunst insgesamt am Ende? Duchamp, der hochintelligente, hochsensible Notarssohn, der sich zu seiner eigenen Überraschung in Apollinaires Buch »Die Maler des Kubismus« im März als großer Kubist gefeiert fand, sieht sich in einer Sackgasse. Im Jahr zuvor war er in München gewesen, fernab von Paris, er hatte geschwiegen, gelesen und nachgedacht. Und er hatte die Cranachs in der Alten Pinakothek gesehen. Er hat die nackten Marien in ihrer Eckigkeit mit den Frauenbildern des Futurismus zu seinem Bild »Akt, eine Treppe herabsteigend« verbunden. Er hatte mit dem trägen

Medium der Ölfarben ein Bild für Bewegung gefunden. Doch jetzt steht er mit seiner Kunst und seinen Gedanken im Stau. Ob er nicht lieber nur noch Schach spielen sollte? Später wird er Mitglied der französischen Schachnationalmannschaft und nimmt an vier Olympischen Spielen teil.

◈

Die Rüstungsausgaben in Österreich-Ungarn betrugen 1913 zwei Prozent des Bruttosozialproduktes, im Deutschen Reich 3,9 Prozent und in Frankreich 4,8 Prozent.

◈

In Berlin sitzt George Grosz und zeichnet das, was nicht zu begreifen ist. Die Explosion der Armut und die des Reichtums. Den Lärm. Den Verkehr. Die Baustellen. Die Kälte auf den Straßen und die Hitze der Bordelle. Die Untertanen. Die feisten Männer mit Hut, die dicken Frauen, deren Fleisch nichts mehr hält. Prügelnde Körper, frierende Körper, gaffende Körper. Ein zackiger, dünner, schwarzer Strich fängt alles ein. Er zeichnet so kratzend, als ritze er Tätowierungen in die Haut. »Die Peripherie der wie ein Oktopus um sich greifenden Stadt zog uns gewaltig an. Wir zeichneten die noch feuchten Neubauten, die bizarren Stadtlandschaften, wo Eisenbahnen über Unterführungen dampften, Müllabladeplätze an Laubenkolonien grenzten, neben neuausgelegten Straßen schon die Asphaltkessel standen.« Grosz zeichnet und zeichnet. Und wenn der Block zu Ende ist, geht er in eine Kneipe, trinkt ein Helles und isst seinen Rollmops. Und hinterher noch einen »Koks mit'm Pfiff«. Das ist Kartoffelschnaps mit einem Stückchen Zucker, in Rum getaucht, das kostet fast nichts. Wenn er völlig abgebrannt ist, geht er, wie auch Kirchner und all die anderen tausend Bohemiens, zu Aschinger. Denn da gibt es einen riesigen Teller Erbsensuppe für 30 Pfennig – und dazu so viel und unbegrenzt Brot und Brötchen. Wenn der Brotkorb leer ist, bringt der Kellner einen neuen, und Grosz lässt das Brot in seinen Taschen verschwinden für die hungrigen Tage danach. Dann geht er raus auf die Straße, in die Cafés, in die Bordelle, in die Kneipen, und zeichnet die Krone der Schöpfung, das Schwein, den Menschen.

◈

Wien liegt im Schatten Sigmund Freuds. Selbst beim Träumen jetzt schon überall die Gedanken an das Über-Ich aus der Berggasse 19. Am 9. April jedenfalls notiert Arthur Schnitzler in seinem Tagebuch: »Alberne Träume; – von irgend einer Probe nach Haus, will mich noch bei Epply rasiren lassen; plötzlich in meinem Badezimmer: Herr Askonas will mir (wohl vor einer Furunkeloperation) das Bein rasiren … (Die Freud-Schule könnte dies als einen verkappten Selbstmordwunschtraum deuten.)«

◈

Alfred Flechtheim, der große Galerist, beginnt mit den Planungen für seinen Selbstmord. Er ist zu diesem Zeitpunkt noch ein kleiner Getreidehändler mit fatalem Hang zur Kunst. Aber er hatte einen großen Plan gehabt: Fast die gesamte Mitgift seiner Frau Betty Goldschmidt investierte er auf der Hochzeitsreise nach Paris in zeitgenössische Kunst. Picasso, Braque, Friesz. Er schrieb in sein Tagebuch: »Es ist etwas Wahnsinniges mit der Kunst. Mich hat sie gepackt, die Kunst«. Und so plant er, mit Spekulationen auf Getreidepreise und auf Kupferminen in Spanien reich zu werden und dann ein Leben als

Kunsthändler führen zu können. Aber er kennt sich im Getreidehandel überhaupt nicht aus. Und das scheint leider in der Familie gelegen zu haben. Schon sein Vater und sein Onkel hatten das Familienunternehmen, die Flechtheimmühle, durch riskante Manöver an den Rand des Ruins getrieben. Auch alle Grabungen nach Kupfer in Spanien verlaufen im Sande, und sein gesamtes Geld ist verbraucht. Er besitzt fünf Cézannes, einen van Gogh, zwei Gauguins, zehn Picassos, Bilder von Munch und Seurat – und 30000 Mark Schulden. Er besucht seinen Schwiegervater Goldschmidt, »lieber beau-père«, so fängt er zu sprechen an, und fragt ihn, ob er diese Sammlung als »Sicherheit« akzeptieren würde. Aber die Antwort von Goldschmidt, dem größten Immobilienbesitzer von Dortmund, lautet »Nein«. Wer sage einem denn, dass Picasso und Cézanne und Gauguin in hundert Jahren noch etwas wert sein würden, so Goldschmidt. Sprachlos erhebt sich Flechtheim und geht. Geht und heult sich aus bei dem jungen Nils von Dardel, einem blendend aussehenden, aber sehr schlecht malenden schwedischen Künstler. Flechtheim verliebt sich in ihn. Woraufhin ihm Betty droht, ihn zu verlassen. Der drohende Verlust der Ehre durch Scheidung, sein Bekenntnis zur Homosexualität und die hohen Schulden lassen Flechtheim, da er niemanden zum Duell auffordern kann, zur Entscheidung kommen, dass ein Selbstmord der einzige Ausweg sei, seine Ehre zu retten: »Ich bin mitten drin im Sumpf.« Er schreibt an seine Frau Betty einen Brief: »Ich hoffe, Du wirst einen Mann finden, der Deiner würdiger ist.« Doch er schickt ihn nicht ab und schließt lieber eine sehr hohe Lebensversicherung ab – zugunsten seiner Eltern und seiner Frau – und plant den »tödlichen Unfall« für das Jahr 1914. Das Jahr 1913 will er den Vorbereitungen widmen. In seinem Tagebuch kreisen seine gesamten Gedanken um den drohenden Konkurs. »Kommt ein Concurs, dann fliehe ich nach Paris, nehme an Bildern mit, was ich mitnehmen kann und lebe in Paris 8 Monate noch.« Aber dann kommt alles ganz anders: Plötzlich kann er seinen van Gogh für 40 000 Mark an das Museum in Düsseldorf abgeben, seine Freunde kaufen ihn aus seinen absurden Minengeschäften heraus, der Konkurs der Getreidefirma kann gerade noch abgewendet werden. Und so kann Alfred Flechtheim schon im Herbst 1913 mit Hilfe von Paul Cassirer eine Galerie in der Düsseldorfer Alleestraße 7 eröffnen. Seine Frau verzeiht ihm. Und er sich auch. Und so werden die fein ausgearbeiteten Selbstmordpläne ad acta gelegt. Sogar die Beträge für die Lebensversicherung kann er problemlos zahlen. Er wurde einer der größten Galeristen der Moderne – obwohl er 1913 sogar die hässlichen Bilder seines verflossenen Liebhabers Nils von Dardel neben Cézanne und Picasso zeigte. Und er gründete mit »Der Querschnitt« später die vielleicht freieste Zeitschrift, die Deutschland je kannte. Weil sie den Querschnitt wagte durch die Zeit. Und genau dadurch so zeitlos wurde wie die Kunst, die Flechtheim liebte.

◈

Um Punkt halb acht am Abend des 24. April drückt der amerikanische Präsident Woodrow Wilson einen Knopf auf seinem Schreibtisch im Weißen Haus und sendet so ein telegraphisches Signal nach New York. Damit werden im gerade fertig errichteten Woolworth Building, dem höchsten Gebäude der Welt, auf einen Schlag 80 000 Glühbirnen angezündet. Tausende von Besuchern warteten in der New Yorker Dunkelheit auf diesen Moment der Erleuchtung. Der größte Leuchtturm der Welt ist bis weit ins Land hinein zu sehen und von den großen Schiffen bis zu hundert Meilen Entfernung. Amerika strahlt.

◈

Am 20. April wird Adolf Hitler vierundzwanzig Jahre alt. Er sitzt im Männerwohnheim in der Wiener Meldemannstraße 27 im Arbeiterbezirk Brigittenau und malt im Aufenthaltsraum Aquarelle. In seinem Zimmer ist es zu eng. 500 Personen haben winzige Einzelkabinen, ein Bett, einen Kleiderständer, einen Spiegel, vor dem Hitler allmorgendlich seinen Schnurrbart pflegt. Die Nacht kostet 50 Heller. Wer, wie Hitler, dauerhaft bleibt, bekommt jeden Samstag neue Wäsche. Tagsüber treiben sich die meisten Bewohner in der Stadt herum, auf der Suche nach Arbeit oder Ablenkung, abends strömen sie zurück. Nur wenige bleiben tagsüber im Heim, Adolf Hitler ist einer von ihnen. Tag für Tag hockt er in einer Fensternische des sogenannten Schreibzimmers, in dem die aktuellen Zeitungen ausliegen, und zeichnet und aquarelliert Wiener Sehenswürdigkeiten. Schmächtig sitzt er da in seinem uralten, abgetragenen Anzug, jeder im Heim kennt die Geschichte seiner schmählichen Abweisung von der Kunstakademie. Immer wieder fällt ihm eine schwere schwarze Strähne ins Gesicht, die er mit einer hektischen Kopfbewegung nach hinten wirft. Vormittags legt er mit dem Bleistift die Zeichnung an, nachmittags kommen die Farben dazu. Abends gibt er das Blatt einem anderen Heimbewohner, der es in der Stadt verkaufen soll. Die meisten Blätter wird er über die Kunsthändlerin Köhler in der Wollzeile im ersten Bezirk oder über den Trödelhändler Schlieffer in der Schönbrunnerstraße 86 los. Meist malt er die Karlskirche, manchmal Motive vom Naschmarkt. Wenn ein Motiv gut ankommt, malt er es ein Dutzend Mal, 3 bis 5 Kronen bekommt er pro Blatt. Doch Hitler legt das Geld an, versäuft es nicht, wie seine Mitbewohner, er lebt sparsam, asketisch fast. Neben dem Schreibzimmer befindet sich eine Filiale der Niederösterreichischen Molkerei, dort holt sich Hitler gute Flaschenmilch und Iglauer Landbrot. Wenn er sich ausruhen will, dann geht er in den Schlosspark von Schönbrunn oder spielt Schach. Meist sitzt er den ganzen Tag ruhig mit seinen Farben da. Doch wenn im Raum eine politische Diskussion aufkommt, dann durchzuckt es ihn. Irgendwann wirft er seinen Pinsel fort, seine Augen blitzen, und er hält flammende Reden über den liederlichen Zustand der Welt im Allgemeinen und Wiens im Besonderen. Es könne, so schreit er, nicht angehen, dass in Wien mehr Tschechen als in Prag lebten, mehr Juden als in Jerusalem und mehr Kroaten als in Zagreb. Er wirft seine schwarze Strähne nach hinten. Schwitzt. Und bricht urplötzlich seine Reden ab. Setzt sich hin und malt weiter an seinen Aquarellen.

◈

In der Aprilausgabe der Zeitschrift »National Geographic« sieht die Menschheit erstmals eines ihrer Weltwunder. Machu Picchu, die Zauberstadt der Inkas, wurde wiederentdeckt bei einer gemeinsamen Expedition der Yale University und der National Geographic Society. Der Leiter der Expedition, Hiram Bingham, machte die ersten Fotografien von den Ruinen jener magischen Stadt, die plötzlich zwischen hoher Vegetation in höchster Höhe in Peru auftauchte. »National Geographic« widmet seine gesamte Ausgabe der Ausgrabung: 250 Fotos veröffentlicht das Magazin, verstört, begeistert, aufgeregt, wie es im Vorwort zum Artikel heißt, von diesem »Wunder«. Um dann auszurufen: »Was müssen das für außergewöhnliche Menschen gewesen sein, die eine solche Stadt auf dem Berggipfel errichten, nur mit ihren Händen und nur aus Stein.« Im 15. Jahrhundert, als Florenz in seiner größten Blüte stand und Leonardo die »Mona Lisa« malte, entstand auf 2360 Meter Höhe Machu Picchu in den Anden. Bis heute funktioniert die Regenablaufstruktur in der terrassenförmig angelegten Stadt perfekt.

◈

In der Aprilausgabe der Berliner Zeitschrift »Die Aktion« wird zum »Vatermord« aufgerufen, ohne dass der Verfasser Otto Gross wissen konnte, dass zeitgleich in Wien Sigmund Freud an seiner Theorie dazu saß. Gross schreibt einen Aufsatz mit Ratschlägen »Zur Überwindung der kulturellen Krise«. Und der wichtigste ist: »Der Revolutionär von heute, der mit Hilfe der Psychologie des Unbewussten die Beziehungen der Geschlechter in einer freien und glückverheißenden Zukunft sieht, kämpft gegen die Vergewaltigung in ursprünglichster Form, gegen den Vater und gegen das Vaterrecht.« (Am Ende des Jahres wird Gross, kein Witz, von seinem Vater in die Psychiatrie eingewiesen.) Es ist derselbe Zeitpunkt, zu dem Asta Nielsen im Kino mit dem Film »Die Sünden der Väter« zu sehen ist. Und Franz Kafka an seinen neuen Verleger Kurt Wolff in Leipzig schreibt, dass er sich als Titel für seinen ersten Erzählungsband »Söhne« ausgedacht habe. Gottfried Benns zweiter Gedichtband, der in diesem Jahr nicht bei Kurt Wolff erscheint, weil dieser Benns Gedichte nicht mag, sondern in Wilmersdorf bei dem Kleinverleger Meyer, heißt tatsächlich »Söhne«. Kein Wunder also, dass am 3. April auf der Hamburger Werft Blohm & Voss das mit 54 282 Bruttoregistertonnen und 276 Meter Länge größte Passagierschiff der Welt beim Stapellauf auf den Namen »Vaterland« getauft wird.

◈

An ebenjenem 3. April meldet sich Franz Kafka unrettbar krank – er schreibt an seinen Freund Max Brod: »Vorstellungen wie z. B. die, dass ich ausgestreckt auf dem Boden liege, wie ein Braten zerschnitten bin und ein solches Fleischstück langsam mit der Hand einem Hund in der Ecke zuschiebe – solche Vorstellungen sind die tägliche Nahrung meines Kopfes.« Und im Tagebuch: »Immerfort die Vorstellung eines breiten Selchermessers, das eiligst und mit mechanischer Regelmäßigkeit von der Seite her in mich hineinfährt und ganz dünne Querschnitte losschneidet, die bei der schnellen Arbeit fast eingerollt davonfliegen.« So geht es nicht weiter. Die Freunde sind alarmiert, Kafka selbst hat ernsthaft Angst durchzudrehen. Er schläft kaum noch, hat Kopfschmerzen und große Verdauungsprobleme. Schreiben kann er überhaupt nicht mehr – höchstens seine Briefe an Felice nach Berlin. Aber das ist auch schwieriger geworden, seit die Idealgestalt aus den Briefen zu einer Frau aus Fleisch und Blut geworden ist, neben der er vor Verzagen zitterte, als er sie in Berlin treffen durfte. Er ist völlig am Ende. Auch hier: Burn-out bzw. »Neurasthenie«. Aber anders als Musil geht Kafka nicht zum Arzt. Er greift zur Selbsttherapie. Und spricht am 3. April vor in der Gärtnerei Dvorský im Arbeitervorort Nusle und bietet seine Hilfe beim Jäten an. Selten hat er eine lebensklügere Entscheidung getroffen als diese: sich zu erden, als ihm der Boden unter den Füßen wankt.

Er darf sich entscheiden zwischen Blumen und Gemüse. Und Kafka wählt natürlich das Gemüsebeet. Am 7. April beginnt er, am späten Nachmittag, als er die Arbeit in der Versicherung hinter sich hat. Es regnet leicht. Kafka trägt Gummistiefel.

Wir wissen nicht, wie oft er zur Gärtnerei gegangen ist. Wir wissen nur, warum er Ende April fluchtartig das Weite sucht. Die Tochter des Gärtners zieht ihn ins Vertrauen: »Ich, der ich durch die Arbeit meine Neurasthenie heilen will, muss hören, dass der Bruder des Fräuleins, er hat Jan geheißen und war der eigentliche Gärtner und voraussichtliche Nachfolger des alten Dvorský, ja sogar schon Besitzer des Blumengartens, sich vor 2 Monaten im Alter von 28 Jahren aus Melancholie vergiftet hat.« Selbst dort also, wo er sich Erholung sucht von seinem inneren Leiden, droht die tödliche Melancholie. Verstört verlässt Kafka die Gärtnerei auf der Nusler Lehne. Kein stiller Ort, nirgends.

◈

Auch Lyonel Feininger zieht es am 3. April hinaus aufs Land. Die elterlichen Gene, die Natur und das Schicksal hatten ihm allerdings eine glücklichere mentale Disposition geschenkt. Von Weimar aus, wo seine Frau Julia studiert, steigt er auf das Fahrrad und fährt den Hügel hinauf durchs vorfrühlingshafte Thüringer Land. »Nachmittags krabbele ich los mit'm Regenschirm und einem Block, nach Gelmeroda; ich habe dort eineinhalb Stunden herumgezeichnet, immer an der Kirche, die wundervoll ist.« Mehr wissen wir von ihm nicht. Seine Sprache waren seine Bilder. Und doch ist diese Entdeckung vom 3. April 1913 von zentraler Bedeutung für sein Lebenswerk. Er wird Hunderte Zeichnungen von der kleinen, unscheinbaren Dorfkirche in Gelmeroda machen und über die Jahrzehnte zwanzig Gemälde. Selbst als er Deutschland und das Bauhaus längst verlassen hatte, erschuf er aus der Erinnerung immer neue Visionen von Gelmeroda. Schon nach seinen ersten Skizzen vor dem Kirchturm schreibt er an seine Frau Julia: »Wenn ich in den letzten Tagen draußen arbeitete, geriet ich förmlich in Ekstase. Das geht weit über die Beobachtung und Feststellung, das ist der magnetische Zusammenschluss, ein Freiwerden von allen Fesseln.« Bald entsteht aus den etwa vierzig Studien ein erstes Gemälde, »Gelmeroda I« genannt, als wüsste er schon im ersten Moment, dass noch viele weitere Versionen folgen werden, zwei weitere allein 1913. Ein sehr expressives Bild, eine wilde Mischung aus den Linien eines Franz Marc und der Futuristen. Oder, wie Feininger selbst es sah: »Seit 10 Tagen grinst mich ein aufgezeichnetes Bild, Kohle auf Leinwand an, zu dem ich immer sehnsuchtsverzehrtere Blicke hinübersende – die Gelmerodaer Kirche.« Die kleine Kirche wird zum entscheidenden künstlerischen Wendepunkt im Œuvre Lyonel Feiningers. Und zu einer, vielleicht sogar: der Kathedrale des Expressionismus (was niemanden daran hinderte, sie hundert Jahre danach zu einer »Autobahnkirche« zu machen).

◈

Am 30. April wird Frank Wedekinds Theaterstück »Lulu« von der Zensur verboten. Thomas Mann, der gerade zu einem Mitglied des Münchner Zensurbeirates gewählt worden ist, schreibt ein positives Gutachten. Doch er wird überstimmt. 15 von 23 Beiratsmitgliedern votieren für ein Verbot des Stückes aus sittlichen Gründen. Aus Protest tritt Thomas Mann aus dem Zensurbeirat aus.

◈

Anfang April, als Franz Kafka seinen Dienst beim Gemüsebauern antritt, klingelt Stefan George bei Ernst Bertram, dem Freund Thomas Manns. George war zu diesem Zeitpunkt bereits eine mythische Figur in München und dem Rest des Reichs. Ein wundersamer Dichter, Schöpfer von Versen von bestürzender Schönheit und zugleich unheimliches Zentrum eines Kreises halbwüchsiger Jünger. Früh schuf er ein auratisches Image seiner selbst, die Haare gepudert, den Diamantring am Finger und den Kopf immer im Profil – so erschienen die autorisierten Fotos. Von vorne fand er sich zu bäurisch. Seit Anfang des Jahrhunderts kam George immer wieder besuchsweise nach München und wohnte im Gästezimmer von Karl und Hanna Wolfskehl. Erst in der Leopoldstraße 51, dann in der Leopoldstraße 87, schließlich, so auch 1913, in der

Römerstraße 16, wo sich George zwei Zimmer nach eigenen Wünschen einrichten durfte. Die Wolfskehls schirmten George ab von unliebsamen Verehrern und kanalisierten den Zugang. Die Auftritte ihres geheimnisvollen Untermieters wussten die Wolfskehls gekonnt in Szene zu setzen. An diesem 3. April jedoch wollte George seinen jugendlichen Verehrer Ernst Bertram treffen. Doch Bertram war in Rom. Statt seiner öffnete Ernst Glöckner, 1885 geboren, die Tür. Glöckner schreibt verwirrt und erschüttert an seinen Freund Bertram nach Rom: »Und nun habe ich den Wunsch, ich hätte nie diesen Menschen kennengelernt. Was ich an diesem Abend tat, entzog sich meiner Selbstkontrolle, ich handelte wie im Schlaf, unter seinem Willen stehend, ich war Spielzeug in seinen Händen, ich liebte und hasste zugleich.« Selten ist die unmittelbare, diabolische Verführungskraft des Dichters und selbsternannten Propheten Stefan George ehrlicher geschildert worden als in dieser Selbstanklage des 28-jährigen Glöckner. Fortan lebten Glöckner, der glühende George-Verehrer Bertram und der 45-jährige George in einem homoerotischen Dreiecksverhältnis. In diesen Tagen arbeitet George an seinem Verswerk »Der Stern des Bundes«. Es wird der Versuch sein, die Päderastie und das Hineinführen der jungen Männer in das »Geheimnis« zu einem sakrosankten Kult zu verklären. »Der Stern des Bundes« wird zur Verfassung des George-Kreises.

◈

Der Futurismus tingelt durch die russische Provinz: Majakowski macht gemeinsam mit den futuristischen Künstlern David Burljuk und Wassily Kamenski eine Tournee mit Lesungen. Eindruck macht auf dem Lande vor allem der Kleidungsstil der Futuristen. Futurismus gut und schön, so scheint 1913 die Devise gewesen zu sein, aber bitte wenigstens vernünftig angezogen. Als Majakowski in Simferopol in einer gelb-schwarz gestreiften Bluse auf die Bühne steigt, schreien die aufgebrachten Besucher nur noch »hinunter«, »hinunter«. So lässt Majakowski an diesem Abend seinen rosafarbenen Smoking aus, den er zuvor in Charkow getragen hat. Aber seine Verse mit der Reitpeitsche zu deklamieren, das lässt er sich auch in Simferopol nicht nehmen. Die Lokalzeitungen sind entsetzt. Aber das ist bewusstes Kalkül der Futuristen. Sie hätten ohne Gegenwehr der Presse das Gefühl gehabt, nicht richtig zu liegen. Als Kasimir Malewitsch einen demonstrativen Spaziergang auf der Kuzneckij Most, einem beliebten Treffpunkt in Moskaus Zentrum, unternahm, hatte er zuvor alle Lokalzeitungen der Stadt alarmiert, so dass über seinen provozierenden Spaziergang empört berichtet wurde. Die Provokation bestand darin, dass er einen Holzlöffel im Knopfloch seines Anzuges trug. Eigentlich wollten die Futuristen damit gegen die ihrer Meinung nach lächerliche Mode der morbiden Ästheten demonstrieren, die im Andenken an Oscar Wilde immer noch Chrysanthemen im Knopfloch trugen, aber damit auf dem Holzweg waren. Der Königsweg, so die schrillbunten Futuristen, lag stattdessen in einer hemmungslosen Feier des Futur.

◈

Kleines Gipfeltreffen in der Ainmillerstraße. Paul Klee besucht Gabriele Münter und Wassily Kandinsky, die in der Ainmillerstraße 36 gemeinsam versuchen, die Malerei voranzubringen. Auf dem Höhepunkt ihrer Liebe, 1906, reisten Münter und Kandinsky durch Italien und Frankreich und malten flirrende Ölstudien vom Meer, die sich so ähnlich sind, dass man bis heute nicht weiß, wer von beiden sie gemalt hat. Jetzt, sieben Jahre später, sind die Hände geschieden, die Stile auch und die Betten fast. Kandinsky entschwebt in die Richtung seiner farbig glühenden Abstraktion, Gabriele Münter bleibt bei ihrer erdschweren Malerei, mit den schwarzen Linien, die die Farben umranden wie das Blei in alten Kirchenfenstern. So malt sie auch Paul Klee, als er das Künstlerpaar besucht. Ein zackiges Profil, steifer Kragen, gerader Schnurrbart, im Hintergrund sieht man lauter Kandinskys und Münters an den Wänden hängen. Und Klee hat auf dem Porträt Pantoffeln an, so zu Hause fühlt er sich. Es liegt noch Schnee in diesem April in München und so wird Klee wohl nasse Füße bekommen haben bei seinem Gang zu den Freunden. Wohlig warm steckt er seine Füße in die warmen Puschen der Hausherrin. Vielleicht ist es diese kleine freundliche Geste, die ihn heute endlich nachgeben lässt, als Gabriele Münter ihn schon wieder fragt, ob sie ihn denn endlich einmal porträtieren dürfe. Die Schuhe müssen ohnehin noch eine Stunde trocknen, mag er sich gedacht und sich stoisch in sein Schicksal gefügt haben. So schaut er aus auf diesem Bild, das uns bis heute diesen intimen Moment aus dem Innenleben des Blauen Reiters überliefert hat.

◈

Österreich-Ungarn ohne Chance gegen das französische Angriffsspiel: Am 14. April besiegt der Franzose Max Decugis im Endspiel des Tennisturniers von Madrid den Österreicher Graf Ludwig Salm in drei Sätzen mit 6:4, 6:3, 6:2.

◈

Wie kommt man von Amerika am schnellsten nach Europa? In der »Telefunken Zeitschrift« Nr. 11 vom April 1913 wird berichtet über den »ersten funkentelegraphischen Erfolg zwischen Deutschland und Amerika«. Darin heißt es: »Die Versuche sind insofern erfolgreich gewesen, als es zum erstenmal seit Bestehen der Funkentelegraphie gelang, funkentelegraphische Mitteilungen auf der Linie New York–Berlin über den Ozean zu senden. Die hierbei überbrückte Distanz beträgt ca. 6500 Kilometer.«

◈

Im April erscheint bei S. Fischer der große Bestseller des Jahres 1913: »Der Tunnel« von Bernhard Kellermann aus Fürth. Nach vier Wochen sind 10 000 Exemplare verkauft, nach sechs Monaten schon 100 000. (Zum Vergleich: Thomas Manns »Tod in Venedig«, im Februar 1913 erschienen, verkauft 1913 knapp 18 000 Exemplare, und es dauert bis in die dreißiger Jahre, bis davon 100 000 Exemplare gedruckt sind.)

»Der Tunnel« erzählt die Geschichte des Baus eines Tunnels von New York nach Europa; tief unter dem Atlantik graben sich die Menschenmassen aufeinander zu. Was für ein irres Buch: Science-Fiction gemischt mit Realismus, Sozialkritik mit Ingenieursromantik, kapitalistischer Fortschrittsglaube mit ermüdeter Apokalyptik. Unter der Erde brechen die Tunnels ein, kommt es zu Streiks, zu Wut und Elend, über der Erde zu Börsenplänen, Eheträumen, Ernüchterungen. Dann, nach 24 Jahren, reichen sich die Bauarbeiter aus Europa und Amerika Tausende von Metern unter dem Atlantik die Hand. Es ist geschafft. Zwei Jahre später fährt zwischen den Kontinenten der erste Zug unter der Erde. 24 Stunden braucht der Zug, doch niemand will mit ihm fahren. Denn die Entwicklung ist vorangestürmt, »Der Tunnel«, der einmal technische Utopie war, ist nun rührende Vergangenheit – längst fliegt man von Amerika nach Europa mit dem Flugzeug, und das in der Hälfte der Zeit.

So gelingt Kellermann ein großes Werk – er versteht die Fortschrittsliebe seiner Zeit, ihren Glauben an das technisch Machbare, und zugleich lässt er sie mit feiner Ironie und tatsächlichem Sinn für das Mögliche ins Leere laufen. Ein riesiges utopisches Projekt, das tatsächlich verwirklicht wird – und dann schon Geschichte ist, über das die Menschen Scherze machen, die nicht viele tausend Meter unter, sondern über dem Atlantik bei der Stewardess einen Tomatensaft bestellen. Schützen wir, so Kellermanns weise Botschaft, die Utopien vor ihrem Praxistest.

◈

Oskar Kokoschka in seinem herrlichen Liebeswahn ist natürlich nicht so klug. Mit Brachialgewalt will er Alma, seine fleischgewordene Utopie des Weibes, in den Praxistext zwingen, der in seinem Fall »Ehe« heißt. Alma ist da vernünftiger. Sie glaubt nicht daran. Will aber auch, dass Kokoschka nicht die ganze Energie verschleudert, die aus diesem Antrieb zu erwachsen schien. Also spricht sie zu ihm: Ich heirate dich, wenn du ein wirkliches Meisterwerk schaffst. Von diesem Tage an hatte ihr Geliebter kein anderes Ziel mehr vor Augen. Er kauft eine Leinwand, die er genau in den Maßen ihres gemeinsamen Bettes zuschneidet, 180 x 220 Zentimeter, um daraus sein Chef d'Œuvre zu machen.

Er erhitzt den Leim, mischt die Farben, Alma muss ihm Porträt stehen, nein: Porträt liegen. Denn das Bild soll sie so zeigen, wie er sie am liebsten mag. Nackt und in der Horizontalen. Alma Mahler – oder die Lage der Frau um 1913. Sich selbst will er daneben malen, aber er weiß noch nicht wie. Er schreibt ihr: »Das Bild geht langsam, aber immer besser, der Vollendung zu. Wir beide mit sehr starkem ruhigen Ausdruck, die Hände ineinandergelegt, am Rand in einem Halbkreis, bengalisch beleuchtetes Meer, Wasserturm, Berge, Blitz und Mond.« Es muss Oskar Kokoschkas »Meisterwerk« werden. Und das völlig Unerwartete geschieht: Es wird Kokoschkas Meisterwerk. Doch wird ihn Alma deswegen heiraten?

◈

Walter Gropius veröffentlicht 1913 seinen Aufsatz »Entwicklung moderner Industriebaukunst« im Jahrbuch des deutschen Werkbundes. Darin sind vierzehn Fotografien von Lagerhäusern und Getreidesilos aus Amerika, die Gropius für den Inbegriff einer neuen Bausprache hält: form follows function. Gebaut von Ingenieuren nach rein funktionalen Grundsätzen, schlichte Kuben, kein Ornament, kein Firlefanz. Hier sei die Architektur wieder »rein«, sagt Gropius. Beziehungsweise: »Im Mutterland der Industrie, in Amerika, sind industrielle Großbauten entstanden, deren unbekannte Majestät auch unsere besten deutschen Bauten dieser Gattung überragt. Sie tragen ein architektonisches Gesicht von solcher Bestimmtheit, dass dem Beschauer mit überzeugender Wucht der Sinn des Gebäudes eindeutig begreiflich wird.«

MAI

Eine warme Frühlingsnacht in Wien: Arthur Schnitzler streitet sich so sehr mit seiner Frau, dass er am 25. Mai davon träumt, sich zu erschießen. Es wird nichts draus. In derselben Nacht in Wien erschießt sich aber Oberst Redl, weil er der Spionage überführt worden ist. In derselben Nacht in Wien packt Adolf Hitler seine Sachen und besteigt den ersten Zug nach München. Die Künstlergruppe »Die Brücke« löst sich auf. In Paris feiert Strawinsky mit »Le sacre du printemps« Premiere – er sieht das erste Mal seine spätere Geliebte Coco Chanel. Brecht langweilt sich in der Schule und hat Herzklopfen. Drum fängt er an zu dichten. Alma Mahler flieht das erste Mal vor Oskar Kokoschka. Rilke streitet sich mit Rodin und kommt nicht zum Schreiben.

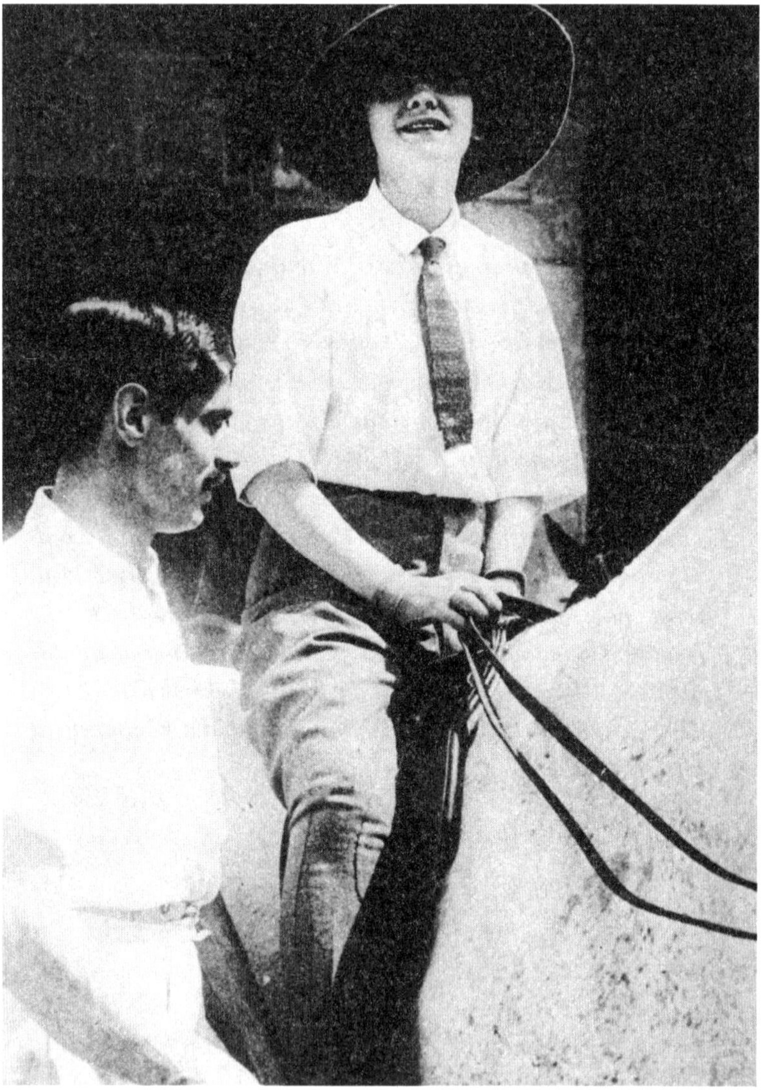

Es ist soweit: Max Weber erfindet das große Wort von »der Entzauberung der Welt«. In einem Essay über Grundbegriffe der Soziologie schreibt er darüber, was für die kapitalistische Struktur der Gesellschaft wichtig sei – und dazu gehört die zunehmende Technisierung und Verwissenschaftlichung, ja Rationalisierung dessen, was vormals als Wunder galt. »Entzauberung der Welt« meint, in Webers eigenen Worten, dass die Menschheit glaubt, alles durch Berechnung beherrschen zu können. Immerhin, Webers eigener Körper stemmte sich gegen die Berechnungen der Diättabellen. Der 49-Jährige war im Frühjahr 1913 nach Ascona gereist, ohne seine Ehefrau Marianne, um sich von seiner Medikamentensucht und seinem Alkoholismus zu kurieren. So will er, entzaubert, wieder seine äußere »Schönheit« herstellen. Doch keine Chance. Er fastet zwar in Ascona und hält Diät mit »Vegetarierfraß«, wie er an das »liebe Schnauzerl«, seine Frau, schreibt. Aber es hilft alles nicht: »Die Polsterung und das Mastbürgertum weichen nicht. Der Schöpfungsplan will mich so.« Er bleibt also dick, weil das so vorherberechnet wurde. Es ist also auch bei ihm bereits deutlich mehr Plan als Schöpfung. So wird vielleicht das eigene Gewichtsproblem zur Grundlage für eines der wichtigsten Schlagworte des 20. Jahrhunderts.

◈

Der Monat beginnt hart für Oskar Kokoschka. Er schreibt am 1. Mai an Alma Mahler: »Der heutige Tag war nicht leicht für mich, da ich keinen Brief von Dir erhalten habe.«

◈

Die Liebesgeschichte zwischen dem Pfarrerssohn Gottfried Benn und der jüdischen Dichterin Else Lasker-Schüler, die zeitgleich zu seinen Todestänzen der »Morgue« ihre schwärmerischen »Hebräischen Balladen« veröffentlicht hatte, durchzieht das ganze Frühjahr 1913. So schreibt Else am 3. Mai 1913 an Franz Marc nach Sindelsdorf: »Ich hab mich doch wirklich wieder verliebt.« Und zwar in: Dr. Benn.

Innerhalb kurzer Zeit war Marc, den sie erst im Dezember 1912 kennengelernt und der sie schon kurz darauf in seine Provinzidylle nach Sindelsdorf eingeladen hatte, zur Vertrauensperson von Lasker-Schüler geworden. Sie nannte ihn nicht nur ihren »Blauen Reiter«, sondern vor allem auch »Halbbruder Ruben«. So nah kam ihr in ihrem orientalischen Phantasiereich verwandtschaftlich niemand. Karl Kraus war ihr »Dalai Lama«, ihren Ehemann tauft sie von Georg Lewin auf »Herwarth Walden« um (als er sie verließ, behielt er wenigstens diesen Namen), Oskar Kokoschka ist der »Troubadour« am Hofe, Kandinsky der »Professor«, Tilla Durieux die »schwarze Leopardin« – und Benn wird zum »Giselheer«, zum Nibelungen, zum Heiden, zum Barbar.

Die exaltierte Euphorikerin, die chaotisch Entflammte Lasker-Schüler packte die Männer, die Testosteron in ihren Adern hatten, an ihrem poetischen Herzen – und trieb sie zu ungeahnten Höhen. Die von zu viel Weiblichkeit verängstigten Männer aber, Rainer Maria Rilke und Franz Kafka zum Beispiel, verschreckte sie mit ihrer wallenden Weiblichkeit und trieb sie in die Flucht. Und die Frauen ihrer Zeit verachteten diese ungepflegte Femme fatale tagsüber für ihre Nachlässigkeit, ihre Verantwortungslosigkeit, ihre Zügellosigkeit – und bewunderten sie heimlich vom einsamen Lehnstuhl aus, abends, wenn ihre Männer einen trinken gegangen waren und sie in einer Zeitschrift blätterten. Nur Rosa Luxemburg bewunderte sie vorbehaltlos und zog in den heißen Sommermonaten des Jahres 1913 demonstrierend mit ihr durch die Straßen.

An einem Maiabend also schrieb Else Lasker-Schüler an Franz Marc eine Verliebtheitsanzeige in Sachen Benn: »Wenn ich mich tausendmal verliebe, ist es immer ein neues Wunder, eine alte Natur der Sache, wenn sich ein anderer verliebt. Du, er hatte gestern Geburtstag. Ich schickte ihm eine Schachtel voll Geschenke. Er heißt Giselheer. Er ist aus den Nibelungen.« Marc jedoch, von seiner Gattin daran gehindert oder aber selbst bereits zu erschöpft von den Eskapaden seiner anstrengenden Freundin aus Berlin, braucht ein paar Monate für den Antwortbrief. Worauf ihm also Else postwendend zurückschreibt: »Du freust Dich über meine ›Neue Liebe‹ – Du sagst das so leicht hin und ahnst nicht, dass Du eher mit mir weinen müsstest – denn – sie ist schon verloschen in seinem Herzen, wie ein bengalisches Feuer, ein brennendes Rad – es fuhr mal eben über mich.« Merke: Antworte schnell, wenn Du Else Lasker-Schüler zu einer neuen Liebe gratulieren willst, sonst ist es schon eine vergangene.

Es war also zwischen Gottfried Benn und Else Lasker-Schüler zunächst so, als rasten ein D-Zug und ein Orient-Express aufeinander zu und verkeilten sich ineinander zu kunstvollen, dampfenden Gebilden aus Stahl und Blut. Am Ende, im Herbst, aber bleiben nur Trümmer und kalter Rauch. In den neun Monaten dazwischen entstehen einige der schönsten deutschen Liebesgedichte des zwanzigsten Jahrhunderts.

Wir wissen alles über diese Liebe und wir wissen nichts.

Denn die Daten sind unklar, umstritten, der Anfang in Berlin liegt genauso im Dunkel wie das Ende im Herbst, vielleicht auf Hiddensee – und doch wissen wir alles über ihre Gefühle, weil sie ihre Liebe als öffentliche Lovestory inszenieren, mit Gedichten aufeinander, füreinander, übereinander, die im »Sturm« erscheinen, der »Fackel« und der »Aktion«, den maßgeblichen Zeitschriften jener Zeit. Benn ist darin der »Affenadam«, hingezogen zu der »Bräunlichsten«, zu seiner »Ruth«, der archaischen Frau. Es ist eine beispiellose Anziehung, die beide erfasst, es folgen Kämpfe, Abgrenzungsschlachten, heiße Schwüre, Verletzungen, Tatzenhiebe. Als es losgeht, schreibt sie: »Der hehre König Giselheer / Stieß mit seinem Lanzenspeer / Mitten in mein Herz.«

Mit ihrem einzigartigen Blick für das Wesentliche gelingt ihr eines der schnellsten und klarsten Porträts, die es von Benn gibt, eine Tuschelinie, in Sekunden übers Blatt gezogen, die Hakennase, der große Reptilienkopf, die Augenlider, auf denen Jahrhunderte zu lasten scheinen. Und unten an seiner Brust trägt der Nibelunge einen orientalischen Stern als Schmuck. Es erscheint in der »Aktion« vom 25. Juni 1913 – darunter Lasker-Schülers Text über »Dr. Benn«: »Er steigt hinunter ins Gewölbe seines Krankenhauses und schneidet die Toten auf. Ein Nimmersatt, sich zu bereichern am Geheimnis. Er sagt: ›tot ist tot.‹ Er ist ein evangelischer Heide, ein Christ mit dem Götzenhaupt, mit der Habichtsnase und dem Leopardenherzen.« Direkt daneben erschien ein Gedicht von Benn, der achte Teil seines »Alaska«-Zyklus, der schon im Titel klarmachen will, dass es hier um Verhaltenslehren der Kälte geht. Und der Einfachheit halber heißt sein erstes Liebesgedicht auf die vergötterte Dichterin »Drohungen«.

Ich treibe Tierliebe
In der ersten Nacht ist alles entschieden

Man faßt mit den Zähnen, wonach man sich sehnt
Hyänen, Tiger, Geier sind mein Wappen.

Die Antwort von Else Lasker-Schüler erscheint in der nächsten Ausgabe des »Sturm« unter dem Titel »Giselheer der Tiger«: »Ich trag dich immer herum / Zwischen meinen Zähnen.« Und die ganze Berliner Kunstszene schaut zu, wie sich die beiden Sonderlinge öffentlich feiern. Der Herr Doktor mit dem engen Krawattenknoten und den guten Manieren, dessen Hände immer nach dem Desinfektionsmittel riechen, mit dem er sich die Hände wäscht, die gerade noch in den Leichen gegraben haben. Und die zweifach geschiedene Alleinerziehende mit ihren zerschlissenen Gewändern, Hals und Arme behängt mit unechtem Schmuck, Ketten und Ohrringen. Und da sie sich ohne Unterlass eine widerborstige Strähne aus der Stirn strich, war stets ein großes Geklapper und Geklimper um sie. »Man konnte weder damals noch später mit ihr über die Straße gehen, ohne dass alle Welt stillstand und ihr nachsah«, schrieb Benn später einmal. Und wenn sie nicht gemeinsam durch die Straßen zogen, druckten sie ihre flammenden Bekenntnisse füreinander, ihr Werben und ihr Abstoßen. Else Lasker-Schülers größter Triumph war, als Benn sich in ihrem Reich ansiedelte. Er wurde König Giselheer am Hofe des Prinzen Jussuf – er hatte schon im Sommer 1912 in den Militärakten etwas von einer »Wanderniere« phantasiert, die es ihm unmöglich mache, zu Pferd über die Felder zu reiten. Es gab eine solche Niere weder zu seinen Zeiten noch heute, Benn hat auch nie darunter gelitten, und doch half diese Erfindung ihm, seine innere Unruhe in eine poetische Diagnose zu verwandeln. Benn brach aus aus seiner Welt des Militärs, zog mit der Geliebten durch die Nacht, stieg in Dachkammern und in die Keller, lernte zu lieben, lernte zu leben. Als die Winternächte in den Cafés und den Mansarden und Hauseingängen vorbei sind und der Frühling ausbricht in Berlin wie ein Fiebervirus, da kann man sich die beiden vorstellen, wie sie am Ufer der Havel sitzen, im Schilf, unter dem Mond, sie spielt mit seinen Händen, er spielt mit ihren Haarsträhnen, und dann dichten sie: »Oh ich lernte an deinem süßen Mund zuviel der Seligkeiten kennen.«

Am Ende dann aber, als die Schlacht geschlagen ist, wird sie dichten: »Ich bin ein Krieger mit dem Herzen, er mit dem Kopf.« Das große protestantisch-jüdische Versöhnungsprojekt, zu dem sie ihre Liebe stilisierten, hier Jussuf oder Prinz von Theben, wie sie sich nannte, dort die Nibelungen, ist gescheitert. »Nibelungentreue« bedeutete für sie sinnlose Treue für das Falsche. Sie wusste also von Anfang an, worauf sie sich einließ mit diesem Doktor mit dem stechenden Blick und den Geheimratsecken. Doch als es geschieht, wirft sie das aus der Bahn wie kein anderer Mann vor ihm und nach ihm. Sie wusste, dass sie die Prophetin des jüdischen Volkes war – und sie brauchte den Doktor Benn mit seiner Pomade im Haar und den Gamaschen an den Füßen als perfektes Gegenbild zu ihrer orientalischen Welt, als Verkörperung des Germanischen. Doch der junge Nibelunge zieht weiter, und die ältere Jüdin bleibt verzweifelt zurück. Sie wird von ständigem Fieber erfasst, Unterleibsentzündungen, Schmerzen, Dr. Alfred Döblin wird ihr im Herbst 1913 gegen die von Dr. Gottfried Benn zugefügten seelischen Schmerzen Morphium verschreiben.

◈

Und so schreibt Franz Kafka über Else Lasker-Schüler an seine ferne Felice: »Ich kann ihre Gedichte nicht leiden, ich fühle bei ihnen nichts als Langeweile über ihre Leere und Widerwillen wegen des künstlichen Aufwandes. Auch ihre Prosa ist mir lästig aus den gleichen Gründen, es arbeitet darin das wahllos zuckende Gehirn einer sich überspannenden Großstädterin. Ja, es geht ihr schlecht, ihr zweiter Mann hat sie verlassen, soviel ich weiß, auch bei uns sammelt man für sie; ich habe 5 K. hergeben müssen, ohne das geringste Mitgefühl für sie zu haben; ich weiß den eigentlichen Grund nicht, aber ich stelle sie mir immer nur als Säuferin vor, die sich in der Nacht durch die Kaffeehäuser schleppt.«

◈

Die Mona Lisa ist noch immer spurlos verschwunden. J. P. Morgan, der amerikanische Milliardär, bekommt Post von einem Verrückten, der mit »Leonardo« unterzeichnet und sagt, er wisse, wo das Bild ist. Morgans Vorzimmerdame wirft den Brief weg.

◈

»Das Leben ist zu kurz und Proust zu lang«, schreibt Anatole France 1913 in wunderbarer Präzision zur Veröffentlichung des ersten Bandes von »Auf der Suche nach der verlorenen Zeit«. Ihm erschien also Proust bereits als »zu lang«, als die restlichen sechs Bände noch gar nicht erschienen waren. Niemand, auch Proust selbst nicht, ahnte, wohin Prousts akribische Suche nach den Untiefen der Erinnerung noch führen sollte. Das Buch als Versuch, die Vergangenheit in Sprache bannen zu können – gegen die rennende Zeit.

◈

In Wien ist Sigmund Freud ergriffen von seinem eigenen Buch: »Ich schreibe jetzt am Totem mit der Empfindung, dass es mein Größtes, Bestes, vielleicht mein letztes Gutes ist.« Und es ist etwas ganz Gewaltiges, das er sich vorgenommen hat. Der letzte Satz lautet: »Am Anfang war die Tat.« So will er dem biblischen »Am Anfang war das Wort« endlich entgegentreten und seine neue Zivilisationstheorie begründen. Der Urmoment der Entwicklungsgeschichte, so sieht es Freud im Frühjahr 1913, ist der Vatermord des Ödipus. Er schreibt im Mai an einen Vertrauten: »Vor dem Kongreß, im Augustheft der Imago, soll die Sache erscheinen und dazu dienen, alles was arisch-religiös ist, reinlich abzuschneiden«. Nach seinem Bruch mit C. G. Jung und der Zürcher Gruppe der Psychoanalytiker sieht Freud das ganze Jahr über mit bangem Blick auf den September, wo der besagte »Kongreß« der Psychoanalytischen Gesellschaft stattfinden soll, der die verfeindeten Gruppen erstmals wieder an einen Tisch zwingen wird. Und Freud weiß, dass die antichristliche Theorie in »Totem und Tabu«, an der er fieberhaft arbeitet, den Bruch mit Jung und seinen Jüngern besiegeln wird.

◈

Rudolf Alexander Schröder reist im Frühsommer 1913 nach Italien, wo er mit Rudolf Borchardt in den Apuanischen Alpen, hoch über dem bewaldeten Serchiotal, ein altes Bauernhaus bewohnt. Borchardt schreibt, während er sich mit Schröder unterhält, aus dem Stegreif auf eine Postkarte ein griechisches Distichon in dorischer Mundart als einen scherzenden Gruß an Hugo von Hofmannsthal. »Ich«, so schrieb Rudolf Alexander Schröder, »war froh, die Verse halbwegs zu verstehen, ihm stand das tote, entlegene Idiom zu Gebot wie die eigene Sprache.« Und Hofmannsthal, so darf man ergänzen, versteht die Postkarte so schnell, als spreche er mit einem Wiener Bierkutscher (mit dem er allerdings, das stimmt, nie geredet hätte).

◈

Anfang Mai schreibt Rudolf Steiner an seine Mutter: »Und der Krieg droht fortwährend zu kommen.« Aber er hat keine Zeit, sich darum zu kümmern. Er will endlich eine Zentrale der Anthroposophie, den sogenannten Johannesbau, errichten.

Und nachdem die Pläne, dieses Gebäude in München zu erstellen, nun endgültig an der Baukommission gescheitert sind, spricht er am 18. Mai zu seinen Anhängern in Stuttgart und erklärt ihnen, dass man jetzt mit allem Neuen München unbedingt meiden sollte, da die Stadt etwas Absterbendes habe (wenn das Oswald Spengler gehört hätte in seiner Münchner Schreibkammer, wo er am »Untergang des Abendlandes« schrieb, er hätte vor Freude gejuchzt).

Steiner also erklärt: »Neue Kulturen konnten niemals in dieses Absterbende sich hineinstellen.« Längst spürte er, dass Dornach bei Basel der Ort für das Aufblühende sein sollte. Aber noch war es zu früh dafür.

Bislang stand die Zentrale der Anthroposophie in Berlin im Hinterhaus der Motzstraße 17. Dort lebte Rudolf Steiner mit seiner Ehefrau Anna, er aber bestand darauf, dass seine Getreue und Geliebte Marie von Sivers mit einziehen sollte, was natürlich nicht lange gutging. Es herrschte in dem gesamten Hinterhaus eine gewisse Start-up-Atmosphäre: Kaum Einrichtung, ein paar Tische, Bücher, ein Bett. Immer hörte man irgendwo eine Sekretärin auf eine Remington-Schreibmaschine eintippen. Unter Hochdruck schrieb Rudolf Steiner hier Vortrag um Vortrag, stundenlang ausgefeilte Thesen über den Zustand der Seelen und der Welt, das Christentum, den Geist des 19. Jahrhunderts, und nebenher war sein »Büro« damit beschäftigt, die Vortragsreisen quer durch ganz Europa zu organisieren. Fast zwei Drittel des Jahres waren Steiner und Marie von Sivers unterwegs – wenn Steiner in Berlin war, pilgerten die Menschen in die Motzstraße, um sich Hilfe und Erleuchtung vom Meister zu erbitten. Tagelang hält er Sprechstunde, seltsam unfeierlich ist das Ambiente, die Besucher warten auf Polsterstühlen, dann kommen sie in ein kleines Zimmer, wo Steiner meist zwischen den noch unausgepackten Koffern der letzten Reise sitzt. Und doch gewinnt er sie alle durch seine Empathie, seine Zugewandtheit. Sie wollen ja alle nur verstanden werden in ihrem Weltschmerz, der sich als Neurasthenie tarnt. Wir wissen, dass Hermann Hesse einer jener Erlösungswilligen war, die eine Audienz bei Steiner erhielten, Franz Kafka ebenso. Und dank Robert Gernhardt wissen wir sogar ziemlich genau, wie diese kurzen Treffen abgelaufen sein könnten: »Kafka sprach zu Rudolf Steiner: / ›Von Euch Jungs versteht mich keiner‹ / Darauf sagte Steiner: »Franz, / ich versteh Dich voll und ganz.«

◈

Endlich ist das Frühjahr da. Der Studienrat Friedrich Braun und seine Frau Franziska schieben stolz den Kinderwagen durch den Münchner Hofgarten, im Dezember waren sie Eltern einer kleinen Eva geworden. Eva Braun ist sechs Monate alt, als der 24-jährige Adolf Hitler am Sonntag, dem 25. Mai, München erreicht.

◈

An dem Sonntagmorgen, an dem Hitler Wien verlässt, ist die Stadt in Schockstarre: Einer der höchsten Militärs und Geheimdienstler der österreichisch-ungarischen Monarchie, Oberst Alfred Redl, war in der Nacht der Spionage überführt worden und hatte sich daraufhin um 1.45 Uhr in seinem Hotelzimmer erschossen. Die Pistole hatte man ihm aufmerksamerweise ins Zimmer gelegt, das Zimmer Nummer 1 im Hotel Klomser, wo er immer abstieg, im Tausch gegen seine Unterschrift auf dem Papier, in dem er sich schuldig bekannte.

Und Redl, entehrt, lässt die kaiserlichen Geheimdienstmitarbeiter in Ruhe das Zimmer verlassen, dann drückt er ab. Als Kaiser Franz Joseph morgens um vier Uhr beim Aufstehen von dem Ausmaß der Militärspionage Redls und den Ereignissen der Nacht erfährt, seufzt er tief: »Das also ist die neue Zeit? Und das sind die Kreaturen, die sie hervorbringt? In unseren alten Tagen wäre so etwas nicht einmal denkbar gewesen.« In den Zeitungen lässt man die Meldung platzieren, die den Schein zu wahren versucht: »Der Generalstabschef des Prager Armeekorps, Oberst Alfred Redl, hat sich in einem Anfall von Sinnesverwirrung das Leben genommen. Der hochbegabte Offizier, dem eine große Karriere bevorstand, hat in der letzten Zeit an Schlaflosigkeit gelitten.« So versuchte man die erschreckende Nachricht, dass einer der einflussreichsten Befehlshaber Österreich-Ungarns alle Militärpläne an den Feind verraten hatte, in einen Selbstmord aus Schlaflosigkeit zu verpacken. Aber Wien hat nicht mit Egon Erwin Kisch, dem jungen Reporter der Zeitung »Bohemia«, gerechnet. Kisch wartet an diesem Sonntag, beim Auswärtsspiel seiner Fußballmannschaft »Sturm« bei »Union-Holeschowitz« vergeblich auf seinen torgefährlichsten Mann, den Schlosser Hans Wagner. Als der sich dann am Montag dem Kapitän erklärt und herumdruckst, erfährt Kisch, dass Wagner am Sonntagmorgen vom Militär aufgefordert wurde, eine Privatwohnung im Hauptquartier des Armeekorps aufzubrechen. Dort habe er seltsame Sachen gesehen, Damentüllkleider, parfümierte Draperien, rosafarbene Seidendecken. Geschickt lancierte Kisch einen Artikel in einer Berliner Zeitung über die wahren Hintergründe des Todes von Oberst Redl, die er dank seines Fußballkollegen recherchiert hatte. Und so muss schon am Donnerstag, dem 29. Mai, die »Militärische Rundschau« des Kriegsministeriums die ganze Wahrheit bekanntgeben: »In der Nacht von Samstag, 24., auf Sonntag, den 25. dieses Monats, hat der gewesene Oberst Redl durch Selbstmord geendet. Redl hat die Tat vollführt, als man im Begriff war, ihn folgender schwerer und außer Zweifel gestellter Verfehlungen zu überweisen: 1. Homosexueller Verkehr, der ihn in finanzielle Schwierigkeiten brachte. 2. Verkauf reservater dienstlicher Behelfe an Agenten einer fremden Macht.« Oberst Redl, ironischerweise wegen seiner Verdienste um die Spionageabwehr mit dem »Orden der Eisernen Krone Dritter Klasse« ausgestattet, die größte Hoffnung des Militärs, der dem Kaiser persönlich Bericht erstattete und engen Kontakt hatte mit dem Generalstabschef des Deutschen Reiches, General von Moltke, dieser Oberst Redl also entpuppte sich als Operettenfigur. Der kleine, gepflegte rothaarige Mann hatte sein gesamtes Vermögen für seine Liebhaber ausgegeben, ihnen Automobile und Wohnungen geschenkt und für sich selbst täglich neue Parfüms und Haarfärbemittel angeschafft. In Geldnot geraten, verkaufte er seit einem Jahrzehnt an Russland alle Aufmarschpläne von Österreich-Ungarn, die Militärcodes, die Expansionspläne. Es war ein Supergau. Der Name »Redl« wurde zum Synonym für ein hohl gewordenes System, eine überalterte, dekadente Monarchie, zum Kainsmal. Seine Brüder Oskar und Heinrich erhielten vom Staat nachsichtigerweise die Erlaubnis, sich sofort in Oskar und Heinrich Rhoden umzubenennen. Mit dem Namen sollte auch die Sache selbst aus dem Gedächtnis der Stadt und des Landes getilgt werden, doch es half nichts – wann immer Stefan Zweig an die Affäre um Oberst Redl dachte, spürte er ein »Grauen an der Kehle«. Nur Egon Erwin Kisch, den Aufdecker, machte die Affäre um Oberst Redl zur Reporterlegende. Er erhielt dafür eine der höchsten zivilen Auszeichnungen, die Wien zu verleihen hatte: für ihn war im Café Central immer der beste Tisch reserviert.

◈

Eine Fußnote noch, eine unheimliche. Am 24. Mai, in der Nacht also, bevor sich Oberst Redl erschießt, träumt Arthur Schnitzler, dass er sich erschießt: »Ein toller Hund beißt mich, linke Hand, zum Arzt; er nimmts leicht; ich gehe, verzweifelt – will mich erschießen – in der Zeitung wird stehen: ›wie ein größrer vor ihm …‹ was mich ärgert!«

◈

Hitler und sein Freund Rudolf Häusler, mit dem er zusammen in Wien im Männerwohnheim gewohnt hatte, sind am frühen Morgen des 25. Mai mit dem Zug aus Österreich geflüchtet, wohl, um sich dem drohenden Militärdienst zu entziehen. Sie ahnen da noch nicht, dass das Militär gerade andere Sorgen hat.

Gleich am ersten Tag laufen sie in München durch die frühsommerlichen Straßen, um ein Zimmer zu finden. Sie genießen die Überschaubarkeit der Stadt, nur 600 000 Einwohner statt der 2,1 Millionen in Wien, alles beschaulich und saturiert. In der Schleißheimer Straße 34 beim Schneider Joseph Popp sehen sie plötzlich das unscheinbare Schild »Kleines Zimmer zu vermieten«. Hitler klopft an die Tür, Anna Popp öffnet, sie zeigt ihm das Zimmer im dritten Stock links, und Hitler sagt sofort zu. In verkrampfter Handschrift füllt er seinen Meldebogen aus: »Adolf Hitler, Architekturmaler aus Wien.« Mit dem Zettel geht Anna Popp zu ihren Kindern Josef und Elise, 12 und 8 Jahre alt, und sagt ihnen, sie müssten künftig leiser spielen, sie hätten jetzt einen neuen Mieter.

3 Mark pro Woche zahlen Hitler und Häusler an Miete für ihr kärgliches Zimmer. Er lebt genauso weiter wie in Wien: Keine Saufereien, keine Frauengeschichten, jeden Tag ein Aquarell – und manchmal sogar zwei. Statt der Augustinerkirche malt er jetzt die Frauenkirche. Ansonsten bleibt alles

wie gehabt. Schon nach zwei Tagen hat er eine Staffelei gefunden und in der Innenstadt aufgebaut.

Ist er fertig mit ein paar Stadtansichten, läuft er durch die großen Münchner Bierwirtschaften und versucht abends im Hofbräuhaus seine Veduten an Touristen zu verkaufen. Auch der Juwelier Paul Kerber verkauft manchmal seine Blätter und die Parfümerie Schnell in der Sendlinger Straße.

Kaum hat er endlich einmal ein Aquarell verkauft, setzt er den Erlös von 2 oder 3 Mark in Brezeln und Würstl um, weil er oft schon einen Tag lang nichts gegessen hat. Aber mit diesem Betrag kann man schon einiges erreichen: Ein Liter Bier kostet 1913 30 Pfennig, ein Ei 7 Pfennig, ein halbes Kilo Brot 16 Pfennig und ein Liter Milch 22 Pfennig.

Jeden Tag um Punkt 17 Uhr kommt Hitler in die Bäckerei Heilmann in der Nähe seiner Wohnung und kauft eine Scheibe Zopf für 5 Pfennig. Dann läuft er schräg gegenüber zum Milchhändler Huber und kauft einen halben Liter Milch. Das zusammen ist dann sein Abendbrot.

Wie schon in Wien hat der an der Kunstakademie gescheiterte Maler Adolf Hitler keinerlei Bezug zur künstlerischen Avantgarde der Stadt. Es ist nicht bekannt, dass er die Ausstellungen »Entarteter Kunst« von Picasso oder Egon Schiele oder Franz Marc gesehen hat, die 1913 in München für Furore sorgten. Die Künstler seiner Generation, die Karriere machten, waren ihm, dem Abgelehnten, ein Leben lang fremd, und er beäugte sie mit Argwohn, Neid und Hass.

Wenn er nach Hause kommt, dann klopft er bei Frau Popp, um bei ihr etwas heißes Wasser für seinen Tee zu holen. »Erlauben Sie?«, sagt er immer und blickt treuherzig auf seine Kanne. Dem Schneider Popp geht das etwas auf die Nerven, er sagt dann schon mal: Jetzt setzen Sie sich zu uns und essen Sie was mit, Sie sehen ganz verhungert aus. Aber das verschreckt Hitler, er nimmt seinen Teekessel und verdrückt sich in sein Zimmer. Im ganzen Jahr 1913 bekommt er dort nicht ein einziges Mal Besuch. Tagsüber malt er, nachts liest er zum Ärger seines Zimmergenossen Häusler bis drei oder vier Uhr in politischen Hetzschriften und Anleitungen, wie man als Abgeordneter in den bayerischen Landtag kommt. Das sieht die Frau des Schneiders einmal und sagt ihm, er solle die unsinnigen politischen Bücher lassen und lieber weiter schöne Aquarelle malen. Da sagt Hitler zu ihr: »Liebe Frau Popp, weiß man, was man im Leben braucht oder nicht braucht?«

◈

»Berlin selbst ist mir höchst unsympathisch«, schreibt Ernst Reuter an seine Eltern. »Staub und entsetzlich viel Menschen, die alle rennen als ob die Minute 10 Mark kostet.« Ein Mann, der das Geheimnis einer Stadt so schnell versteht, muss später deren Bürgermeister werden.

◈

Stefan George kommt Ende Mai nach Heidelberg und wohnt dort wie immer in der Pension am Schlossberg 49. An Pfingsten will er dort alle seine Jünger um sich versammeln. Aber jetzt ist es erst einmal sehr heiß, und so geht George ins Schwimmbad, nicht um zu baden natürlich, das würde der Prophet, der schon wie eine Büste durch das Leben wandelte, nie tun. Nein, um einen holden Knaben mit lockigem Haar zu sehen: Percy Gothein, jenen kaum 17-jährigen Gymnasiasten und Professorensohn, der zum Prototyp des George-Jüngers werden wird. Drei Jahre zuvor hat George ihn mit seinem Späherblick auf der Neckarbrücke entdeckt und den Gundolf-Brüdern zugeraunt, dass er »ähnlichkeit mit einem archaischen relief hätte so dass es sich lohnte von ihm eine aufnahme zu machen«. Wenig später wurde das Foto dann wirklich gemacht. Bald darauf besucht er George bei dessen Mutter in Bingen, der bringt ihm – die psychologischen Klischees sind gnädig – das Binden des Krawattenknotens bei und leiht ihm seine Samthosen. Doch als Percy also an einem Mainachmittag des Jahres 1913 ohne Krawatte und ohne Samthosen im Strandbad am Neckar ist, entdeckt er vor einer der Badekabinen im Gras Stefan George liegen. Das Gespräch, so berichtet Percy treuherzig, kam bald »zurück zum alten Griechenvolk, das man sich gerne so und in noch größerer Hüllenlosigkeit denkt«. Undsoweiter. Abends dann arbeitet Stefan George weiter an seinem großen Buch, dem »Stern des Bundes«, der als umwabertes Geheimnis getarnten und in mythenschweren, traumwandlerischen Versen beschworenen Knabenliebe.

◈

Albert Schweitzer notiert 1913 in sein Tagebuch: »Wenn alle Menschen doch das blieben, was sie mit vierzehn sind.« Ach, vielleicht auch lieber nicht. Anfang 1913 ist Bertolt Brecht vierzehn. Wenn man sein Tagebuch liest, dann freut man sich, dass er doch noch etwas anderes geworden ist, als er mit vierzehn war. Als Jünger Georges jedenfalls wäre er nicht in Frage gekommen: zu hässlich, zu jähzornig, zu wehleidig.

Brecht, Schüler des Königlichen Realgymnasiums zu Augsburg, bejammert in seinen Einträgen in sein kaum vokabelbuchgroßes Diarium mit feinblau kariertem Papier das »Einerlei« und die »Fadheit« der endlosen Frühlingstage. Dagegen helfen ihm Spaziergänge, Radeln, Schachspielen und: Lesen. Fleißig notiert er seine Lektüre von Schiller, Nietzsche, Liliencron und Lagerlöf. Und dann legt der junge Mann los und vertraut seinem Tagebuch seine herrlich pubertäre Lyrik an. Es geht um den Mond und den Wind, um den Weg und das

Abendrot. Dann kommt der 18. Mai 1913. Da erlebt er – inzwischen fünfzehn geworden – eine »miserable Nacht«. Genauer: »Bis 11 Uhr hatte ich starkes Herzklopfen. Dann schlief ich ein, bis 12 Uhr, da ich erwachte. So stark, dass ich zu Mama ging. Es war schrecklich.« Es wird aber schnell wieder. Schon am nächsten Tag hebt er zu dichten an. Da es warm war im Augsburger Mai, nannte er seine Zeilen »Sommer«:

Ich lieg' im Gras im kühlen Schatten
einer uralten, schönen Linde,
und all' die Gräser auf den sonnenhellen Matten
neigen sich leise im Winde.

1913 also liegt er noch allein unter der Linde. Bald wird er dann gemeinsam unterm Pflaumenbaum liegen, wie wir aus Brechts Jahrhundertgedicht »Erinnerung an die Marie A.« wissen, jener Vergewisserung der frühesten Augsburger Liebe. Das Bedichten der Bäume ist bereits 1913 für Brecht äußerst beruhigend. Schon einen Tag nachdem er nachts zu seiner Mutter ins Bett gekrochen ist, also am 20. Mai, notiert er: »Heute ist's mir besser.« Aber gleich am nächsten Tag vermeldet er: »Vormittags ganz gut. Jetzt, Mittags, Rückfall. – Stechen im Rücken.« Man kann bei Brecht zwischen grassierender Hypochondrie und echten Herzrhythmusstörungen schwer unterscheiden. Der Arzt jedenfalls, den er dann bald aufsucht, stellt ein »nervöses Leiden« fest. Schon mit 15 Jahren also darf Brecht stolz an denselben Symptomen leiden wie Franz Kafka und Robert Musil.

Auch in Bezug auf seine Lebenseinstellung gibt es überraschende Parallelen zu den beiden anderen nervös Leidenden, wie sein Gedicht »Die Freundin« aus diesem Frühjahr verrät:

Fragst du, was Liebe ist –
ich fühlt' sie nicht, –
fragst du was Freude ist,
mir glomm niemals ihr Licht.
Fragst du, was Sorge sei –
die kenne ich,
die ist die Freundin mein,
die liebet mich!

Sorgen über Sorgen also in Augsburg. Hat denn niemand gute Laune in diesem Mai 1913?

◈

Offenbar nein. Aber immerhin, am 31. Mai wird Peter Frankenfeld geboren.

◈

Es erscheint Rudolf Martins schönes Buch »Adlige Millionäre in Norddeutschland 1913«. Darin werden 917 Adelige aus Pommern, Schlesien, Altpreußen, Sachsen und Brandenburg mit einem frei verfügbaren Vermögen über einer Million Reichsmark aufgeführt. Die meisten und die reichsten von ihnen wohnen in Schlesien. An der Spitze steht Fürst Henckel von Donnersmarck auf Schloß Neudeck im Regierungsbezirk Oppeln mit einem Vermögen von 250 Millionen Mark bei einem Jahreseinkommen von über 13 Millionen Mark.

◈

Die »Brücke« bricht zusammen. Im Mai 1913 löst sich die Künstlergruppe endgültig auf. Die von Ernst Ludwig Kirchner verfasste Chronik der »Brücke« provoziert Erich Heckel und

Schmidt-Rottluff. Kirchner stellt sich als Führungsfigur der Gruppe dar, als Erfinder der expressionistischen Holzschnitte und der expressionistischen Skulptur und überhaupt als Spiritus Rector der Bewegung. Für die erste Seite der »Chronik« hatte Kirchner einen Holzschnitt mit Porträts der Mitglieder geschaffen, sein eigenes Haupt oben links hatte er, im Ernst, mit einem kleinen Strahlenkranz umgeben. Und der Torbogen der Grafik, »Die Brücke«, ruhte auf seiner Signatur: »E L Kirchner«. Aus Sicht der anderen Gruppenmitglieder war das egozentrisch und unwahr. Aus Sicht der Kunstgeschichte aber ist es eigentlich wahr – Kirchner ist das Genie unter einer Gruppe von großen Meistern. Und in seinen hellen Phasen, wenn ihm nicht die Depression, die Drogen und die Medikamente das Hirn vernebelten, wusste er das auch. Es kommt zum großen Streit – Schmidt-Rottluff und Erich Heckel setzen am 27. Mai 1913 einen Brief auf, in dem sie die passiven Mitglieder der Künstlervereinigung »Brücke« von deren Auflösung unterrichten. Pechstein hatte man ein Jahr zuvor ausgeschlossen, da er ohne Erlaubnis der anderen in der Berliner Secession ausgestellt hatte, was Kirchner als »Vertrauensbruch« empfand.

»Wir teilen Ihnen hierdurch mit, dass die Unterzeichneten beschlossen, Künstlergruppe »Brücke« als Organisation aufzulösen. Cuno Amiet, Erich Heckel, E. L. Kirchner, Otto Mueller, Schmidt-Rottluff. Berlin, 27. Mai 1913.« Es folgen vier Unterschriften. Kirchner unterschreibt nicht.

Unmittelbar nachdem er den Brief losgesandt hat, packt Karl Schmidt-Rottluff seine Koffer. Er muss raus aus Berlin, dieser Stadt, die ihm, dessen Kunst stets etwas wunderbar Bäurisches behalten hatte, immer fremd blieb, die ihm und seinem Schönheitssinn zusetzte. Ganz anders als bei Kirchner. Der kam erst in der Stadt zu sich. Kirchners Kunst ist städtisch. Schmidt-Rottluff immer ländlich. Er will an die See und so weit weg wie möglich, deshalb fährt er nach Nidden auf der

Kurischen Nehrung. Und zwar in den Gasthof von Hermann Blode, der als einziger Dorfbewohner Zimmer vermietet. Bald findet Schmidt-Rottluff eine schlichte, ausrangierte Fischerhütte am Strand, in der zuvor schon Max Pechstein zwei Sommer verbracht hat. Als er seine Malsachen ausgepackt hat, schreibt er am 31. Mai an einen Freund eine Postkarte: »Wie es scheint bin ich für einige Zeit hier in Nidden gelandet. Eine merkwürdige Gegend das!« Schmidt-Rottluff, von den Querelen um die »Brücke« und von der vorwärtsstürmenden, kraftraubenden Metropole Berlin erschöpft, kommt an der Nehrung ganz zu sich. Heide, Kiefern, das Haff im Rücken – und dann: Sand, Sand, Sand, eine schier unendliche Düne, die er auf seinen Aquarellen und Gemälden zu seinem Paradies macht, in dem sich die ersten Menschen unschuldig betrachten. »Sonne im Kiefernwald« heißt eines der Bilder, und man fühlt sich in der Südsee. Erstmals malt er große Aktbilder, Frauengruppen in den Dünen, Tuschzeichnungen, Holzschnitte – es ist eine künstlerische Befreiung. Er malt die Frauen und Kinder der Fischer, alle sind nackt und ungezwungen. Vielleicht war Schmidt-Rottluffs Kunst nie so sinnlich wie in diesem beginnenden Sommer am Meeresstrand. Er malt die Gesichter, als seien es geschnitzte Köpfe aus Ozeanien, die Körper aber sind voller Vitalität. Nur wenn er über die Nacktheit in seinen Werken schreibt, verkrampft er wieder und es kehrt der Kopfmensch zurück. »Es ist nichts anderes mit den Brüsten. Sie sind ein erotisches Moment. Aber ich möchte es loslösen von der Flüchtigkeit des Erlebnisses, gewissermaßen eine Beziehung herstellen zwischen dem kosmischen und dem irdischen Augenblick.« Von wegen: »Entzauberung der Welt«. Sondern: Kosmische Brüste! Eine bislang von der Forschung völlig übersehene anatomische Entdeckung des Jahres 1913.

◈

Im Mai rüstet sich Berlin für das größte gesellschaftliche Ereignis des jungen Jahrhunderts: die Hochzeit von Prinzessin Viktoria Luise von Preußen mit Herzog Ernst August von Hannover am 24. Mai. Das Brautpaar fährt durch die Straße Unter den Linden, wo Tausende von Menschen jubeln. Und dann kommt es, wie das »Berliner Tageblatt« vermeldet, zu einem besonderen Moment: Demokratie und Monarchie in ungleicher Gleichzeitigkeit. Beziehungsweise: »Es ist wahrhaft ein herzzerreißender Anblick zu sehen, wie einmal der demokratische Autobus vor dem vorbeifahrenden aristokratischen Galawagen warten muss, dann aber wieder der Galawagen einhalten muss, um den Autobus passieren zu lassen.« Zur Hochzeitsfeier reisen sowohl der russische Zar Nikolaus II. als auch der britische König Georg V. nach Berlin und Potsdam – und daneben ungezählte gekrönte und ungekrönte Häupter aus ganz Europa. Die Hochzeit war vor allem ein diplomatisches Ereignis. So kommentierte das »Berliner Tageblatt« die Zusammenkunft des Königs des Vereinigten Königreichs und des Zaren: »Selbstverständlich war der Besuch nicht politisch. Aber nach den bewegten politischen Vorgängen des letzten Winters musste es als willkommenes Exemplum einer Entspannung der internationalen Situation angesehen werden, dass gleichzeitig die Herrscher Russlands und Großbritanniens, die maßgebenden Monarchen der Tripleentente, beim deutschen Kaiser zu Gast waren. Es liegt in der Natur der Dinge, dass derartige persönliche Berührungen auch auf die politische Haltung der Kabinette abfärben, wenn auch nur in dem Sinne, dass auf allen Seiten der Friedenswille noch etwas schärfer akzentuiert wird.«

So waren die Monarchen der Welt am 24. Mai in einzigartiger Weise zur Trauung um 17 Uhr in der mit Hunderten von Kerzen erleuchteten Schlosskapelle versammelt. Nur Franz Ferdinand, der österreichische Thronfolger, war nicht eingeladen – wurde er schon in Wien wegen seiner nicht standesgemäßen Braut gemieden und schikaniert, wo es ging, war diese öffentliche Demütigung auf europäischer Bühne ein neuer Nackenschlag für ihn. Alle anderen feiern bis in die frühen Morgenstunden. Doch dann wird den Königen und Zaren noch vor dem Frühstück von ihren Geheimdiensten die Nachricht aus Wien überbracht: Oberst Redl ist überführt und hat sich erschossen. Doch der Zar lässt sich nicht anmerken, dass ihm nun sein wichtigster Informant weggefallen war. Er köpft sein Frühstücksei und parliert. Die Form bleibt gewahrt.

◈

Es ist ein anstrengender Frühling für Rainer Maria Rilke in Paris. Er kommt schon wieder kaum zum Dichten. Er muss leben. Zumindest so etwas in der Art. Freunde und Bekannte wollen ihn sehen, er geht frühstücken, mittagessen, abendessen, trifft André Gide, Henry van de Velde, den Insel-Verleger Anton Kippenberg, Romain Rolland und Stefan Zweig. Rilke klagt: »Menschen bekommen mir schlecht.« Vor allem steckt er in einem unangenehmen Missverständnis- und Beziehungsknäuel mit seinem alten Freund und Helden Auguste Rodin. Einst hatte er ihn mit seinem Buch in Deutschland zum Gott der Skulptur gemacht, doch nun mag sich der sperrige Bildhauer nicht fügen, als ihn Rilke anfleht, doch bitte, bitte seiner Frau Clara Rilke-Westhoff Porträt für eine Büste zu sitzen. Clara lebt mit der Tochter längst getrennt von Rilke, doch er fühlt sich verantwortlich, will ihr mit diesem Auftrag zum künstlerischen Durchbruch verhelfen. Aber Rodin bleibt hart, was Rilke nachhaltig verstimmt. Und als Rilke ihn mit Kippenberg besucht, um neue Fotografien für eine Neuauflage des Insel-Buches zu besprechen, nimmt ihnen Rodin nach einer Bedenkzeit die Fotografien wieder weg.

Clara ist in Paris, verzweifelt, hat kein Geld (sie wird von der Rilke-Vertrauten Eva Cassirer finanziell über Wasser gehalten) und hat alles darauf gesetzt, Rodin porträtieren zu dürfen. Da bittet Rilke Sidonie Nádherný, die Ex-Geliebte und Vertraute, die er gerade im »Hotel du Quai Voltaire« untergebracht hat, seiner Frau Porträt zu sitzen – allein Rilke scheint an solchen Arrangements keinen Anstoß zu nehmen, es ist ihm am wohlsten, wenn die Wunden der Vergangenheit mit dem Band der Harmonie zugepflastert werden. Stolz reckt Sidonie ihr Haupt und lässt ihre schönen Züge in Stein meißeln. Doch dann erschießt sich am 28. Mai in München ihr geliebter Bruder Johannes von Nádherný. Sidonie bricht zusammen, versinkt in Depression und Rilke gleich mit: Er habe, schreibt er an seinen Verleger Kippenberg, »einen kleinen Zusammenbruch« gehabt, durch den Tod von Johannes, den er von den Besuchen im verwunschenen Schloss der Nádhernýs in Böhmen gut kannte, »und eben vorher ein neues Zerwürfnis mit Rodin, ebenso unerwartet wie jenes vor acht Jahren, aber, da es dazu kommen konnte, wohl endgültiger und nicht wieder gut zu machen«.

Sidonie verlässt panikartig Paris, Clara, beschäftigungslos, flieht zurück nach München, und Rilke, irgendwie erleichtert, dass er wieder aus der Distanz lieben kann, nimmt sie beide an die Hand, mit Briefen, mit Worten, mit Tröstungen, das kann er. Clara arbeitet in München weiter an einer Büste, die die Trauer noch nicht kennt. Als Sidonie im Herbst die Büste erstmals sieht, besucht sie Clara bereits mit ihrem neuen Freund. Sein Name: Karl Kraus.

◈

Um ein Gefühl zu bekommen für die kulturellen Vernetzungen im Paris des Jahres 1913 und für das Leben des deutschen

Lebemannes, Ästheten, Dandys, Kulturvermittlers und legendären Tagebuchautors Harry Graf Kessler genügt pars pro toto ein Blick auf dessen 14. Mai 1913: Er schläft lange, trifft dann zu einem frühen Mittagessen im Ritz André Gide und Igor Strawinsky, anschließend gehen sie gemeinsam zur Probe des neuen Balletts der legendären russischen Tänzer und Choreographen Nijinsky und Djagilew – die Musik kommt von Claude Debussy. Mit ihm und Jean Cocteau plaudern sie in der Pause. Dann kommt es inmitten der Probe plötzlich zum Streit: Strawinsky schreit, Debussy schreit, Djagilew schreit. Anschließend vertragen sich alle wieder und trinken nebenan einen Champagner. Kessler findet, wie er nachts seinem Tagebuch anvertraut, die Musik von Debussy »dünn«. Noch schlimmer findet er allerdings die Tanzkleidung des großen Nijinsky: kurze weiße Höschen mit schwarzer Samtborte und grünen Hosenträgern, das erscheint dann selbst Harry Graf Kessler als »unmännlich und komisch«. Wie gut, dass Nijinsky, der geschmacksverirrte Russe, kultivierte deutsch-französische Stilberater hatte: »Cocteau und ich überredeten ihn, sich morgen vor der Premiere schnell noch Sportshosen und ein Sportshemd bei Willixx zu kaufen.« Und so geschah es.

◈

Genau zwei Wochen später, die nächste Generalprobe in diesem besonderen Mai in Paris – Strawinskys »Le sacre du printemps« im Théâtre des Champs-Élysées. Diesmal geht Harry Graf Kessler gar nicht erst auf die Probe, sondern kommt direkt zur Probenfeier bei Larue – mit Nijinsky, mit Maurice Ravel, mit André Gide, mit Djagilew, mit Strawinsky, »wo allgemein die Ansicht herrschte, dass es morgen Abend bei der Premiere einen Skandal geben werde«. Und so kommt es auch. Die Premiere des musikalisch-tänzerischen Gesamtkunstwerkes »Le sacre du printemps« wurde zu einem Ereignis, das Paris elektrisierte und dessen Druckwellen bis nach New York und Moskau drangen. Was am Abend des 29. Mai zwischen 20 und 22 Uhr geschieht, ist einer der sehr seltenen Momente, bei denen schon die Augenzeugen spüren, dass sie einem historischen Ereignis beiwohnen. Selbst Harry Graf Kessler ist hin und weg: »Eine ganz neue Choreographie und Musik. Eine durchaus neue Vision, etwas Niegesehenes, Packendes, Überzeugendes ist plötzlich da; eine neue Art von Wildheit in Unkunst und zugleich in Kunst: alle Form verwüstet, neue plötzlich aus dem Chaos auftauchend.« Was Kessler da nachts um drei Uhr seinem Tagebuch anvertraut, das ist eine der prägnantesten und tragfähigsten Formulierungen für den Modernitätsschub, der die Welt 1913 erfasst.

Das Publikum an jenem Abend des 29. Mai in Paris ist das edelste und kultivierteste des alten Europa: In einer Loge sitzt Gabriele D'Annunzio, der vor seinen Gläubigern aus Italien nach Paris geflohen ist. In einer anderen Claude Debussy. Coco Chanel ist im Saal und ebenso Marcel Duchamp. Sein Leben lang, so sagt er später, hat er das »Schreien und Kreischen« dieses Abends nicht vergessen. Strawinskys Musik brachte die Urgewalt der archaischen Kräfte auf die Bühne – jene Ursprünglichkeit der afrikanischen und ozeanischen Menschen, die in der Kunst des Expressionismus schon Vorbild geworden war, wurde nun auch im Zentrum der Zivilisation, im Théâtre des Champs-Élysées, zu pulsierendem Leben erweckt.

Bereits vom ersten Ton des extrem hohen Fagottsolos an ist prustendes Gelächter zu hören – ist das noch Musik oder ein Frühlingssturm oder schon Höllenlärm, so fragt sich das konsternierte Publikum. Überall Trommeln, vorne auf der Bühne die Tänzer nackt in ekstatischen Bewegungen – es wird gelacht, dann, als die Pariser merken, dass es ernst gemeint war: geschrien. Die Anhänger des Modernen klatschen dagegen von den billigen Plätzen, die Musik wütet weiter voran, und die Tänzer verknäulen sich, sie können vor lauter Lärm die Musik nicht mehr hören, von irgendwo her schreit Maurice Ravel immer nur »Genial« in den Saal. Nijinsky, der die Choreographie für das Ballett geschrieben hat, hämmert den Rhythmus mit den Fingern nach – gegen das wütende Pfeifen des Publikums.

Der Tumult bricht bei jener Probenstelle Nummer 13 aus – genau wie es Strawinsky geahnt hatte (es wäre ein Fest für Arnold Schönberg gewesen, diesen Verschwörungstheoretiker im Banne der 13). Die Tänzer sind wie im Rausch, der Theatermanager schaltet mitten in der Vorstellung das Licht aus, um die Eskalation zu vermeiden, doch die Tänzer vorne machen immer weiter und weiter, und als das Licht angeht, da haben die Menschen im Saal das verstörende Gefühl, sie seien die Bühne und die Tänzer das Publikum. Nur dank der stoischen Ruhe des Dirigenten Pierre Monteux, der ebenso wie die Tänzer immer weitermacht, gelingt es, die Aufführung bis zum letzten Takt durchzuziehen. Der »Figaro« schreibt am nächsten Morgen: »Die Bühne repräsentierte die Menschlichkeit. Rechts pflücken starke junge Leute Blumen, während eine 300 Jahre alte Frau wie wahnsinnig herumtanzt. Am linken Bühnenrand studiert ein alter Mann die Sterne, während hier und da dem Gott des Lichtes Opfer gebracht werden. Das konnte das Publikum nicht schlucken. Es pfiff das Stück umgehend aus. Vor einigen Tagen hätte es vielleicht applaudiert. Die Russen, die nicht besonders vertraut mit dem Anstand und den Gepflogenheiten der Länder sind, die sie besuchen, wussten nicht, dass die Franzosen ohne weiteres anfangen zu protestieren, wenn die Dummheit ihren Tiefstpunkt erreicht hat.« Diese Worte entsetzen Strawinsky. Er ist tief verstört von diesem Abend. Und doch ahnt er, dass er ein Jahrhundertwerk geschaffen hat. Darin mag ihn auch Coco Chanel bestärkt haben, deren kleiner Hutsalon in Paris für Aufsehen sorgt und die den großen russischen Komponisten an diesem Abend zum ersten Mal sieht. Und dann seine Geliebte wird.

◈

Zwei Reisen zum Mittelpunkt der Erde. Piero Ginori Conti gelingt es in Larderello in der Toskana, Wasser aus dem Erdinneren für die Stromerzeugung zu nutzen. Die Geothermie ist entdeckt. Gleichzeitig schreibt Marshall B. Gardner sein Buch, in dem er belegt, dass im Innern der Erde noch immer Mammuts leben. Sie seien mitnichten ausgestorben, hätten sich nur in wärmere Regionen zurückgezogen.

◈

In Wien malt Oskar Kokoschka weiter auf der Leinwand, die so groß ist wie das Bett seiner Geliebten Alma, der Witwe Gustav Mahlers. Er trägt einen großen Schmerz in sich, denn Alma hat gerade das gemeinsame Kind abgetrieben. Er kann ihr nicht verzeihen, dass sie diese Frucht ihrer Liebe zerstört hat. Immer wieder malt er anklagende Bilder von Alma mit dem gemeinsamen Kind, dessen Leben er sich künstlerisch erträumt. Er ist bei der Abtreibung in einer Wiener Klinik dabei gewesen und hat die blutige Watte mit in sein Atelier genommen, immer wieder vor sich hin murmelnd: »Das wird mein einziges Kind bleiben« (er behielt tragischerweise recht).

Und doch ist er weiterhin sexuell besessen von Alma, kann nur arbeiten, wenn sie ihm ihre Gunst geschenkt hat. So steht er tagaus, tagein im Atelier in dem roten schrillen Schlafanzug Almas, den er ihr am Anfang ihrer Affäre entrissen hat und den er immer anzieht, wenn er malt. Er malt 1913 fast hundertmal: Alma. Es ist eine abenteuerliche Liebe, voll Wut, Raserei,

Glück, »so viel Hölle, so viel Paradies«, wie Alma es nennt. Er wollte von Alma während der Liebe geschlagen werden, was sie aber nicht mag, doch Oskar fleht darum in seinen täglichen Briefen, ob »Du mit Deinem schönen lieben Handerl auf mich schlägst«?

Zwischen den Küssen schreit er seine Mordpläne hinaus und seine Wut. Es muss eine helle Freude gewesen sein.

Kokoschkas Eifersucht ist so kolossal, dass er, wenn er Almas Wohnung nachts verlässt, manchmal bis vier Uhr auf der Straße wartet, bis er sicher ist, dass kein anderer Mann die Treppen zu seiner Geliebten emporsteigt. »Ich dulde keine fremden Götter neben mir«, so schreibt er schön und schwachsinnig ehrlich. Seine Eifersucht erstreckte sich auch mit besonderer Inbrunst auf Gustav Mahler, Almas verstorbenen Mann. Immer wieder müssen sie sich deshalb direkt unter dessen Totenmaske lieben. Und Kokoschka fleht Alma an, die in ihrem untrüglichen Gespür für künstlerische Genies und den Genius Loci in diesem besonderen Mai natürlich in Paris gewesen ist: »Bitte, mein süßes Almi, hüte Dein süßes Körperl weiter vor zudringlichen Blicken und erstarke immer mehr im Gefühl, dass jede fremde Hand und jeder fremde Blick auf das Heiligtum Deines schönen Leibes eine Lästerung ist.« Ende Mai wird der Gottesdienst dann zur Magie. Oskar Kokoschka schreibt flehende Briefe nach Paris ins Hotel: »Ich muss Dich bald zur Frau haben, sonst geht meine große Begabung elend zu Grunde. Du musst mich in der Nacht wie ein Zaubertrank neu beleben.« Ganz langsam bekommt es Alma mit der Angst zu tun. Sie entscheidet sich, lieber noch eine Woche länger in Paris zu bleiben.

◈

In seinem Theaterstück »Der Snob«, an dem Carl Sternheim im Sommer 1913 arbeitet, versteckt er dutzende Anspielungen auf Walther Rathenau, den großen Aufsichtsratsvorsitzenden der AEG, Romantiker, Autor, Politiker, Denker. Und daneben eine der narzisstischsten Personen seiner Zeit. Bei der Premiere von »Der Snob« sitzt Sternheims Gattin Thea dann direkt neben Rathenau und befürchtet, dass er merkt, dass er es ist, der da auf der Bühne dargestellt ist. Aber Narzissmus schützt auch. Rathenau bleibt ungerührt. Er sagt abschließend nur, er wolle das Stück noch einmal genau lesen.

◈

Der 27-jährige Ludwig Mies van der Rohe kehrt nach Berlin zurück und macht sich als Architekt selbständig.

◈

Max Beckmann schreibt in sein Tagebuch: »Der Mensch ist und bleibt doch ein Schwein erster Klasse.«

JUNI

Das ist der Monat, in dem klar wird, dass es nie zu einem Krieg kommen kann. Georg Trakl sucht seine Schwester und Erlösung vor der Verdammnis, Thomas Mann nur seine Ruhe. Franz Kafka stellt eine Art Heiratsantrag, der schiefgeht. Er hat ihn mit einem Offenbarungseid verwechselt. D.H. Lawrence veröffentlicht »Söhne und Liebhaber« und brennt mit der dreifachen Mutter Frieda von Richthofen nach Oberbayern durch – sie wird sein Vorbild für Lady Chatterley. Ansonsten liegen überall die Nerven blank. Im Kino zerstört Asta Nielsen in den »Sünden der Väter« das unbekannte Meisterwerk. Das deutsche Heer soll immer weiter wachsen. Henkell Trocken feiert die deutsch-französische Freundschaft.

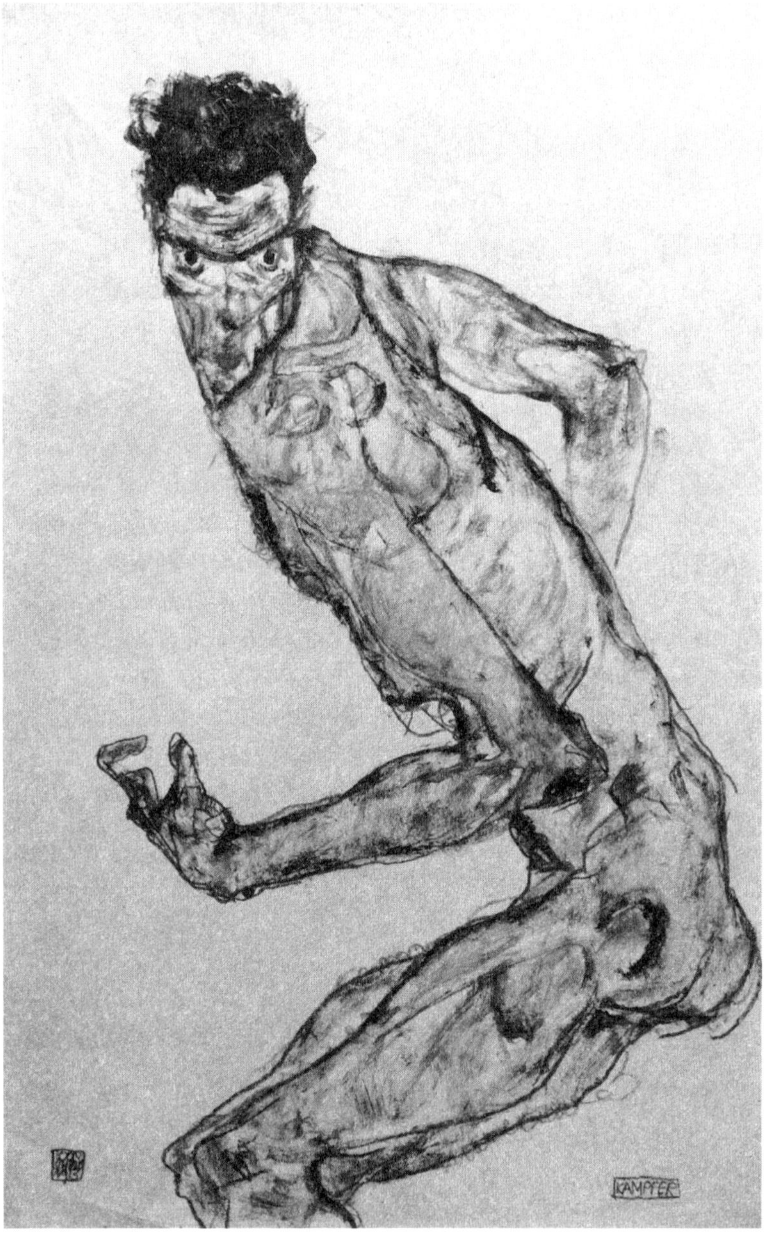
KAMPFER

Es würde nie wieder zu einem Krieg kommen können, da war sich Norman Angell sicher. Sein Buch »The Great Illusion« (»Die falsche Rechnung«) von 1910 wurde zu einem Weltbestseller. 1913 schreibt er einen vielbeachteten »Offenen Brief an die deutsche Studentenschaft«, wodurch seine Thesen eine noch größere Verbreitung erfahren. Parallel erscheint die vierte Auflage seines Buches. Und so dürfen die Intellektuellen in Berlin, in München und Wien in diesem Frühsommer, als vom Balkan immer irritierendere Zwischengeräusche nach Norden dringen, beruhigt in dem Buch des britischen Publizisten lesen. Angell legte dar, dass das Zeitalter der Globalisierung Weltkriege unmöglich mache, da alle Länder längst wirtschaftlich zu eng miteinander verknüpft seien. Und Angell sagt, dass neben den wirtschaftlichen Netzwerken auch die internationalen Verbindungen in der Kommunikation und vor allem auch in der Finanzwelt einen Krieg sinnlos machen. Angell argumentierte so: Selbst wenn das deutsche Militär sich vielleicht an England messen wolle, gebe es »keine bedeutsame Einrichtung in Deutschland, die nicht schweren Schaden leiden« werde. Deshalb werde der Krieg verhindert, weil dann »der Einfluss der gesamten deutschen Finanzwelt gegenüber der deutschen Regierung zum Tragen kommen würde, um eine für den deutschen Handel ruinöse Situation zu beenden«. Angells These überzeugte die Intellektuellen in der ganzen Welt. David Starr Jordan, der Präsident der Stanford University, spricht nach der Lektüre von Angell 1913 die großen Worte: »Der große Krieg in Europa, der ewig droht, wird nie kommen. Die

Bankiers werden nicht das Geld für solch einen Krieg auftreiben, die Industrie wird ihn nicht in Gang halten, die Staatsmänner können es nicht. Es wird keinen großen Krieg geben.«

◈

Parallel dazu wird Wilhelm Bölsches großes dreibändiges Werk »Die Wunder der Natur« gefeiert, das in der englischen Ausgabe, die 1913 herauskommt, den schönen Titel »The Triumph of Life« trägt. Bölsche, einem Stilisten von Gnaden, ging es darum, die Moderne, und das heißt: die Erkenntnisse der modernen Naturwissenschaften, ein wenig abzumildern, ein wenig Puderzucker darauf zu streuen, damit sie dem großbürgerlichen Publikum weiterhin mundeten. Statt Darwin zu belegen, war sein Ziel die Darstellung der »Mysterien der Universumsprachtt«. So entstand manch ungewöhnliche biologisch-moralische Theorie. Begeistert nahm das Publikum im Jahre 1913 etwa Bölsches Beweisführung auf, dass alle höheren Lebewesen im Grunde nett zueinander seien. Dass Kämpfe in der Tierwelt nur dann auftreten, wenn der Gegner vorsätzlich gereizt wird. Nicht nur die Staaten also werden künftig keine Kriege mehr führen, sondern auch die Tiere nicht. So die tröstliche Botschaft Wilhelm Bölsches. Kein Wunder also, dass er eine bevorzugte Position einnahm im gutsortierten Bücherregal der Kaiserzeit. Kurt Tucholsky beschrieb entsprechend die Grundausstattung der großbürgerlichen Bibliothek: »Heyse, Schiller, Goethe, Bölsche, Thomas Mann, ein altes Poesiealbum …«. Im Grunde war Bölsche auch ein Poesiealbum – er trug friedliche Verse ein in das Stammbuch der Moderne, erträumte sich eine Natur, in der sich die Tiere so friedlich und anschmiegsam bewegen wie auf den Gemälden von Franz Marc.

◈

Unruhig, schwitzend reist der morphiumsüchtige Dichter Georg Trakl im Juni 1913 zwischen Salzburg und Innsbruck hin und her, als jage ihn der Lenz'sche Wahnsinn. Er will endlich wieder Grete treffen, die Geliebte seines Leibes, seine leibliche Schwester, doch er verpasst sie; er will Adolf Loos treffen, den Verehrten, den Anti-Ornamentiker, doch er verpasst auch ihn. Er hetzt nach Wien, beginnt im Kriegsministerium eine unbezahlte Aushilfsarbeit, ein paar Tage später meldet er sich krank. Er hat die dumpfe Ahnung, vielleicht die Gewissheit, dass Grete, mit der nur er zusammen sein darf, ihn mit seinem Freund Buschbeck betrügt. Er schreibt an ihn: »Vielleicht ist Dir bekannt, ob meine Schwester Gretl in Salzburg ist.« Trakl verkriecht sich in Drogen, Leid und Alkohol und steigt hinab »in die Hölle selbstgeschaffener Leiden«. Er dichtet und vernichtet, seine Korrekturen auf den losen Blättern wirken wie Wundmale, hineingekratzt in das Papier wie in rohes Fleisch. Er schreibt das Gedicht »Die Verfluchten«, darin die Strophe:

> Die Nacht ist schwarz. Gespenstisch bläht der Föhn
> Des wandelnden Knaben weißes Schlafgewand
> Und leise greift in seinen Mund die Hand
> Der Toten. Sonja lächelt sanft und schön.

Ludwig von Ficker, sein väterlicher Freund und Mäzen, in dessen Häusern und Schlössern er in diesem Jahr Unterschlupf findet, druckt Trakls Gedicht sofort in der Juniausgabe seiner Zeitschrift »Der Brenner« ab. Aber Trakl macht nichts mehr stolz. Er stürzt immer tiefer.

◈

Edvard Munch malt sein Gemälde »Die Eifersucht«.

◈

Thomas Mann sitzt derweil in seinem Landhaus in Bad Tölz und will anfangen zu schreiben. Er hat eine Ahnung von einer neuen großen Erzählung, sie soll in Davos spielen, in den Sanatorien, die er kennengelernt hat, als er Katia dort besuchte. Ein Universum für sich. Es soll ein Gegenstück zu »Der Tod in Venedig« sein, der gerade in den Buchhandlungen liegt, diesmal, wie er in einem Brief schreibt, »bequem und humoristisch (obgleich wieder der Tod geliebt wird)«. Arbeitstitel »Der verzauberte Berg«.

Er will anfangen, die Kinder spielen draußen auf der Wiese Fangen, die Kinderfrau passt auf. Aber er kann nicht anfangen. Immer wieder muss er auf den Teppich in seinem Arbeitszimmer blicken, und dann kommt ihm der Ärger hoch über den Teppichhändler Schönemann, der ihn übers Ohr gehauen hat. Er hatte einen anderen Münchner Händler hier draußen, der taxierte den Teppich auf ein Drittel des Preises. Aber Herr Schönemann will nichts zurückzahlen, Thomas Mann zieht vor Gericht. Er blickt hinaus auf die Gipfel, legt dann den Füller zur Seite. Der verzauberte Berg muss warten. Er schreibt seinem Anwalt, damit der den Teppichhändler endlich zum Zahlen zwingt.

◈

Harry Graf Kessler fährt, wie immer im weißen Dreiteiler, mit dem Zug aus dem glitzernden Paris ins brodelnde Berlin und verfällt der Anmut Westfalens. »Fahrt durch Westfalen«; notiert er am 3. Juni in sein Tagebuch, »überall Feldblumen im grünen Roggen und Korn; weich schwellende Hügellinien, ein golden-blauer Sonnendunst über Berg und Thal. Etwas Üppiges, Schweres, Weites, Mütterliches in der Stimmung, das von der intimen Grazie der französischen Landschaft sehr absticht. Dieses Deutsche der deutschen Landschaft wird ebenso sich einen Stil erfinden müssen, wie die französische Landschaft sich den Impressionismus als Stil erfunden hat.« So also spricht Harry Graf Kessler – genau eine Woche nachdem sich in Berlin die Künstlergruppe »Die Brücke« aufgelöst hatte, die acht Jahre lang das Üppige, Schwere, Weite, Mütterliche der deutschen Landschaft im deutschen Expressionismus erfasst hatte. Und für die er keine Augen hatte.

◈

Das deutsch-französische Verhältnis 1913 in der Zeitschrift »Simplicissimus«: Es erscheint eine Anzeige von Henkell Trocken: »Von der Traube zum Fass in Reims. Vom Fass in die Flasche in Biebrich vollzieht sich der Werdegang unserer Marken Henkell Trocken und Henkell Privat. Wir sind die einzige deutsche Sektkellerei, die ebenso in der Champagne wie in Deutschland auf der absoluten Höhe der Organisation steht.« Man blättert um. Eine Seite weiter dann die Karikatur einer komplett französisierten Deutschen in herrlichem Gewand bei der nachmittäglichen Illustriertenlektüre. Dazu der Satz: »Diese ewigen Grenzzwischenfälle sind ja schon ekelhaft genug. Aber unsere Männer werden erst staunen, wenn die Franzosen mit ihren Modeschikanen angerückt kommen.«

◈

Der Reichstag verabschiedet am 29. Juni in dritter Lesung die von der Regierung eingebrachte Wehrvorlage. Damit wird der Erhöhung der Friedenspräsenzstärke um 117 267 auf 661 478 Mann zugestimmt.

◈

An einem nicht schönen Tag des Jahres 1913 greift Franz Marc plötzlich zum Pinsel und malt ein Bild, das wie ein Fremdkörper aus seinem ganzen Werk heraussticht. Es geht hier nicht mehr ums Paradies, wo die Tiere sanft sind wie die Engel und die Menschen nicht gebraucht werden. Nein. Es geht um die Hölle. Franz Marc, aufgeschreckt von den Zeitungsmeldungen aus Südeuropa und immer blutigeren, hitzigeren Zerfleischungen dort, malt ein unheimliches, zähnefletschendes Bild. Er nennt es »Die Wölfe (Balkankrieg)«.

◈

Am 20. Juni 1913 betritt zur Mittagszeit, mit mehreren Waffen behängt, der 30-jährige arbeitslose Lehrer Ernst Friedrich Schmidt aus Bad Sülze die Bremer Sankt-Marien-Schule. Er hat für seinen Amoklauf mindestens sechs geladene Revolver dabei und dringt damit in die Klassenräume ein. Wenn er einen Revolver leergeschossen hat, greift er zum nächsten. 5 Mädchen zwischen 7 und 8 Jahren sterben, 18 Kinder und 5 Erwachsene werden schwer verletzt. Dann wird er von Passanten überwältigt. Er gibt zu Protokoll, dass er dagegen protestieren wolle, keine Anstellung als Lehrer gefunden zu haben.

◈

1913 erscheint nicht nur der erste Band von Marcel Prousts »Auf der Suche nach der verlorenen Zeit«. Sondern auch ein Werk von revolutionärer Kraft für die Philosophie des 20. Jahrhunderts: Edmund Husserls »Ideen zu einer reinen Phänomenologie und phänomenologischen Philosophie«. Husserls großer Paradigmenwechsel für die Philosophie war die Abwendung von den positivistischen Realien der Umwelt zu den

Tatsachen des Bewusstseins. Und 1913 war das Jahr, in dem allerorten die Innenwelt zur Realität wurde: Als Bild, als Buch, als Haus, als Wahn.

◈

Oder auch: als rotes Buch. C. G. Jung beginnt in diesem Jahr, seine Träume und seine inneren Erlebnisse in einem in rotes Leder gebundenen Buch zu notieren – und sich danach selbst zu analysieren. Anfang des Jahres hatte er, der Präsident der »Internationalen Psychoanalytischen Vereinigung«, den Vatermord an Sigmund Freud vollzogen. Er hatte nicht nur die Libidotheorie als zentralen Glaubenssatz der modernen Psychologie verworfen, sondern vor allem, wie er es selbst in seinem Brief nannte, »dem Propheten am Barte gezupft«. Der Vatermord wirft jedoch nicht nur den Vater, sondern auch den Mörder völlig aus der Bahn. Während Freud in Depression und unterdrückter Wut versinkt, gerät auch Jung in eine schwere Krise, weil ihm die Vaterfigur, zu der er so lange bewundernd aufgeblickt hat, fehlt. Er gibt seine Lehrtätigkeit an der Universität in Zürich auf und hat – genau wie Freud – Angst vor dem Wiedersehen, das immer näher rückt. Im September auf dem Kongress der Psychoanalytiker in München sollten die beiden verfeindeten Lager aufeinandertreffen.

Jung träumt schlecht, wird von Albträumen gepeinigt. Einer davon ist dann der Auslöser für das »Rote Buch«. Schweißgebadet war er von der Vision aufgewacht, dass ganz Europa unter den Wellen einer riesigen Flut versinkt. Überall Mord und Totschlag und Leichen und Verwüstungen. Tagsüber referiert er über Schizophrenie, aber nachts, in seinen unruhigen Träumen, hat er Angst, selbst schizophren zu werden. Vor allem der Traum mit der apokalyptischen Vision hängt ihm so lange nach, dass er ihn durch das Aufschreiben zu bewältigen versucht. Auch sonst geht es in seinen Träumen drunter und drüber, seit es ihm gelungen ist, eine sehr ungewöhnliche Dreieckskonstellation in seinem Leben zu etablieren: Sowohl seine Ehefrau Emma als auch seine Geliebte Toni Wolf hat er dazu bringen können, sich mit dieser Ménage à trois zu arrangieren. Sonntagabends kommt Toni sogar zum Nachtessen in die Familienvilla in Küsnacht am Zürichsee. Wie genau dann die Nacht läuft, darüber liegen keine Aufzeichnungen vor. Wir wissen nur, dass sowohl Emma als auch Toni als Analytikerinnen arbeiteten und das Dreiecksverhältnis viele Jahrzehnte aufrechterhalten wurde. Und dass Jung selbst die Erlebnisse der Tage und der Nächte in seinen Träumen durchwühlte und fleißig mit fiebernder Feder in seinem »Roten Buch« festhielt. »Auseinandersetzung mit dem Unbewussten« hat er dieses Experiment mit sich selbst genannt. Und ganz wie die Wassermassen, die in seinen Träumen von 1913 Europa überfluteten, brach auch aus Jungs Innerem eine Sturmflut empor: »Meine gesamte spätere Tätigkeit bestand darin, das auszuarbeiten, was in jenen Jahren aus dem Unbewussten aufgebrochen war und mich zunächst überflutete. Es war der Urstoff für ein Lebenswerk.«

◈

Der bald achtjährige Elias Canetti zieht mit seiner Mutter nach Wien und beginnt damit, die deutsche Sprache zu lernen.

◈

1913 ist das Jahr, in dem D. H. Lawrence zu »Lady Chatterley's Lover« wird. Seine Lady Chatterley ist 34 Jahre alt, und er hat sie nach kurzer, kaum fünfwöchiger Affäre aus England entführt. Ihr Name ist eigentlich Frieda von Richthofen – nun heißt sie Weekley, doch ihr Mann, Professor an der Universität von Nottingham und Lehrer von Lawrence, kann weder ihren preußischen Adel noch ihr Temperament bändigen. Dem 27-jährigen Bergmannssohn Lawrence, der gerade sein Manuskript für »Söhne und Liebhaber« beim Verlag abgegeben hat, aber imponiert, dass sie »die Tochter eines Barons ist aus dem uralten und berühmten Geschlecht derer von Richthofen«. Frieda ist grünäugig, intelligent, blond und dem Leben zugetan. Sie glaubt, das Paradies könne auf Erden nur durch freie Liebe verwirklicht werden. Lawrence nimmt sie beim Wort und flieht mit ihr von der Insel nach Europa. Im Frühling 1913 finden sie Unterschlupf im Liebesnest von Friedas Schwester Else in Irschenhausen in Oberbayern. In das kleine behagliche Sommerhaus aus Holz hatte sich Else, Gattin des Münchner Professors Jaffé, immer mit ihrem Geliebten Alfred Weber zurückgezogen, dem Bruder von Max Weber, bei dem Else einst promoviert hatte. Zum Einzug schenkte sie ihrer aus England zurückgekehrten Schwester ein fesches Dirndl, damit ihre weiblichen Reize auch zur Geltung kommen. Darin waren sich die Schwestern immer einig, selbst zu jener Zeit, als sie beide die Geliebte des Freud-Jüngers, Kokainisten und großen Verführers Otto Gross waren. Zwar bekam nur eine, Else, einen Sohn von ihm, aber er hieß genauso Peter wie der eheliche Sohn, den Otto Gross im selben Jahr mit seiner Frau bekam, die Frieda hieß, genau wie seine zweite Geliebte. Ein großes Durcheinander also in diesem Paradies der freien Liebe.

Lawrence und Frieda Weekley, geborene von Richthofen, kämpfen auch nach der Flucht viel um ihre Liebe – es verbindet sie, wie Lawrence einmal schreibt, »ein Band der Sympathie, von reinem Hass geknüpft«. In diesem Frühsommer in Irschenhausen allerdings erleben sie ihre beste Zeit. Abgeschieden vom Rest der Welt im Isartal, hinter sich die Tannen und die Berge und vor sich der weite Blick, erholen sie sich von der Flucht und schöpfen neue Kraft. Bald schon rühmt Lawrence Friedas »geniale Begabung zum Leben«. Genauso genießt er offenbar ihre geniale Begabung zur Liebe. Denn als er später sein berühmtestes Buch, die erotischen Geschichten von »Lady Chatterley's Lover«, veröffentlicht, da hat die adlige Verführerin große Ähnlichkeit mit Frieda von Richthofen. Nur Irschenhausen kommt nicht namentlich vor, das ist als Lokalität für einen solchen Roman nicht romantisch genug.

Im Juni 1913 jedoch werden beide unruhig. D. H. Lawrence will nach England, um den Triumph zu genießen, den die Veröffentlichung seines Buches »Söhne und Liebhaber« ausgelöst hat. Und seine Geliebte will zurück, um ihre Kinder zu sehen. Denn sie hat ihre drei Sprösslinge im Alter von dreizehn, elf und neun Jahren hinter sich gelassen, um mit dem jungen Schriftsteller durchzubrennen. Und nun zerreißt es ihr das Herz. Sie brechen Ende Juni auf nach England. Kaum gelingt es Lawrence, sie wieder von ihren geliebten Kindern fortzureißen. Sie verabreden sich in Italien. Doch sie glaubt ihm seine Liebesschwüre nicht. Da verspricht er ihr, durch die ganze Schweiz bis nach Italien zu laufen. Das macht er dann wirklich. Und sie glaubt ihm bis auf weiteres.

◈

Die Zeitschrift »Der Brenner« aus Innsbruck macht eine »Rundfrage über Karl Kraus«. Dazu schreibt im Juni Arnold Schönberg die schönen Worte: »In der Widmung, mit der ich Karl Kraus meine Harmonielehre schickte, sagte ich ungefähr: ›Ich habe von Ihnen vielleicht mehr gelernt, als man lernen darf, wenn man noch selbständig bleiben will.‹ Damit ist gewiss nicht der Umfang, wohl aber das Niveau der Schätzung festgestellt die ich für ihn habe.« Ein ganz seltenes Dokument der stillen Bewunderung, der Wertschätzung, der wohlgesetzten Worte aus diesem überhitzten Jahr.

◈

Das Deutsche Reich feiert im Juni das 25-jährige Regierungsjubiläum von Kaiser Wilhelm Zwei. Ein seltsamer Kaiser, vor allem interessiert an Schiffen und dem Dekorum. Er kümmerte sich früh persönlich um Erweiterungen des Hofzeremoniells und neue Kleiderordnungen. Als sein Thronjubiläum ansteht, nimmt er die gesamte Planung in seine Hand – die Inszenierung des Ereignisses genauso wie die Auswahl der Geschenke will er selbst bestimmen. Auch dass er in den Reden als »Friedenskaiser« gerühmt wurde, war seine Idee – selbst wenn der Reichstag zwei Wochen später die Aufstockung der Armee beschließt. Und auch wenn bei den Galatafeln die alte Sitzordnung noch beibehalten wurde, also der Reichskanzler hinter der kaiserlichen Familie und den Bundesfürsten platziert war, die anderen Abgeordneten sogar weit hinter irgendwelchen unbedeutenden Hofchargen – die Machtverhältnisse im Reich waren längst nicht mehr so eindeutig. Wenn keine Tischordnung die Hierarchie vorgab, musste Wilhelm II. schwer um seine politische Position innerhalb der konstitutionellen Monarchie kämpfen. Einen echten Machtinstinkt hatte er nicht. Er suchte vielmehr die Auftritte in der Öffentlichkeit, denn das beherrschte er, burschikos und volksnah gab er sich dann, ein Freund des Militärs, der einfachen Freuden und ein Feind der modernen französischen Kunst. Er liebte die Schiffe, den Norden, die Marine. Das Schönste an den ganzen Kolonien war für ihn, dass man dort nur mit Schiffen hingelangen konnte. Selbst als er zur Auerhahnjagd im hessischen Mittelgebirge war, bei seiner Geliebten, der Gräfin Görtz, da ritzte er nachts, bevor das Horn die Jäger rief, schwermütig kleine Kriegsschiffe in das Holz der Jagdhütte.

◈

In Berlin gibt es 1913 schon über 200 Kinos. In den meisten laufen die Produktionen aus den im letzten Jahr gegründeten Filmstudios in Babelsberg, so etwa Asta Nielsens Film »Sünden der Väter«. Der Film erzählt die Geschichte einer Malermuse, die ihrem bewunderten, väterlichen Helden immer wieder Modell steht für Allegorien der Schönheit. Dann verlässt er sie, und sie wird Alkoholikerin. Der Maler trifft sie wieder, ist fasziniert, doch erkennt sie nicht. Er bittet sie in sein Atelier, er will eine Allegorie der Trunksucht malen, die sein Meisterwerk werden soll. Sie wird sein Meisterwerk. Doch als die Muse sieht, dass sie, ihre Liebe und ihre Schönheit auf dem Altar der Kunst und der Karriere geopfert worden sind, zerstört sie in einem einzigartigen Akt des Aufbegehrens die Leinwand. Asta Nielsens Wutausbruch macht ihr Gesicht zur bewunderten Ikone.

◈

Als die Überlebenden der Terra-Nova-Expedition im Juni 1913 wieder in ihrem Heimatland eintreffen, wird den wissenschaftlichen Errungenschaften des Korps viel Aufmerksamkeit zuteil. Man will davon ablenken, dass der zum Nationalhelden erhobene Scott in Wahrheit nur Zweiter am Südpol geworden ist. Als die letzten Teilnehmer der Expedition endlich 1912 den Südpol erreichten, prangte dort die frisch aufgestellte norwegische Flagge. Roald Amundsen war ein paar Tage schneller gewesen bei diesem unbarmherzigen Wettlauf gegen das Eis und die Zeit. Das brach die Moral der britischen Expeditionsteilnehmer. Nicht nur Scott starb auf der Rückkehr im ewigen Eis, auch Captain Lawrence Oates. Bis heute wird er in Großbritannien als Märtyrer verehrt, da er den Freitod suchte, um seinen vier Kameraden nicht weiter zur Last zu fallen. Seine letzten Worte beim Verlassen des Zeltes sind legendär: »Ich gehe nur mal raus und könnte etwas länger brauchen.« Mit so einem Satz wird man in England unsterblich. Nicht schlecht auch der Titel von Cherry-Garrards bald legendärem Bericht über den katastrophalen Expeditionsverlauf: »The Worst Journey in the World«. So hatten die Briten zwar nicht den Südpol entdeckt, aber zumindest ihren Humor nicht verloren.

◈

»The Worst Heiratsantrag in the World«: Am 8. Juni hatte Franz Kafka in Prag damit begonnen, nun endlich Felice um ihre Hand zu bitten. Doch er bricht mitten im Satz ab, erst am 16. Juni kann er sich aufraffen, den Brief abzuschließen. Er wird am Ende über zwanzig Seiten lang. Kafka beginnt mit ausführlichen Erläuterungen, dass er einen Arzt aufsuchen müsse – was der genau bescheinigen soll, also Zeugungsfähigkeit, geistige Klarheit oder ob das alles nur ein gesuchter Vorwand ist, um das Unausweichliche, die Heirat, den ehelichen Vollzug hinauszuzögern, ist unklar: »Zwischen mir und Dir steht von allem andern abgesehn der Arzt. Was er sagen wird ist zweifelhaft, bei solchen Entscheidungen entscheidet nicht so sehr medicinische Diagnose, wäre es so, dann stünde es nicht dafür, sie in Anspruch zu nehmen. Ich war wie gesagt nicht eigentlich krank, bin es aber doch.« Hm. Dann folgt eine Passage, in der Kafka, dieser wunderbare, einfühlsame Stilist, eine Form des schriftlichen Stotterns etabliert: »Nun bedenke, Felice, angesichts dieser Unsicherheit läßt sich schwer das

Wort hervorbringen und es muß sich auch sonderbar anhören. Es ist eben zu bald, um es zu sagen. Nachher aber ist es doch auch wieder zu spät, dann ist keine Zeit mehr zur Besprechung solcher Dinge, wie Du sie in Deinem letzten Brief erwähnst. Aber zu langem Zögern ist nicht mehr Zeit, wenigstens fühle ich das so, und deshalb frage ich also: Willst Du unter der obigen, leider nicht zu beseitigenden Voraussetzung überlegen, ob Du meine Frau werden willst? Willst Du das?«. Das soll wohl heißen: Willst Du das wirklich?????? Und statt eines Fragezeichens hätte er wohl gerne mindestens fünf gesetzt.

Sodann legt er Felice in einem seltenen Moment der Klarheit die Kosten-Nutzen-Rechnung einer Heirat vor: »Nun bedenke, Felice, welche Veränderung durch eine Ehe mit uns vorginge, was jeder verlieren und jeder gewinnen würde. Ich würde meine meistens schreckliche Einsamkeit verlieren und Dich gewinnen, die ich über allen Menschen liebe. Du aber würdest Dein bisheriges Leben verlieren, in dem Du fast gänzlich zufrieden warst. Du würdest Berlin verlieren, das Bureau, das Dich freut, die Freundinnen, die kleinen Vergnügungen, die Aussicht, einen gesunden, lustigen, guten Mann zu heiraten, schöne, gesunde Kinder zu bekommen, nach denen Du Dich, wenn Du es nur überlegst, geradezu sehnst. Anstelle dieses gar nicht abzuschätzenden Verlustes würdest Du einen kranken, schwachen, ungeselligen, schweigsamen, traurigen, steifen, fast hoffnungslosen Menschen gewinnen.« Wer würde da nicht gerne sofort Ja sagen? Ein Heiratsantrag als Offenbarungseid.

Kafka ist dennoch unwohl, weil er ahnt, dass er sich damit weit vorgewagt hat, auch wenn er mit Aberhunderten von Worten seine Frage eigentlich zu übertünchen, zu überdecken versucht. Aber er weiß doch, irgendwo in der Mitte des Briefes hatte er Felice tatsächlich gefragt. Er druckst herum, steckt den Brief dann in einen Umschlag, muss erst mühsam einen größeren Umschlag finden, weil der Brief so dick geworden ist. Dann geht er auf die Straße, ist unentschieden, wartet zu lange, bis alle offiziellen Poststellen geschlossen sind. Da plötzlich überkommt es ihn, und er will, dass Felice den Brief am nächsten Morgen auf ihrem Tisch haben soll, er rennt zum Bahnhof, wo man dem Schnellzug nach Berlin noch eilige Post zustecken kann. Auf dem Weg, schwitzend und panisch, trifft er einen alten Bekannten. Kafka versucht sich zu entschuldigen, er sei in Eile, der Brief müsse zur Bahn. Was das denn für ein besonderer Brief sei, den er da einwerfen müsse, fragt der Bekannte amüsiert. »Ein Heiratsantrag«, sagt Kafka, unter Gelächter.

◈

Am 8. Juni, dem Tag, an dem Kafka seinen Heiratsantrag beginnt, wird im Beisein von Kaiser Wilhelm II. das für die Olympischen Spiele von 1916 gebaute Deutsche Stadion eingeweiht. Die deutschen Bauarbeiter waren drei Jahre früher als geplant fertig geworden. War früher doch alles besser?

◈

Zum 25-jährigen Thronjubiläum schreibt der 15-jährige Bertolt Brecht in sein Tagebuch die folgenden Verse: »Und wenn am Abend wir sinken / u. sterben den Heldentod, / dann soll uns tröstend winken / die Fahne schwarz-weiß-rot.« Und noch eine Strophe: »Der Wind soll in ihr singen: / Du hast deine Pflicht getan! / Du starbst im Kampf u. Ringen / als treuer, deutscher Mann.« Interessant.

◈

In Wuppertal-Elberfeld hängen schon 1913 fünf Bilder von Picasso an den Wänden. Zwei Stillleben von 1907 bei dem Maler Adolf Erbslöh, eine »Mutter und Kind« von 1901 bei Julius Schmits sowie ein »Mann im Mantel« aus dem selben Jahr und ein Aquarell aus der Rosa Periode bei dem Bankier August von der Heydt.

◈

Rosenkrieg in zwei Wiener Ehen. Zwischen Arthur und Olga Schnitzler fliegen die Fetzen, seinem Tagebuch vertraut Schnitzler an, dass er wie gelähmt auf dem Balkon liege. Und Robert Musil schreibt am 10. Juni nach einem fürchterlichen Spaziergang mit seiner Frau: »Martha, schlecht disponiert, machte mir unnötige Vorwürfe, die mich erkälteten. Du wirst von mir weggehn. Ich habe dann niemand. Ich werde mich töten. Ich werde von Dir weggehn.« Sie ging nicht.

◈

Es ging aber: Leo Stein. Nach monatelangem Streit verließ er die Wohnung in der Rue de Fleurus 27, die er gemeinsam mit seiner Schwester Gertrude in Paris bewohnte und zu dem zentralen Salon der Avantgarde gemacht hatte. Hier gingen Picasso und Matisse und Braque ein und aus, der Jour fixe am Samstagabend war eine Zentralversammlung der Pariser Kreativität. Vor allem aber: Der Salon war über die Jahre zum ersten Museum of Modern Art der Welt geworden. Auf engstem Raum drängten sich Meisterwerke von Picasso, Matisse, Cézanne, Gauguin und allen anderen großen französischen Meistern, die die Steins früh und mit sehr gutem Auge zusammengetragen hatten. Gertrude, wie immer in eine Art braunes Sackleinen gekleidet, saß in einem dunklen Renaissancestuhl und hatte ihre Füße in der Nähe des Kamins; ihr war, wie immer, kalt. Daneben stand ihr Bruder Leo und erklärte den Dutzenden und Aberdutzenden von Gästen sein Verständnis von moderner Kunst. Die Gäste: englische Aristokraten, deutsche Studenten, ungarische Maler, französische Intellektuelle und irgendwo Picasso mit seiner aktuellen Geliebten.

Dann aber kommt es zum Eklat. Leo Stein kann die kubistischen Vorlieben seiner Schwester nicht länger ertragen – und auch nicht, dass sie Alice Toklas, die mit ihnen zusammenwohnt, offenbar nicht nur als Köchin, Lektorin und Sekretärin ansieht, sondern auch als Geliebte. Das ist Leo Stein alles fremd. Er nimmt die schönsten Renoirs, Cézannes, Gauguins und flieht aus Paris ins gelobte Land, lässt sich nieder in der Nähe von Florenz. An die kahlen Stellen hängt Gertrude Stein sofort kubistische Gemälde von Picasso, Georges Braque und Juan Gris aus den Jahren 1912 und 1913. Und an die Stelle von Leo Stein bei den samstagabendlichen Salons tritt nun Alice Toklas. Die Geschwister, deren gemeinsame Kraft zu der wichtigsten Sammlung moderner Kunst geführt hat, die je in so kurzer Zeit zusammengetragen wurde, sprachen nie wieder ein Wort miteinander. Immer wieder sendet Leo Versöhnungsangebote aus Florenz. Aber Gertrude antwortet nicht. Später versucht sie die Trennung auf die Weise zu verarbeiten, wie Intellektuelle eben Dinge zu bewältigen versuchen, die sie seelisch überfordern. Sie schreibt ein Buch darüber. Sie nennt es »Two: Gertrude Stein and her brother«. Und sie glaubt, dadurch ihre Eigenständigkeit schwarz auf weiß beweisen zu können. Aber natürlich bewies sie dadurch vor allem, dass auch sie die Trennung von ihrem Bruder nie bewältigt hatte.

◈

In der Juniausgabe der »Neuen Rundschau« erscheint ein Text des 25-jährigen Autors und Mann-Jüngers Bruno Frank. Thema »Thomas Mann – eine Betrachtung nach ›Der Tod in Venedig‹«. Darin neben schöner, ausführlicher Interpretation der Novelle vor allem diese ungeheuren Zeilen der Gegenwartsdiagnostik: »Als es noch eine Metaphysik gab, war es vergleichsweise wenig, ein Held zu sein. Aber nun, da fühlloser Felsboden unter uns ist und über uns ein leerer Himmel, da wir vom Glauben nichts mehr haben als einen Hunger nach ihm, da wir so beziehungslos sind und völlig auf uns selber zurückgeworfen, wie vermutlich niemals menschliche Generationen vor uns waren, in diesem Moment also erscheint Thomas Mann und stellt sich dieser Dichter wach und tapfer in die völlig götterlose Welt.« Naja. Gustav von Aschenbach als der letzte Heldentod in der Moderne.

Am 16. Juni reist dieser wache und tapfere Dichter mit seiner Frau Katia, die gerade von einer weiteren Kur zurückgekehrt ist, zu einer dreiwöchigen Ferienreise nach Viareggio an der toskanischen Küste. Dort, im Hotel Regina, legt er den »Felix Krull«, an dem er sich gerade abmüht, zur Seite und beginnt tatsächlich mit der Arbeit am »Zauberberg«, was ihm in Bad Tölz nicht zu gelingen schien. Nur an der See hat man freien Blick auf die Seele – und auf die Berge davor.

JULI

Urlaub! Egon Schiele und Franz Ferdinand, der österreichische Thronfolger, spielen mit der Modelleisenbahn. Die preußischen Offiziere baden nackt im Sacrower See. Frank Wedekind fährt nach Rom, Lovis Corinth und Käthe Kollwitz fahren nach Tirol (aber in getrennte Hotels). Alma Mahler flüchtet nach Franzensbad, weil Oskar Kokoschka das Aufgebot bestellt hat. Der tröstet sich und säuft mit Georg Trakl. Dauerregen. Alle werden halb wahnsinnig in ihren Hotelzimmern. Aber immerhin: Matisse bringt Picasso einen Blumenstrauß.

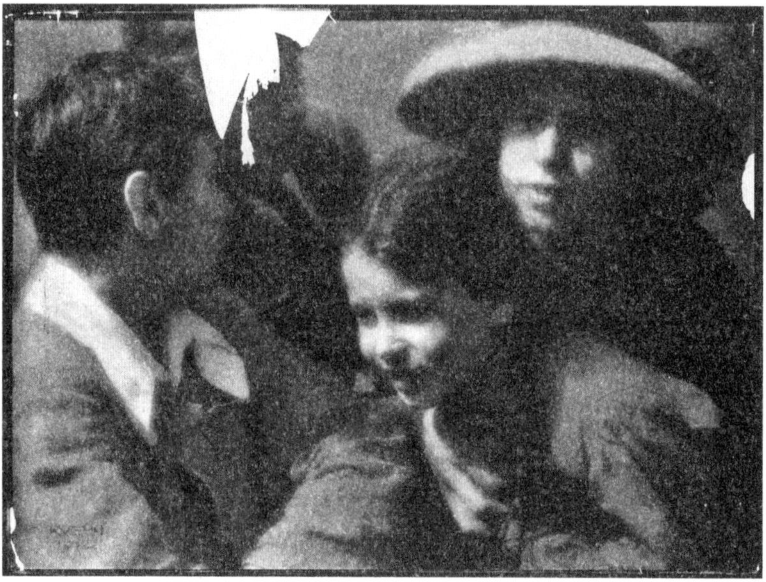

Am 10. Juli wird im Death Valley in Kalifornien die höchste bis dahin dokumentierte Temperatur gemessen: 56, 7 Grad. Am 10. Juli regnet es in Deutschland. Es ist kaum 11 Grad warm.

◈

In diesem Juli kommen sich in Bonn August Macke und Max Ernst, sein jugendlicher Bewunderer, freundschaftlich näher. Macke nutzt sogar ein Heft mit ein paar Vorlesungsmitschriften von Ernst als Skizzenbuch, gemeinsam organisieren sie eine Ausstellung »Rheinischer Expressionisten«, die sie mangels passender Galerie am 10. Juli in der Bonner Buchhandlung Cohen eröffnen. Aus dem Fenster des Ladens im ersten Stock hängt ein riesiges Plakat, das die teilnehmenden Künstler gemeinsam beschriftet haben. Max Ernst sorgt auch gleich für das nötige Echo: Unter Pseudonym schreibt er eine Rezension im Bonner »Volksmund« und rühmt vor allem die Kunst seines Freundes Macke, dessen Abstraktionen »Ausdruck für ein Seelisches geben allein durch die Form«. So kämpfen 1913 alle allerorten um das Unbewusste.

◈

Das Psychologische, das Transzendentale liegt in der Luft. Der Italiener Giorgio de Chirico malt 1913 seine erste richtige »metaphysische Landschaft«, wie sie Guillaume Apollinaire nennt. Sie heißt »Piazza d'Italia« und zeigt: die Leere. Wenn man weiß, dass de Chirico lange in München studiert hat, dann spürt man an dem Gelb der Häuser und der Weite der Straßen, dass die ganze Metaphysik in der Kunst dieses skurrilen in Griechenland geborenen Italieners eine rein münchnerische Angelegenheit ist. So kam die klassizistische Architektur Leo von Klenzes zwischen Hofgarten und Wittelsbacherplatz 1913 mitten in der Moderne an. Böcklin und Klinger waren de Chiricos künstlerische, Schopenhauer und Nietzsche seine geistigen Väter – und sie braucht de Chirico für seine Studien der Einsamkeit des einsamen Menschen nicht mehr. Denn das ist der Betrachter selbst, der unweigerlich hineingezogen wird in die Sinnlosigkeit des neuen Jahrhunderts. Oder wie es de Chirico selbst sagt: »Die Kunst wurde durch die modernen Philosophen und Dichter befreit. Nietzsche und Schopenhauer lehrten als erste die tiefe Bedeutung des Nicht Sinns des Lebens und wie dieser Nicht Sinn verwandelt werden könnte in Kunst. Die guten neuen Künstler sind Philosophen, welche die Philosophie überwunden haben.« Deshalb führt de Chirico die Perspektive, das Symbol der Orientierung, ad absurdum. Und wird genau dadurch zu einer schnell in Paris, Berlin und Mailand verehrten Orientierungsfigur auf einem zunehmend schwankenden Untergrund.

◈

Ab dem 16. Juli macht Egon Schiele Urlaub bei seinem Mäzen und Förderer Arthur Roessler im Haus Gaigg in Altmünster am Traunsee. Angekündigt hat er sich in einem langen Brief – er komme entweder um 3 oder um 4 oder um 5 oder um 6. Er kommt aber nicht. Und sein Gastgeber geht die halbe Stunde vom Bahnhof zurück in sein Haus, friert, trinkt Tee mit Rum und dann Rum mit Tee. Es gießt in Strömen. Irgendwann klopft Schiele an die Terrassentür – er ist zu einer anderen Uhrzeit und aus einer anderen Richtung gekommen. Und auch nicht allein, sondern mit Wally Neuzil, die wir heute von dem großartigen Aquarell »Wally mit roter Bluse« kennen – aber damals kannte niemand sie.

Am nächsten Morgen soll das Gepäck vom Bahnhof geholt werden. Roessler fragt ihn, was es denn genau sei. Darauf Schiele: Nur das Notwendigste. Dann werden am Bahnhof abgeholt: Ein bisschen Kleidung, gesprungene Tonkrüge, farbig glasierte Bauernschüsseln, dicke Folianten, Kunstbücher, primitive Holzpuppen, Baumstrünke, Mal- und Zeichengeräte, ein Kruzifix. Das alles baut Schiele zur Inspiration im Gästezimmer auf, um zu arbeiten. Er arbeitet dann aber: keine Minute. Viel lieber wandert er durch die herrliche Landschaft des Salzkammergutes. Genießt das Zusammensein mit seiner Freundin und das Versorgtwerden durch das Personal Roesslers. Sein Gastgeber hat gehofft, dass Schiele malen würde und er eines der Gemälde für das Wohnzimmer des Sommerhauses nutzen könne. Doch Schiele malt einfach nicht. Eines Morgens betritt Roessler Schieles Zimmer und sieht, wie Schiele auf dem Boden sitzt und eine durch Stahlfederkraft betriebene kleine Spielzeug-Eisenbahn ihre Kreise ziehen lässt. Schiele macht Gleiswechsel, kuppelt an und ab mit großen Lautimitationen. Perfekt kann er das Pfeifen der Eisenbahnen nachmachen, das Kuppeln, das Rangieren, das Quietschen. Er bittet Roessler, doch mitzuspielen. Jemand müsse an dem kleinen Bahnhof die Durchsagen machen.

◈

Die Londoner »Times« berichtet, dass sich der österreichisch-ungarische Thronfolger Franz Ferdinand schmollend in sein böhmisches Schloss bei Konopischt zurückgezogen habe und dort auf dem Fußboden im Kinderzimmer liege. Jedem Gast, der zu Besuch kommt, befiehlt er, sich auf den Boden zu legen und ihm beim Aufbau weiterer Gleise behilflich zu sein. Angeblich hat der Kaiser längst Psychiater in Lakaiengewänder gesteckt, damit sie unauffällig Franz Ferdinand beobachten und betreuen können. Franz Ferdinand versteckt sich den ganzen Sommer über in seinem Schloss, er will weit weg sein von Wien – dem merkwürdigen alten Kaiser und vor allem von dem Chef des Generalstabes, Conrad von Hötzendorf, der die ganze Zeit versucht, einen Präventivschlag gegen Serbien durchzuführen.

Franz Ferdinand kann auch nicht länger die Schmähungen des Hofes ertragen. Dort waren alle gegen seine Verbindung mit Sophie Gräfin Chotek gewesen, weil sie unter seiner Würde und natürlich seinem Stand war. Der Hof willigte erst ein, nachdem Frau und Kinder auf alle ihre Ansprüche verzichtet hatten. So war Sophie verurteilt zu einer Schattenexistenz, sie bekam zwar drei Kinder von Franz Ferdinand, aber in Wien wurde sie gemieden, es war ihr sogar verwehrt, in der Kaiserloge des Burgtheaters oder der Hofoper neben ihrem Mann zu sitzen. Nicht verwehrt wurden ihr die gemeinsamen Spaziergänge rund um Schloss Konopischt. Ihren gemeinsamen Lieblingsweg hatte ihr Mann darum früh in »Oberer Kreuzweg« umbenannt. Mit seiner Frau Sophie und den drei Kindern aber ist Franz Ferdinand offenbar das, was man glücklich nennt. Weil er in Wien eigentlich nicht gebraucht wird, ist der Erzherzog, der in der Hauptstadt als jähzorniger, unkontrollierbarer Machtpolitiker gilt, ein liebevoller Ehemann und Vater. Er spielt stundenlang mit seinen Kindern in den Gärten des böhmischen Schlosses, und es ist seine schönste Freude, wenn sie alle Namen der Blumen wissen, die in Sommerüppigkeit über die Buchsbaumumrandungen wachsen. Nebenan, im Schloss von Janowitz, trauert Sidonie Nádherný.

◈

Picasso war schwer krank. Aber am 22. Juli schreibt Eva Gouel an Gertrude Stein: »Pablo ist wieder fast ganz gesund. Er steht jeden Tag am Nachmittag auf. Henri Matisse kommt immer wieder vorbei, um nach ihm zu fragen. Heute kam er, um Pablo Blumen zu bringen, und war den ganzen Nachmittag bei uns.« Was für eine wunderschöne und tröstliche Vorstellung, dass einer der beiden wichtigsten Künstler seiner Zeit dem anderen wichtigsten Künstler seiner Zeit einen Krankenbesuch macht und einen Strauß Blumen mitbringt. Kein Wunder, dass Picasso ein paar Tage später wieder vollständig genesen ist.

◈

Robert Musil ist nicht schwer krank, wird aber krankgeschrieben, damit er nicht seinen Bibliotheksdienst in der Technischen Hochschule in Wien erfüllen muss, sondern Zeit hat zu schreiben. Am 28. Juli also schreibt Dr. Pötzl ein neues Gutachten für Musil, der mit »schwerer Neurasthenie« seit einem halben Jahr in seiner Behandlung ist (wir erinnern uns). Pötzl also schreibt: »Der hohe Grad der immer noch bestehenden nervösen Erschöpfung erfordert eine weit längere, als die ursprünglich angenommene Erholungsfrist, es muss vom nervenärztlichen Standpunkt aus heute unbedingt eine noch mindestens sechs Monate dauernde Sistierung der Berufsthätigkeit für den Patienten verlangt werden.« Und so schreibt Musil unter Verweis auf das Gutachten, er bitte »um einen Urlaub in der Dauer von sechs Monaten«. Die Universität schickt ihn zum

Amtsarzt, und ein Dr. Blanka stellt fest: »Er leidet an allgemeiner Neurasthenie schweren Grades unter Mitbeteiligung des Herzens (Herzneurose).« Neurasthenie unter Mitbeteiligung des Herzens – schöner lässt sich das Leiden an der Moderne nicht zusammenfassen.

◈

Harry Graf Kessler war Ende Juni aus Paris nach Berlin gereist, um in Potsdam mit seinem alten Regiment eine große Wehrübung zu machen. Das ließ sich der große Ästhet ohne Murren gefallen. Er liebte das Leben im Kasino und im adligen Offizierkorps in Potsdam, er liebte die Soireen und Soupers, die die Manöver begleiteten. So ist er im Juli bei der Prinzessin Stolberg in Potsdam, die ihm aber gesteht, »auf einer waldumgebenen Burg aufgewachsen«, leider noch immer nicht in der Lage zu sein, die verschiedenen preußischen Uniformen zu unterscheiden. »Ich sagte: Na, einen Husaren und einen Garde du Corps könne sie doch gewiss auseinanderhalten. Ja, meinte sie, es sei aber so schrecklich schwer, einen General von einem Unteroffizier zu unterscheiden.« Kessler lässt das so stehen, damit wir begreifen, wie ungeheuerlich es ist, dass es in Preußen anno 1913 also tatsächlich noch eine Prinzessin gab, die einen General nicht von einem Unteroffizier unterscheiden kann.

Einige jener, denen sehr bewusst ist, wo ihre Unterschiede liegen, geistig, moralisch und in der Uniform, fuhren mit Kessler am 25. Juli, als es endlich einmal nicht regnete, raus an den Sacrower See. Genauer: die Herren Major Friedrich Graf von Klinkowström, seit 1905 im 3. Garde-Ulanen-Regiment, geboren 1884, Leutnant Thilo von Trotha, geboren 1882, ebenfalls im 3. Garde-Ulanen-Regiment, und der Rittmeister Eberhard Freiherr von Esebeck. »Als wir an die Badestelle, eine einsame, von Wald umsäumte Wiese kamen, wo wir baden wollten, stieg plötzlich vor uns aus dem See und Schilf splitternackt Krosigk empor.« Der Graf Friedel von Krosigk machte nachher mit den Herren von Trotha und von Esebeck nackt ein Wettrennen auf der Wiese. »Schräg hinüber, am anderen Ufer eine weiße Gestalt, die auch badete.« Die weiße Gestalt. Wer das wohl war? Die Prinzessin Stolberg, die die Unterschiede zwischen Generälen und Unteroffizieren überprüfen wollte? Asta Nielsen während einer Drehpause in Babelsberg?

◈

Männerphantasien, Teil II: Zwei Traumgebilde nach einer Zugreise: Oswald Spengler, der alte Chauvi, macht keinen Urlaub, er denkt über den »Untergang des Abendlandes« nach und über alle diese Frauen überall. »Ich vertrage den geistigen Umgang mit Frauen nur in kleinen Dosen. Selbst wenn ein Mädchen so beschränkt wie eine Frauenrechtlerin und so geschmacklos wie ein Kunstweib ist.« Er sitzt wieder zu Hause in München in seiner Wohnung und findet sie hässlich, die Möbel vor allem: »Jedes Möbel muss es ertragen können, dass man es so streng abwägt wie einen Manet oder einen Renaissancebau. Alte Möbel vertragen das. Neue wirken dann in ihrem Entwurf wie erste Fingerübungen.« Dann erinnert er sich doch noch einmal an seine Zugfahrt und fügt an: »Gut ist nur, woran diese verblödeten Stilhuber ihr ›Können‹ nicht ausgelassen haben: Lokomotiven etc.« Auch Gottfried Benn fährt in diesem Sommer mit der Eisenbahn. Auch er wird durch die Frauen in den Abteilen zu einem Testosteronschub herausgefordert. Er schreibt in sein kleines Notizbuch über seine Erlebnisse im D-Zug zwischen Berlin und der Ostsee diese großen Verse: »Fleisch, das nackt ging. / Bis in den Mund gebräunt vom Meer.« Dann weiter: »Männerbraun stürzt sich auf Frauenbraun: / Eine Frau ist etwas für eine Nacht. / Und wenn es schön war, noch für die nächste! / Oh! Und dann wieder dies Bei-sich-selbst-Sein!« Auch Benn also verträgt wie Spengler den Umgang mit Frauen nur in kleinen Dosen. Dann steigt auch er wieder glücklich hinab in die Keller seiner Einsamkeit.

◈

Kaiser Franz Joseph sucht die Zweisamkeit. Untergehakt mit Frau Katharina Schratt geht er durch die weitläufigen Parkanlagen von Bad Ischl, seinem Urlaubsort seit eh und je. Und auch Frau Schratt ist seine Begleiterin seit eh und je, sie kennen sich aus den Tagen, als Sissi noch am Leben war. Und doch soll sie, so ist es der kaiserliche Wille, nie seine Geliebte werden, sondern nur seine Begleiterin. So verbringen die beiden, die dreißig Jahre Altersunterschied trennen, gemeinsam die Tage. Nachts aber möchte der Kaiser gerne allein sein. Doch schon am frühen Morgen gegen sieben verlässt er die kaiserliche Villa und geht hinüber zu Frau Schratt in ihre Villa »Felicitas«, wo sie gemeinsam eine Tasse Kaffee trinken. Dann mischt er sich unter die Kurgäste. Meist wird er gar nicht erkannt, da er seine Orden im Urlaub nicht trägt, auf seine Leibwache verzichtet und so aussieht wie irgendein alter, knorriger pensionierter Offizier. Er will sehr gerne sehr gewöhnlich sein. Aber er ist nun mal leider Kaiser. Also fügt er sich dem. Doch er schreibt an Frau Schratt Briefe von schönster Alltäglichkeit. Ach, so klagt er einmal, wie mir die Hühneraugen schmerzten, als ich beim Bankett aufstehen musste, um einen Toast auf den König von Bulgarien auszubringen.

◈

Der bulgarische König selbst hat gerade ganz andere Sorgen: Am 3. Juli eskaliert der Streit zwischen Serbien und Bulgarien über Gebiete in Mazedonien. Serbien erklärt den Krieg – und die Türken, Griechen und Rumänen stellen sich ebenfalls gegen Bulgarien. Der zweite Balkankrieg ist da. Ständig erreichen neue Depeschen den Kaiser in Bad Ischl. Doch er will nicht gestört werden von diesen Heißblütern im Balkan. Er geht hinüber zu Frau Schratt und trinkt einen Tee.

◈

Am 13. Juli reist Freud mit seiner geliebten Tochter Anna nach Marienbad, um sich zu erholen und innerlich zu stärken für den großen Kampf. Den »IV. Internationalen Psychoanalytischen Kongreß« in München Anfang September, wo er erstmals wieder auf C. G. Jung und die abtrünnigen Zürcher Analytiker treffen wird. Marienbad hilft Freud natürlich überhaupt nicht. Weder gegen seinen Rheumatismus in seinem rechten Arm noch gegen seine Depression. Er schreibt: »Ich kann kaum schreiben, wir hatten hier eine schlechte Zeit, das Wetter war kalt und nass.«

◈

Ende Juli geht Rilke kurz nach Berlin und sieht dort im Museum den neugefundenen Amenophis-Kopf: »Ein Wunder, ich erzähle Dir«, berichtet er aufgeregt an Lou Andreas-Salomé. Es sind die Ausgrabungen von Tell el-Amarna aus der von James Simon finanzierten Expedition. Die ganze Stadt gerät in ein Ägypten-Fieber angesichts der Schönheit der Skulpturen. Das »Berliner Tageblatt« schreibt aufgeregt über Amenophis: »Ein Moderner, im verwegensten Sinn des Wortes.« Der Avantgarde wird empfohlen: »Futuristen, senkt Euer Haupt!« Else Lasker-Schüler kommt ins Museum, sinkt auf die Knie vor Begeisterung, ihre Bilder des Prinzen Jussuf tragen bald die

Züge von Amenophis IV., auch Echnaton genannt. Und das größte Wunder, der Kopf der Nofretete, seiner Gemahlin, ruht sogar noch im Keller des Museums. Die Grabungsexpedition hat zunächst darauf verzichtet, ihr schönstes Stück auszustellen. Die Ausstellungsmacher ahnen, dass Ägypten sofort Besitzansprüche geltend machen würde, wenn alles zu sehen wäre, was da im Januar 1913 außer Landes geführt wurde. So ruhte Nofretete im Depot.

Wer tausend Jahre unter der ägyptischen Erde lag, der kann auch noch ein paar Jahre warten, bis ihm die Welt zu Füßen liegt.

◈

Es ist also Juli, alle erholen sich, Rilke hat das Ägypten-Fieber, ein bisschen Geld und nichts zu tun. Man könnte es folglich »naheliegend« nennen, dass er im August ein paar Tage Urlaub an der See machen will. Aber »Urlaub« klingt für jemanden, der sich tagtäglich vor allen, seinen Mäzeninnen und seinen Über-Ichs, für seinen gepflegten Müßiggang rechtfertigen muss, wie ein böses Wort. So ist zu begreifen, dass es also Rilke »leichtsinnig« (!) erscheint, im August an die Küste zu fahren. Er verlässt Lou in Göttingen und schreibt ihr dann sofort aus Leipzig: »Ich habe die leichtsinnige Idee, von hier Ende der Woche erst für acht Tage an die See zu gehen (Heiligendamm, wo Nostitzens sind). Schöne Buchenwälder sollen dort sein, und mir ist auf einmal das Meer vor der Seele. Vielleicht tue ich also dies.«

◈

Frank Wedekind ist in Rom, er schließt dort am 8. Juli seinen »Simson« ab, den er am 26. Januar angefangen hatte. Er ist nach

Rom gereist, um allein zu sein und sich zu erholen von den Wirren um das Verbot seines Theaterstücks »Lulu«. Eine Nymphomanin, die die Männerwelt zerstört, das durfte nicht sein. Doch Wedekind ahnt, dass er mit seiner »Lulu« eine neue Heldin für das 20. Jahrhundert geschaffen hat. Er tröstet sich mit den Helden der Vergangenheit über die Schmach der Gegenwart – und liest in Rom Goethes »Italienische Reise«, Burckhardts »Kultur der Renaissance in Italien«, besichtigt die Sixtinische Kapelle. Die Zensurbehörde in München hätte sich verwundert die Augen gerieben über die großbürgerlichen Ambitionen dieses Unruhestifters. So schreibt er an seine Frau Tilly Wedekind: »Das Schönste, was ich hier bis jetzt erlebt, war der Spaziergang auf den Ruinen des Monte Palatino.« Aber dann warnte er sie: Rom sei vollkommen eingeschlafen, kein Theater, kein Varieté. »Für meine Zwecke kann ich mir Rom gar nicht besser wünschen. Wenn wir uns zusammen ein Vergnügen machen wollen, dann tun wir wohl besser daran, nach Paris zu fahren.« Denn das müsse man, gerade aus Rom, ein für allemal klarstellen: »Paris ist die schönste Stadt der Welt, dann kommt Rom, dann sehr bald München.«

◈

Lovis Corinth sitzt in der »Villa Mondschein« in Tirol, mit Kindern, Frau und Mutter. Noch immer ist er nicht ganz genesen von seinem Schlaganfall, aber hier in Sankt Ulrich im Grödnertal geht es ihm langsam besser. Es regnet so stark, dass Corinth kaum draußen malen kann. Darum muss die Familie Porträt stehen. Erst malt er sich selbst, in landesüblicher Tracht, der grünkarierten Leinenjoppe und dem federgeschmückten Hut (er sieht schon wieder fröhlich brummig aus). Dann seine Frau Charlotte, ebenfalls als Tirolerin. Er packt die Farbe dick auf die Leinwand, als wolle er demonstrieren, dass er wieder am

Leben ist. Und wenn draußen die Welt im Nebel und Regen versinkt, dann holt er das Grün und Rot und Leuchten eben mit den Farben der Trachten in seine Kunst. Sohn Thomas will nicht gemalt werden, er friert und liegt bald mit einer Grippe im Pensionsbett.

Die allmorgendliche Post aus Berlin empfängt Corinth »wie das Manna in der Wüste«. Meist geht es in all den Briefen um den großen Streit in der Berliner Secession, der tobt, seit Paul Cassirer, der Händler, zum Vorsitzenden gewählt worden ist. Für die nächste Ausstellung hat der alle dreizehn Künstler ausgeladen, die ihn nicht gewählt hatten, woraufhin es zu einem großen Zerwürfnis kam. Nun gehört den übrig gebliebenen Secessionisten um Corinth zwar der Verein, die »GmbH« aber, die Eigentümerin des Ausstellungshauses am Kurfürstendamm 208/09 ist, wird von Cassirer und Liebermann kontrolliert. So muss also der Verein um Corinth ein neues Gebäude bauen, um sich wieder Raum und Ruhm zu verschaffen. Als Corinth in Tirol von der Idee erfährt, dass dies Peter Behrens bauen soll, der Architekt und Designer, der für die AEG Häuser, Lampen und Tische entwirft, gesteht er, dass er diesen zwar nicht mag, aber er erkennt den möglichen Imagegewinn, denn Behrens sei »modern«. Doch eigentlich sind ihm hier in Tirol bei Dauerregen die ganzen Querelen in der fernen Heimat zu viel. Er denkt »mit Grauen an Berlin« und liest tagelang in Bernhard Kellermanns Buch »Der Tunnel«, jenem Science-Fiction-Bestseller des Jahres, der die unterirdische Verbindung zwischen Europa und dem amerikanischen Kontinent beschreibt. Corinth schreibt dazu die kürzeste und prägnanteste Rezension des Jahres: »Gutes Buch, ich möchte auch mal nach America.« Aber es hilft nichts: Im August muss Corinth zurück nach Berlin.

◈

Käthe Kollwitz ist mit ihrem Mann Karl ebenfalls in Tirol, es gibt fortwährende Streitigkeiten, es regnet in Strömen, sie können nicht raus in die befreiende Natur, sie sitzen dumpf auf ihren Pensionsstühlen und sind tief unglücklich miteinander. Nach den Sommerferien fällt sie in eine »große Depression«. Sie hat Selbstmordgedanken, verzweifelt über ihr Leben und ihr künstlerisches Werk, ist unzufrieden mit ihren ersten plastischen Versuchen. Und dann fragt sie ihr Tagebuch: »Ich und Karl?« Antwort: »So eine dolle Liebe, die hab ich überhaupt nicht kennengelernt.«

Karl interessiert sie nicht mehr. »Immer derselbe, bei dem man jede Nuance schon kennt, das kann die schlappere Sinnlichkeit nicht mehr reizen. Man müsste ganz andere Kost haben, um wieder starken Appetit zu bekommen.« So das Sehnsuchtsbekenntnis und die Freiheitserklärung der Käthe Kollwitz im Sommer 1913. Sie sucht Trost bei Strindberg, liest immerfort seine Dramen: wilder Geschlechterhass, dumpfes Beisammensein, das hilft ihr, sie fühlt sich nicht allein. Sie erzählt ihrem Sohn davon, sagt, der Inhalt von Strindberg sei, wie sich Paare »zerfleischen, hassen«. Dumpf sitzt Kollwitz am Fenster, blickt in den Regen und schreibt in ihr Tagebuch: »Der Sommer geht hin, ohne dass ich ihn fühle.«

◈

In Wien hat Oskar Kokoschka das Aufgebot für seine Heirat mit Alma Mahler bestellt. Am 19. Juli soll es sein, im Rathaus von Döbling, dem Bezirk, in dem die Eltern der Braut leben. Er ist zu Carl Moll auf die Hohe Warte gegangen, um um die Hand Almas zu bitten. Der hat nichts dagegen. Aber als Alma am 4. Juli von Oskars Plänen erfährt, gerät sie in Panik, packt ihre Koffer und flieht, will nach Franzensbad. Kokoschka stellt ihr nach, erwischt sie am Bahnhof, schreit, bebt, sie muss das

Fenster noch einmal öffnen, da schiebt Kokoschka ihr ein Selbstporträt zu, befiehlt ihr, es in ihr Hotelzimmer zu hängen, um all die anderen Männer abzuwehren. Und kaum ist sie weg, schickt er ihr schon den ersten Brief hinterher: »Bitte, mein Almili, schau niemanden an, die Männer dort werden Dich immer anstieren.« Und dann: »Warum hast Du denn gelacht, wie ich gesagt habe: werde gesund! Ich hätte Dich so gern noch gefragt, aber da bist Du schon weggefahren.« Ja, warum hat sie wohl gelacht? Alma spürte wohl in den wenigen hellen Momenten ihrer Beziehung (die die dunkelsten waren), dass sie nicht zusammen gesund werden konnten, weil sie krank vor Liebe waren. Oder wie es Kokoschka zwei Tage später in seinem nächsten Brieflein ausdrückt: »Mir ist es z. B. unbehaglich, dass Dich so ein Halunke von Arzt betastet, dass Dich eine Kellnerin in unvollständiger Toilette oder gar noch im Betterl sieht und so weiter.« Sie erträgt diese ganzen Briefe, genießt sie vielleicht sogar, schreibt ihm aber aus Franzensbad, sie komme erst wieder, wenn er endlich sein Meisterwerk fertig habe. Sie nennt ihn einen »Schlappschwanz«, und »verjudet«, das sei er auch. Kokoschka ist erzürnt und reist kurzerhand nach Franzensbad – als er im Hotel ankommt, ist Alma nicht da. Und über ihrem Bett hängt nicht sein Selbstporträt, wie er es ihr befohlen hat. Als sie von ihrem Spaziergang zurückkommt, bricht ein Sturm aus ihm los. Er wütet gegen Alma, trommelt mit den Fäusten auf ihr Bett und springt in den nächsten Zug nach Wien. Der Hochzeitstermin verstreicht. Und dann, noch hängt der Schweißgeruch von Kokoschka in ihrem Hotelzimmer, schreibt Alma, diese Taktikerin, einen Brief nach Berlin. Sie möchte wissen, welche Chancen sie noch hat bei Walter Gropius, dem ernsten, strengen Geliebten von einst, der sich enttäuscht zurückgezogen hat, seit er in der Ausstellung der »Secession« das Doppelbildnis von Alma und Kokoschka sah. Ihm also schreibt Alma am 26. Juli: »Ich werde vielleicht heiraten – Oskar Kokoschka, ein unseren Seelen vertrauter, mit Dir aber bleibe ich durch alle Ewigkeiten verbunden. Schreib mir, ob Du lebst und ob dieses Leben des Lebens wert ist.«

Kokoschka ahnt noch nicht, dass Alma längst die Angel neu ausgeworfen hat. Er malt in Wien noch um sein Leben. Fragt sich aber auch, ob dieses Leben des Lebens wert ist. Er sitzt am gemeinsamen Porträt vor der riesigen Leinwand. Er sitzt an seinem Meisterwerk. Vielleicht hält ihn von seiner Verzweiflung nur sein Besucher in diesem Wiener Juli ab. Denn gemessen an Georg Trakl geht es der Seele von Kokoschka noch verhältnismäßig gut. Trakl wohnt vorübergehend in Wien, in der Stiftsgasse 27, er hat, zwischen seinen Alkohol- und Drogenräuschen, eine unbesoldete Stelle in Wien angenommen, ausgerechnet als Verrechnungsbeamter im Kriegsministerium. Man kann sich keinen absurderen Beruf für Georg Trakl ausmalen. Er hält es auch nur ein paar Tage aus. In dieser Zeit aber stiehlt er sich, kaum ist Feierabend, in das Atelier Kokoschkas. Der steht vor der Leinwand, unruhig wippend, in wilden inneren Träumen über Almas Untreue versunken, die Zigarette im Mund und die Farbe im Handteller, malend mit Pinsel und rechtem Zeigefinger. Hinter ihm sitzt Trakl auf einem Bierfass und rollt darauf stundenlang vor und zurück, vor und zurück. Jeden anderen würde das wahnsinnig machen. Kokoschka, dieser Wahnsinnige, findet das beruhigend. Dann und wann ist ein dumpfes Brummen aus Trakls Ecke zu hören, er beginnt seine Gedichte zu rezitieren, spricht von Krähen, Verhängnis, Fäulnis und Untergang, verzweifelt schreit er nach seiner Schwester, dann versinkt er wieder in ein ewiges Schweigen und rollt stumm vor und zurück, vor und zurück. Trakl ist täglich da, als Kokoschka das Doppelbildnis malt. Und Trakl ist es auch, der dem Bild den Namen gibt: »Die Windsbraut«. In einem Gedicht Trakls, das in diesen wirren Wiener Tagen entsteht, »Die

Nacht«, heißt es: »Golden lodern die Feuer / Der Völker rings. / Über schwärzliche Klippen / Stürzt todestrunken / Die erglühende Windsbraut.« So erglüht die Windsbraut Alma im Atelier und auf der Staffelei, doch im wahren Leben beginnt sie abzukühlen. Oder vielleicht ist es sogar andersherum: Gerade weil Kokoschka mit seinem überspannten Nervenkostüm spürte, dass ihm Alma zu entgleiten droht, auf Abstand geht, gerade weil ihre symbiotische Liebe eine Trübung erfahren hat, ist er überhaupt in der Lage, ein Bildnis von ihnen beiden zu malen, das Kunst wird und kein Liebesbeweis. Erst als Alma den Titel »Windsbraut« trug, erst als er der Braut das Fliehende, das Flüchtige des Windes eingeschrieben hat, kann er sich überhaupt ein Bildnis von ihr machen. Eine »Windsbraut« kann man nicht heiraten. Nur malen.

◈

Max Liebermann malt ein Porträt von Peter Behrens. Das große gestalterische Genie seiner Zeit sieht darauf aus wie ein wohlbeleibter, gemütlicher Advokat.

AUGUST

Ist das der Sommer des Jahrhunderts? Es ist auf jeden Fall der Monat, in dem Sigmund Freud einen Ohnmachtsanfall erleidet und Ernst Ludwig Kirchner glücklich ist. Kaiser Franz Joseph geht auf die Jagd, und Ernst Jünger sitzt stundenlang mit Wintermantel im heißen Gewächshaus. Musils »Mann ohne Eigenschaften« beginnt mit einer Falschinformation. Georg Trakl versucht, Urlaub in Venedig zu machen. Schnitzler auch. Rainer Maria Rilke ist in Heiligendamm und hat Damenbesuch. Picasso und Matisse gehen zusammen reiten. Franz Marc bekommt ein zahmes Reh geschenkt. Niemand arbeitet.

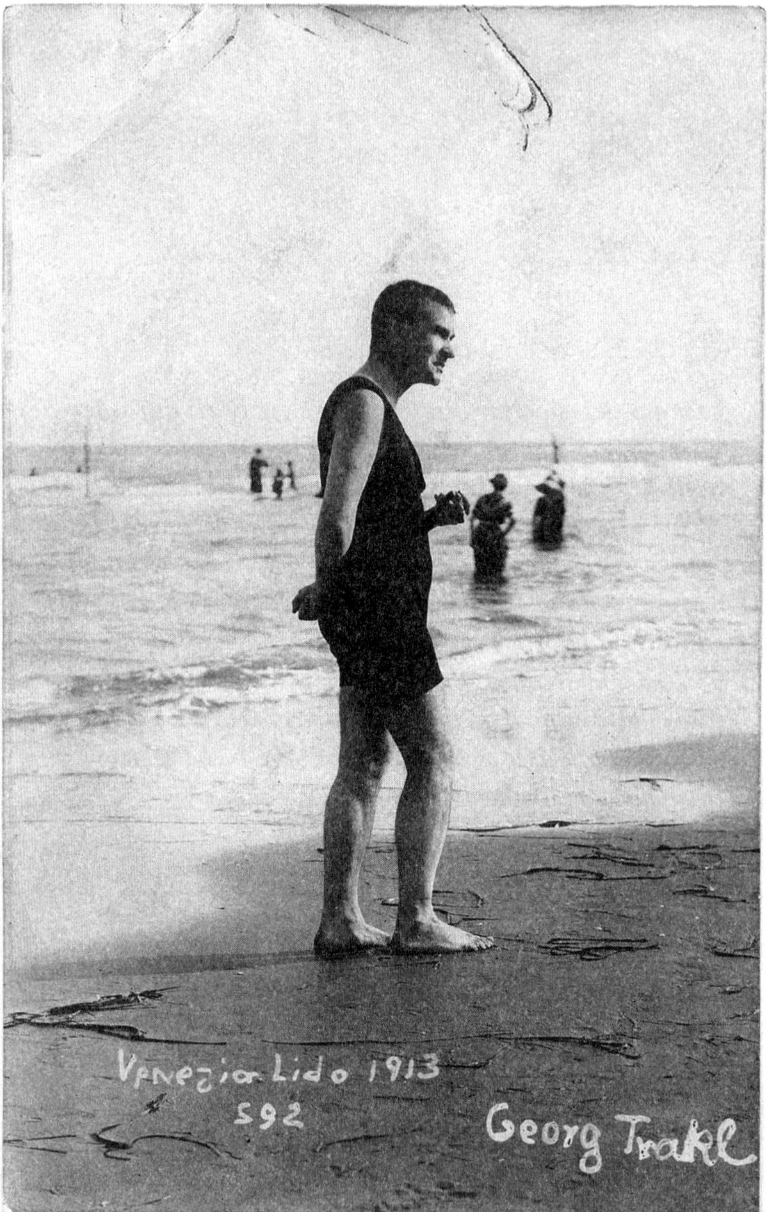
Venezia Lido 1913
592
Georg Trakl

In Heiligendamm auf der Hotelterrasse streift in diesen Tagen Rainer Maria Rilke langsam die dunkelgrauen Handschuhe ab und ergreift schlaff die Hand von Helene von Nostitz, die neben ihm einen Mokka trinkt. Sie schaut in seine Augen, seine milden, tiefblauen Augen, deren Tiefe die Damen immer den Rest seines Gesichtes vergessen ließen. Rilke war in Göttingen bei Lou Andreas-Salomé gewesen, als ihn ein Brief von Helene erreichte, die ihn zu kommen bat. Zur Überraschung aller Beteiligten, die durch ein enges, unüberschaubares Geflecht von Zuneigung und Eifersucht verbunden waren, sagte Rilke zu. Er habe, so schreibt er aus Göttingen, als sich Lou einmal hingelegt hat, erschöpft vom gemeinsamen Schweigen, Reden, Streiten, Schmachten, Lesen, Schweigen, »heftiges Bedürfnis nach Seewind«. Doch als Rilke ankommt in Heiligendamm, gerät er in das bunte Treiben der Pferderennen, die Rennbahn auf dem kleinen Hügel zwischen Heiligendamm und Bad Doberan lädt zum großen, traditionellen Galoppderby. Das Hotel in Heiligendamm ist überfüllt mit mondänem städtischen Publikum und dicken Gestütsbesitzern, denen beim Aufstehen der Bauch fast das Wams sprengt. Überall Pferdewagen, Frauen mit riesigen Hüten, geschäftiges Treiben, Gespräche über Wetteinsätze, Beppo sei heute der große Favorit, so hört er. Rilke bittet verstört an der Rezeption um Briefpapier.

Er gedenke, so schreibt er hastig an Helene von Nostitz, in spätestens einer halben Stunde wieder abzureisen. Als ihr der Boy im Zimmer den Brief überreicht, streitet sie gerade mit ihrem Mann darüber, warum sie diesen Dichter eingeladen habe. Sie liest Rilkes Lamento, kleidet sich schnell an und eilt zu ihm, findet ihn im Kurhaus in seinem weißen Sommeranzug, aber vor allem: »grau und ausgelöscht«. Draußen toben die Wolken und türmen sich auf zu gewaltigen schwarzen Gebirgen. Ein mächtiger Wind kommt auf und bläst herüber vom Meer, die Damen halten ihre Hüte fest, aus den hohen Buchen fegt es die ersten welken Blätter in die Luft.

Helene von Nostitz hakt sich bei Rilke unter und führt ihn mit energischem Schritt hinaus aus dem Kurhaus, den kleinen Pfad an den neu gebauten Cottages vorbei, sie grüßt rechts und grüßt links, alle gehen etwas gebeugt gegen den stürmischen Wind, dann haben Helene und Rainer den Buchenwald erreicht. Sie gehen weiter, es wird immer stiller, der Wind legt sich. Hinten über Brunshaupten schiebt sich die Sonne unter den Wolken hervor und taucht die Küste in ein gleißendes Licht. Mächtig erheben sich hier die Buchen in den Ostseehimmel, der salzige Wind hat ihre Stämme ganz glatt gerieben und ihre Kronen in die Höhe geschraubt. Sie sehen, obwohl viele Jahrzehnte alt, noch immer so unschuldig aus. Wie machen sie das bloß? Es ist Rilke, als wandele er zwischen riesigen Stelzen umher. Bäume, die den Blick in die Höhe reißen, weg von den irdischen Vermoosungen und Baumstrünken. Er lehnt sich an einen Stamm, atmet durch. Helene von Nostitz schaut ihn aufmunternd an, doch er sieht nur das blaue Meer, das zwischen den Buchenstämmen leuchtet, dann und wann eine winzige Schaumkrone, sonst nur blau, blau, blau.

Später, als er wieder nüchtern ist, setzt er sich hin und schreibt an Lou Andreas-Salomé: »Dieses hier ist das älteste Seebad Deutschlands, sympathisch durch seinen Wald am Meer, durch seine fast ganz auf den Landadel der Umgebung eingeschränkte Klientel.« Der Brief ist überraschend kühl angesichts der neu aufgeflammten Beziehung zwischen Rilke und

Lou, die gerade in Göttingen im Garten die Hände ineinandergelegt haben, wie zur Erneuerung ihres alten Bundes. Dann trennten sie sich – Lou beschloss, in Göttingen eine psychoanalytische Praxis zu eröffnen. Rilke beschloss, zu versuchen, Urlaub zu machen. Aber wie immer scheint er sich unter dem großen Druck zu fühlen, ein wenig leidend zu sein, als dürfe Lou nie das Gefühl haben, dass er glücklich sein könne, wenn er nicht bei ihr ist. Das ist das Fundament all seiner abertausend Briefe an seine fernen Gönnerinnen und Verehrerinnen. So also schreibt er im Stile eines Baedeker noch ein paar Zeilen über Heiligendamm anno 1913: »Der Großherzog hat hier seine Villa, außerdem nur ein Kurhaus mit schöner Säulenhalle, ein Hotel und etwa ein Dutzend Villen, alles noch ziemlich unverdorben im guten Geschmack des beginnenden neunzehnten Jahrhunderts. Die Leute von ihren Gütern kommen mit den vorzüglichsten Gespannen herübergefahren, das gibt wundervolle, bewegte Reliefs vor dem Meer. Dabei in den Wäldern und sogar am Strand viel Stille, alles in allem ein« – nun denkt der Leser, dass Rilke am Ende doch noch ein begeistertes oder wenigstens positives Adjektiv durchrutscht, aber es gelingt ihm, diesem Risikovorstand des Glücks, gerade noch die Kurve zu kriegen, und er schreibt also: »alles in allem ein brauchbarer kleiner Ort«.

Wie schade, dass er sich auch hier nicht gehenlassen kann. Für Rilke, diesen das zarte Unglück so leidenschaftlich Liebenden, diesen Hohepriester der Unaussprechlichkeit, wäre wahrscheinlich auch das Paradies nur ein »brauchbarer Ort«. Aber er kann nicht leugnen, dass es ihm zunehmend gefällt in Heiligendamm, was auch daran liegt, dass hier das Wetter besser ist als im Rest des Landes, immer wieder vertreibt der Seewind die Wolken, und vor Rilkes Augen am Strand spielen sich schönste Schauspiele flatternder Gewänder und impressionistische Gruppenbilder ab. Im Strandstuhl sitzend, die Beine übereinandergeschlagen, Gedichte von Goethe lesend oder von Werfel, diesem jungen Heißsporn, dem er gerade völlig erlegen ist, das behagt Rilke.

Es gefällt ihm also zunehmend, was aber weniger an Helene von Nostitz liegt, die ihm, wie alle seine Frauen, aus der Ferne sehr verlockend erschien, aus der Nähe aber fordernd und an den Nerven zerrend. Er weiß jedoch, wie er ihr entfliehen kann, ohne von ihrer Eifersucht eingeschnürt zu werden, und erklärt: »Mich drängt's zur Unbekannten.« Herrn von Nostitz, dem das Geplänkel seiner Frau mit dem skurrilen Dichter ein Dorn im Auge war, wird's gefreut haben. Und so geht Rilke also auf sein Zimmer und versucht – ganz im Ernst – übersinnlichen Kontakt zu seiner »Unbekannten« aufzunehmen.

Er hatte die Dame bei den Séancen mit Marie von Thurn und Taxis in Duino näher kennengelernt, und damals hatte ihm diese Unbekannte den Auftrag gegeben, in Toledo einen Schlüssel oder Ring von der Brücke in den Fluss zu werfen. Und da er ohnehin endlich einmal nach Spanien wollte, nahm er diesen Auftrag sehr ernst und ließ sich die Reise Erster Klasse von der Fürstin bezahlen. Rilkes unruhiger und aufwändiger Lebensstil fußte auf permanenten Zuwendungen eines Kreises potenter Damen – um sie bei Laune zu halten, baute er zu jeder von ihnen einen intensiven Briefverkehr auf, täglich versandte er mehrere seiner taubenblauen Briefe in die Schlösser und Hotels Mitteleuropas. Er wirbt um Geld, um Verständnis, um Zuneigung, um eine Ehefrau. Aber natürlich schreckt er auch davor zurück – nicht vor dem Geld, nicht vor dem Verständnis oder der Zuneigung, das nahm er alles gerne. Nur vor der Frau. Es war ihm lieber, er hielt sie brieflich auf zärtliche Distanz. Darin wurde er deutscher Meister. So auch jetzt in Heiligendamm. Am 1. August schreibt er einen seiner großen Briefe an Sidonie Nádherný, deren Bruder sich erschossen hat und die in der Trauer darüber fast erstickt. Mit dem Füller trocknet er die Tränen ihrer Seele wie mit einem edlen Taschentuch und rät zur praktischen Trauerarbeit: Sie solle auf dem Klavier Beethoven spielen, das würde helfen, und zwar »noch heute Abend«.

Dann wendet er sich wieder seiner übersinnlichen Beziehung zu. Wir wissen leider nicht, was die »Unbekannte« Rilke in Heiligendamm befahl. Auf jeden Fall bleibt er dort auch, als Helene von Nostitz schon wieder abgereist ist. Aber es sind wohl eher sinnliche als übersinnliche Gründe: Denn er hatte Ellen Delp getroffen, eine von Lou Andreas-Salomés Wahltöchtern, eine junge Schauspielerin von Max Reinhardt, die sich im nahen Kühlungsborn erholt. Kaum ist Helene mit dem Zug nach Bad Doberan gereist, schreibt er am Nachmittag des 14. August: »Liebe Lou's Tochter, ich bin gekommen, Ihnen die Hand zu reichen.« Und das tut er dann auch, fern der Bekannten und der Konventionen, scheint es hier in Heiligendamm für Rilke mit Ellen Delp für eine halbwegs unkomplizierte Affäre zu reichen. Nach dem ersten Spaziergang unter den hohen Buchen dichtet er:

Hinter den schuldlosen Bäumen

Hinter den schuldlosen Bäumen
langsam bildet die alte Verhängnis
ihr stummes Gesicht aus.
Falten ziehen dorthin …
Was ein Vogel hier aufkreischt,
springt dort als Weh-Zug
ab an dem harten Wahrsagermund.
O und die bald Liebenden
lächeln sich an, noch abschiedslos,
unter und auf über ihnen geht
sternbildhaft ihr Schicksal,

nächtig begeistert.
Noch zu erleben nicht reicht es sich ihnen,
nach wohnt es
schwebend im himmlischen Gang,
eine leichte Figur.

Die »bald Liebenden«! Das ist der Zustand, den Rilke am zweitmeisten genießt. Am meisten schätzt er den Zustand der »einmal geliebt Habenden«. Weil er sich dann nicht mehr anstrengen muss und nur noch Briefe schreiben darf. Den Zustand dazwischen, den man gemeinhin Gegenwart nennt, Liebe, Ungewissheit, den schätzt er nicht, der überfordert ihn. Aber hier in Heiligendamm, unter den schuldlosen Bäumen, scheint auch er sich freier zu fühlen als sonst.

Meist liest er seiner »morgendlichen Ellen« Gedichte vor, Franz Werfel vor allem, sie gehen an den Strand, Rilke lässt den feinen Ostseesand durch seine langen, schlanken Finger gleiten. Und dann gehen sie wohl tatsächlich auf sein Zimmer. Ellen schickt dem Dichter am Tag darauf Rosen aufs Zimmer. Und er dankt, mit Tinte auf taubenblauem Papier: »Die Rosen sind schön, schön, reich und rühmen einem, wie sie so dastehen, das eigene Herz, unermesslich. Rainer.«

◈

Um die Truppenstärke zu erhöhen, beginnt in ganz Österreich-Ungarn die Suche nach Wehrdienstflüchtlingen. So stellt die Polizei am 22. August eine Vermisstenanzeige: »Hietler (!), Adolf, zuletzt wohnhaft Männerheim, Meldemannstraße, Wien, gegenwärtiger Aufenthalt noch unbekannt, Nachforschungen werden fortgesetzt.«

◈

Es ist ein schöner Augusttag des Jahres 1913. Beziehungsweise: »Über dem Atlantik befand sich ein barometrisches Minimum; es wanderte ostwärts, einem über Rußland lagernden Maximum zu, und verriet noch nicht die Neigung, diesem nördlich auszuweichen. Die Isothermen und Isotheren taten ihre Schuldigkeit. Die Lufttemperatur stand in einem ordnungsgemäßen Verhältnis zur mittleren Jahrestemperatur, zur Temperatur des kältesten wie des wärmsten Monats und zur aperiodischen monatlichen Temperaturschwankung. Der Auf- und Untergang der Sonne, des Mondes, der Lichtwechsel des Mondes, der Venus, des Saturnringes und viele andere bedeutsame Erscheinungen entsprachen ihrer Voraussage in den astronomischen Jahrbüchern. Der Wasserdampf in der Luft hatte seine höchste Spannkraft, und die Feuchtigkeit der Luft war gering. Mit einem Wort, das das Tatsächliche recht gut bezeichnet, wenn es auch etwas altmodisch ist: Es war ein schöner Augusttag des Jahres 1913.« Mit diesen Worten lässt Robert Musil seinen »Mann ohne Eigenschaften« beginnen. Neben Prousts »Recherche« und James Joyces »Ulysses« der dritte Klassiker der Moderne, in dem die Sprengkraft des Jahres 1913 aufgesogen ist.

Aber wie war das Wetter denn wirklich in diesen Augusttagen des Jahres 1913 in Wien? In der »Neuen Freien Presse« erscheint am 15. August ein ausführlicher Artikel mit der schönen Überschrift »Ausdauernd schlechtes Wetter«. Darin weiß Dr. O. Freiherr von Myrbach, seines Zeichens Assistent der Zentralanstalt für Meteorologie, wenig Tröstliches zu berichten: »Wie zu befürchten war, hat das heurige Sommerwetter im Wesentlichen den Charakter treulich beibehalten, den es von Anfang an trug. Seine Härten haben freilich etwas nachgelassen. Das will aber noch nicht viel sagen, denn der Beginn des Sommers war so außergewöhnlich schlecht, dass auch die spätere Zeit trotz der Besserung noch als schlecht bezeichnet werden muss.« Das heißt: Es gab keinen schönen Augusttag des Jahres 1913. Nein, in Wien herrschte eine Durchschnittstemperatur von 16 Grad. Es war der kälteste August des gesamten 20. Jahrhunderts. Gut, dass das die Menschen 1913 noch nicht wussten.

◈

Franz Marc ist mit seiner Frau auf die Güter des Schwagers in Gendrin in Ostpreußen gereist. Nach Dutzenden von Pferdebildern und Pferdezeichnungen steigt Marc nun selbst in den Sattel. Es gibt ein schönes Foto aus diesem August, das zeigt Marc beim Ausritt mit seinem Schwager Wilhelm. Wie das Pferd Haltung annimmt, ein Schimmel, weil er, der Pferdeflüsterer, auf ihm sitzt. Und wie er sich kaum traut, es zu berühren mit seinen Schenkeln vor lauter Hochachtung vor der Eleganz des Tieres. Am Abreisetag schenkt Wilhelm Franz Marc ein zahmes Reh. Das Reh wird mit dem Zug bis nach Sindelsdorf verschickt, übersteht die Reise und lebt fortan im Garten, getauft auf den Namen Hanni (nicht zu verwechseln mit der gleichnamigen Sindelsdorfer Katze). Damit es nicht so einsam über die Wiese vor dem Marc'schen Atelierhaus streifen muss, bekommt Hanni bald eine Gefährtin, ein Reh namens Ruth. Immer wieder zeichnet Marc, hingerissen von ihrer braunen, scheuen Schönheit, die beiden Tiere als Symbole des Paradieses.

◈

Am 16. August wird in den Ford-Automobilwerken in Detroit erstmals ein Fließband eingesetzt. Im Geschäftsjahr 1913 produziert Ford 264 972 Autos.

◈

Als Alma Mahler in Franzensbad saß und den Hochzeitstermin verstreichen ließ, da malte Kokoschka erst weiter an der »Windsbraut« und nahm dann in Verzweiflung die schwarze Farbe, um sein ganzes Atelier in einen Sarg zu verwandeln. Dann aber kommt Alma zurück, und sie verfallen einander erneut. Den 31. August, ihren Geburtstag, feiern sie im Hotel »Tre Croci« in den Dolomiten, unweit von Cortina d'Ampezzo. Am nächsten Morgen gehen sie in aller Frühe in den dichten Wald und finden in einer Lichtung junge Pferde im Spiel. Kokoschka schickt Alma trotz seiner panischen Angst vor Einsamkeit weg, packt seine Stifte aus und zeichnet die Pferde wie im Rausch. Die jungen Pferde kommen zu ihm, fressen ihm aus der Hand und reiben ihre schönen Köpfe an seinen Armen.

◈

Und was macht Golo Mann? Seine Mutter Katia schreibt in ihr Notizbuch über »Eine Jugend in Deutschland«: »Sommer 1913: Golo quatscht jetzt mehr als Aissi. Oft redet er tagelang kaum ein vernünftiges Wort, sondern spricht lauter gesteigerten Unsinn, von seinen verschiedenen Freunden, von Hofmannsthal und von Wedekind, vom Balkankrieg, aufgeschnapptes und ausgedachtes vereinend, so dass man es ihm ernsthaft verweisen muss ... Ein Lieblingsspiel der Kinder ist, infolge der zahlreichen Militärkonzerte diesen Sommer, dirigieren. Golo macht es unbeschreiblich komisch, mit hässlich verzückten Mienen, weichlich von unten heraufgeholten Pianos, da er noch nie einen richtigen Kapellmeister gesehen hat, ist es mir unbegreiflich.« Golo, Thomas Manns Sohn, ist da vier. Woher er das alles nur hat?

◈

Wie der Vater so der Sohn: In Deutschland wird 1913 das ius sanguinis, die Abstammung, zur Grundlage für das neue Staatsbürgerschaftsrecht.

◈

Ernst Jünger langweilt sich in den Sommerferien in Rehburg beim Steinhuder Meer in der heimischen Villa in der Brunnenstraße, hoch rauschen die alten Eichen daneben, weit geht der Blick. Doch Jünger fühlt sich eingesperrt in dem Haus mit all den kleinen Türmchen und Erkern. Dunkle Holzvertäfelungen der Gründerzeit bestimmen das ganze Anwesen, die Fenster lassen kaum Licht durch die Buntglasscheiben. Auf den Türzargen thronen prächtige Schnitzereien. Im Jagdzimmer ist es immer dämmrig, die Fenster sind vollständig mit einem röhrenden Hirsch und einem lauernden Fuchs bemalt, hier sitzt der Vater mit seinen Freunden und raucht dicke Zigarren und hofft, die Welt aussperren zu können. Ernst Jünger hat das Gefühl, in diesem Zimmer zu ersticken, er liegt auf seinem Bett oben unterm Dach und liest wieder in Expeditionsgeschichten aus Afrika. Es regnet. Doch kaum kommt die Sonne einmal zum Vorschein, dann heizt sie mit ihrer ganzen sommerlichen Kraft in Minutenschnelle die Luft draußen auf. Jünger öffnet das Fenster, seine Eltern machen einen Ausflug. Von den harten Blättern der riesigen Rhododendronbüsche im Garten rollt das Wasser in schweren Tropfen noch minutenlang zu Boden. Er kann es hören. Popp, Popp, Popp. Ansonsten ist es totenstill an diesem Mittag im August. Da geht der 18-jährige Ernst die weitgeschwungene dunkelbraune Treppe hinunter bis in die Garderobe und sucht ganz hinten nach seinem dicksten Wintermantel, dem, der mit feinem Fell ausgeschlagen ist. Er nimmt noch die Fellmütze aus dem Hutregal und dann schleicht er sich aus dem Haus. Draußen herrschen schwüle 31 Grad. Jünger geht zwischen den Rhododendronbüschen hindurch über den schmalen Weg, der zu den Gewächshäusern führt. Hier züchtet sein Vater tropische Gewächse und sein Gemüse. Jünger öffnet die Tür zum Gurkenhaus, ihm schlägt dumpfe, gestaute Hitze entgegen. Schnell schließt er die Tür, zieht Fellmütze und Winterjacke an und setzt sich auf den Holzschemel neben die Blumentöpfe. Wild schlängeln sich die Triebe der Gurken wie züngelnde grüne Zungen in die Luft. Es ist vierzehn Uhr. Das Thermometer im Innern des Gewächshauses zeigt 42 Grad. Jünger lächelt. Auch in Afrika, so denkt er, kann es viel heißer nicht sein.

◈

Am 3. August erstickt in der Berliner Jungfernheide ein Artist in einem Sandhaufen. Seine Kunst bestand darin, bis zu fünf Minuten lebendig begraben sein zu können.

Heute jedoch hatte ihn der Direktor der Künstlergruppe vergessen, weil er in ein Gespräch vertieft war und deshalb leider erst nach zehn Minuten wieder mit dem Ausgraben begann.

◈

Sigmund Freud reist am 11. August mit Frau, Schwägerin und Tochter Anna von Marienbad weiter nach San Martino di Castrozza. In diesem kleinen Bergdorf in den Dolomiten befindet sich eine Außenstelle des legendären Sanatoriums Dr. von Hartungens aus Riva. Hier oben will Freud noch einmal vier Wochen Kraft schöpfen, bevor er Anfang September nach München muss zum vermaledeiten Kongress der Psychoanalytischen Vereinigung. Freud bestellte seinen Freund Sándor Ferenczi in sein Hotel, der gerne kommt, gemeinsam arbeiten sie an einer Strategie für München. Und nachmittags zieht er seine Runde mit Anna, untergehakt gehen sie durch den kühlen Wald. Ein Bild aus diesen Tagen zeigt Anna in Tracht, keck schaut sie in die Kamera, selbstbewusst, daneben der Vater, stolz zwar, aber doch auch missmutig, ja ängstlich. Er lässt im Sanatorium in den Bergen seine Migräne behandeln und seine chronische Erkältung. Christl von Hartungen verordnet Freud eine strikte Abstinenz von Tabak und Alkohol und viel frische Luft. Doch Freud kommt kaum zu neuen Kräften. Je näher München rückt, umso verstörter wird er. Und dann, einen Tag vor der Abreise, mitten in der Nacht, lässt Dr. Freud Dr. von Hartungen kommen, er hat einen Ohnmachtsanfall erlitten und bittet auf einer Visitenkarte hastig um medizinische Hilfe.

◈

Anfang August reist Picasso, wieder genesen von dem Schock des Todes seines Vaters und seines Hundes Frika, nach Céret. Doch er ist inzwischen so berühmt, dass am 9. August die Lokalzeitung »Indépendant« meldet: »Die kleine Stadt Céret jubelt. Der kubistische Meister ist angekommen, um sich ein wenig wohlverdiente Ruhe zu gönnen. Zur Zeit haben sich die Maler Herbin, Braque, Kisling, Ascher, Pichot, Gris und der Bildhauer Davidson in Céret um ihn versammelt.« Picasso leidet unter diesem Trubel. Vor allem ist ihm Juan Gris nicht geheuer, denn der beherrscht inzwischen die kubistische Technik fast genauso gut wie er selbst und weiß virtuos aus Bruchstücken, Tapeten und Zeitungsfetzen eine neue Welt zusammenzusetzen. Und dann kommt noch sein alter Freund Ramon Pichot nach Céret, um Picasso zu überreden, seiner letzten Geliebten Fernande Geld zum Überleben zu geben. Picasso hasst es, solchermaßen bedrängt zu werden. Es kommt zu einem wilden Gemenge. Picasso und Eva, die ihn damals Fernande ausgespannt hatte, reisten panikartig ab. Sie kehren ins pulsierende Paris zurück, »um Ruhe zu finden«, wie Picasso völlig wahrheitsgemäß seinem Kunsthändler Kahnweiler nach Rom schreibt. Eva und Picasso ziehen in ihr neues Appartement mit Atelier in der Rue Victor Schoelcher 5 in Montparnasse.

Von dort sind es mit der neuen Zugstrecke nur zehn Minuten bis nach Issy-les-Moulineaux, wo Henri Matisse jetzt lebt. Kaum aus Céret zurück, fahren Picasso und Eva raus und reiten mit Matisse durch den Sommer. Das ist dann doch ein so außergewöhnliches Ereignis, dass es gleich zweimal an das Hauptquartier der Moderne, Gertrude Stein, gemeldet wird. Erst von Picasso: »Wir reiten mit Matisse durch den Wald von Clamart« am 29. August. Und dann am selben Tag von Matisse: »Picasso ist ein Reiter. Wir reiten zusammen aus, was alle überrascht.« Die Nachricht der Versöhnung der beiden Heroen war schnell das wichtigste Thema in Montparnasse und Montmartre, also der ganzen Welt.

»Wir sind leidenschaftlich interessiert an den technischen Problemen des anderen. Wir profitierten zweifellos voneinander, es war wie eine künstlerische Brüderschaft«, schreibt Matisse über seinen einstigen größten Rivalen. Und zu Max Jacob sagt Matisse: »Wenn ich nicht das machen würde, was ich mache, würde ich gerne so malen wie Picasso.« Und da antwortet ihm Max Jacob, »es ist sehr verrückt, genauso dasselbe hat mir gerade Picasso über Dich gesagt.«

◈

Georg Trakl ist rasend vor Wut. Er will seine Schwester Gretl sehen, doch er findet sie nicht. Seine Anstellung als Verrechnungsbeamter im Wiener Kriegsministerium war natürlich ein Witz. Er geht nicht mehr hin, trinkt schon bis mittags die ersten fünf Viertel Roten. Nimmt Drogen. Seine Freunde Adolf Loos und dessen englische Freundin Bessie verordnen ihm mit sofortiger Wirkung: Urlaub, Urlaub vom Ich. Die Reise geht nach Venedig. Er schreibt am 14. August an seinen Freund Buschbeck: »Samstag soll ich mit Loos nach Venedig fahren, was mir einigermaßen eine unerklärliche Angst macht.« Am nächsten Tag ein zweiter Brief, darin ein seltener Anflug von Euphorie, entflammt von der Aussicht auf den ersten Urlaub seines Lebens: »Lieber! Die Welt ist rund. Am Samstag falle ich nach Venedig hinunter. Immer weiter – zu den Sternen.« Natürlich scheitert das Unterfangen. Es wird eine Missvergnügungsreise. Der nach den Sternen griff, hat nur Quallen in der Hand. Selbst der verehrte Karl Kraus, der mit an den Lido gefahren ist, selbst Adolf Loos und Ludwig von Ficker, die ihn samt ihren Partnerinnen umsorgen, erhellen Trakl nicht das Gemüt, das zudem durch Peter Altenberg verdüstert wird, der ebenfalls teilnimmt an diesem Betriebsausflug der österreichischen Intelligenz. Es ist Mitte August, und Georg Trakl läuft ziellos über den Lido von Venedig. Die Sonne scheint, das Wasser ist warm, und der Dichter ist der unglücklichste Mensch auf der ganzen Welt. Eine Aufnahme aus den Augusttagen des Jahres 1913 zeigt ihn beim unsicheren Tappen über den Sand, die Haare bürstig und brüchig, die Haut blass wie die eines Molches, der in einer Höhle tief unter der Erde lebt. Die linke Hand geformt zur Knospe, die Lippen gespitzt. Er kehrt dem Meer den Rücken, fühlt sich offenkundig jämmerlich in seinem Badekostüm, verloren, heimwehkrank und scheint Verse vor sich hin zu murmeln. Nachts im Hotel schreibt er sie dann auf: »Schwärzlicher Fliegenschwarm / Verdunkelt den steinernen Raum / Und es starrt von der Qual / Des goldenen Tags das Haupt / Des Heimatlosen.«

◈

Venedig, diese untergehende Stadt, übt im Sommer 1913 einen unwiderstehlichen Reiz aus auf die dem Morbiden besonders zugetane Wiener Intelligenz. So kommen neben Trakl, Peter Altenberg, Adolf Loos und dessen Frau und dem Ehepaar von Ficker am 23. August auch Arthur Schnitzler und seine Frau Olga in Venedig an. Sie sind aus Brioni angereist und logieren im Grand Hotel. Am Strand treffen sie den nächsten alten Bekannten: Hermann Bahr, den großen bärtigen Hünen, und seine Frau. Schon am nächsten Tag, nach einer Gondelfahrt mit Olga, verabredet sich Schnitzler mit seinem Verleger Samuel Fischer, mit dem er Fragen der nächsten Veröffentlichungen bespricht. Die Fischers feiern in Venedig mit ihren besten Freunden den 19. Geburtstag ihres Sohnes Gerhart. Richard Beer-Hofmann ist da, der Schauspieler Alexander Moissi, auch Hermann Bahr und Altenberg stoßen dazu. Von Trakl ist nicht die Rede. Leider sind alle angeschlagen, Gerhart, das Geburtstagskind, ist abgemagert und fiebrig, und auch Samuel Fischer hat eine Mittelohrentzündung. Man feiert trotzdem und stößt an auf das junge, aussichtsreiche Leben. Ende August dann reisen die Schnitzlers zurück, ganz behaglich und langsam, über St. Moritz und über Sils Maria, wo die beiden am 28. August Goethes Geburtstag im »Waldhaus« feiern und ein wenig auch ihren zehnten Hochzeitstag.

◈

Wir dürfen Kafka nicht vergessen und seine Braut! Wie hat wohl Felice Bauer reagiert auf den absonderlichsten Heiratsantrag aller Zeiten? Verstört. Aber selbst sie hatte, obwohl inzwischen hartgesotten, wohl nicht damit gerechnet, dass auch Kafka in der Lage war, seine als Heiratsantrag getarnte desaströse Selbstbezichtigung zu übertreffen. Doch dann schreibt Kafka seinen »Brief an den Vater«. Er ist nicht so berühmt geworden wie der, den er seinem eigenen Vater schrieb. Aber er hätte es verdient. Er ist unglaublich. Am 28. August also, Goethes Geburtstag, fragt Kafka Felices Vater, ob er ihm seine Tochter anvertrauen würde. Beziehungsweise: Er warnt ihn händeringend davor, ihm seine Tochter anzuvertrauen: »Ich bin schweigsam, ungesellig, verdrossen, eigennützig, hypochondrisch und tatsächlich kränklich. Ich lebe in meiner Familie, unter den besten, liebevollsten Menschen, fremder als ein Fremder. Mit meiner Mutter habe ich in den letzten Jahren durchschnittlich nicht zwanzig Worte täglich gesprochen, mit meinem Vater kaum jemals mehr als Grußworte gewechselt. Mit meinen verheirateten Schwestern und den Schwägern spreche ich gar nicht, ohne etwa mit ihnen böse zu sein. Für die Familie fehlt mir jeder mitlebende Sinn. Neben einem solchen Menschen soll Ihre Tochter leben können, deren Natur, als die eines gesunden Mädchens, sie zu einem wirklichen Eheglück vorherbestimmt hat? Sie soll es ertragen, ein klösterliches Leben neben einem Mann zu führen, der sie zwar lieb hat, wie er niemals einen andern lieb haben kann, der aber kraft seiner unabänderlichen Bestimmung die meiste Zeit in seinem Zimmer steckt oder gar allein herumwandert?«

◈

Die Ehe als Schicksalsschlag. Passend zum Thema meldet die »Gartenlaube« in ihrer Nr. 21: »In manchen Gegenden unsres Vaterlandes herrscht noch ein schöner, sonst vielfach schon vergessener Brauch. Dort wird der Braut, wenn sie die Schwelle des elterlichen Hauses zum letztenmal als Mädchen überschreitet, um zur Trauung zu gehen, von der Mutter ein Taschentuch aus neuer Leinwand übergeben. Dieses Tuch hält die Braut während der feierlichen Handlung in der Hand, um sich die bräutlichen Tränen damit zu trocknen. Am Hochzeitsabend wird das Tüchlein dann von der jungen Frau im Leinenschrank verwahrt, und dort ruht es – ungebraucht und ungewaschen – bis es einst das im Tod erstarrte Antlitz seiner Besitzerin deckt und ihr ins Grab folgt. Dieses Tüchlein heißt das Tränentüchlein.«

So die Sätze aus der »Gartenlaube«. Sie lesen sich wie eine Kurzgeschichte von Franz Kafka.

◈

Marcel Duchamp fährt mit seiner 18-jährigen Schwester Yvonne nach England, in Herne Bay an der Nordküste von Kent lernt sie Englisch in einer Sprachschule. Duchamp macht nur Urlaub und schreibt: »Herrliches Wetter. So viel Tennis wie möglich. Ein paar Franzosen, so dass ich gar kein Englisch zu lernen brauche.« Auf Kunst hat er immer noch keine Lust.

◈

Max Liebermann ist wie jedes Jahr auch diesmal Anfang August an die holländische Nordseeküste gereist, diesmal ist er im mondänen Strandhotel Huis ter Duin in Noordwijk abgestiegen. Aber er weiß nicht, warum er sich ausruhen soll. Er hat nur Lust zum Malen. In den Dünen des Seebades zeichnet er wieder die Jäger, die Reiter im Wasser, die Damen beim Tennisspiel. Der Himmel ist immer grau auf diesen Bildern vom Sommer 1913, doch Liebermann stört das am wenigsten, es ist ein schöner Kontrast zum Weiß der Kleider und zum sandigen Beige. Am 18. August schreibt er an seinen Freund und Förderer Alfred Lichtwark in Hamburg: »Ich bin seit einer Woche wieder hier, wo ich jeden Menschen, jedes Haus, fast jeden Baum kenne, ja beinahe Alles gemalt habe. Es ist wie eine Badekur an den inneren Menschen, wo ich hier einige

Wochen einsam lebe.« Tag für Tag nimmt er seine Farben und seine Staffelei und zieht hinaus, heute will er gemeinsam mit Paul Cassirer, seinem Freund, Händler und damaligen Vorsitzenden der Berliner Secession, einen Tabakmagnaten in seinem Sommerhaus in Noordwijk besuchen. Beziehungsweise: dessen Hundezwinger. Ein angestellter Jäger öffnet die Hütte, worauf acht ziemlich kleine, zottelige Spaniels zum Vorschein kommen, welche grau oder weiß sind und wild durcheinander kläffen, bis ihre Hängeohren aufgeregt hin und her wackeln. Liebermann lernt vom Besitzer, dass man mit Spaniels hervorragend Kaninchen jagen kann. Sie ziehen gemeinsam los in die Dünen. Liebermann nimmt seine Staffelei mit, um den Jäger mit seinen Hunden im Gefolge zu malen, da kracht schon der erste Schuss durch die Luft. Das erschreckt Liebermann jedes Mal und es ärgert ihn, dass seine Modelle so viel Lärm machen müssen. Er will jetzt ganz rasch die Hunde malen, deren Silhouetten sich auf dem Dünenkamm vor der untergehenden rosigen Sonne abzeichnen. Dann skizziert Liebermann, wie der Jäger das Gewehr über die Schulter legt und die Hunde zusammengekoppelt werden, doch da versinkt schon die Sonne im Meer und Liebermann muss mitten im Zeichnen abbrechen. Er verabredet sich für den nächsten Morgen – und der Jäger verspricht, dann nicht zu schießen, sondern nur Modell zu stehen. So entsteht »Jäger mit Hunden in den Dünen«.

◈

Am 28. August nimmt Kaiser Franz Joseph an der letzten Treibjagd der Hochleiten-Jagd auf dem Steinkogl bei Bad Ischl teil und schießt einen Bock.

◈

Hugo von Hofmannsthal flippt aus in einem Brief an Leopold von Andrian vom 24. August 1913: »Dieses Jahr hat mich Österreich sehen gelehrt, wie 30 vorhergehende Jahre es mich nicht sehen gelehrt hatten. Ich habe das Vertrauen vor dem obersten Stand, dem hohen Adel, den ich hatte, das Zutrauen, er habe, gerade in Österreich, etwas zu geben und zu bedeuten, völlig verloren. Wien ist einer Pöbelherrschaft ausgeliefert, der schlimmsten die es gibt, der des boshaften, stupiden, niederträchtigen Kleinbürgertums.«

◈

Ein neuer Mann betritt die Bühne des Jahres 1913: Heinrich Kühn. Ein Dresdner Bildungsbürger, geboren im Haus »Zu den neun Musen«. Dank Zuwendungen des Vaters lebt er als Privatier in Innsbruck und gibt sich völlig dem Fotografieren hin. Kühn ist ein bedächtiger Exzentriker, der Tiroler Tracht trägt oder englische Anzüge, darüber, wenn er fotografiert, einen weitschweifigen, zerknitterten Mantel – den sieht man auch auf seinem Exlibris, wo man nicht erkennen kann, wer mehr Falten hat, der Übermantel oder die Faltkamera. Ihn umwehte ein Hauch des Altmodischen und des Naiven. Und doch gelingen gerade ihm Fotografien von größter Modernität. Voller Frische, Unschuld, Anmut, Kraft schauen uns seine Bilder aus dem Jahre 1913 an. Da ist zum einen die Komposition mit den extremen Untersichten. Und da ist zum anderen die Technik, denn er perfektionierte in gemeinsamen Experimenten mit dem großen amerikanischen Fotografen Alfred Stieglitz die Autochromie, wodurch er schon in diesen Jahren immer wieder exzellente Farbfotografien von den Almen und Matten Tirols machen konnte. Nach dem Tod seiner Frau, die seiner seltsamen Leidenschaft mit großer Skepsis begegnete, hatte er immer nur dieselben fünf Modelle: Seine vier Kinder und deren Kindermädchen, Mary Warner, die auch zu seiner Partnerin wurde. Die Villa in Innsbruck wurde zum »Haus der fünf Musen«.

Im Jahre 1913 ging der Familie langsam das Geld aus, die Apanagen aus Dresden waren aufgebraucht, der Schwager hatte das Familienvermögen verspielt, und Heinrich Kühn suchte händeringend nach einem Broterwerb. Er versucht in Innsbruck einen staatlichen Lehrstuhl für künstlerische Fotografie einzurichten – es sieht sehr gut dafür aus. Doch im August erfährt Kühn nach zweijährigen Verhandlungen, das zuständige Ministerium habe kein Geld mehr, verweigere die Unterschrift, alles Geld werde für Militärausgaben gebraucht, der Balkankrieg, Sie wissen schon.

Doch Kühn lässt sich davon nicht entmutigen, fotografiert immer wieder seine heimische Schauspielgruppe – also die Kinder Walter, Edeltrude, Hans und Lotte. Und Mary. Auf dem Titelbild des Buches, das Sie, lieber Leser, gerade in Händen halten, sehen wir Mary und seine älteste Tochter über einen Bergrücken huschen, oben drücken die schweren Wolken des August. Weiß ist die eine Möglichkeit als Kleidung, blau, rot und grün die andere – der Vater kauft den Kindern extra »Fotokleidung«, die an die reinen Farbtöne der drei Schichten der Autochromplatte angepasst sind.

Es gibt den stets melancholisch wirkenden Walter, die Nickelbrille des Frühreifen auf der Nase, der früh zu malen begann, dann Edeltrude, introvertiert, die aussieht, als leide sie sehr an der Welt im Allgemeinen und ihrem Vornamen im Besonderen, schließlich Lotte, die Lebendigste, Strahlendste, und dann Hans, den jüngsten, geduldigen Bub. Heinrich Kühn ist ein liebevoller Vater, aber ein radikaler Künstler. Wenn am Ende ein Kind zu viel auf dem Bild ist, wenn eines den Bildaufbau stört, dann retuschiert er es rigoros weg, auch wenn er Stunden gebraucht hat, um alle Kinder in Position zu bringen. Was Kühn in seinen Bildern zeigen will, ist nichts weniger als das Paradies. Spielende Kinder, ruhende Kinder, Frauen in wallenden Kleidern, die unschuldige Natur. »Der Sündenfall«, so schreibt er in einem Brief, »hat zweierlei Gestalt: Die Sozialdemokratie. Und den Kubismus.«

◈

Kaiser Franz Joseph ernennt den Thronfolger, Erzherzog Franz Ferdinand, zum »Generalinspektor der gesamten bewaffneten Macht« und erweitert damit dessen Befugnisse. Den vom Chef des Generalstabs, Franz Graf Conrad von Hötzendorf, seinem größten Feind, geforderten Präventivkrieg gegen Serbien und Montenegro lehnt der Thronfolger ab.

◈

In Den Haag wird im August der Friedenspalast eingeweiht, gebaut mit Spenden aus aller Welt, davon etwa 1,25 Millionen Dollar des amerikanischen Multimillionärs Andrew Carnegie. Man beginnt mit den Vorbereitungen für eine neue Haager Friedenskonferenz, die 1915 alle offenen Fragen zwischen den Völkern klären soll.

◈

Ernst Ludwig Kirchner bricht nach dem Zusammenbruch der »Brücke« aus Berlin auf, um auf die Ostseeinsel Fehmarn zu reisen. So sehr will er die Stadt, ihren Lärm, ihre Motive hinter sich lassen, dass er bis zum letzten südöstlichsten Zipfel der Insel weiterreist, dem einsamen Haus des Leuchtturmwärters Lüthmann – und dort nach ganz oben ins »Giebelzimmer«, wo er auch im vorigen Jahr schon war. Der Leuchtturm, der einsame Strand, die acht Kinder des Leuchtturmwärters, das werden seine Motive für den Sommer. Man sieht das schlechte Wetter auf den Bildern, immer wieder ziehen dunkle Wolken auf am Horizont. Unten am Strand hängen die Bäume ins Wasser, dass man fast an die Südsee denkt, und oben blüht der Goldregenbaum, den Kirchner tagelang malte, in seiner gelbschreienden Pracht. Kirchner war diesmal nicht nur mit Erna gereist, die hier »Frau Kirchner« heißt, obwohl sie fast immer nackt umherläuft, sondern auch Otto Mueller und seine Frau Maschka kommen dazu, sie malen sich gegenseitig beim Baden, sie genießen die Freiheit, den langsam beginnenden Ruhm. Die Kinder der Lüthmanns und der Leuchtturmwärter selbst nehmen die Kirchners in ihren Familienkreis auf, voll Wärme und Zutraulichkeit. Vielleicht sind die Sommerwochen auf Fehmarn die glücklichsten Tage, die Kirchner je erlebt. »Oh, Staberhuk, wie bist du herrlich, ein Glück im Winkel friedlich schön!«, so schreit er dem Wind entgegen, immer wieder und wieder. Auch Kirchners Stil erhebt sich zu neuen Höhen, nicht mehr breit hingelagert sind die Frauen, sondern himmelwärtsstrebend, der Strich ist nervöser, schlanke, überlängte Figuren, Erna und Maschka nackt am Strand dominieren seine Zeichnungen und Gemälde, er sei so abhängig von der Körperform, klagt er im Scherz, völlig abhängig davon. Wenn er einmal mit einem Bild unzufrieden ist, dann wirft er es wütend ins Meer – aber nur, um ihm dann nachzutauchen, es aus den Fluten zu holen und wieder auf die Staffelei zu stellen und es neu zu malen, besser. Immer wieder werden die wunderbarsten Bohlen an den Strand gespült, denn ein Jahr zuvor, zeitgleich mit der »Titanic«, war auch vor Fehmarn ein Schiff gekentert. Der Schoner »Marie«. Sein Holz ist Teil der Kunstgeschichte geworden, denn Kirchner schwamm immer wieder bis zu der Sandbank, wo das Wrack lag, um sich besonders schöne Holzstücke zu holen, die sich zum Schnitzen eigneten.

Am 12. August schreibt er an seinen Hamburger Sammler und Förderer Gustav Schiefler: »Der Kopf, den ich Ihnen sandte, ist Holzschnitzerei (Eiche), ich habe hier einige Figuren dieser Art gemacht.« Und in einem Brief an seinen Schüler Hans Gewecke schreibt er dann im September: »Leider müssen wir bald zurück. Sie glauben nicht, wie schwer es uns fällt. Ich weiß nicht, ob das Meer im Sommer oder im Herbst am schönsten ist. Ich male so viel wie möglich, um wenigstens etwas von den tausend Dingen, die ich malen möchte, mitzuschleppen. Dazu wird das Eichenholz von dem gestrandeten Schiff immer verlockender für Plastiken. Ich muss ein paar Stück unbehauen mitnehmen, denn die Zeit drängt, und die Tage werden immer kürzer.« Sosehr dieses Wrack Kirchner faszinierte, sosehr er es ausschlachtete für seine Arbeit – es taucht in keiner einzigen seiner Zeichnungen, Grafiken oder Gemälde aus Fehmarn auf, obwohl allein 1913 Hunderte Werke hier entstanden. Das an der Ostsee gestrandete Schiff – er hatte das klassische Motiv der Romantik leibhaftig vor Augen, die ultimative Caspar-David-Friedrich-Situation. Doch Ernst Ludwig Kirchner verweigert dem Wrack geradezu patzig die Aufnahme in sein Œuvre. Es gibt kaum ein eindeutigeres Zeichen dafür, dass 1913 die deutsche Romantik endgültig vorbei ist.

◈

Die Mona Lisa ist noch immer spurlos verschwunden. Im Louvre hat man einen Corot an den verwaisten Nagel gehängt.

◈

Felice Bauer fährt, schockiert von den Briefen Kafkas, im August nach Sylt. Es gehen unzählige Briefe zwischen ihr und Prag hin und her, ob Kafka nun kommt oder nicht, ob ihm das

Reizklima nun guttut oder nicht. Am Ende kommt er natürlich nicht. Ach, es wären so schöne Tagebuchnotizen geworden, Kafka in Kampen. Doch es sollte nicht sein.

SEPTEMBER

Ein Tod in Venedig erschüttert Berlin. Virginia Woolf und Carl Schmitt wollen sich umbringen. Am 9. September stehen die Sterne schlecht. Duell in München: Freud und C.G. Jung kreuzen die Klingen. Rilke muss zum Zahnarzt, um sich Amalgamfüllungen machen zu lassen, Karl Kraus verliebt sich Hals über Kopf in Sidonie. Kafka reist nach Venedig, stirbt nicht, sondern verliebt sich in Riva. Der »Erste Deutsche Herbstsalon« beginnt, und Rudolf Steiner legt den Grundstein in Dornach. Louis Armstrong hat seinen ersten öffentlichen Auftritt. Charlie Chaplin unterschreibt seinen ersten Filmvertrag. Der Rest ist Schweigen.

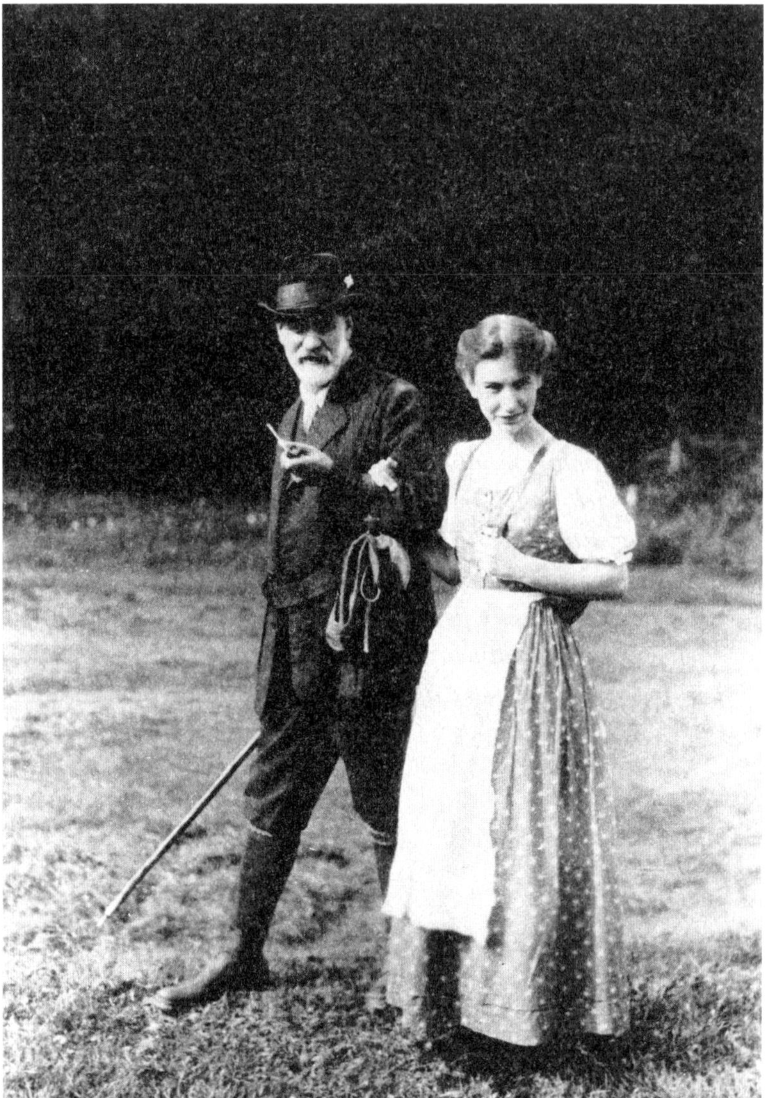

Gerhart, der Sohn des Verlegers Samuel Fischer, dessen Geburtstag man gerade in Venedig gefeiert hatte und der da schon malade war und blass und fiebrig, stirbt am 9. September den »Tod in Venedig«, wie der große verlegerische Bucherfolg seines Vaters 1913 heißt. Er wird noch eilends mit einem Krankentransport nach Berlin gebracht, doch da erliegt er seinem Leiden, dem »italienischen Leiden« wie man sagen kann, weil die Leidensgeschichte so sehr der Gustav von Aschenbachs ähnelt, des Helden von Thomas Mann, der in Venedig von der Cholera hinweggerafft wird. Und es ist nur zu passend, dass Hugo von Hofmannsthal in Venedig vom Tod des Verlegersohnes erfährt und am 17. September von dort Samuel Fischer und seiner Frau kondoliert: »Dort, eben dort wo das Schwerste des Schmerzes sitzt, eben an der Spitze des Schmerzes, der trifft, dort scheint mir auch das Tröstende zu wohnen – nur dort und nicht seitwärts.«

Gerharts Tod ist ein Schock für den S. Fischer Verlag und das gesamte kulturelle Berlin – Gerhart war eine heißgeliebte, zarte Person, nach langem Ringen mit seinen Eltern nun als Musikstudent auf gutem eigenen Weg. Es gibt eine große Beerdigung auf dem jüdischen Friedhof in Weißensee, die Sonne will nicht passen zu der bestürzten Trauer auf den Gesichtern. Samuel Fischer, taub vor Schmerz, verliert im Schock sein Gehör auf einem Ohr. Gerhart Hauptmann, der Inspirator des Vornamens, gerade 51 Jahre alt und auf dem Gipfel seines Ruhmes, eilte herbei zur Beerdigung, um dann in seinem Tagebuch lakonisch zu vermerken: »Um 3 Uhr Begräbnis Gerhart Fischer. Um 5 Uhr Große Costümprobe zu Wilhelm Tell: das ist Berlin, d(as) ist d(as) Leben.«

◈

Rainer Maria Rilke muss sich wegen starker Zahnschmerzen im Berliner Hospiz des Westens in der Marburger Straße 4 behandeln lassen. Von dort schreibt er an Eva Cassirer, seine Vertraute und Mäzenin seiner Frau Clara, dass er gerade Thomas Manns »Tod in Venedig« gelesen habe: »Über vieles im ersten Theil war ich sehr überrascht und fand es wunderbar ausgebildet; der zweite Theil aber war diesem Eindruck eher entgegen, so dass ich schließlich mit dem Ganzen, das sich mir irgendwo aufhob innerlich, nichts anzufangen wusste.« Dann muss Rilke wieder zur Zahnbehandlung. Er wird betreut von Dr. Charles Bödecker, einem deutsch-amerikanischen Experten für Metalleinlagen, der mit Amalgamfüllungen Rilkes großflächige Zahnschäden zu beheben versucht.

◈

Die Galerie Hermes aus München schickt Lovis Corinth in sein Domizil in Klein Niendorf in Mecklenburg ein Gemälde nach. Er hatte es im Juli in Tirol gemalt, als es seinem Sohn wieder besserging und er gebadet wurde. »Nacktes Kind im Waschzuber« heißt es – und Corinth hatte es auf der Rückreise dann gleich in München bei dem Kunsthändler Oscar Hermes am Promenadenplatz gelassen. Doch dem gefiel die Nase des Kindermädchens nicht. Er schickte das Bild deshalb am 2. September zur kosmetischen Operation an die Ostsee. Corinth schaut das Bild an, schaut die Nase an, bittet das Kindermädchen herein, schaut ihre Nase an – und ändert die Nase auf dem Bild. Dann wird es zurückgeschickt nach München. Das sind die Vorteile eines Galeristen von zeitgenössischer Kunst. Reklamationen können direkt bearbeitet werden.

◈

Im September erscheint im königlichen Realgymnasium zu Augsburg die erste Ausgabe der Schülerzeitung »Die Ernte« in der Auflage von 40 hektographierten Exemplaren. Der Preis beträgt 15 Pfennig. Die meisten Beiträge stammten von einem Schüler der Klasse 6A namens Bertolt Brecht. Die anderen Beiträge stammen von Berthold Eugen. Eugen ist Brechts dritter Vorname nach Friedrich und Berthold und das Pseudonym von Bertolt Brecht. Unter diesem Namen schickt er auch Gedichte an die »Augsburger Neuesten Nachrichten«. Sie bleiben dort unter einem großen Stapel auf dem Tisch des Feuilletonredakteurs liegen. Brecht ist fünfzehn. Marie Rose Amann ist zwölf, leider haben sie sich noch nicht getroffen, er hält sie noch nicht in seinem Arm wie einen holden Traum, wie es später in der »Erinnerung an die Marie A.« heißen wird.

An jenem Tag im blauen Mond September 1913, da hält Brecht nur sie in seinem Arm wie einen holden Traum: die ersten Exemplare seiner neuen Schülerzeitung, die er ins Direktorenzimmer bringt.

◈

Wohl am 10. September heiratet der Tänzer und Choreograph Waslaw Nijinsky, der lange eine Beziehung mit Djagilew, dem Leiter der Ballets Russes, hatte und mit dem er gerade noch den Triumph mit Strawinskys »Le sacre du printemps« gefeiert hatte, auf einer Südamerika-Tournee aus heiterem Himmel die Tänzerin Romola de Pulszky. Djagilew erleidet einen Schock und entlässt beide mit sofortiger Wirkung.

◈

Im September 1913 werden Berthold Beitz, Robert Lembke und Hans Filbinger geboren.

◈

Marcel Duchamp, der immer noch keine Lust auf Kunst hat, schreibt auf einen Zettel seine Gedanken zu der Frage, was überhaupt noch möglich ist. Also:

»Möglich.
Die Figuration eines Möglichen.
(nicht als entgegengesetzt zu unmöglich.
noch als bezogen auf glaubwürdig
noch als untergeordnet von wahrscheinlich).
Das Mögliche ist nur
eine physische ›Ätze‹ [Genre Vitriol]
die jede Ästhetik oder Kallistik versengt«.

◈

Am 20. September vollzieht Rudolf Steiner die Grundsteinlegung des neuen Zentrums der Anthroposophie, des Goetheanums in Dornach bei Basel. Er schreibt einen Zettel, der bei der Grundsteinlegung versenkt wird: »Gelegt von J. B. V. (Johannes-Bau-Verein) für die anthroposophische Arbeit, am 20. Tage des September Monats 1880 n. d. M. v. G. (nach dem Mysterium von Golgatha) d. i. 1913 n. Ch. Geb.« Danach wird die Sternenkonstellation des Tages beschrieben: »Da Merkur als Abendstern in der Waage stand«. Merkur entspricht real dem Laut I und für das Sternzeichen Waage tritt das CH ein, so dass die Konstellation von Merkur in der Waage dem Wort ICH entspricht. Rudolf Steiner hat offensichtlich den Tag abgewartet, an dem diese kosmische Rune am Himmel stehen würde, wie es heißt. Außerdem hat er jenen Tag wohl ausgewählt, weil an ihm Merkur der Abendstern ist. Der Merkur bildet eine Konjunktion mit der Sonne mit einer Differenz von 03°26'45. (Es half alles nichts, zehn Jahre später brennt das Goetheanum ab.)

◈

Am 8. September wird der 39-jährige Karl Kraus, Herausgeber der »Fackel« und der scharfzüngigste Autor Wiens, im Café Imperial der 27-jährigen Sidonie Baronin Nádherný von Borutin vorgestellt, der Vertrauten Rilkes. Und über den sprechen sie auch sofort. Sie reden immer weiter, fasziniert voneinander. Sie taumeln in die Nacht, sie fahren im Fiaker durch die Praterallee, oben leuchten die Sterne, und Karl sagt zu ihr: »Könnte man sein, wo Ihre Augen hinschauen.« Dann werden sie an die Bar irgendeines Hotels getrieben, sie erzählt ihm vom Tod ihres Bruders, der nun ihren Eltern gefolgt ist, von ihrer Depression, der seelischen Wüste, in der sie lebt. Und Karl Kraus, von Sidonies Schönheit überwältigt, ihrer Trauer übermannt, ergreift ihre Hand. Er will sie aus dieser Wüste führen. »Er erkennt mein Wesen«, denkt sie nach ihren Gesprächen im nächtlichen Prater. Und sie lässt Kraus sogar Bobby streicheln, ihren Leonberger Hund, den sonst niemand berühren darf.

◈

Am Odd Fellows' Day hat Louis Armstrong, gerade 13 Jahre alt geworden, seinen ersten öffentlichen Auftritt als Jazzmusiker. Und zwar mit der Band der Besserungsanstalt, die sich auf der großen Trommel »Municipal Boys' Home, Colored Dept. Brass Band« nennt. Stolz steht Armstrong neben der Trommel auf dem Bandfoto aus diesem Jahr, neben ihm sein erster Lehrer Peter Davis, der ihm im Januar das Instrument in die Hand gedrückt hatte. Und Armstrong trägt eine alte Polizeiuniform. Es war Tradition in New Orleans, dass die Polizisten ihre ausrangierten Jacken und Hosen den armen Jugendlichen weitergaben, damit sie sie als Orchesterkleidung nutzen konnten. Musizierend zieht die Band durch die Stadt, mit Begeisterung spielt Armstrong seine Trompete, er folgt den Melodien, gibt den Ton an. Am Abend dann, als die Band glücklich und erschöpft in die Anstalt zurückkehrt und alle anderen ihre Instrumente schon wieder im Musikraum abgegeben haben, nimmt sich Louis Armstrong noch einmal die Trompete, fragend blickt er seinen Lehrer an. »Na gut«, brummt Peter Davis, »ausnahmsweise.« Es ist warm in seinem Mehrbettzimmer, die anderen sind noch draußen und rauchen in der heißen Sommernacht, träumen von der Sportlehrerin, von Ferne wehen aus der Stadt die Klänge der Feiern des Odd Fellows' Day herüber. Armstrong zieht die alte Polizistenuniform aus. Und während er allein auf seinem Bett sitzt und eine Fliege durch das Zimmer fliegt, versucht er ihren Flug mit seinen Tönen nachzuahmen, er folgt ihr nach, brummend, stoppend, brummend. Und als die Fliege den Weg aus dem Fenster hinausgefunden hat, da spielt er einfach weiter. Und hört nie wieder auf. Louis Armstrong wird zum größten Jazz-Trompeter der Geschichte.

◈

Ein besonderer Fall von familiärer Fürsorge: Am 4. September tötet Ernst August Wagner in Degerloch seine Frau und seine vier Kinder, weil er ihnen die Folgen seines geplanten Amoklaufs ersparen will. Dann fährt er mit dem Fahrrad nach Stuttgart. Dort steigt er in den Zug nach Mühlhausen, wo er, als die Nacht über die Stadt hereingebrochen ist, vier Häuser anzündet und wartet, bis die Menschen vor Rauch und Feuer nach draußen flüchten. Dann erschießt er die Flüchtenden mit seinem Gewehr, zwölf Menschen sterben, acht weitere werden schwer verletzt. Schließlich wird er von der Polizei überwältigt. Seine weiteren Pläne für die Nacht waren, seine Schwester und deren Familie umzubringen, dann nach Ludwigsburg zu fahren, um das Schloss niederzufackeln und selbst im brennenden Bett der Herzogin zu sterben.

◈

Am 9. September hält Albert Einstein in Frauenfeld einen Vortrag vor der »Schweizerischen Naturforschenden Gesellschaft« und erklärt seine neuen Ansätze zur Gravitations- und Relativitätstheorie.

◈

Am 9. September gegen 19 Uhr stürzt der erste deutsche Marinezeppelin L1 bei Helgoland ins Meer, nachdem er in eine Windhose geraten ist.

◈

Am 9. September, dem Tag, an dem Gerhart Fischer stirbt und die Sterne offenbar auf Katastrophe stehen, wird die 31-jährige Virginia Woolf von zwei Neurologen untersucht, weil sie über eine »Unfähigkeit zu fühlen« klagt. Seit August, als sie ihren ersten Roman, »The Voyage Out«, abgegeben hat, hat sie so rapide an Gewicht verloren und ist so magersüchtig geworden, dass sie kaum noch transportfähig ist und von zwei Schwestern dauerhaft betreut werden muss. Die Untersuchung bei den Neurologen ist so demütigend, ihr Gefühl der Sinnlosigkeit so groß, dass sie sich wenige Stunden nach der Untersuchung, die Schwestern sind gerade in einer Pause, mit einer Überdosis der Schlaftablette Vernol umzubringen versucht. Ihr Mann Leonard rettet sie in letzter Minute, sie wird in der Klinik reanimiert.

Zur Erholung schickt er sie dann nach Dalingridge Place, dem Landsitz ihres Stiefbruders George Duckworth. Was insofern absurd ist, als Virginia Woolfs Absturz offenbar auch auf den frühen, unbewältigten Missbrauch in Kindertagen durch ebenjenen Stiefbruder zurückzuführen ist. Aber ihr Mann Leonard scheint für diese Problematik blind zu sein, noch im September schreibt er über seinen Schwager, »als junger Mann soll er ein Adonis gewesen sein«. Virginia Woolf kann sich nicht anders wehren, als gesund zu werden. Sie isst wieder und kann deshalb Dalingridge Place im Herbst verlassen.

◈

Am 7. und 8. September findet in München, im Hotel Bayerischer Hof, der »4. Kongreß der Psychoanalytischen Vereinigung« statt. Es ist das Zusammentreffen, vor dem sich Freud und C. G. Jung fürchten, seit sie im Frühjahr miteinander gebrochen haben. Die Atmosphäre ist gespannt und drückend, jeder ist auf der Hut. Am ersten Tag sind 87 Teilnehmer dabei, am zweiten nur noch 52. Als C. G. Jung sich zur Wiederwahl als Präsident stellt, enthalten sich 22 Mitglieder der Stimme.

Freud hat sich überreden lassen, am 7. September einen kurzen Vortrag »Zum Problem der Neurosenwahl« zu halten. C. G. Jung spricht am nächsten Tag »Zur Frage der psychologischen Typen«. Die Atmosphäre, sagt Freud, ist »ermüdend und unerquicklich«, das Hauptereignis sind nicht die Vorträge, sondern ist die Sitzordnung. Der »Freud-Tisch« auf der einen Seite, der »Jung-Tisch« auf der anderen, dazwischen eisiges Schweigen. Freud, der Vater, und Jung, der Vatermörder, schauen sich kaum an – sie werden sich nach dem 8. September 1913 niemals wiedersehen. Freud ist heilfroh, als plötzlich Lou Andreas-Salomé im Sitzungssaal auftaucht und auch noch Rainer Maria Rilke mitbringt, den Dichter, den er nur aus seinen Versen kennt. Freud flüchtet sich in die Arme der beiden, um der Stimmung des Kongresses zu entfliehen, kaum ist der letzte Beitrag zu Ende, ziehen sie zu dritt weiter, andauernd sprechend, scherzend sogar, und gehen gemeinsam essen. Lou schwebt über den Dingen, Rilke ist jenseits von Gut und Böse. Freud, der Übervater, der große Ausgräber des Unbewussten und des Verdrängten, hängt Rilke an den Lippen. Als Freuds Tochter Anna davon hört, schreibt sie ihrem Vater einen euphorischen Brief: »Hast Du in München wirklich den Dichter Rilke kennengelernt? Wieso? Und wie ist er?«

Tja, wie ist er? Am nächsten Tag, nach diesen Gesprächen über das Unbewusste, die Rilke und Freud bei einem gemeinsamen Spaziergang vertieft hatten, geht also Rilke mit Lou, der Frau, die ihn in hohem Alter entjungferte und die nun wieder zu seinem Mutterersatz geworden ist, erst zu seiner Mutter Phia, die in München lebt, und dann weiter zu Clara und Ruth, seiner vergessenen Frau und seiner vergessenen Tochter, hilft ihnen ein wenig bei der Einrichtung ihrer neuen Wohnung in der Trogerstraße 50. Anschließend steigen Lou Andreas-Salomé und Rilke in den Zug, um ins Gebirge zu fahren, und sie analysiert seine Träume. Sie sprechen mit tiefem Ernst über die symbolischen Unterschiede zwischen einem Phallus und einem Obelisken.

◈

Hugo von Hofmannsthal liegt in seinem Hotelbett im Vier Jahreszeiten in München und träumt, sein Haus sei zu einem Gefängnis der Französischen Revolution geworden – »und ich bin mir bewusst, dass dies der letzte Tag meines Lebens ist: ich bin zum Tode verurteilt«. Rundherum Schreiber, die mit der Erledigung von Todesurteilen beschäftigt sind. Da erscheint seine Frau: »doch es ist ein Wesen, dessen Gesicht ich nie gesehen habe, doch im Traum mir so vertraut, wie nur die Frau, mit der man zehn Jahre gelebt hat. Blitzschnell sagen wir uns beide, dass wir uns jetzt nicht umarmen dürfen.« Seine Frau lässt ihn bei den Schreibern, die das Todesurteil vollstrecken. »Ich fühle, dass ich ihr nicht nachsehen kann, drehe mich gegen das Fenster, durch das die grelle Sonne hereinscheint.« Hofmannsthal wacht auf. Benommen zieht er sich an und versucht, sich durch einen Gang im Englischen Garten von dem Traum zu erholen. Doch die Bilder gehen ihm nicht aus dem Kopf, sein Körper fühlt sich noch immer an, als sei er zum Tode verurteilt. Es ist noch sehr früh, es sind kaum Spaziergänger im Park. Warm scheint die Herbstsonne über die Bäume. Er geht über die kleine Brücke des Eisbachs, da kommt ihm – das ist nun kein Traum mehr – ein Mann entgegen, der aussieht wie der große Traumdeuter Sigmund Freud. Und es ist Sigmund Freud. Der begrüßt den Wiener Bekannten herzlich, fragt nach dem Befinden und ob er denn gut geschlafen habe, er sehe etwas mitgenommen aus. »Alles bestens, verehrter Doktor«, sagt Hofmannsthal. Und als dann auch noch Rainer Maria Rilke um die Ecke kommt, der sich mit Freud hier zum Spazieren verabredet hat, ist Hofmannsthal endgültig, als träume er noch. Aber es ist, wie alles in diesem besonderen Jahr, wahr.

◈

In einem Artikel über Unterricht in Erster Hilfe schreibt die »Neue Freie Presse« aus Wien am 6. September 1913, als wäre es das Selbstverständlichste auf der Welt: »Wie von der Qualität des ersten Verbandes auf dem Schlachtfelde das Schicksal des Verwundeten abhängt, so ist die erste Hilfe bei den alltäglichen Unglücksfällen von größter Bedeutung für die Prognose.«

◈

Das Krankheitsbild der »Neurasthenie«, das Burn-out-Syndrom des Jahres 1913, wird aufgenommen in das elfbändige Werk »Spezielle Pathologie und Therapie innerer Krankheiten«. C. G. Jung soll über »Neurasthenie« schreiben, er lehnt aber ab, weil »ich zu wenig davon verstehe und auch gar nicht daran glaube«.

◈

Franz Kafka verlässt Anfang September Prag, um seine Verzweiflung und »Neurasthenie« heilen zu lassen. Sein Ziel ist das Hartungen'sche Sanatorium in Riva am Gardasee. Eigentlich hat er mit Felice gemeinsam fahren wollen, aber ihr Vater hat noch nicht geantwortet auf seinen Brautbrief, so bricht er nun auf, weil er erst einmal nach Wien muss, von Amts wegen, wo er vom 9. bis 13. September den »Zweiten Internationalen Kongress für Rettungswesen und Unfallverhütung« gemeinsam mit seinem Vorgesetzten besucht. Dann geht es weiter mit der Bahn nach Triest, jener Hafenstadt Österreich-Ungarns am Golf von Triest, die in jenen Jahren einen beispiellosen Aufschwung erlebt. Der Hafen sorgt für ein einzigartiges Vielvölkergemisch in den Straßen und in den Kaffeehäusern, und es ist die Stadt, wo James Joyce zurückgezogen als Englischlehrer lebt und Tag für Tag an seinen Vorstudien zum »Ulysses« sitzt. Am 14. September also sind Franz Kafka und James Joyce in Triest. Und auch Robert Musil war in diesen Septembertagen ganz in der Nähe, auf seiner Reise von Rom nach Wien. Wir dürfen uns vorstellen, wie sie alle am späten Nachmittag einen Kaffee trinken, bevor sie weiterziehen.

Kafka fährt mit dem Schiff weiter nach Venedig, dort, im Hotel Sandwirth, schreibt er, nach weit über zweihundert Briefen und Karten seit Jahresbeginn, seinen vorläufig letzten Brief an Felice Bauer. Er hat erkannt, dass er nicht große Kunst hervorbringen kann, wenn er sich auf die Liebe und das Leben einlässt. In seinem Tagebuch notiert er: »Der Coitus als Bestrafung des Glücks des Beisammenseins. Möglichst asketisch leben, asketischer als ein Junggeselle, das ist die einzige Möglichkeit für mich.« Und dann, ein paar Tage später: »Ich werde mich bis zur Besinnungslosigkeit von allen absperren. Mit allen mich verfeinden, mit niemandem reden.« Und so schreibt er am 16. September auf dem Hotelpapier mit Blick auf den Kanal, besinnungslos und »grenzenlos unglücklich«, an Felice: »Aber was soll ich tun, Felice? Wir müssen Abschied nehmen.«

Kafka fährt weiter, plötzlich frei von der Last, Ehemann sein zu müssen, und als er am 22. September in Riva ankommt, fühlt er sich leer, verstört und doch auch erleichtert. Die beiden Brüder Erhard und Christl von Hartungen, die gerade noch Freud in ihrer Filiale in den Bergen zu kurieren versuchten, nehmen nun den nächsten großen Patienten in ihre Obhut. Es gibt ein einführendes Therapiegespräch, die Ärzte empfehlen Diät, viel Luft und viel Rudern. Kafka wird in der ersten Woche, die Sonne scheint und das Wetter ist warm, in eine der »Lufthütten« am Strand verlegt, um ganz von Sauerstoff umgeben zu sein. Die Therapie scheint anzuschlagen, am 28. September macht er einen kleinen Ausflug nach Malcesine, von wo er seiner Schwester Ottla nach Prag eine launige Postkarte schreibt: »Heute war ich in Malcesine, wo Goethe das Abenteuer gehabt hat, das Du kennen würdest, wenn Du die Italienische Reise gelesen hättest, was Du bald tun sollst.«

Am selben Tag, es ist kühler geworden und oben auf den Gipfeln zeigt sich schon der erste Schnee, zieht Kafka von seiner Lufthütte in das Haupthaus des Sanatoriums. Bei Tisch, so berichtet er an seinen Freund Max Brod, »sitze ich zwischen einem alten General und einer kleinen, italienisch aussehenden Schweizerin«. Diese kleine Schweizerin holt Kafka ins Leben zurück. Sie denken sich Klopfspiele zwischen ihren Zimmern aus, spielen Fangen im Park. Gemeinsam rudern sie auf den See hinaus und lassen sich im Ruderboot treiben: »Die Süßigkeit der Trauer und der Liebe. Von ihr angelächelt werden im Boot. Das war das Allerschönste. Immer nur das Verlangen zu sterben und das Sich-noch-Halten, das allein ist Liebe.« Beiden ist klar, dass sie nur zehn Tage haben für ihre Liebe. Dann reisen sie zurück. Kafka nach Prag, die Schweizerin nach Genua, wo ihre Familie wohnt. Kafka hat das erste Mal nicht zu jeder Stunde des Tages an Felice gedacht. Er hat sich für zehn Tage in eine kindliche Verliebtheit gestürzt, die zu nichts führen muss.

◈

Kurt Tucholsky, heißsporniger, leicht pummeliger Promovend der Jurisprudenz an der Universität zu Jena und schon nach kurzer Zeit einer der scharfzüngigsten Kritiker der Berliner »Schaubühne«, träumt den Plan eines jeden heißspornigen, scharfzüngigen Journalisten. Er will eine eigene Zeitschrift gründen, die »Orion« heißen soll. Tucholsky will nach den Sternen greifen. Es soll ein »Jahrkreis in Briefen« werden. Also die Großen der Zeit in ihren authentischen Lebenszeugnissen vorstellen. Eine seltsame Idee, dreimal im Monat sollen die Abonnenten »das Faksimile des Briefes eines großen Europäers« erhalten. Daraus wird nichts. Bald wird Tucholsky den 94 Interessenten, die abonnieren wollten, mitteilen müssen: »Der Orion ist das, was er vorher war: ein Sternbild, fern und unerreichbar.« Rainer Maria Rilke und Hermann Hesse, diese großen Briefschreiber, haben früh zugesagt (Rilke schickt schon am 21. September ein Gedicht), auch Thomas Mann. Aber das reicht nicht. Aus der Gründungsphase gibt es jedoch ein außergewöhnliches, erreichbares Dokument: nämlich einen Brief Tucholskys, mit dem er am 26. September aus seinem Zimmer in der Nachodstraße 12 um prominente Mitarbeiter wirbt. Darin liefert er einen Querschnitt durch das Jahr 1913 und die Personen, die ihm aus deutscher Sicht als »Große Europäer« vorkommen, der in dieser Fülle und Prägnanz einzigartig ist. Aus der Literatur will er »Dehmel, Hofmannsthal, Brod, Blei, Morgenstern, Werfel, Rilke, Hauptmann, Wassermann, Th. Mann, Heinrich Mann, Hesse, Schnitzler, Altenberg, Robert Walser, Sternheim, Shaw, Wedekind, Kellermann, Friedell, Keyserling, Hamsun und (!) Kafka« um Beiträge bitten. Aber daneben auch »Mynona, Owlglaß, Holz, Schäfer, Willy Speyer, Wied, Hochdorf (Brüssel), Irene Forbes-Mosse« – Namen also, die 1913 gleichrangig neben den großen ersten standen und die doch heute niemand mehr kennt. Beeindruckend auch seine Liste der großen lebenden Philosophen, die Kurt Tucholsky um Mithilfe bitten will: »Mauthner, Chesterton, Rathenau, Simmel, Wundt, Mach, Buber, Flammarion, Bergson«. Aus der »Bildenden Kunst« schließlich: »Meier-Graefe, Lichtwark, Behrens«. Und bei den Illustrationen und Zeichnungen denkt Tucholsky unter anderem an: »Klimt, Barlach, Kollwitz«. Es wäre doch schön, wenn daraus etwas geworden wäre.

◈

Es gibt einen zweiten zeitgenössischen Querschnitt durch das Jahr 1913 – und zwar künstlerisch. Der »Erste Deutsche Herbstsalon« in Berlin, für den vor allem Franz Marc aus Sindelsdorf und sein Freund August Macke in Bonn seit dem Frühjahr die Fäden spannen, wird am 19. September in Herwarth Waldens legendärer »Sturm«-Galerie eröffnet. Er hat die eigentlich zum Abbruch freigegebene Villa in der Tiergartenstraße 34a im Jahr zuvor in ein spektakuläres Ausstellungshaus verwandelt.

Die Künstlerliste dieser Ausstellung zum »Herbstsalon«, dem Pariser »Salon d'Automne« nachempfunden, enthält alles, was 1913 Avantgarde war – mit Ausnahme der Berliner »Brücke«-Künstler, die nach dem schmerzvollen Zerbrechen der Künstlervereinigung im Mai noch in ihren Sommerfluchten an der Ostsee ihre Wunden lecken und denen nicht der Sinn steht nach der nächsten Gruppendynamik. »Wenn sie nicht mittun«, schreibt Marc an Macke nach Bonn, »wäre es nicht das tiefste Unglück, nur um Nolde und Heckel ist mir leid.« Von Kirchner kein Wort. Er ist den beiden gemütvollen »Blauen Reitern« zutiefst wesensfremd. 366 Bilder werden am Ende ausgestellt, die von 90 Künstlern aus zwölf Ländern stammen – nach der »Armory-Show« in New York die zweite Ausstellung des Jahres, die Maßstäbe setzt. Walden hatte für den »Herbstsalon« einen riesigen Saal von 1200 Quadratmetern in der Potsdamer Straße 75 angemietet. Bernhard Koehler, der große Mäzen, gibt 4000 Mark für die Organisation, am Ende muss er noch einmal nachschießen für die Transportkosten. Aber der »Erste Deutsche Herbstsalon« ist eine Sensation. Zur Eröffnung kommen Robert und Sonia Delaunay aus Paris und auch Marc Chagall, der »Blaue Reiter« ist fast vollständig vertreten und selbst die italienischen Futuristen reisen extra in die »Sturm«-Galerie. Alle wissen, dass sie einem historischen Ereignis beiwohnen. Engländer, Franzosen, Deutsche, Russen, Österreicher, Ungarn, Italiener, Tschechen – alle vereint in dem Wunsch nach einer neuen Kunst. Es ist eine ästhetische Allianz über Grenzen hinweg, eine Demonstration der Zusammengehörigkeit der Avantgarde jenseits aller außenpolitischen Scharmützel.

Es sind Werke von Archipenko, Delaunay, Léger, Severini, Carra, Boccioni, Jawlensky, Marc, Macke, Münter, Klee, Chagall, Kandinsky und Picabia zu sehen, daneben, erstmals im Kreis der Avantgarde, Bilder der jungen Maler Lyonel Feininger und Max Ernst. Franz Marc zeigt seine drei Jahrhundertbilder aus dem Jahre 1913, bei denen die Farbe noch immer nicht ganz trocken ist: den »Turm der blauen Pferde«, dann »Wölfe (Balkankrieg)« und schließlich jenes Bild der ineinander verkanteten Kreaturen, für das er keinen Titel fand, bis schließlich Paul Klee ihm den Titel »Tierschicksale« gab. Parallel gibt es ein Vortragsprogramm, zu dem mit Guillaume Apollinaire, dem Namensgeber des Kubismus aus Paris und Tommaso Marinetti, dem Wortführer der italienischen Futuristen, die zwei schillerndsten Kunsttheoretiker überhaupt in die »Sturm«-Galerie kommen.

Die Reaktion der Öffentlichkeit ist empört bis wütend. Die Zeitungen drucken wüste Beschimpfungen, die August Macke nach den unendlichen Mühen der Organisation schwer kränken. Er wütet über die »Schweinehunde« und die »Sauzeitungsbengel«, die nicht verstehen, was da gerade in Berlin zu sehen ist. Die »Frankfurter Zeitung« etwa schreibt: »Es wird die Vorstellung erweckt, als ob es in dieser Ausstellung irgendetwas zu sehen gäbe in den Entwicklungsfortschritten. Nie war eine Prätention anmaßender, nie weniger begründet.« Und die

»Hamburger Nachrichten« bilanzieren: »Es ist in der Tat grober Unfug, diese Unsumme von Lächerlichkeiten, von blöden Schmierereien. Man glaubt aus der Gemäldegalerie eines Irrenhauses zu kommen.« Dagegen Franz Marc in seinem Brief an Kandinsky: »Meine leitende Idee beim Hängen war: die ungeheure geistige Vertiefung und künstlerische Regsamkeit zu zeigen. Ein Mensch wird nur klopfenden Herzens und voll guter Überraschungen gehen. Für mich persönlich ist das Fazit auch überraschend: ein bedeutendes Überwiegen (auch an Qualität) der abstrakten Formen.« Dann verlegen Marc, Macke und Herwarth Walden ein Flugblatt, das sie am Kurfürstendamm und im Zoo verteilen. Darin die schönen Worte: »Kunstausstellungen müssen gegen den Willen der Kunstkritiker besucht werden!« Aber es hilft nichts. Kaum jemand kommt. Die Ausstellung endet als finanzielles Desaster, Mäzen Koehler musste statt 4000 am Ende fast 20000 Mark zuschießen, um die Kosten für Miete und Transport zu decken.

◈

Wie Rilke und Freud ist auch Arthur Schnitzler an diesen ersten Septembertagen in München, er ist im Hotel Continental abgestiegen und wohnt den Proben zur Aufführung seines Stückes »Liebelei« bei. Wie es der schöne Zufall will, spielt seine ehemalige Geliebte Marie, genannt Mizi, eine weibliche Hauptrolle. Diese Marie Glümer, im Tagebuch »Mz«, ist eine ehemalige Patientin und eines jener »süßen Mäderln« aus Wien, die Schnitzler zeitlebens liebte, die ihr schlechtes Gewissen gut im Griff hatten, mit denen man mal zu Abend essen, mal einen Ausflug machen musste, mehr auch nicht, und die sich gut ins bürgerliche Leben ihrer Liebhaber einpassen ließen. Nun aber in München, wo er mit Olga, seiner Frau, ist, wird die Sache etwas unübersichtlich.

Am 9. September dann wird er eingeladen in die Leopoldstraße zu einem, der die Frauen so sehr liebt wie er: »Liesl geleitet uns zu Heinrich Mann, der mit seiner Geliebten, einer Prager Jüdin, hier wohnt. Er stellt sie als seine Frau vor und besteht sehr darauf, dass sie so angesprochen und behandelt wird. Herzog und Frl. Morena sind auch da. Caffee auf der Terrasse. Leidliches Gespräch. Ich kann Frau Mann nicht so schlimm finden als sie von den andern dargestellt wurde. – Alle zusammen an den See.« Seine Stimmung? »Stimmungslos«.

◈

In Düsseldorf wartet der Jurist Carl Schmitt täglich auf seine Entdeckung. Abends geht er mit seiner Geliebten Cari ins Bett und ist, wie er seinem Tagebuch anvertraut, »herrlich unartig«; »nachts nettes Fingern«.

So geht es Tag für Tag, im Gericht ist nichts zu tun, und die Verleger lehnen sein Buch »Der Wert des Staates« ab, das Schmitts großes anti-individualistisches Programm enthält. Doch dann am 20. September ist es so weit, der Verleger Mohr will Schmitts Buch drucken, und der Autor wächst um einen Meter: »Herrliches Herbstwetter. Ich fühle mich wieder als ein mit heimlicher Überlegenheit unerkannt durch die Straßen schlendernder großer Mann.«

Das hält leider nicht lange. Am 30. September notiert er nach einem Konzertbesuch: »Die Musik wühlte alle meine Komplexe auf. Ich wollte mich umbringen. Was hat es für einen Zweck? Es geht niemand was an, ich gehe niemand was an, mich geht niemand was an. Wäre nur mein Buch erst da.« Dann, so die wunderbar naive Hoffnung, wird alles gut. Doch dieses Gesetz kann auch der Jurist Dr. Carl Schmitt nicht begründen.

◈

Am 25. September 1913 unterschreibt Charlie Chaplin seinen ersten Filmvertrag mit den Keystone Studios. Er erhält 150 Dollar pro Woche während der Dreharbeiten für seinen Debütfilm »Ein Mann schlägt sich durch«.

◈

Walther Rathenau veröffentlicht sein Buch »Zur Mechanik des Geistes«, in dem er – Aufsichtsratsvorsitzender der AEG und eine der zentralen Figuren der deutschen Wirtschaft überhaupt – eindringlich vor den Gefahren der Technik und Mechanisierung für die Reinheit und das »Reich der Seele« warnt. Er widmet das Buch »dem jungen Geschlecht«.

OKTOBER

Das ist der Monat, in dem Thomas Mann seine Vergangenheit einholt. In Hellerau bei Dresden trifft sich die Avantgarde beim Mysterienspiel. Die deutsche Jugend wandert auf den Meißner, der sich seitdem »Hoher Meißner« nennt. Emil Nolde verlässt Berlin, um mit einer Expedition in die Südsee zu reisen. August Macke findet das Paradies in der Schweiz, am sonnigen Thunersee. Große Frage: Darf man sich von Franz Werfels Gesicht abgestoßen fühlen? Und: Wie viel Avantgarde verträgt Berlin? Ludwig Meidner malt aus heiterem Himmel ein Schlachtfeld und nennt es »Apokalyptische Landschaft«. Kaiser Wilhelm II. weiht das Völkerschlachtdenkmal ein. Freud nimmt seinen Hut – und wirft damit nach Pilzen.

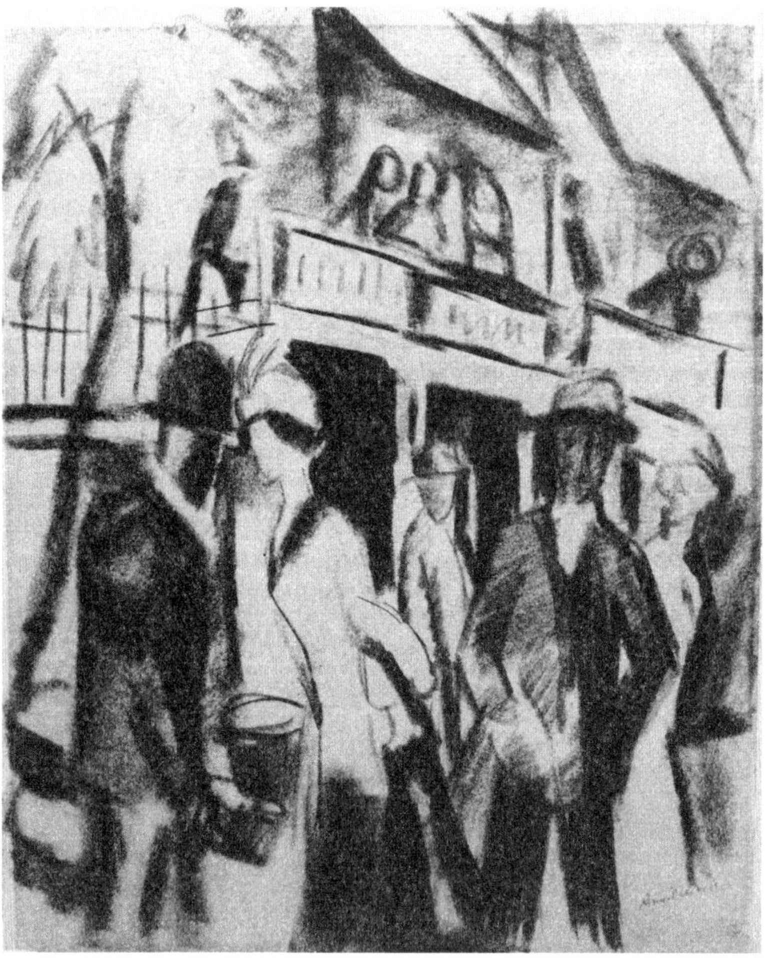

Auf dem 753 Meter hohen »Meißner« im Kaufunger Wald in Nordhessen findet am 11. und 12. Oktober das legendäre Treffen lebensreformerischer und jugendbewegter Gruppen statt. Seit dem Treffen nennt sich der Berg »Hoher Meißner«. Das deutsche Woodstock der letzten Generation, die im 19. Jahrhundert geboren wurde, ist ein Versuch, die Wandervogel-Bewegung und die freideutschen Jugendbünde unter freiem Himmel zusammenzuführen. Es ist ein Protest gegen die pompöse Deutschtümelei bei der parallelen Feier für das Leipziger Völkerschlachtdenkmal. Es kommt zu einem riesigen Zeltlager auf der Hausener Hute mit zweitausend Teilnehmern. Man wandert durch die Wälder, singt, debattiert und hört verschiedenen Rednern zu. Ludwig Klages etwa, der zu den Jugendlichen spricht und ihnen erklärt, dass die Moderne die größte Gefahr sei. Da sie Deutschlands Wälder bedrohe und damit die Essenz des deutschen Lebensprinzips. Klages warnt vor der Technik, die die Natur zerstöre, und plädiert für eine Rückkehr zum natürlichen Leben. »Mensch und Erde« heißt seine flammende Rede, die vor dem Fortschritt warnte und vor der Umweltzerstörung. Der Lebensreformer Fidus mit seinen erdverbundenen, himmelsstürmenden Aquarellen schafft mit seinem pathetischen Werk »Hohe Wacht« in der »Festschrift« das Logo des Treffens auf dem »Hohen Meißner«: Junge, nackte Männer, mit dem Schwert gegürtet, blicken stolz empor. Vor diesen Männern findet auch der erste öffentliche Auftritt des jungen Studenten Walter Benjamin statt, der gerade von der Universität Freiburg an die in Berlin gewechselt ist und mit seinen Freunden auf den Berg gestiegen kommt. Er erklärt als einer der Redner auf dem Treffen, dass erst wenn Antisemitismus und Chauvinismus keine Rolle mehr spielten, von einer wirklich freideutschen Jugend gesprochen werden könne. Und der Reformpädagoge Gustav Wyneken, Mitbegründer der Freien Schule Wickersdorf und Lehrer Walter Benjamins, appelliert an die etwa dreitausend Jugendlichen: »Soll es dahin kommen, dass man euch nur gewisse Worte zurufen braucht: Deutschland, national, um euren Beifall und Heilruf zu vernehmen? Soll von euch jeder zudringliche Schwätzer den Zoll der Begeisterung eintreiben können, weil er sich die richtige Phrasenuniform angezogen hat? Weil ich die leuchtenden Täler unseres Vaterlandes sehe, so kann ich nicht anders als wünschen: Möge nie der Tag erscheinen, wo des Krieges Horden sie durchtoben. Und möge auch nie der Tag erscheinen, wo wir gezwungen sind, den Krieg in die Täler eines fremden Volkes zu tragen.« Die Abschlusserklärung, die »Meißnerformel«, auf die sich alle Teilnehmer einschworen, ist schon weit weniger pathetisch. Darin heißt es, dass die »Freideutsche Jugend mit innerer Wahrhaftigkeit ihr Leben gestaltet«. Man beschließt, dass alle »Veranstaltungen der Freideutschen Jugend alkohol- und nikotinfrei« sind. Es ist kein Wunder, dass daraus keine Revolution wird. Alkohol- und nikotinfrei! Ähnlich hatte es Herbert Eulenberg in seinem gereimten Geleitwort formuliert: »Ich grüße die Jugend, die nicht mehr säuft / die Deutschland durchdenkt und Deutschland durchläuft.« Als alle von dem Berg wieder in die Täler des Vaterlandes zurückgekehrt sind, setzt schnell Ernüchterung ein. So auch bei Walter Benjamin, der unter dem Pseudonym »Ardor« in Franz Pfemferts Berliner Zeitschrift »Die Aktion« folgendes Fazit zieht: »Wanderungen, Festgewänder, Volkstänze sind nichts Letztes und – im Jahre 1913 – noch nichts

Geistiges. Diese Jugend hat den Feind, den geborenen, den sie hassen muss, noch nicht gefunden.« Benjamin vermisst den Aufstand gegen die Väter der Gründerzeitgeneration. Er vermisst den Vatermord. Er schreibt diese schönen Zeilen übrigens, die Benjamin-Jünger mögen verzeihen, aus dem Haus seiner Eltern in der Delbrückstraße 23 in Berlin, in die der Student nach seinem Semester in Freiburg wieder eingezogen ist.

◈

Aber dafür, dass Benjamin aus Freiburg wieder nach Berlin zurückgekehrt ist: vollstes Verständnis. Oder, wie es Else Lasker-Schüler 1913 sagte: »Darum kehrt der Künstler doch immer wieder zurück nach Berlin, hier ist die Uhr der Kunst, die nicht nach noch vor geht.«

◈

Nach den nassen Tagen sorgt der Sonnenschein jetzt dafür, dass überall die Pilze aus dem Boden sprießen. Sigmund Freud, sichtlich erleichtert, dass er das Treffen der Psychoanalytiker mit Würde und Anstand (und mit einer schönen Abstimmungsniederlage für C. G. Jung) über die Bühne gebracht hat, geht am Sonntag mit seiner Familie in die Schwammerln. Alle haben die Weidenkörbchen dabei, die sie mit karierten Decken ausgelegt haben, und richten den Blick fest auf den Moosboden des Wienerwaldes. Manchmal fahren sie auch auf den Semmering, wo alle darüber tuschelten, dass hier Mahlers Witwe Alma ein Liebesnest baue für sich und den wüsten Maler Kokoschka. Aber Freud und seine Familie zieht es in die Wälder, nicht zu den Sommerhäusern. Die Kinder schlüpfen in ihre Dirndl und kurzen Hosen, Freud trägt seine Knielederhosen, die grüne

Joppe und den Hut mit dem Gamsbart, und dann geht die Suche los. Freud führt die Pilzsucher an – und immer ist er es, der mit Adlerblick die schönsten Pilze an den verstecktesten Stellen findet. Er läuft dann ein paar Schritte, nimmt seinen Hut, wirft ihn über den Pilz und pfeift dann schrill durch seine Silberpfeife, so dass alle Suchenden aus dem Unterholz heranstürmen. Wenn dann die ganze Familie andächtig versammelt ist, lüpft der Vater endlich den Hut und lässt die Familie das erbeutete Stück bewundern. Meist ist es dann Anna, die geliebte Tochter, die den Pilz in ihren Korb legen darf.

◈

Als in Berlin gerade wieder einmal der Futurismus zur Bewegung der Stunde ausgerufen wird und Tommaso Marinetti im »Ersten Deutschen Herbstsalon« spricht, da veröffentlicht Dr. Alfred Döblin, großer Arzt, großer Autor und großer Freund Ernst Ludwig Kirchners und Else Lasker-Schülers, seinen »Brief an F. T. Marinetti«. Darin die herrlichen Worte: »Pflegen Sie Ihren Futurismus. Ich pflege meinen Döblinismus.« Döblin ist nicht bereit, sich der von Marinetti in seinem »Futuristischen Manifest« geforderten Zertrümmerung der Syntax als Grundlage einer neuen Literatur und Kunst zu fügen. Döblin fordert stattdessen von den Dichtern: Nicht zertrümmern, sondern dichter heran an das Leben.

◈

Wenn man als Autor dichter am Leben dran ist, kann es leicht passieren, dass es zu einem Auffahrunfall kommt. In den »Lübeckischen Nachrichten« erscheint am 28. Oktober 1913 folgende Annonce: »Es sind mir im Laufe der letzten 12 Jahre durch die Herausgabe der ›Buddenbrocks‹, verfasst von meinem Neffen, Herrn Thomas Mann in München, dermaßen viele Unannehmlichkeiten erwachsen, die von den traurigsten Konsequenzen für mich waren, zu welchen jetzt noch die Herausgabe des Albertschen Buches ›Thomas Mann und seine Pflicht‹ tritt. Ich sehe mich deshalb veranlasst, mich an das lesende Publikum Lübecks zu wenden und dasselbe zu bitten, das oben erwähnte Buch gebührend einzuschätzen. Wenn der Verfasser der ›Buddenbrocks‹ in karikierender Weise seine allernächsten Verwandten in den Schmutz zieht und deren Lebensschicksale eklatant preisgibt, so wird jeder rechtdenkende Mensch finden, dass dieses verwerflich ist. Ein trauriger Vogel, der sein eigenes Nest beschmutzt. Friedrich Mann, Hamburg.« So also der inzwischen 67-jährige Onkel Friedel, der in den »Buddenbrooks« Christian heißt. Thomas Mann reagiert sehr lustig darauf in einem Brief an Ida Boy-Ed: »Wird er am Ende nicht mehr genug auf Christian B. hin angeredet und wollte sich in Erinnerung bringen? Es ist schade um ihn, wahrhaftig. Mein Christian Buddenbrook hätte diese alberne Annonce nicht geschrieben.«

◈

Nach 15-jähriger Bauzeit wird am 18. Oktober zum hundertjährigen Jubiläum der Schlacht gegen Napoleon in Leipzig das bombastische »Völkerschlachtdenkmal« eingeweiht. Kaiser Wilhelm II. würdigt die Kampfkraft des deutschen Volkes. Das einundneunzig Meter hohe, sechs Millionen Reichsmark teure Monument, das daran erinnert, wie die Preußen gemeinsam mit Russland und Österreich die Franzosen schlugen, ist komplett mit Spenden und aus Lotteriemitteln finanziert worden. Der dunkle Stein ist ein Granitporphyr, der in Beucha bei Leipzig gebrochen worden ist. Für den Bau wurden 26 500 Granitwerkstücke und 120 000 Kubikmeter Beton verwendet. An der Einweihung des Denkmals von Clemens Thieme nehmen neben dem deutschen Kaiser und dem sächsischen König auch alle Fürsten der deutschen Staaten und Vertreter Österreichs, Russlands und Schwedens teil. Die Einweihung wird zu einer nationalen, martialischen Jubelfeier mit einer großen Parade. Würdenträger der drei Siegerländer legen Kränze am Fuß des Monuments ab. Anschließend gibt es im Gewandhaus ein feierliches Diner für 450 Gäste. Es wurde kein Toast auf den Frieden ausgebracht, sondern nur auf die unerschütterliche Waffenbrüderschaft zwischen Preußen und Österreich-Ungarn.

◈

Die wird nur fünf Tage lang, vom 23. Oktober an, erst einmal an Fasanen erprobt. Franz Ferdinand, der österreichische Thronfolger, der in Leipzig bei der Einweihung des Völkerschlachtdenkmals gewesen ist, hat durch eine geschickte diplomatische Initiative gerade erreicht, dass sich die Serben im zweiten Balkankrieg aus Albanien zurückziehen. Das erleichtert und imponiert dem deutschen Kaiser Wilhelm so sehr, dass er den Thronfolger in seinem Schloss in Konopischt besucht. Die beiden Herren verstehen sich prächtig. Franz Ferdinand organisiert eine zweitägige Jagd, auf der Kaiser Wilhelm II. sage und schreibe eintausendeinhundert Fasane schießt. Er isst dann abends davon aber leider nur einen.

◈

Im Atelier von Ludwig Meidner in der Wilhelmshöher Straße 21 in Berlin-Friedenau trifft sich mittwochabends ein illustrer Kreis zum Jour fixe: Jakob van Hoddis, der berühmte Dichter des Weltuntergangs, Paul Zech, René Schickele, Raoul Hausmann, Kurt Pinthus, Max Herrmann-Neiße. Zuvor zeigt der Hausherr den Gästen seine neuesten Werke. Er nennt sie »Apokalyptische Landschaften«. Sie folgen seinem Motto: »Mal deinen eignen Gram, deine ganze Verruchtheit und Heiligkeit Dir vom Leibe.« In Meidners Landschaften fliegt alles in die Luft. Er malt 1913 »Ich und die Stadt«, ein Gemälde, bei dem sein Kopf so zu explodieren scheint wie die Stadt dahinter. Und irgendwo oben hängt die Sonne, wackelnd, als falle sie gleich herab.

Immer wieder überkommen Meidner diese Visionen des Grauens. Er arbeitet besessen, Tag und Nacht, in seinem kleinen Friedenauer Atelier und schreibt dazu: »Ein schmerzhafter Drang gab mir ein, alles Geradlinig-Vertikale zu zerbrechen. Auf alle Landschaften Trümmer, Fetzen und Asche zu breiten. Mein Hirn blutete in schrecklichen Gesichten. Ich sah nur immer einen Tausendreigen der Skelette tänzeln. Viel Gräber und verbrannte Städte durch die Ebene sich winden.«

Die Städte brennen, die Gesichter der Menschen, auch das eigene, nur noch schmerzverzerrt, die Landschaft aufgebrochen durch Bomben und Krieg. Über allem geistert ein unheimliches Licht. Mit dem Pinsel scheint Meidner zu kämpfen gegen die unheimlichen Mächte, die ihn bedrohen. Er versucht, seine Albträume zu bannen, indem er sie ausbuchstabiert. Er macht ernst mit dem Kubismus und mit dem Expressionismus. Er nennt seine traumatischen Gemälde »Vision eines Schützengrabens« oder, immer wieder, »Apokalpytische Landschaft«. Er lebt, wie gesagt, im idyllischen Friedenau. Es sind warme, versöhnliche Oktobertage. Wir schreiben das Jahr 1913. Seine Freunde, die ihn mittwochabends besuchen, sehen die Bilder und sorgen sich um deren Schöpfer. Ob er wohl wahnsinnig ist?

◈

Einen Monat nachdem das Luftschiff L1 vor Helgoland ins Meer gestürzt ist, explodiert am 17. Oktober das Militär-Luftschiff »L2« bei seinem Jungfernflug in Johannisthal bei Berlin. 28 Mann Besatzung sterben, als das brennende Wrack auf den Boden aufschlägt, ein Kiefernwald geht in Flammen auf, die Leichen der Soldaten an Bord sind verkohlt. Der Namensgeber, Graf Zeppelin, schreibt noch am selben Tag an Großadmiral von Tirpitz: »Wer könnte mehr ergriffen sein und tiefer mit der Marine trauern als ich.«

◈

Wie es um Picassos Ruf und den der Moderne insgesamt bestellt war, erzählen die Rezensionen zu der im Herbst 1913 neueröffneten »Neuen Galerie« von Otto Feldmann in der Lennéstraße 6a in Berlin. Diese Eröffnungsausstellung ist der bis heute übersehene Grund, warum die großen Maler in Frankreich, wie Picasso oder Braque, nicht im parallel veranstalteten »Ersten Deutschen Herbstsalon« zu sehen waren. Kahnweiler, ihr Pariser Händler, wollte die Werke lieber verkaufen als ausstellen und sandte sie zur merkantilen Konkurrenzveranstaltung nach Berlin. Man muss die beiden Ausstellungen zusammen sehen – dann hat man das gesamte künstlerische Repertoire des Jahres 1913 versammelt, vor allem auch deren Heroen. Denn neben den großen Franzosen zeigte Feldmann auch »Negerskulpturen«, hellenistische Plastik und »Ostasiatika«. Die frühen Werke der fernen Kulturkreise, die in jener Zeit den größten Einfluss auf die Künstler hatten, wurden also unter die europäischen Werke gemischt – und Carl Einstein, der mit seinem Buch über »Negerplastik« berühmt werden sollte, schrieb das Vorwort. Eine faszinierende Werkschau des Status quo der französischen Kunst um 1913 also. Aber es zieht Kurt Glaser für die Zeitschrift »Die Kunst« über neue Kunstsalons in Berlin folgendes überraschende Fazit: »Von Matisse ist ein Stillleben ausgestellt, etwas dünn in der farbigen Wirkung. Picasso gehört eine ganze Wand und man hat den Eindruck, dass er hier zum Hausgötzen ernannt wurde. Vielleicht etwas verspätet, denn man sollte hoffen, dass der Lärm, der um diesen feinen, aber doch schwächlichen Künstler erhoben wurde, sich nun bald wieder legen wird.« Feldmann ließ sich davon nicht beirren. Direkt im Anschluss an seine Eröffnungsausstellung zeigte er im Dezember 66 Werke von Picasso, wiederum als Kommission von Kahnweiler. Die deutsche Kritik ätzte weiter: Im »Cicerone« hieß es, Picasso, der seine kubistischen Werke ausstellte, »scheint noch immer nicht sehr stark und nicht sehr selbständig«. Der große Karl Scheffler urteilte für »Kunst und Künstler«: »Mit Picasso ist wenig zu beginnen.« Und in der Zeitschrift »Die Kunst« wurde das vernichtende Fazit gezogen, dass »Picasso damit auf einen toten Punkt gekommen ist, dürfte kaum mehr zweifelhaft sein«.

◈

Es fehlt im Reigen nur einer: Ernst Ludwig Kirchner. Von ihm war in beiden Ausstellungen nichts zu sehen, weil er gerade im Begriff war, etwas ganz Neues und Großes zu schaffen. Er kehrte Ende September beglückt und reich beladen aus Fehmarn zurück nach Berlin. Allein sechzig Gemälde hat er in den Monaten an der See gemalt. Er möchte die alte Zeit, die Auflösung der »Brücke«, die Wohnung in der Durlacher Straße hinter sich lassen. Gemeinsam mit Erna Schilling sucht er eine neue Räuberhöhle, die sie in der Körnerstraße 45 finden. Sie sind wieder in Berlin, dieser »geschmacklos konfusen und ziemlich sinnlos aufwachsenden Stadt«, wie Rilke es in diesen Tagen so schön nennt. Kirchner hat auf Fehmarn einen neuen Frauentypus gefunden, geformt an Erna und Maschka, als sie nackt aus den sanften Fluten der Ostsee stiegen. Es sind jene gotischen Körper, die sich nach oben verjüngen, jene Gesichter, in die die Züge eingehauen sind wie in ein Stück Holz. Während sich Erna darum kümmert, auch das Atelier in der Körnerstraße wieder in ein Gesamtkunstwerk aus Skulpturen, Malerei, Behängen und Stickereien zu verwandeln, mit großen Kissenflächen, auf denen sich die Modelle und die Freunde bequem lagern können, zieht es Kirchner wieder hinaus auf den Potsdamer Platz.

Seine Nerven sind durch die Monate an der See noch so geschärft, seine Wahrnehmung und seine Poren so offen, dass die Stadt, ihr Lärm, ihre Gewalt, ihre Gesichter mit Urgewalt in sein Gemüt dringen. Und erst jetzt, durch die Reinigung des Sehnervs an der herben Ostseeluft, gelingt es ihm, ganz neue Bilder zu sehen: Er beginnt mit der »Berliner Straßenszene«, jenem ersten Bild aus seiner Serie vom Potsdamer Platz. Auf kleinstem Raum verdichtet, ist hier die städtische Moderne zu sehen, die Großstadt, und ihre Hauptdarsteller, die Kokotten in ihren schrillen Farben und mit ihren toten Gesichtern, die den Männern ein Glück verheißen, an das nicht einmal der Freier mehr glauben kann. Kirchner spürt, wie die Körperlichkeit, die er in Fehmarn an den Frauen und den Kindern noch als pure Natürlichkeit hat erleben und malen können, im Stadtraum der Neuzeit, unter den Gewändern, dem Lärm, unter den anderen Blicken und den anderen Erwartungen, nicht mehr möglich ist. Die einzige Triebkraft der Stadt ist ihre Geschwindigkeit, ihr Vorwärtsstürmen, ihre Gegenwartsvergessenheit. Doch Kirchner drückt mit seinen Bildern vom Potsdamer Platz auf die Pausetaste. Alles steht plötzlich still. Und indem also Kirchner den Betrachter seiner Bilder selbst zum Freier macht, dem sich die Kokotten wie die Stadt darbieten in ihrer sinnlosen Verfügbarkeit und ihrem besinnungslosen Glauben, dass morgen alles anders und besser wird, gelingen ihm einzigartige Bilder einer Moderne, in der der

Stadtkörper nur noch aus Sehnen und Nerven besteht, aber nicht mehr aus Fleisch und Blut.

◈

Emil Nolde hält Berlin nicht mehr aus. Und so packt er mit seiner Frau Ada vom 1. Oktober an seine Malutensilien und Kleider in mehrere große Koffer. Am frühen Abend des 2. Oktober treffen sie dann im Hause des Kunstsammlers Eduard Arnhold in der Prinzregentenstraße 19 im Tiergartenviertel ein.

Arnhold ist 1913 am Gipfel seines gesellschaftlichen Aufstiegs angelangt, durch den Kohlehandel zu Reichtum gekommen, sitzt er inzwischen im Aufsichtsrat der Dresdner Bank und wird 1913 als erster und einziger Jude von Wilhelm II. in das preußische Herrenhaus berufen – auch geadelt sollte er werden, doch das lehnte Arnhold ab. Sein Geld investiert er fast ausnahmslos in Künstler und in Kunst, er ist mit James Simon der große bürgerliche Kunstmäzen, der dem preußischen Staat etwa 1913 die Villa Massimo in Rom als Kulturinstitut stiftet. Sein eigenes Haus in der Tiergartenstraße ist die souveräne Geschmacks- und Machtdemonstration eines »Kaiserjuden«, wie der spätere israelische Staatspräsident Chaim Weizmann eine Gruppe prominenter Berliner Juden, darunter James Simon, Albert Ballin und Walther Rathenau, wegen ihrer Nähe zu Wilhelm II. despektierlich nannte. In seinem Haus hingen Menzel, Liebermann und Böcklins »Prometheus«, daneben aber auch Porträts von Wilhelm I. und Bismarck.

Am Abend des 2. Oktober versammelt sich im Hause Arnhold eine illustre Reisegesellschaft. Emil und Ada Nolde sind aufgeregt. Es wird getafelt, gespeist, getrunken, um Viertel vor zwölf bricht die Gruppe zum Bahnhof Zoo auf. Als sie dort leicht angeduselt eintreffen, steht am Gleis schon der Nachtzug nach Moskau via Warschau. Um 0.32 Uhr setzt er sich plangemäß in Bewegung. Der Expeditionsleiter Dr. Alfred Leber bezieht ein Nachtabteil, und neben den Noldes zieht die junge Krankenschwester Gertrud Arnthal ein, eine Nichte Arnholds, die die gesundheitlich angegriffene Ada Nolde betreuen wird. Die »Medizinisch-demographische Deutsch-Neuguinea-Expedition« konnte beginnen.

Am 5. Oktober kommt der Zug der Expedition, mit deren Hilfe Nolde am einfachsten in seine verehrte, ferne Südsee kommen konnte, in Moskau an. Am 7. Oktober geht es weiter mit der Transsibirischen Eisenbahn über den Ural und Sibirien bis in die Mandschurei. Als Repräsentanten einer Expedition der deutschen Regierung reisen sie alle Erster Klasse. Von der Mandschurei erfolgt die Weiterfahrt über Shenyang und Seoul. Von dort setzen die Reiseteilnehmer nach Japan mit einem Schiff über. Dort treffen sie Ende Oktober ein. Es ist kalt, nass und ungemütlich. Von Südsee noch keine Spur.

◈

Am Abend des 5. Oktober 1913 kommt es zur Aufführung von Paul Claudels »L'Annonce faite à Marie« in Hellerau bei Dresden. Das Publikum ist, angelockt durch die Reformbestrebungen der Hellerauer Tanzschule um Dalcroze und das neue Festspielhaus von Heinrich Tessenow, exquisit: Thomas Mann ist da, Rainer Maria Rilke mit seinen beiden engsten Vertrauten, also Lou Andreas-Salomé und Sidonie Nádherný, Henry van de Velde ebenso wie Else Lasker-Schüler. Auch Max Reinhardt ist an diesem Abend in Hellerau, Martin Buber, Annette Kolb, Franz Blei, Gerhart Hauptmann, Franz Werfel, Stefan Zweig und die beiden wichtigsten jungen Verleger Ernst Rowohlt und Kurt Wolff.

Während Reinhardt und Hugo von Hofmannsthal am Dresdner Hoftheater den »Rosenkavalier« inszenieren, wird das neue Festspielhaus zum Treffpunkt der Avantgarde. Ziel von Émile Jaques-Dalcroze war es, eine neue Einheit von Körper, Geist und Musik zu finden. Mit rhythmischen Übungen und Improvisationen sollte der Körper in Verbindung mit Musik von seinen zivilisationsbedingten Blockaden befreit werden. Ernst Ludwig Kirchner hätte das gefallen. Und Upton Sinclair, der amerikanische Autor, der wohl auch am 5. Oktober in Hellerau war, schrieb später in seinem Roman »World's End«: »In Hellerau lehrte man das Alphabet und die Grammatik der Bewegung. Man schlug den Takt mit den Armen; es gab Bewegungssätze im Drei-, im Viervierteltakt und so fort. Mit den Füßen und dem Körper gab man die Notenlänge an. Es war eine Art rhythmischer Gymnastik, so angelegt, dass der Körper trainiert wurde, schnell und genau auf geistige Eindrücke zu reagieren.«

Diese neue Form des Ausdruckstanzes zog alle in ihren Bann. Die Kombination mit Paul Claudels »Verkündigung« aber wurde nicht plausibel. Claudel notiert an diesem Abend irritiert in seinem Tagebuch, dass der Applaus fast völlig ausblieb. Dalcroze spricht sogar offen von einem Fiasko. Rilke resümiert in zwei Briefen an Hugo von Hofmannsthal und Helene von Nostitz den Abend und seine Irritationen aufs schönste: »Die hellerauer Leute lassen sich, als große Kinder, mit etwas ein, was sie nicht verstehen, aber, Gott weiß, vielleicht lernen sie's dabei und kommen gar nicht erst in das Trübe, das heute das Theater ist, sondern gleich auf den Grund von etwas Durchsichtigem und Reinem, das uns allen zustatten käme.« Grundsätzlich also erkennt Rilke bei den Experimenten in Hellerau eine Chance, dem Geheimnis, nach dem alle Avantgardisten, die von der Moderne erschöpft sind, suchen. Die »Verkündigung« von Paul Claudel allerdings, da ist sich Rilke sicher, werde nicht dabei helfen. Oder, wie er es an Hofmannsthal schrieb: »Die *Verkündigung*, Claudel, ich wüsste nichts Genaues darüber zu berichten, das ging so hin, gab zu denken, war aber so mit den hellerauer Versuchen, die auch wieder zu denken geben, vermischt, dass man nicht recht wusste, ob die Sorgen, mit denen man nachhause ging, dem Einen oder dem Anderen zuzuschreiben waren.«

Die Inszenierung selbst geht also nicht in die Annalen der Kulturgeschichte ein. Aber die Pause – und die Sorgen, mit denen einige der Beteiligten anschließend heimkehren. In der Pause kommt es zur ersten Begegnung von Rainer Maria Rilke und seinem Kreis, den er seit Monaten mit Elogen auf die poetische Kraft Franz Werfels eingeschworen hat – mit dem leibhaftigen, dreiundzwanzigjährigen Poeten Werfel selbst. Für Rilke muss es ein Schock gewesen sein. Er schreibt verstört an Marie von Thurn und Taxis nach Duino, dass er beim Anblick Werfels erstmals die »Falschheit der jüdischen Mentalität« gespürt habe, »dieser Geist, der die Dinge durchdringt wie das Gift, das überall eintritt aus Rache dafür, nicht Teil eines Organismus zu sein«. Dann aber liest Rilke wieder Werfels »herrliche Gedichte« in den »Weißen Blättern«, »die mich alles, was in der persönlichen Begegnung Beirrendes, Einschränkendes war, mit einem Ruck abschütteln lassen, ich geh schon wieder durch alle Feuer für ihn«.

Doch Rilke stellt in Hellerau in der Pause, offensichtlich verstört und unfähig, ein Gespräch anzufangen, Werfel seiner Vertrauten Sidonie Nádherný vor – und diese reagiert ebenso irritiert wie abgestoßen. Rilke berichtet, sie habe »ein Judenbub!« geflüstert, als sie Werfel erblickte. Und das hat dieser vielleicht gehört. Auf jeden Fall behandelt die Baronin den jungen Dichter verächtlich. Eine ungeheure Geschichte nimmt ihren Anfang. Doch langsam.

Der Prager Franz Werfel hatte, auf Vermittlung von Kafkas

Vertrautem Max Brod, eine Lektoratsstelle beim aufblühenden Verlag von Kurt Wolff in Leipzig erhalten – dessen Avantgarderolle im Jahre 1913 auch damit zusammenhing, dass das Durchschnittsalter des ganzen Verlages bei 23 Jahren lag. Werfel gelang es, Karl Kraus als Autor an den Kurt Wolff Verlag zu binden, und er schrieb die schöne Verlagsanzeige im Sommer 1913: »Es tut noch immer not, darauf hinzuweisen, dass in Karl Kraus unter uns der größten europäischen Meister einer lebt. Dieses erhabenen Satirikers erschütterndste Schrift, Die Chinesische Mauer, gibt nun der Verlag in einer monumentalen, mit Zeichnungen Kokoschkas geschmückten Ausgabe heraus. Es ist an der Zeit, dass eine neue Jugend, dass alle Geistigen und Gerechten sich von der apokalyptischen Gewalt dieser rhetorischen Fuge fortreißen lassen, damit spätere Geschlechter diese Generation nicht beschämen.« Das sind wunderbare Worte. Zugleich zeigen sie, mit welcher Besessenheit und Totalität der 23-jährige Werfel den 37-jährigen Karl Kraus verehrte. Wenn sie sich trafen, hing er stundenlang an seinen Lippen, seine Briefe sind voller Ehrfurcht und Ergebenheit. Im Juni hatte er Ludwig von Ficker für die Umfrage des »Brenner« zu Karl Kraus den Satz gesandt: »Ich liebe diesen Mann mit aller Schmerzlichkeit.« Karl Kraus erwiderte diese Liebe durch Anerkennung: Er druckte regelmäßig die Gedichte Werfels in seiner »Fackel« und schrieb euphorische Rezensionen.

Als sich nun am 5. Oktober in Hellerau Franz Werfel und Sidonie Nádherný von Borutin trafen, wusste niemand, dass Karl Kraus seit einem Monat kaum mehr von ihrer Seite wich und sie beide in großer Liebe füreinander entflammt waren. Sidonie wiederum wusste nichts von der großen Wertschätzung ihres Karls für den jungen Dichter. Und so waren beide ganz unbefangen: Sidonie in ihrer Ablehnung. Und der gekränkte Franz Werfel darin, Gerüchte über Sidonie in Umlauf zu setzen. Darunter jenes, dass Rilke in wilder Liebe zu Sidonie entbrannt und dass sie früher mit einer Zirkusgruppe umhergezogen sei. Als diese Gerüchte irgendwann zu Sidonie und dann zu Karl Kraus dringen, gerät Kraus in Rage und kalte Wut. Er bricht mit Werfel, lässt kein gutes Haar mehr an seiner Lyrik, verunglimpft sie in der »Fackel« und spricht dort das vernichtende Urteil über Werfel: »Ein Gedicht ist so lange gut, bis man weiß, von wem es ist.«

Es ist nicht bekannt, ob der Jude Kraus je erfuhr, dass es der Ausruf »Judenbub« seiner abgöttisch geliebten Sidonie war, der Werfel so sehr kränkte, dass er sich nur durch bösartige Gerüchte zu helfen wusste. Dass schließlich Rilke in innigen Briefen an seine Vertraute Sidonie, als er von deren engem Verhältnis zu Kraus erfuhr, auch vor einer Heirat warnt, weil »ein letzter unaustilgbarer Unterschied« sie trenne, das macht diese Pausenereignisse am 5. Oktober in Dresden vollends zu einem traurigen Datum in der deutschen Kulturgeschichte. In jener Pause übrigens schrie Else Lasker-Schüler, die große Dichterin der »Hebräischen Balladen«, immerfort »Schlecht, schlecht«, weil ihr die Aufführung so missfiel – und das wiederum verstörte Rilke ebenfalls und er hielt es für barbarisch.

◈

Kurzes Nachspiel, Thema »Die Liebe kommt, die Liebe geht«: Rainer Maria Rilke lässt sich in Hellerau am 16. Oktober noch einmal von Émile Jaques-Dalcroze und seinen Schülern vortanzen, worin genau dessen Methode der Körperaktivierung besteht. Im Saal des ansonsten leeren Festspielhauses sitzen neben ihm zur Rechten Lou Andreas-Salomé und zur Linken Ellen Delp, jene heißbegehrte »morgendliche Ellen« aus dem August in Heiligendamm, die Lou ihre »Wahltochter« nennt. Rilke, der tatsächlich in Dresden in der Sidoniestraße wohnt (im Hotel Europäischer Hof), schreibt dann gemeinsam mit

Lou Andreas-Salomé einen Brief an Sidonie Nádherný, in welchem die beiden ihr raten, sich in ihrer Seelennot doch unbedingt an Dr. Friedrich Pineles in Wien zu wenden – jenen Pineles, der weniger als Psychologe denn als Verführer erfolgreich war und als »Erdenmann« ein paar Jahre zuvor Lou Andreas-Salomé die Freuden der körperlichen Liebe gelehrt hatte. Was für ein herrliches Durcheinander. Es könnte sein, dass das selbst Rilke zu viel wird. Er bricht tags darauf Hals über Kopf auf und reist zurück nach Paris. Von dort schreibt er am 31. Oktober, dass er die Scheidung von Clara einreichen will.

◈

Der junge Arnolt Bronnen schreibt sein wütendes Drama »Recht auf Jugend«, ein Aufstand der jungen Generation gegen die alte. Und Gottfried Benn, der im Jahr zuvor mit ansehen musste, wie sein Vater Gustav Benn, Landpfarrer zu Mohrin in der Neumark, seiner todkranken Mutter aus ethischen Gründen das Morphium verweigerte, das er, der Sohn und Arzt, ihr zur Linderung verschreiben wollte, und sie daraufhin unter Schmerzensschreien starb? Auch der Schmerz, so predigt der Pfarrer seiner Frau und seinem Sohn, sei von Gott gesandt. Es ist das letzte Mal, dass Gottfried Benn der Welt der Väter gehorcht. 1913, ein Jahr später, richtet er den Vater lyrisch hin. »Söhne« heißt sein Gedichtband, der schon im Titel zum Ausdruck bringt, wer jetzt das Sagen hat. Es ist ein Zeichen der Selbstbehauptung gegen die übermächtigen Väter. Die Väter werden herausgefordert, unter Qualen, nur in Gedanken erst einmal, aber später auch mit Worten. Doch es dauert noch ein bisschen. Georg Trakl schreibt in diesem Herbst die »Verwandlung des Bösen«, darin die schreiende Selbstanklage: »Was zwingt Dich still zu stehen auf der verfallenen Stiege, im Haus Deiner Väter?« Kafka also wird den

»Brief an den Vater« schreiben. Und Benn besingt in Gedichten die Erinnerung an die Mutter. Und viel später dann, in seinem Jahrhundertgedicht »Teils-Teils«, wird es heißen: »Mein Vater war einmal im Theater gewesen / Wildenbruchs Haubenlerche.« Das war dann der in seinen Augen ultimative Vatermord, anders als bei Freuds Urhorde: nämlich getarnt als kultureller Snobismus.

◈

Gewidmet ist Benns »Söhne«-Band übrigens Else Lasker-Schüler. »Ich grüße Else Lasker-Schüler: Ziellose Hand aus Spiel und Blut«, schreibt er auf das Vorsatzblatt, offenbar ein letzter, kurzer Anflug von Sentimentalität, bevor bei diesem Pathologen die Gefühlsflucht endgültig pathologisch wurde. Und Else schreibt aus ihrer Matratzengruft, die ihr nur das tägliche Opium erträglich macht und die ärztlichen Besuche ihres Haus- und Seelenarztes Alfred Döblin, an ihren »Blauen Reiter« Franz Marc nach Sindelsdorf einen neuesten Bericht zur Lage der Liebe: »Der Cyklop Dr. Benn hat mir seine neuen Verse ›Söhne‹ gewidmet, die sind mondrot, erdhart, wilder Dämmer, Gehämmer im Blut.« So also endet diese große Liebe, wie sie einst begonnen hat: mit großen Worten.

◈

Ludwig Wittgenstein reist am 16. Oktober mit seinem Freund David Pinsent mit dem Schiff von England nach Norwegen und arbeitet weiter am »Tractatus logico-philosophicus«. Er schreibt seine Gedanken feinsäuberlich in ein Notizbuch. Zuvor aber vermerkt er auf der ersten Seite: »Nach meinem Tode zu senden an Frau Poldy Wittgenstein, Neuwaldeggerstraße 38, Wien und B. Russell, Trinity College, Cambridge«. Der akademische Lehrer und die Familie sind die Pfeiler, die Wittgenstein halten, als er ein neues Gebäude der Logik zu errichten versucht. Noch bei der Überfahrt schickt er Russell einen Brief mit zentralen Fragen, doch er vergisst ihn an Bord. Am 29. Oktober schreibt er noch einmal an Russell: »Haben Sie meinen Brief bekommen? Ich habe den Brief im Speisesaal des Bootes gelassen und sollte an Sie geschickt werden, aber offenbar vergessen?«

◈

Carl Schmitt, der glaubt glücklich zu werden, wenn sein Buch »Der Wert des Staates« gedruckt wird, schreibt, obwohl sein Buch gedruckt wird, voller Unglück in sein Tagebuch: »Von niemandem bekomme ich einen Brief.« Noch schlimmer: Er hat Schnupfen. Er weiß nicht, ob er das überleben wird, am 2. Oktober heißt es: »Ekelhaft dieser Katarrh; o Gott, und einmal muß man sterben.«

Vorher will Schmitt noch heiraten, und zwar seine geliebte Cari, der er sein erstes Buch gewidmet hat. Selbst der Geheimrat Hugo am Zehnhoff, Schmitts väterliche Figur in diesen Monaten, der ihm immer wieder kleine juristische Mandate zuschustert, stimmt zu. Zehnhoff ist das zweite Zentralgestirn des Jahres 1913, Schmitt ist ihm in dauernder Furcht und Zuneigung erlegen, barmt um dessen Wohlwollen, trinkt und raucht mit ihm bis spät in die Nacht. Zehnhoff warnt Schmitt noch vor dem »Tingeltangel«, den Cari ausstrahle, aber dann verlangt er, dass sie wenigstens katholisch werde, damit in Maria Laach geheiratet werden kann.

Cari kauft sich einen Hut und Carl kauft einen Ring, dann verloben sie sich. Dann verliert Cari plötzlich ihren Pass, was ihre Heirat unmöglich und Carl wütend macht. Aber Cari bleibt seltsamerweise gelassen. Da sie nun nicht als Eheleute in die neue Wohnung am Konservatorium einziehen können und außerdem das Geld weiter sehr knapp ist, da Carl noch keine feste Anstellung hat, soll Cari zu Schmitts Eltern nach Plettenberg ziehen, bis sie heiraten und zusammenleben können. Gemeinsam fahren sie mit dem Zug dorthin, dann muss Schmitt zurück nach Düsseldorf, in der Gewissheit, in welch schrecklicher Umgebung er seine Geliebte zwischengelagert hat: »Sie ist in Plettenberg in der Umgebung der abscheulichen und bösen Mutter und der verzogenen kleinen Anna.« Bald, schreibt Schmitt, will er seine Cari wieder aus der Familienhölle befreien und zum Altar führen.

Er hat Cari 1912 als spanische Tänzerin in einem Varieté-Theater kennengelernt. Und ist ihr völlig verfallen. Sie sagte, sie heiße Pabla Carita Maria Isabella von Dorotic. Ihr Pass wird nie wieder auftauchen. Aus gutem Grund. Später dann, beim Scheidungsprozess, wird er erfahren, dass seine Frau keine adlige Spanierin war, sondern eine unehelich geborene Münchnerin, Pauline Schachner mit Namen.

◈

Und doch, es gibt einen Ort voll Sonne und Glück in diesem Oktober 1913. August und Elisabeth Macke und ihre zwei Söhne beziehen das Haus Rosengarten in Hilterfingen, direkt am Thunersee gelegen, den Blick aufs Wasser und die hohen, schneebedeckten Gipfel der Stockhornkette am Horizont. Vorne läuft eine Wiese sanft ab zum Ufer, wo die Mackes in der rosenumrankten Veranda um vier ihren frisch aufgebrühten Kaffee trinken.

Zum ersten Mal hatte August Macke keine alten Bilder mitgenommen, er will neu anfangen hier in der Schweiz. Er ist noch etwas erschöpft von der Hängung des »Ersten Deutschen Herbstsalons«, verbittert auch über den Misserfolg und die schlechten Kritiken. Aber hier unten, am fernen Thunersee und unter der warmen Oktobersonne, hellt sich sein Gemüt schon nach wenigen Tagen wieder völlig auf. Er kauft Malsachen und legt los – in einem leidenschaftlichen Furor, wie er ihn in seinem Werk noch nie erlebt hatte, schafft er in den vier Oktoberwochen am Thunersee die wichtigsten Werke seines Œuvres. Immer wieder zieht es ihn an die Seepromenade, immer wieder zeichnet und malt er die eleganten Spaziergängerinnen, die Männer mit Hut, das Licht, das warm und leuchtend durch die Alleebäume fällt. Und dahinter, auf dem Blau des Sees, dann und wann ein weißes Boot. »Sonniger Weg« etwa, gleich Anfang Oktober entstanden, da glüht der Baumstamm so wie das Kleid der Frau, sie blickt hinein in das tiefe dunkle Blau des Wassers, man sieht den Himmel nicht vor lauter hellgrün und gelb aufblitzendem Laub. Am Rande spielen Kinder. Hier, am Thunersee, malt August Macke seine aktuellen Versionen des Paradieses.

Die Mackes haben ein kleines Boot, Louis Moilliet und seine Frau Hélène kommen zu Besuch, der Malerfreund, mit dem er bald zur legendären Tunis-Reise aufbrechen wird, sie machen jetzt erst einmal gemeinsam eine Thuner-Reise, hinaus auf den See, legen an einer kleinen Insel an, machen ein Feuerchen und Hélène kocht einen feinen arabischen Kaffee in dem tunesischen Kupferkännchen, das sie mitgebracht hat.

Auch an den Wochentagen ist es ein Leben in großer Idylle. Morgens schiebt man die grünen Fensterläden auf und blickt in das flirrende Blau des Altweibersommers.

Es ist so heiß, dass den ganzen Oktober über draußen gegessen wird, erst ab dem Nachmittag, wenn langsam die Kühle vom See her über die Wiese kriecht, zieht Macke seinen geliebten grobgestrickten Rollkragenpullover an und raucht seine erste Pfeife. Dann tollt er mit den beiden Jungen Walter und Wolfgang durch den Garten.

August Macke hat sich ganz oben sein Reich eingerichtet, ein Zimmer mit Balkon und weiter Aussicht über den See, wo er malt, was er auf den Promenaden aufgeschnappt hat und in den Hutläden, den Auslagen. Elisabeth Macke erzählte später, wie ihr Mann mittags die Bilder aus dem Atelier unter dem Dach in den Garten brachte, »der in leuchtenden Herbstfarben von der Sonne durchflutet war, und stellte sie mitten hinein in dieses Glühen: Sie verblassten keineswegs, sie hatten ihr eigenes Leuchten. Dann frug er mich: ›Was meinst Du, ist das nun was oder ist das Kitsch, ich kann es wirklich nicht sagen?‹« Elisabeth wusste, was es ist. Und wir wissen es auch. Es sind Bilder von solch echter, bezwingender Schönheit, dass man sie manchmal nur ertragen kann, wenn man versucht, sie als Kitsch zu denunzieren.

NOVEMBER

Adolf Loos sagt, dass das Ornament ein Verbrechen sei, und baut Häuser und Schneidersalons voll Klarheit. Alles ist aus zwischen Else Lasker-Schüler und Dr. Gottfried Benn – sie ist verzweifelt, woraufhin ihr Dr. Alfred Döblin, der gerade Ernst Ludwig Kirchner Modell sitzt, Morphium spritzt. Prousts »In Swanns Welt«, der erste Band von »Auf der Suche nach der verlorenen Zeit«, erscheint, den Rilke sofort liest. Kafka geht ins Kino und weint. Prada eröffnet in Mailand seine erste Boutique. Ernst Jünger, 18 Jahre alt, packt seine Sachen und geht zur Fremdenlegion nach Afrika. Das Wetter in Deutschland ist ungemütlich, aber Bertolt Brecht findet: Schnupfen kann jeder haben.

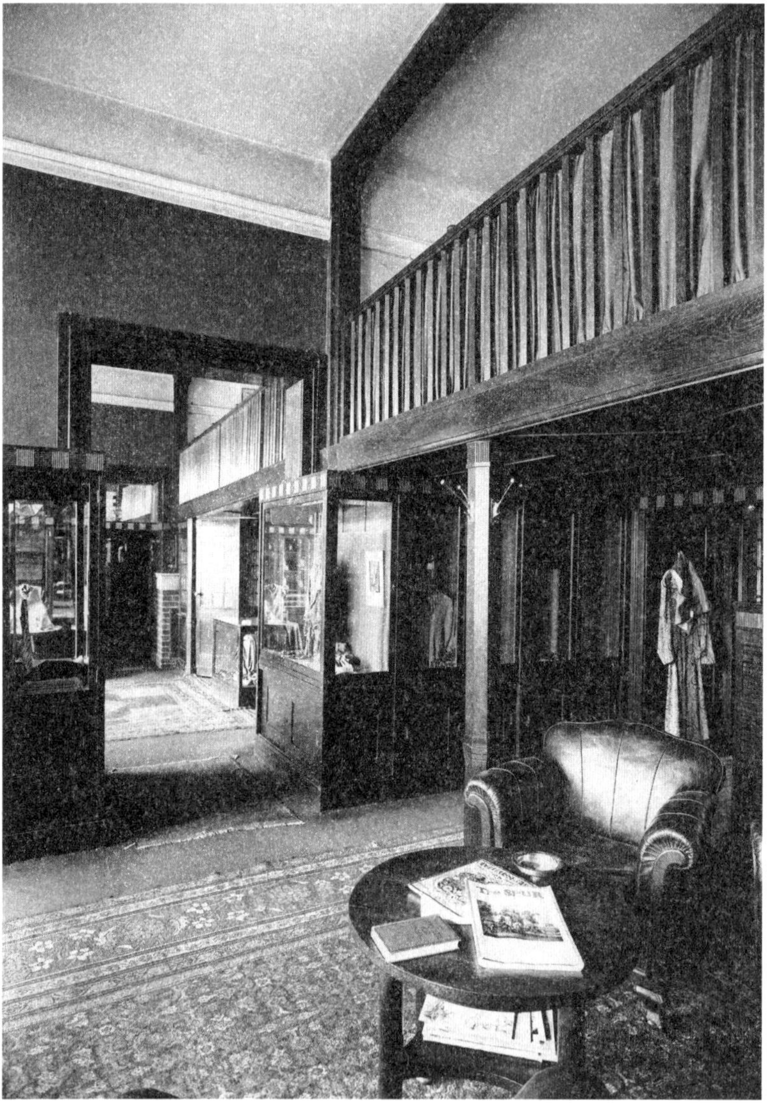
THE SPUR

Am 7. November wird Albert Camus geboren. Er wird später das Drama »Die Besessenen« schreiben.

◈

Das Lead Magazin des Jahres: In Wien erscheint – was für ein Zufall – am 7. November die erste Ausgabe der Zeitschrift »Die Besessenen«. Auf dem Titel: ein Selbstporträt von Egon Schiele. Untertitel der Zeitschrift: »Ein Blatt der Leidenschaften«.

◈

Am 7. November malt Adolf Hitler ein Aquarell der Münchner Theatinerkirche und verkauft es an einen Trödelhändler auf dem Viktualienmarkt.

◈

Die lebenslustige Gräfin von Schwerin-Löwitz, Gattin des Reichstagspräsidenten, lädt Mitte November zum Tango-Tee in den Preußischen Landtag. Auf dem Parkett: Tänzerinnen engumschlungen mit Amtsträgern und hohen Militärs. Daraufhin greift Kaiser Wilhelm II. durch, der den Tango für vulgär hält. Am 20. November ergeht ein kaiserlicher Erlass, wonach es Offizieren in Uniform künftig verboten ist, den Tango zu tanzen.

◈

Von der Mona Lisa noch immer keine Spur.

◈

Für Adolf Loos geht langsam sein größtes Jahr zu Ende. »Ornament und Verbrechen« hatte er seinen wütenden Aufschrei genannt gegen den drohenden Erstickungstod im Zuckerbäckerstil der Wiener Ringstraße. Und jetzt, 1913, sind es immer mehr geworden, die ihre Pläne und Seelen und Läden und Häuser durch Loos' freien Geist und klaren Blick reinigen lassen wollen. Sein »Haus Scheu« in der Larochegasse 3 wird ebenso fertig wie sein »Haus Horner« in der Nothartgasse 7. Und zwei Innenräume, die er in seiner unnachahmlich prächtigen minimalistischen, dennoch gediegenen Eleganz ausgestattet hat, feiern ebenfalls Eröffnung: Das Café Capua in der Johannesgasse und der Schneidersalon Knize am Graben 13.

Gerade weil Loos und seine englische Freundin Bessie mit vielen Figuren der künstlerischen Avantgarde Wiens eng befreundet sind, also mit Kokoschka, mit Schönberg, mit Kraus und mit Schnitzler, besteht für ihn ein himmelweiter Unterschied zwischen Kunst und Architektur: »Das Haus hat allen zu gefallen. Zum Unterschiede zum Kunstwerk, das niemandem zu gefallen hat. Das Kunstwerk will die Menschen aus ihrer Bequemlichkeit reißen. Das Haus hat der Bequemlichkeit zu dienen. Das Kunstwerk ist revolutionär, das Haus konservativ.«

Sein Meisterwerk des Jahres 1913 ist das »Haus Scheu« in Hietzing, das erste Terrassenhaus Europas, das in seiner weißen schlichten Eleganz und der arabisch anmutenden Staffelung schon im Baujahr die Wiener Gemüter erhitzte. Die Bauherren, der Freund von Loos und Rechtsanwalt Gustav Scheu und seine Frau Helene, aber waren glücklich. »Ich hatte bei dem Entwurf dieses Hauses nicht im entferntesten an den

Orient gedacht«, sagte Loos. »Ich meinte nur, dass es von großer Annehmlichkeit wäre, von den Schlafräumen, die sich im ersten Stockwerke befanden, eine große, gemeinschaftliche Terrasse betreten zu können.« Und doch wirkt das »Haus Scheu« auf alle wie eine Fata Morgana. Die Wohn- und Schlafräume öffnen sich ins Freie, man geht auf große Terrassen, das ganze Haus ist durchflutet von Licht und Luft. Die Anwohner und die Behörden protestieren lange, dann lässt sich Loos auf einen Kompromiss ein: Er lässt die Fassaden bewachsen. Es geht Loos ja vor allem um die Wirkung der Räume auf den Menschen: »aber ich will gerade, dass die menschen in meinen zimmern den stoff um sich fühlen, dass er auf sie wirke, dass sie von dem geschlossenen raum wissen, dass sie den stoff, das holz fühlen, dass sie es mit ihrem gesicht und tastsinn, überhaupt sinnlich wahrnehmen, dass sie sich bequem setzen dürfen und den stuhl auf einer großen fläche ihres peripheren körpertastsinns fühlen und sagen: Hier sitzt es sich vollkommen.«

Adolf Loos machte niemals Witze und meinte alles tödlich ernst. Und dennoch wirkte er unglaublich gewinnend. Man spürte jedem seiner Innenräume und jedem seiner Häuser an, dass sie wirklich maßgeschneidert waren. Und auch, dass Loos lieber nicht bauen würde, als etwas Unpassendes zu bauen. Oder, wie er es selbst sagte in seinem großen wahren Credo: »Fürchte nicht, unmodern gescholten zu werden. Veränderungen der alten Bauweise sind nur dann erlaubt, wenn sie eine Verbesserung bedeuten, sonst aber bleibe beim Alten. Denn die Wahrheit, und sei sie hunderte von Jahren alt, hat mit uns mehr Zusammenhang als die Lüge, die neben uns schreitet.« Der provokante Erneuerer als nachdenklicher Traditionalist – Loos überforderte sein zeitgenössisches Publikum. Er hatte kein Problem damit, nicht als modern zu gelten (was immer dieses Wort eigentlich heißt). Wir aber wissen heute, wie sehr er es war. Mehr wohl als jeder andere Architekt, der 1913 am Werke war.

◈

Franz Kafka kommt am 8. November um 22.27 Uhr nach achtstündiger Bahnfahrt am Anhalter Bahnhof in Berlin an. Grete Bloch, Felice Bauers Freundin, hatte sich Ende Oktober als Vermittlerin zwischen Prag und Berlin eingeschaltet und versuchte eine neue Annäherung zwischen den unglücklich Liebenden, die durch den verkorksten Heiratsantrag Kafkas wie gelähmt waren.

Am 9. November, dem deutschen Schicksalstag, kommt es zu einem zweiten Treffen der beiden in Berlin. Es ist abermals eine Tragödie. Sie gehen am späten Vormittag über eine Stunde durch den Tiergarten. Dann muss Felice zu einer Beerdigung, will sich danach wieder bei Kafka im Hotel Askanischer Hof melden. Sie macht es nicht. Es regnet langsam und unaufhörlich. Wieder sitzt Kafka wie einst im März im Hotel und wartet auf eine Nachricht von Felice. Aber es passiert nichts. Um 16.28 Uhr steigt Kafka wieder in den Zug nach Prag. Und er berichtet an Grete Bloch, die Vermittlerin: »So bin ich von Berlin weggefahren wie einer der ganz unberechtigterweise hingekommen ist.«

◈

An demselben 9. November wird in Berlin der bekannte Psychoanalytiker und Autor Otto Gross in der Wohnung von Franz Jung durch preußische Polizeibeamte verhaftet und nach Österreich ausgewiesen. Dort wird er von seinem Vater für verrückt erklärt, entmündigt und in das Sanatorium Tulln eingewiesen. Max Weber setzt sich von Heidelberg aus vehement ein für seine Freundin Frieda Gross, Ottos Ehefrau. Von Berlin aus protestiert die Zeitschrift »Die Aktion« mit einer Sondernummer. Es ist ein Vater-Sohn-Kampf und Generationenkonflikt der ganz anderen Art. Beherrschung des unbeherrschbaren Sohnes durch Entmündigung.

◈

»Die Dich streift/stürzt ab«, so hatte die weise, wilde Else Lasker-Schüler gedichtet, als sie Gottfried Benn kennenlernte. Jetzt hat er sie verlassen. Und sie liegt leidend darnieder, hat unerträgliche Unterleibsschmerzen. Dr. Alfred Döblin, der gerade noch Ernst Ludwig Kirchner für ein Porträt Modell gesessen hat, fährt hinaus in den Grunewald und gibt ihr Morphiumspritzen. Er weiß ihr nicht mehr anders zu helfen.

◈

Am 13. November erscheint »In Swanns Welt«, der erste Teil von Marcel Prousts Romanwerk »Auf der Suche nach der verlorenen Zeit«. Nachdem das Buch außer von den Verlagen Fasquelle und Oldenbourg und der »Nouvelle Revue Française« auch von André Gide, dem damaligen Lektor im Verlag Gallimard, abgelehnt worden ist, hat Proust das Buch bei Grasset auf eigene Kosten verlegt. Doch kaum hält er das erste Exemplar in der Hand, trennt sich sein Chauffeur und Geliebter Alfred Agostinelli von ihm. Alle anderen aber verfallen dem Autor. Rilke liest das Buch schon ein paar Tage nach Erscheinen. Es beginnt mit den goldenen Worten: »Lange Zeit bin ich früh schlafen gegangen« – und damit traf Proust den Nerv einer übermüdeten Avantgarde, die sich von Kafka bis Joyce, von Musil bis Thomas Mann in ihren Tagebüchern rühmte, wenn es ihr gelungen war, einmal vor Mitternacht zu Bett zu gehen.

Früh zu Bett gehen – das erschien den immer unausgeschlafenen Vorreitern der Moderne als das mutigste Ankämpfen gegen Depression, Trinken, sinnlose Ablenkung und die voranstürmende Zeit.

◈

Oswald Spengler schreibt in München fieberhaft weiter an seinem Mammutwerk »Der Untergang des Abendlandes«. Der erste Hauptteil ist schon fertig. Spenglers seelischer Zustand: ähnlich dem des Abendlandes. Sein Tagebuch: eine Tragödie. Er notiert: »Ich habe nie einen Monat ohne Selbstmordgedanken gehabt.« Aber immerhin: »Innerlich habe ich mehr erlebt als vielleicht irgend ein Mensch meiner Zeit.«

◈

Alma Mahler hatte ihre Haare immer so hochgebunden, dass sie sich im Gespräch oder beim Tanzen leicht lösten. Sie verstand es perfekt, die dunklen Strähnen zum idealen Zeitpunkt ins Gesicht fallen zu lassen, so dass die Männer die Besinnung verloren. Heute gönnt sie endlich wieder einmal Kokoschka diese Freude. Denn er hat das Doppelporträt der beiden abgeschlossen, jenes Bild, das seit Jahresbeginn auf seiner Staffelei stand und das Alma und ihn in stürmischer See zeigt. Er hat es erst »Tristan und Isolde« nennen wollen, nach der Wagner-Oper, aus der sie ihm bei ihrer ersten Begegnung vorsang. Doch dann gab Georg Trakl dem Bild den Titel »Die Windsbraut« – und der ist es, der letztlich hängenblieb. An seinen Galeristen Herwarth Walden in Berlin meldet der in tiefen Schulden steckende Kokoschka im November: »In meinem Atelier ist eine große Arbeit, an der ich seit dem vorigen Jänner gearbeitet habe, ›Tristan und Isolde‹, 2½ mal 3½, 10000 Kronen, seit einigen Tagen fertig. Ich muß darauf vor dem 1. Jänner eine Bürgschaft von 10 000 Kr erhalten, weil meine Schwester mit einem Manne verlobt ist und im Februar heiratet. Das Bild ist ein Ereignis, wenn es öffentlich wird, meine stärkste und größte Arbeit, das Meisterstück aller expressionistischen Bestrebungen: Erwerben Sie es für sich? Damit könnten Sie einen Welterfolg machen.«

Bescheidenheit ist noch nie Oskar Kokoschkas Stärke gewesen. Doch das Überraschende: Alma Mahler erkennt in der ›Windsbraut‹ tatsächlich das lang geforderte Meisterwerk Kokoschkas. »In seinem großangelegten Bild ›Die Windsbraut‹ hat er mich gemalt, wie ich in Sturm und höchstem Wellengang vertrauensvoll an ihn angeschmiegt liege – alle Hilfe von ihm erwartend, der, tyrannischen Antlitzes, energieausstrahlend die Wellen beruhigt.« Das gefiel ihr, so sah sie sich: voller Energie, ruhend, die Wellen der Welt beruhigt. Alma, die Herrscherin der Welt. So hatte sie sich das Meisterwerk ihres Geliebten vorgestellt. Als blinde Huldigung. Dass sie ihm einst versprach, ihn dafür zu heiraten, übergeht sie geflissentlich. Aber er darf zur Belohnung hinauskommen auf den Semmering, denn ihr neues Haus ist fertig. Und da darf er ein neues Bild malen.

In Breitenstein hat sich Alma ab dem Sommer ein kurioses Haus bauen lassen, auf dem Grundstück, das Mahler drei Jahre zuvor gekauft hatte. Das Haus sieht aus wie ein überdimensionaler Kamin, dunkel, Lärchenschindeln auf den Dächern werden gerade noch gedeckt, die umlaufenden Veranden machen alle Räume dunkel und trübsinnig. Ein Schwermutstempel. Im Wohnzimmer hängt Kokoschkas Porträt Almas als Giftmischerin Lucrezia Borgia. Und daneben in einer Glasvitrine Mahlers unvollendete 10. Symphonie, aufgeschlagen auf jener Seite, wo der Sterbenskranke seine Notschreie hinschrieb: »Almschi, geliebtes Almschi«.

Kokoschka durfte nur zur Belohnung für seine »Windsbraut« das Wohnzimmer im Semmering ausmalen, ein vier Meter breites Fresko über dem Kamin. Das Thema ist überraschenderweise: Alma Mahler und Oskar Kokoschka. Oder wie Alma es ausdrückt: »mich zeigend, wie ich in gespensterhafter Helligkeit zum Himmel weise, während er in der Hölle stehend von Tod und Schlangen umwuchert schien. Das Ganze ist auf der Idee der Flammenfortsetzung am Kamin gedacht. Mein kleines Gucki stand daneben und sagte: ›Ja, kannst Du denn gar nichts andres malen als die Mami?‹« Gute Frage. Antwort: Nein.

◈

Rilke sitzt in Paris und denkt verstört an den Sommer und Herbst in Deutschland. Wie er unruhig hin und her reiste zwischen all seinen Frauen und Übermüttern, zwischen Clara, der Noch-Ehefrau, seinen Ex-Geliebten Sidonie und Lou, seiner Sommerliebe Ellen Delp, seiner Mutter, seinen ihm in Bewunderung erlegenen Damen Cassirer, von Nostitz und von Thurn und Taxis. Alles offen halten, keinen eindeutigen Weg gehen, wohin das wohl führen mag, so denkt sich Rainer Maria Rilke am 1. November. Als Lebenshaltung ist das eine Katastrophe. Als Poesie eine Offenbarung:

Wege, offne

Dass nicht dieses länger vor mir sei,
dem versagend, ich mich rückwärts zügel:
Wege, offne, Himmel, reine Hügel,
keinem lieben Angesicht vorbei.
Ach die Pein der Liebesmöglichkeiten
hab ich Tag und Nächte hingespürt:

zu einander flüchten, sich entgleiten,
keines hat zur Freudigkeit geführt.

◈

In Augsburg wehklagt Bertolt Brecht: Es ist November und Erkältungszeit. Und auch ansonsten leidet der fünfzehnjährige Schüler an allerlei: Sein Tagebuch vermeldet Kopfweh, Schnupfen, Katarrh, Rückenstechen, Rückenschmerzen, Nasenbluten. Es gibt tägliche kurze Bulletins über sein eigenes »Befinden«, genüsslich beobachtet er seine Schmerzen und steigert sich hinein in seinen sekundären Krankheitsgewinn: »Vormittags kam Doktor Müller. Trockene Broncheritis. Interessante Krankheit. Schnupfen kann jeder haben.«

◈

Die Redewendung »An apple a day keeps the doctor away« taucht erstmals 1913 in England auf. Sie stammt aus dem Buch »Rustic Speech and Folklore« von Elizabeth M. Wright.

◈

Emil Nolde kommt ganz langsam der Südsee näher. Am 5. November erfolgt die Überfahrt über das Gelbe Meer nach China. An Bord des Dampfers »Prinz Eitel Friedrich« geht es vorbei an Taiwan in fünf Tagen nach Hongkong. Von Hongkong aus reist die Expeditionsgruppe dann weiter mit dem Dampfer »Prinz Waldemar« durch das Südchinesische Meer nach Deutsch-Neuguinea. Doch als er in der fernen deutschen Kolonie an Land geht, ist er verstört. Er findet kein unberührtes Paradies vor, sondern einen Absatzmarkt. Im November 1913 schreibt er in die Heimat: »Lieber Freund, es ist betrübend zu beobachten, wie die ganzen Länder hier von den allerschlechtesten europäischen Galanteriewaren überschwemmt sind, von der Petroleumlampe bis zum allerordinärsten Baumwollstoff, gefärbt in unechter Anilinfarbe.« Um das zu sehen, so klagt er, hätte er nicht diese Reise machen müssen. Er lässt seine Malsachen in den Koffern und flucht.

◈

Am 2. November wird Burt Lancaster geboren.

◈

Als Georg Trakl aus Venedig nach Österreich zurückkehrt, wird die untergehende Stadt nachträglich zur Inspirationsmaschine. In den letzten Monaten des Jahres 1913 überfällt ihn die Dichtung mit ungeahnter Wucht, zugleich zerbirst ihm fast der Schädel. Ein sprachlicher Rausch erzählt von einem inneren Inferno.

»Alles bricht entzwei«, schreibt er im November. Es wird sich nie ganz aufklären, was da geschehen ist, aber es ist zu vermuten, dass seine geliebte Schwester Grete schwanger ist. Ob von ihrem Ehemann (den es in Berlin gab), von ihm selbst oder von seinem Freund Buschbeck, dem er ein Verhältnis mit ihr unterstellt, ist völlig unklar. Wir wissen nur, dass in einem Gedicht Trakls aus dem November das »Ungeborne« auftaucht und er drei Monate später schreiben wird, dass seine Schwester eine Fehlgeburt hatte. Aber wer weiß. Er hatte so eine gepeinigte Seele, dass auch das Leben an sich ausreichte, um ihn entzweizureißen.

Aus Dankbarkeit seinem Gönner und Retter Ludwig von Ficker gegenüber lässt er sich trotz seines desolaten Gemütszustandes zu einem öffentlichen Auftritt überreden. Er trägt beim vierten literarischen Abend von Fickers Zeitschrift »Brenner« im Innsbrucker Musikvereinssaal vor. Und der Dichter muss gesprochen haben, als laufe er noch immer murmelnd über den Strand des Lidos von Venedig: »Der Dichter las leider zu schwach, wie von Verborgenheiten heraus, aus Vergangenheiten oder Zukünften, und erst später konnte man in den monoton gebethaften Zwischensprachen dieses schon äußerlich ganz eigenartigen Menschen Worte und Sätze, dann Bilder und Rhythmen erkennen, die seine futuristische Dichtung bilden.« So der Bericht Josef Anton Steurers im »Allgemeinen Tiroler Anzeiger«.

Zwischen diesen beiden verkorksten Auftritten am Lido und vor dem Musikverein entsteht eines der zentralen Kapitel der deutschsprachigen Lyrik des 20. Jahrhunderts. Insgesamt 49 Gedichte sind es, darunter die Hauptwerke »Sebastian im Traum«, das »Kaspar Hauser Lied« (das eine dem Venedig-Reisenden Adolf Loos gewidmet, das andere dessen Freundin Bessie) und »Verwandlung des Bösen«. Eigentlich entstehen 499 oder 4999 Gedichte, denn Trakls Gedichte sind nie fertig, es gibt unzählige Versionen, Überschriften, Neuschriften, Korrekturen und Varianten. Immer wieder greift er zum Stift, verändert die Manuskripte, immer wieder schreibt er an die Herausgeber der Zeitschriften, die seine Gedichte veröffentlichen, dass dieses Wort gegen jenes getauscht werden müsse und jenes gegen dieses. Da kann ein »blau« zu »schwarz« werden und ein »leise« zu »weise«. Man sieht, wie er Motive mit sich herumschleppt, wie er versucht, sie Strophe für Strophe unterzubringen, und, wenn alles ohne Erfolg bleibt, wie er sie wiederum ausstreicht und dann mitnimmt ins nächste Gedicht, ins nächste Jahr. »In hohem Sinne unverbesserlich«, so nannte Albert Ehrenstein Georg Trakl. Doch das ist falsch. Selbst er war noch zu verbessern. Aber eben nur durch sich selbst. Seine Gedichte sind Montagen aus Gehörtem, Gelesenem (Rimbaud vor allem und Hölderlin), aus Gespürtem. Doch es kann ihm auch widerfahren, etwa im Gedicht »Verklärung« aus dem November 1913, dass das, was als »blauer Quell« beginnt, der »nächtlich bricht aus abgestorbenem Gestein«, am Ende doch die »blaue Blume« wird, »die leise tönt in vergilbtem Gestein«. Die Romantik ist immer Ausgangspunkt, sie ist aber mitunter auch das Sehnsuchtsziel des leisen Töners Trakl. Neunmal blüht die blaue Blume in Trakls Gedichten allein im Herbst 1913 auf. In seiner Grabinschrift für Novalis aber verblüht sie bereits auf einer frühen Textstufe. Doch kaum ist das »blau« verwelkt und durchgestrichen, folgen viele neue Wortversuche. Die Blume kann dann alles sein: Erst »nächtlicher«, dann »strahlender«, schließlich »rosiger«. Um prophetisch zu wirken, fehlt es Trakls Gedichten an Prägnanz. Vielmehr schillert hier noch einmal der deutsche Wortschatz in seiner ganzen Pracht, in seiner ganzen Kraft, im Salzburger Spätbarock, bevor Trakl dann die Tür öffnet zum Maschinenraum seiner Inspiration und den Pesthauch des Vergehens darüber wehen lässt und den Eishauch seiner Seele. Überall sterben die Blumen, dunkeln die Wälder, flüchten die Hirsche, verstummen die Stimmen.

Ein Toter besucht dich.
Aus dem Herzen rinnt das selbstvergossene Blut
Und in schwarzer Braue nistet unsäglicher Augenblick;
Dunkle Begegnung
Du – purpurner Mond, da jener im grünen Schatten
Des Ölbaumes erscheint.
Dem folgt unvergängliche Nacht.

Zu existentiell erlebt erscheinen diese unvergänglichen Vanitas-Erfahrungen, als dass man sie des Wortrausches zeihen könnte, des Kitsches gar. Trakl konnte sich nur lyrisch äußern, seine Korrekturen und Neudichtungen sind seine Autobiographie. Er hat das Dunkle gesichtet, das Flüchtige eingefangen, das Unfassbare zur Rede gestellt. Er schaute in sich hinein und wurde so zum Zeugen des Unsichtbaren, mit einer sich erst in der Introspektion vollends befreienden Phantasie.

Trakl feilt an seinen Worten, ringt mit seiner Sprache, so lange, bis er weiß, dass er sie in die Welt entlassen kann. In eine Welt, in der er selbst nicht überleben kann. Seine Gedichte – auch wenn sie von den letzten Tagen der Menschheit handeln – verkünden kein Unheil. In ihnen hat die Geschichte im Dürrenmatt'schen Sinne »die schlimmstmögliche Wendung« längst genommen, eben weil sie bereits einmal gedacht, einmal gedichtet worden ist.

◈

Am 3. November wird Marika Rökk geboren.

◈

Robert Musil ist müde und geht vor seiner Frau ins Bett. Aber er kann nicht einschlafen, irgendwann hört er, wie sie ins Bad geht, um sich fertigzumachen. Dann nimmt er den Notizblock, der immer auf seinem Nachttisch liegt, und seinen Bleistift und schreibt einfach auf, was er erlebt: »Ich höre Dich das Nachthemd anziehen. Aber damit ist noch lange nicht alles zuende. Wieder gibt es hunderte kleine Handlungen. Ich weiß, dass du dich beeilst; offenbar ist das alles notwendig. Ich verstehe: wir sehen dem stummen Gebaren der Tiere zu, erstaunt, wie sich bei ihnen, die doch keine Seele haben sollen, die Handlungen aneinanderreihn, von Morgen bis zum Abend. Es ist ganz das Gleiche. Du hast kein Bewusstsein, von den ungezählten Griffen, die Du vollführst, von allem, was dir notwendig erscheint und ganz belanglos bleibt. Aber sie ragen breit herein in dein

Leben. Ich, der ich warte, fühle es zufällig.« Liebe zeigt sich auch im fühlenden, staunenden, begeisterten, zärtlichen Hören und Beobachten.

◈

Am 1. November wird der bayerische König Otto offiziell für verrückt erklärt. Die Ärzte diagnostizieren das »Endstadium einer langdauernden psychischen Erkrankung«. Damit wird die Thronbesteigung durch den Prinzregenten Ludwig als Ludwig III. juristisch möglich.

◈

Woyzeck ist verrückt und halluziniert: »Über der Stadt ist alles Glut! Ein Feuer fährt um den Himmel und ein Getös herunter wie Posaunen.« Am 8. November wird im Münchner Residenztheater das 1836 entstandene, Fragment gebliebene Drama »Woyzeck« des 1813 geborenen Georg Büchner uraufgeführt, nachdem Hugo von Hofmannsthal jahrelang darauf gedrängt hatte. Es passt wunderbar in dieses Jahr und hat sich genau den richtigen Moment erwählt, um ins Bewusstsein zu dringen. Was für ein Stück, was für eine Sprache, was für ein Tempo. Fast achtzig Jahre alt und doch ganz von jetzt. Es ist die Parallelgeschichte zu Heinrich Manns »Untertan« – nur viel gewalttätiger und archaischer. Woyzeck lässt sich von einem Arzt für Experimente missbrauchen, dann vom Hauptmann, der ihn demütigt. Als ihn seine geliebte Marie mit dem feschen »Tambourmajor« betrogen hat, kann er seine Aggressionen nicht mehr zügeln und ersticht sie. Das Opfer wird zum Täter. »Kernpunkt wird« – wie Alfred Kerr sagt – »die quälende Menschheit – nicht ihr gequälter Mensch.« Es ist ein Proletarierdrama, ein Stück des Aufstands und des Aufbegehrens.

Rilke ist sprachlos vor Begeisterung: »Es ist ein Schauspiel ohnegleichen, wie dieser missbrauchte Mensch in seiner Stalljacke im Weltall steht, malgré lui, im unendlichen Bezug der Sterne. Das ist Theater, so könnte Theater sein.« Es ist aber vor allem die Feier einer einzigartigen Sprache, die zwischen Halluzination und Märchen, Gosse und Poesie daherjagt und auf einen niedergeht wie ein Bussard. Am Ende des Stücks wird ein Märchen erzählt von einem einsamen Kind: »Und weil auf der Erd niemand mehr war, wollt's in Himmel gehen, und der Mond guckt es so freundlich an und wie's endlich zum Mond kam, war's ein Stück faul Holz und da ist es zur Sonn gegangen und wie's zur Sonn kam, war's ein verwelkt Sonnenblum. Und wie's zu den Sternen kam, waren's kleine goldne Mücken, die waren angesteckt wie der Neuntöter sie auf die Schlehen steckt. Und wie's wieder auf die Erde wollt, war die Erd ein umgestürzter Hafen und war ganz allein.«

Das war ein Märchen ganz nach dem Geschmack des Jahres 1913. Untröstlich, jenseits aller Utopie, aber voller Poesie.

◈

Vielleicht ist er an jenem 8. November unter den Gästen der Uraufführung von »Woyzeck« gewesen, es wären nur ein paar Meter gewesen von seiner Wohnung in der Ainmillerstraße 19: Eduard von Keyserling, der größte und der vergessenste Anti-Utopiker seiner Zeit. Er war schon immer von großer Hässlichkeit, eine schwere Syphilis und ein Rückenmarksleiden hatten ihm weiter zugesetzt, nun lebte der verarmte baltische Graf mit seinen zwei Schwestern Henriette und Elise in einer Etage in Schwabing. Er war inzwischen fast völlig erblindet, aber er diktierte seinen Schwestern Erzählungen und Romane voller Farbenpracht. Im Grunde erzählt er in seinen Jahr für Jahr erscheinenden Büchern immer wieder dieselbe Geschichte.

Aber es ist ein sprachlich einzigartiger Singsang der Naturbeschwörung, mit dem er dem Adelsgeschlecht ein sanftes Dahinscheiden erleichtern will. Die fehlende Selbstreflexion identifiziert er als deren größten Distinktionsunterschied. Eine aufreizende Ruhe geht von seinen Büchern aus, eine Verschwendung an Gefühlen und Worten und Adjektiven, die er alle nur einsetzt, um die Sinnlosigkeit zu verdecken, in die die Moderne die Welt gestürzt hat. Niemand konnte, von Stifters »Nachsommer« abgesehen, die Pracht eines nordischen Sommers mit solcher Leidenschaft und Varianz beschreiben. Zugleich wollte Eduard von Keyserling die Nostalgie als ein untaugliches Mittel der Gegenwartsbewältigung vorführen. Wenn seine Figuren reden, dann hört er ihnen nur zu, skeptisch, amüsiert, verstört. Er glaubt nur der Natur, ihrem Wachsen und Blühen und Welken. Ziemlich genial. Gerade war »Wellen« erschienen, sein großes anti-utopisches Manifest, 1913 schrieb er an der Novelle »Am Südhang«, seinem Meisterwerk. Über dem Protagonisten Karl Erdmann von West-Wallbaum, auf einem baltischen Gut zu Hause wie einst der Autor selbst, schwebt die Gefahr eines Duells »empfindlich und feinschalig wie eine Frucht, die auf dem Südhange gereift ist«. Die ganze Novelle treibt auf dieses Duell zu. Zugleich ironisieren die Adligen in dieser Geschichte die ersten Brüche im Geschlechterverhältnis, wenn etwa die von allen begehrte Daniela von Bardow zu ihrem Verehrer Karl Erdmann sagt: »Sie sollen nicht auch kompliziert sein wollen, alle wollen jetzt kompliziert und geheimnisvoll sein und sie glauben, dann gefallen sie uns.« Wenig später, als er einen Liebesbrief geschrieben hat, den er für gefühlvoll hält, nimmt sie ihn in einer Gartenlaube wie mit dem Seziermesser fein säuberlich auseinander und nennt ihn: »Kitsch«. »Am Südhang« ist also auch ein Monument des Sprachskeptizismus. Am bestechendsten aber ist, wie Keyserling die ganze Geschichte über die Spannung hält, alles auf das große, ominöse Duell zulaufen lässt. Wird Karl Erdmann, der großspurige, kitschige Liebhaber, dran glauben müssen oder sein wackrer Gegner, der ihn beleidigt hat? Und dann, auf dem Höhepunkt, lässt Keyserling einfach die beiden Schüsse vorbeigehen und die Duellanten wieder ihre Sachen packen. Alles fällt in sich zusammen. Was sich »Novelle« nennt, ist gar keine, es gibt gar kein »Ereignis«. Der Arzt, der dem Duell beiwohnt, ist sichtlich enttäuscht, er hat, wie Keyserling wunderbar ironisch vermerkt, »innerlich zu große Vorbereitungen getroffen«.

Alle Beteiligten spüren (und mit ihnen der Leser), dass allein das drohende Duell und der mögliche Tod eine Verheißung waren. Selten ist Gegenwartsliteratur so sehr Mentalitätsstudie wie hier. 1913 oder: Ein Jahr am Südhang der Geschichte.

◈

Auch Ernst Jünger hat »innerlich zu große Vorbereitungen« getroffen. Seine Lust auf Gefahr treibt ihn hinaus aus Bad Rehburg, dem Kurort, in dem es nach Kühen und nach Torf und alten Menschen riecht, und heraus aus dem elterlichen Haus, durch dessen Butzenscheiben kaum Licht dringt.

Im August war er in Winterkleidung in das väterliche Gewächshaus gestiegen, um seinen Körper auf extreme Bedingungen vorzubereiten. Nun fühlt er sich reif für Afrika. Jahrelang hat er unter der Schulbank von den Abenteuerreisen in das Herz der Finsternis gelesen. Jetzt will er selbst dorthin. »An einem feuchten und dunstigen Herbstnachmittag trat ich mit Zittern und Bangen in einen Trödlerladen ein, um einen sechsschüssigen Revolver mit Munition zu erwerben. Er kostete zwölf Mark. Ich verließ den Laden mit einem Triumphgefühl, um mich gleich darauf zu einem Buchhändler zu begeben und ein dickes Buch ›Die Geheimnisse des dunklen Erdteils‹ zu erwerben, das ich für unentbehrlich hielt.«

Und dann, mit dem Buch und dem Revolver im Gepäck, bricht er am 3. November auf, ohne einem Menschen davon zu erzählen. Aber wie kommt man von Rehburg mit dem Zug nach Afrika? Leider ist er in Geographie nie so gut gewesen. Ernst Jünger kauft sich eine Pfeife, um sich erwachsener zu fühlen und sein abenteuerliches Herz zu stärken, und dann kauft er ein Ticket vierter Klasse und fährt von Bahnhof zu Bahnhof Richtung Südwesten. Er fährt immer weiter, erst nach Trier, dann durch Elsass-Lothringen, Jünger schlägt sich durch, irgendwann, nach einer unendlichen Odyssee ist er am 8. November ausgerechnet in Verdun, wo er in die Fremdenlegion eintritt. Er wird in die 26. Instruktionskompanie eingewiesen als Nummer 15 308 und nach Marseille gebracht, dort besteigt er das Schiff in sein gelobtes Land: Afrika. Die Lokalzeitung meldet: »Bad Rehburg, 16. November. Der Primaner als Fremdenlegionär. Der Unterprimaner Juenger, ein Sohn des Bergwerksbesitzers Dr. Phil. Juenger, hat sich für die französische Fremdenlegion anwerben lassen und befindet sich bereits auf dem Wege über Marseille nach Afrika. Der Vater des Bedauernswerten hat sich an das Auswärtige Amt in Berlin um Hilfe gewandt. Die deutsche Botschaft ist angewiesen, sich mit der französischen Regierung wegen der Freilassung des Juenger in Verbindung zu setzen.«

◈

Nach ihrer Hochzeit im Mai ziehen Viktoria Luise von Preußen und Prinz Ernst August von Hannover im November nach Braunschweig. Nach fast fünfzig Jahren ist erstmals wieder ein Welfe regierender Herzog von Braunschweig. Das junge Paar ist glücklich und bekommt fünf Kinder.

◈

Im kleinen Garnisonsstädtchen Zabern in Elsass-Lothringen, das seit 1871 zum deutschen Kaiserreich gehört, geschieht am 28. Oktober etwas Ungeheuerliches. Am Abend finden sich vor der Kaserne der deutschen Armee ein paar Dutzend Demonstranten ein, die dagegen protestieren, dass der Leutnant Günter Freiherr von Forstner seinen Rekruten erklärt hat, die Franzosen seien alle »Wackes« und: »Auf die französische Fahne könnt ihr scheißen«. Diese Worte waren an die Lokalzeitung gelangt und hatten für Entsetzen bei der Bevölkerung gesorgt. Als die Demonstranten Plakate hochhalten und um mehr Respekt werben, lässt der Kommandeur des Regiments drei Züge Infanterie mit scharfer Munition und aufgesetztem Bajonett anrücken. Unter den Demonstranten bricht Panik aus, doch die deutschen Soldaten prügeln auf sie ein und nehmen über dreißig Personen fest, darunter etliche unbeteiligte Passanten. Sie werden im Kohlenkeller ohne Licht und Toiletten eingesperrt. Darauf spricht der Regimentskommandeur Oberst Ernst von Reuter die folgenden Worte: »Ich betrachte es als ein Glück, wenn jetzt Blut fließt … Ich habe jetzt das Kommando, ich bin es der Armee schuldig, Respekt zu verschaffen.«

Fünf Tage später wird Forstner mit einem Trupp Soldaten erkannt, und einige Arbeiter einer Schuhfabrik rufen ihm »Wackes-Leutnant« zu, daraufhin verliert er die Beherrschung und haut einem gehbehinderten Gesellen, der nicht schnell genug fliehen konnte, den Säbel über den Kopf, so dass dieser blutüberströmt zusammensinkt.

Schon einen Tag später debattiert der Reichstag in Berlin über die Vorgänge in Zabern. Die »Zabern-Affäre« bedrohte den Frieden zwischen Frankreich und dem deutschen Kaiserreich wie kein Ereignis zuvor. Der deutsche Kriegsminister Erich von Falkenhayn lässt sich von dem offenen Rechtsbruch der deutschen Militärs nicht beirren. Er behauptet, »lärmende Tumultanten« und »hetzerische Presseorgane« seien für die Zuspitzung der Situation in Zabern verantwortlich. Daraufhin kommt es zu Tumulten im Reichstag, die Opposition verwahrt sich gegen die Rechtfertigung eines Agierens des Militärs außerhalb des Rahmens von Gesetz und Ordnung. Der Zentrumsabgeordnete Konstantin Fehrenbach: »Auch das Militär untersteht dem Gesetz und dem Recht, und wenn wir zu den Zuständen kommen, das Militär exlex zu stellen und die Zivilbevölkerung der Willkür des Militärs preiszugeben, dann, meine Herren: Finis Germaniae! ... Es ist ein Desaster für das Deutsche Reich.« Das wahre Desaster aber kommt erst noch: Denn dem deutschen Staatsoberhaupt Wilhelm II. sagt das schneidige Auftreten des deutschen Militärs eigentlich zu, und er kann nichts wirklich Dramatisches an der sogenannten »Zabern-Affäre« finden. Zu einem Aufschrei steigert sich die Reaktion der europäischen Presse aber, als das Urteil gegen den Kommandeur Forstner, das zunächst wegen vorsätzlicher Körperverletzung auf 43 Tage Gefängnis lautete, im Berufungsverfahren vom Oberkriegsgericht in einen Freispruch umgewandelt wird. Forstner, so die Richter, habe sich in »Putativnotwehr« befunden und sei folglich unschuldig. Die liberale »Frankfurter Zeitung« erkennt die erschreckende Botschaft dieses Freispruchs: »Das Bürgertum hat eine Niederlage erlitten. Das ist das eigentliche und sichtbare Zeichen des Zaberner Prozesses ... In der Auseinandersetzung zwischen Militärgewalt und Zivilgewalt hat das Kriegsgericht das Recht der uneingeschränkten Herrschaft der ersteren gegenüber dem Bürgertum statuiert.«

◈

Im Jahre 1913 wird die Firma Prada gegründet und eröffnet in der Galleria Vittorio Emanuele in Mailand ihr erstes Geschäft für elegante Lederwaren.

◈

Kaiser Wilhelm fährt Mitte November mit der Eisenbahn nach Halbe zum »Kaiser-Bahnhof«, dann geht es mit Kutschen weiter in das Waldgebiet in der Dubrow. Dort beginnt die Jagd um halb zwei nachmittags, in einem mit Tüchern und Netzen umspannten Gebiet. Das Wild wird am Schießstand seiner Majestät vorbeigetrieben. Zwei Büchsenspanner laden dem Kaiser permanent nach. Als um 14.45 Uhr die Jagd wieder abgeblasen wird, sind insgesamt 560 Stück Wild erlegt worden. Kaiser Wilhelm II. hat allein zehn Schaufler und zehn Sauen erlegt. Er regt beim Jagdessen abends an, dass doch ein Gedenkstein künftig an seine Treffsicherheit erinnern möge.

◈

Im November 1913 kommt es zum intimsten, verständnisvollsten und vielleicht ehrlichsten Briefwechsel zwischen Thomas und Heinrich Mann. Thomas Mann geht es nicht gut in diesem Moment. Seine Frau Katia wird nicht gesund, ihr Husten, den sie seit Monaten, ja Jahren in Sanatorien zu heilen versucht, ist wieder da, bellender denn je. Außerdem war er das erste Mal überschuldet, hatte sich mit dem Hausbau in der Poschingerstraße, der kurz vor dem Abschluss steht, übernommen. Er bittet seinen Verleger Samuel Fischer um einen Vorschuss von 3000 Mark auf den nächsten Roman. Und an seinen Bruder Heinrich schreibt er: »Mein ganzes Interesse galt immer dem Verfall, und das ist es wohl eigentlich, was mich hindert, mich für den Fortschritt zu interessieren.« Und dann: »Aber was ist das für ein Geschwätz. Es ist schlimm, wenn die ganze Misere der Zeit und des Vaterlandes auf einem liegt, ohne dass man die Kräfte hat, sie zu gestalten. Aber das gehört wohl eben zur Misere der Zeit und des Vaterlandes. Oder wird sie im ›Unterthan‹ gestaltet sein? Ich freue mich mehr auf Deine Werke als auf meine. Du bist seelisch besser dran und das ist eben doch das Entscheidende.« Und dann, in seltener warmherziger Bruderliebe: »Daß ich Dir so schreibe, ist natürlich eine krasse Taktlosigkeit, denn was sollst Du antworten.« Doch Heinrich Mann, der seinen großen Zeitroman »Der Untertan« in den folgenden Monaten abschließen wird, weiß offenbar, wie er zu antworten hat. Wir kennen seine Reaktion nicht. Aber die von Thomas: »Für deinen klugen, zarten Brief danke ich Dir von Herzen.« Und weiter, eine Art plötzlicher Liebeserklärung an die Geschwister: »In meinen besten Stunden träume ich seit Langem davon, noch einmal ein großes und getreues Lebensbuch zu schreiben, eine Fortsetzung von Buddenbrooks, die Geschichte von uns fünf Geschwistern. Wir sind es wert. Alle.« Nie wieder wird er seinem Bruder einen so tiefen Einblick geben in seine von Müdigkeit und Zweifeln gemarterte Seele.

◈

Von der Mona Lisa keine Spur.

◈

Marcel Duchamp hat noch immer keine Lust auf Kunst, aber er hat eine Idee. »Kann man«, so fragt er sich, »Werke schaffen, die keine Kunst-Werke sind?« Und dann tauchte im Herbst in seiner neuen Wohnung in der Rue Saint-Hippolyte in Paris plötzlich das Vorderrad eines Fahrrades auf, das er auf einen gewöhnlichen Küchenschemel montiert. Marcel Duchamp spricht darüber ganz beiläufig: »Es war etwas, das ich in meinem Zimmer haben wollte, wie man ein Feuer hat oder einen Bleistiftanspitzer, außer, dass es keinen Nutzeffekt hatte. Es ist ein angenehmes Gerät, angenehm aufgrund der Bewegungen, die es gab.« Duchamp findet es so beruhigend, das Rad mit der

Hand zu drehen. Das unendliche Um-sich-selbst-Kreisen gefällt. Während in Paris und Berlin und Moskau die Künstler noch darum kämpfen, ob nun der Kubismus, der Realismus, der Expressionismus oder die Abstraktion der Königsweg sei, da stellt der junge Duchamp einfach ein Fahrrad-Rad in seine Küche und schafft damit das erste »ready-made«. Es ist der beiläufigste Paradigmenwechsel der Kunstgeschichte.

◈

Am 20. November notiert Franz Kafka in seinem Tagebuch: »Im Kino gewesen. Geweint.«

◈

Die emotionale Überwältigung im Kinosaal ruft 1913 die Jugendschützer auf den Plan. Der Pädagoge Adolf Sellmann schreibt im Vorwort seines Buches »Kino und Schule«: »Die Lehrerschaft ist dazu berufen, auf all die Gefahren, die vom schlechten Kino her drohen, aufmerksam zu machen und unsere Jugend davor zu schützen. Die Schule muss aufklärend wirken, damit man innerhalb und außerhalb ihrer Mauern einsieht, eine wie schlechte geistige Nahrung oft auch heute noch in den Kinos geboten wird. Sie muss für Aufklärung sorgen in der Presse, auf Elternabenden und Konferenzen. Sie muss darauf dringen, dass gesetzliche Maßnahmen und polizeiliche Verordnungen erlassen werden, damit unsere Jugend vor all den verderblichen Einflüssen, die durch das Kino möglich sind, behütet wird.« In Fulda beschließt die deutsche Bischofskonferenz spezielle Richtlinien für den Klerus zum Schutz vor den negativen Auswirkungen des Kino-Besuches. Niemand soll mehr angesichts von Schundschmonzetten weinen! Es wird gefordert, dass Kinder unter sechs Jahren keinen Zutritt zum Kino haben sollen. Außerdem sollten Erwachsene auf moralisch minderwertige Filme verzichten.

Das nennt man einen frommen Wunsch.

◈

Was für ein schöner Name: Albert Graf Mensdorff-Pouilly-Dietrichstein. Durch die Heirat eines seiner Urahnen mit einer Prinzessin von Sachsen-Coburg im fernen 19. Jahrhundert war Albert Mensdorff, genannt Graf Ali, in die Verwandtschaft beinahe aller europäischen Höfe geraten, was ihn täglich aufs Neue begeisterte. Dem Vetter des britischen Königs und k. u. k. Botschafter in London gelingt im November 1913 sein Meisterstück. Der britische König Georg V. schreibt ihm und hofft, dass »der Erzherzog und die Herzogin es einrichten können, im November für einige Tage Schießen nach Windsor zu kommen«. Und ob sie es können! Es ist die erste offizielle Einladung für den österreichischen Thronfolger und seine mit protokollarischen Demütigungen überzogene Gattin, die Herzogin Sophie. Graf von Mensdorff-Pouilly-Dietrichstein weiß, was ihm gelungen ist, und schreibt darum an den Erzherzog Franz Ferdinand: »Wie Sie ja wissen, sind mir solche offiziellen Unternehmungen mit Diners, Toasten, Empfängen, Theatern etc. etc. wo man halb krank wird und zu Tode gehetzt wird ein Greul (sic).« Das ist ein schlechter Witz. Denn der Graf ist wahrscheinlich der größte Partylöwe der österreichisch-ungarischen Diplomatie – er hebt von jedem seiner Diners die Menükarte auf und zeichnet am nächsten Morgen einen Sitzplan, auf dem vermerkt wird, neben wem er gesessen hat. Dass er den gesellschaftlichen Teil des Besuches des Erzherzoges so denunziert, hat ausschließlich damit zu tun, dass er und der Thronfolger sich in herzlicher Abneigung verbunden sind. Dem Erzherzog ist das aber völlig egal. Er genießt es, erstmals mit seiner Frau eine offizielle Auslandsreise machen zu können. Und er genießt, dass er kaum zwei Wochen nach der Jagd mit Kaiser Wilhelm nun mit King George V in der Nähe von Schloss Windsor auf Fasanenjagd gehen darf. Franz Ferdinand und der König werden von drei englischen Herzögen begleitet, während die Damen in Schloss Windsor parlieren und Konzerten lauschen. Am Dienstag, dem 18. November, werden von den Schützen tausend Fasane und vierhundertfünfzig Wildenten erlegt, die ihnen die Treiber vor die Flinte scheuchen. Am Mittwoch, dem 19. November, schießen sie bei schönstem Sonnenschein siebzehnhundert Fasane. Am Donnerstag erwischen sie etwa eintausend Fasane. Und am Freitag dann, als der königlichen Jagdgesellschaft Wind und Regen ins Gesicht peitschen, werden dennoch achthundert Fasane und vierhundert Wildenten erlegt. Ein Gemetzel.

DEZEMBER

Alles ist offen: Die Zukunft und die Lippen der schönen Frauen. Kasimir Malewitsch malt ein schwarzes Quadrat. Robert Musil findet es sehr dunkel in Deutschland. Die Mona Lisa wird in Florenz wiedergefunden und zum wichtigsten Gemälde der Welt. Rainer Maria Rilke wäre gerne ein Igel. Thomas Mann stellt klar: Ich schreibe nicht am Zauberlehrling, sondern am Zauberberg! Emil Nolde findet im Südseeparadies nur verstörte Menschen und Karl Kraus in Janowitz das Glück. Ernst Jünger wird in Afrika gefunden und feiert Weihnachten in Bad Rehburg. Und wie stehen die Sterne?

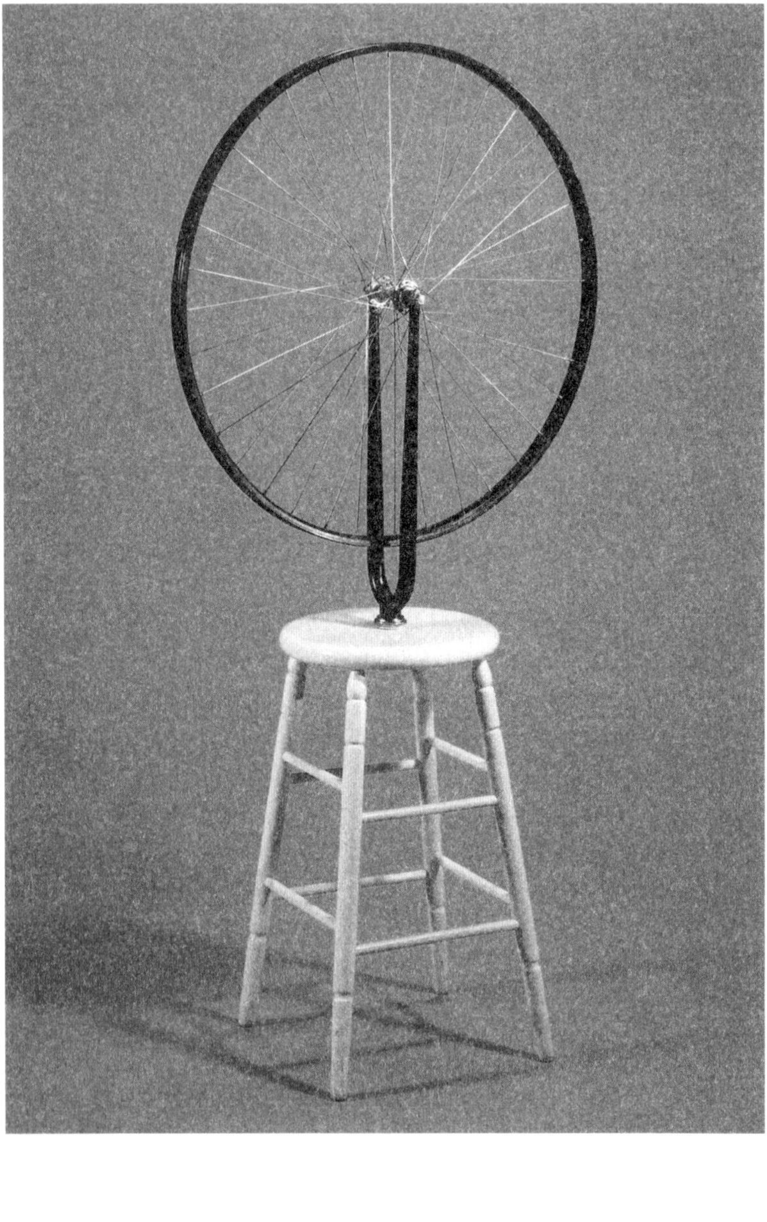

Im Dezember 1913, während sich also in Paris gerade das erste ready-made, das Vorderrad auf dem Schemel, in der Hand von Marcel Duchamp dreht, entsteht in Moskau das erste »Schwarze Quadrat« – die beiden Nullpunkte der modernen Kunst.

Am 3. Dezember 1913 findet im Lunapark-Theater in St. Petersburg die Uraufführung der futuristischen Oper »Sieg über die Sonne« statt. Die Kostüme und das Bühnenbild dazu entwirft Kasimir Malewitsch, auf einen Bühnenvorhang malt er ein schwarzes Quadrat. Es ist die Urform des Gemäldes, das zum Inbegriff wird für den »Beginn einer neuen Zivilisation« oder, wie Malewitsch diese Zäsur nennt: den »Suprematismus«. Zwei Jahre später, im Dezember 1915, präsentiert er auf der Ausstellung »0,10« in St. Petersburg 35 seiner neuesten Werke, sein »Suprematistisches Manifest« und eben sein unerhörtes Gemälde: »Schwarzes Quadrat auf weißem Grund«. Das Bild ist eine einzige Provokation und eine Offenbarung. Das Quadrat verkörpert für Malewitsch die »Null-Form«, die Erfahrung der reinen Gegenstandslosigkeit. Und aus dem elementaren Kontrast zwischen Weiß und Schwarz entsteht für ihn eine universelle Energie. Es ist ein Endpunkt der Kunst – und doch zugleich der Ursprung von etwas ganz Neuem. Es ist die Verweigerung aller Ansprüche an den Künstler und an die Kunst – und genau damit eine der größten Selbstbehauptungen der künstlerischen Autonomie. Man sollte immer auch an das »Schwarze Quadrat« denken, wenn man an das Jahr 1913 denkt.

◈

Das zweite Meisterwerk, das das Jahr 1913 prägt, ist vierhundert Jahre alt, gemalt auf eine 77 mal 53 Zentimeter große Holztafel aus lombardischer Weißpappel. Die »Mona Lisa« von Leonardo da Vinci. Seit sie vor zwei Jahren aus dem Louvre gestohlen wurde, fehlte von ihr jede Spur.

Doch Anfang Dezember bekommt der Florentiner Kunsthändler Alfredo Geri einen Brief. Der wohlbeleibte Herr, breitschultrig und gesellig, versorgt mit seinem Antiquitätenladen in der Via Borgo Ognissanti die Florentiner Oberschicht. Auch Eleonora Duse, die Duse genannt, und ihr Geliebter Gabriele D'Annunzio gehören zu seinen Kunden. Der Brief, den er in Händen hält, verstört ihn. Ist das die Wahrheit oder der Brief eines Wahnsinnigen? Er liest noch einmal: »Das gestohlene Werk von Leonardo da Vinci befindet sich in meinem Besitz. Es gehört offensichtlich Italien, da der Maler Italiener war. Mein Wunsch ist es, dieses Meisterwerk dem Land zurückzugeben, aus dem es kam und von dem es inspiriert ist. Leonardo.«

Es gelingt Geri dann, brieflich mit dem ominösen Absender »Leonardo« für den 22. Dezember einen Treffpunkt in Mailand zu vereinbaren. Als Geri aber am 10. Dezember um halb acht abends seinen Laden abschließen will, stellt sich ein Herr vor, der sich zuvor unter die letzten Besucher gemischt hat: »Mein Name ist Leonardo.« Geri schaut den Mann entgeistert an: Er hat einen dunklen Teint, pomadiges schwarzes Haar, insgesamt wirkt er etwas ölig mit seinem gezwirbelten kleinen Schnauzer. Er sei, so sagt der Mann, nun doch schon etwas früher gekommen und unter dem Namen »Leonardo Vincenzo« im Albergo

Tripoli-Italia in der Via Panzani abgestiegen. Also nur einen Häuserblock entfernt von Borgo San Lorenzo, an dem vierhundert Jahre zuvor Lisa del Giocondo für Leonardo Modell gesessen habe.

Am nächsten Tag um 15 Uhr, sagt Leonardo, könne Signore Geri sich in der Pension die »Mona Lisa« anschauen. Geri alarmiert den Direktor der Uffizien, Giovanni Poggi, und zu dritt gehen sie vom Antiquitätenladen hinüber in die schäbige Pension. Geri und Leonardo einigen sich beim Gang durch die Straßen darauf, dass er 500000 Lire erhalte, falls das Bild echt sei. Das sei nett, sagt Leonardo, aber ihm gehe es gar nicht ums Geld, er wolle nur Italien seinen geraubten Kunstschatz zurückbringen. Poggi und Geri schauen sich irritiert an.

Die Herren steigen dann im Albergo Tripoli-Italia die steile Treppe hinauf, im zweiten Stock liegt Leonardos armseliges Einzelzimmer. Er holt einen Koffer unter dem Bett hervor, wirft den gesamten Inhalt mit Unterwäsche, Werkzeugen und seinem Rasierzeug aufs Bett. Dann öffnet er einen doppelten Boden in seinem Koffer und hält ein in rote Seide geschlagenes Brett in der Hand: »Vor unseren Augen erschien die göttliche Gioconda, unversehrt und wunderbar erhalten. Wir trugen sie ans Fenster, um sie mit einer mitgebrachten Fotografie zu vergleichen. Poggi untersuchte sie«, so erzählt der Händler Geri später. Es gibt keinen Zweifel, auf der Rückseite trägt sie die Inventarnummer des Louvre. Aber trotz ihrer Erregung behalten Geri und Poggi die Nerven – sie sagen Leonardo, möglicherweise sei sein Bild das gesuchte, sie müssten weitere Nachforschungen anstellen. Leonardo, erschöpft von der langen Reise und mit Aussicht auf seine 500000 Lire, stellt das Bild an die Wand seines Zimmers und legt sich hin zum Mittagsschlaf.

Sofort alarmiert Poggi die Polizei – als die Carabinieri die

Tür öffnen, schläft Leonardo noch, und neben dem Bett liegt der gesamte Inhalt seines Koffers verstreut. Er lässt sich widerstandslos verhaften. Die »Mona Lisa« wird unter Polizeischutz in die Uffizien gebracht. Dann ruft Poggi im Bewusstsein der Bedeutung seines Fundes nicht nur den Generaldirektor des Denkmalamtes Corrado Ricci in Rom an und den französischen Botschafter Camille Barrère. Sondern er lässt sich auch zu König Vittorio Emanuele III. und zu Papst Pius X. durchstellen.

Im italienischen Parlament prügelten sich gerade zwei Abgeordnete, als jemand in den Plenarsaal kam und rief »La Gioconda é stata trovato«. Die Gioconda ist wieder da! Die Botschaft wurde verstanden. Sofort umarmten sich die beiden Prügelnden und gaben sich Küsse der Begeisterung.

Von dieser Minute an war ganz Italien im Mona-Lisa-Fieber. Und Leonardo? Leonardo hieß Vincenzo Peruggia, war 32 Jahre alt und war in der Zeit des Diebstahls als Aushilfsglaser im Louvre beschäftigt. Er hatte die Mona Lisa in den umstrittenen Glasrahmen gesetzt. Und da er sie hineingesetzt hatte, wusste er auch, wie er sie am einfachsten wieder herausnehmen konnte. Er ließ sich nachts einschließen, nahm das Bild heraus, schlug es in Leinwand ein und spazierte damit morgens aus dem Louvre, die Wärter, die ihn gut kannten, grüßten kurz.

Es war vollkommen absurd. Von jedermann, jeder Putzfrau, jedem Kunsthistoriker, jedem Archivar im Louvre hatte die Polizei Fingerabdrücke abgenommen, um den Dieb zu fassen, denn dieser hatte auf dem Rahmen des Bildes Spuren hinterlassen. Aber den Aushilfsglaser Vincenzo Peruggia hatte man vergessen. Die Polizei hatte ihn, wie jeden anderen Louvre-Mitarbeiter, auf der Suche nach der Mona Lisa sogar zu Hause besucht, in seinem ärmlichen Zimmer in der Rue de l'Hôpital Saint-Louis Nr. 5. Aber die Polizisten hatten nicht unter das Bett geschaut.

Dort nämlich lag zwei Jahre lang, einen Kilometer Luftlinie vom Louvre entfernt, das meistgesuchte Kunstwerk der Welt. Die Geschichte war ein Schock: für den Louvre, für die Pariser Polizei. Aber zugleich war sie auch die große, glücksbringende Weihnachtsbotschaft. Peruggia erhielt in seiner Gefängniszelle unzählige Dankesbriefe, Süßigkeiten und Geschenke von dankbaren Italienern.

Gabriele D'Annunzio dichtete: »Er, der von Ruhm und Ehre träumte, er, der Rächer der Diebstähle Napoleons, brachte sie über die Grenze zurück nach Florenz. Nur ein Dichter, ein großer Dichter konnte einen solchen Traum träumen.«

Schon am 13. Dezember waren die französischen Regierungsbeamten und Kunsthistoriker in Florenz, um die Echtheit der Mona Lisa zu überprüfen. Der italienische Generaldirektor Ricci sprach die schönen Worte: »Ich wünschte mir nur, die Franzosen stuften das Bild als Kopie ein, dann bliebe die Mona Lisa in Italien.« Aber auch die Franzosen stuften das Bild als das Original ein.

Alfredo Geri bekam vom Louvre einen Finderlohn und vom französischen Staat die Rosette der Ehrenlegion. Leonardo alias Vincenzo Peruggia wurde zu einer Gefängnisstrafe von sieben Monaten verurteilt.

Am 14. Dezember, bewacht von einer einzigartigen internationalen Ehrengarde aus Gendarmen und Carabinieri in Paradeuniformen, hing die Mona Lisa in den Uffizien, in einem vergoldeten Prunkrahmen aus Nussholz wurde sie wie bei einer Prozession durch die Gänge getragen. Dreißigtausend Menschen sahen sie, die italienischen Kinder bekamen einen Tag schulfrei, um nach Florenz zu reisen und das nationale Heiligtum zu bestaunen. Am 20. Dezember dann wurde das Bild in einem Salonwagen voller Ehrengäste nach Rom zu König Vittorio Emanuele III. gebracht. Er überreichte es am nächsten Tag im Palazzo Farnese, der französischen Botschaft, in einem symbolischen Akt. Über Weihnachten 1913 war das Bild noch einmal in der Galeria Borghese ausgestellt – der Generaldirektor Ricci selbst saß während der Öffnungszeiten neben dem Bild, er hatte versprochen, es keine Sekunde aus den Augen zu lassen. Nachts passten ein Dutzend Polizisten auf sie auf. Dann wurde die Mona Lisa im Salonwagen nach Mailand gefahren – unter höchsten Sicherheitsvorkehrungen war das Bild dort für zwei Tage in der Pinacoteca Brera zu sehen. Die Fahrt der Mona Lisa durch Italien war ein Triumphzug ohnegleichen. Wo immer der Wagen einen Bahnhof passierte, jubelten die Menschen und winkten. Von Mailand aus bekam die Mona Lisa einen Privatwagen im Expresszug Mailand–Paris. Sie wurde behandelt wie eine Königin. Am späten Abend des 31. Dezember überquerte die Mona Lisa die französische Grenze. Sie hatte den Louvre als Gemälde verlassen, nun kehrte sie als Mysterium zurück.

◈

In der Dezemberausgabe der »Neuen Rundschau« erscheint auf einem unpaginierten Werbebeiblatt eine kleine Notiz von Oscar Bie, der zuvor Thomas Mann zu Hause besucht hat: Mann arbeite an einer neuen Novelle mit dem Titel »Der Zauber-Lehrling«. Bie hatte eine so unleserliche Handschrift, dass er sie selbst oft nicht entziffern konnte. So ist Thomas Mann den Dezember über damit beschäftigt, seine Freunde und Bekannten, die ihm daraufhin geschrieben haben, zu informieren: »Denken Sie ja nicht, (die Novelle) ist fertig. Sie heißt übrigens ›Der Zauber*berg*‹ (Bie hat sich verlesen).«

◈

Am 15. Dezember schreibt Ezra Pound, der große Poet und einer der zentralen und umtriebigsten kulturellen Vermittler Londons, einen Brief an James Joyce nach Triest. Er bittet den verarmten Englischlehrer um einige seiner neuesten Gedichte für die Zeitschrift »The Egoist«. »Sehr geehrter Herr!«, beginnt dieser freundliche Brief. »Nach dem, was mir Yeats erzählt, könnte ich mir denken, dass uns der eine oder andere Abscheu gemeinsam ist.« Von diesem Brief an ist es Joyce, als sei er von den Toten auferweckt. Schon kommt der zweite Brief von Pound aus Kensington, er habe von Yeats das Gedicht »I Hear an Army« erhalten, das ihn sehr begeistere. Solchermaßen ermutigt, setzt sich James Joyce noch am selben Tag hin und korrigiert seine beiden Manuskripte. Nach zwei Wochen sind das erste Kapitel von »Ein Porträt des Künstlers als junger Mann« und die Erzählungen »Dubliners« fertig, und er schickt sie per Express nach London zu Ezra Pound. A star is born.

◈

Nächtelang hockt Dr. med. Alfred Döblin, der schreibende Nervenarzt und Mitarbeiter von Herwarth Waldens Zeitschrift »Der Sturm«, im neuen Atelier von Ernst Ludwig Kirchner in der Körnerstraße. Immer wieder schreibt Döblin über Mann und Frau und die Bedingungen des Zusammenseins, über den Kampf der Geschlechter. Etwa, nachdem seine Geliebte einen Sohn von ihm bekam: »Die Ehe ist kein Spezialgeschäft für Sexualität. Ebenso töricht ist die Forderung, alle Sexualbeziehungen im Rahmen der Ehe zu erfüllen, als wolle man verlangen, nur zur Mahlzeit und in bestimmten Lokalen Hunger zu haben.« Das gefiel Kirchner sehr. Im Sommer hatte er Holzschnitte gemacht für Döblins Geschichte »Das Stiftsfräulein und der Tod«, die im November 1913 in den »Lyrischen Flugblättern« des kleinen Wilmersdorfer Verlages von A.R. Meyer erscheinen. In jenem Verlag also, in dem 1912 auch Gottfried Benns »Morgue« erschienen war und 1913 auch sein neuer Gedichtband »Söhne«.

Im Dezember fängt Kirchner an, Illustrationen für Döblins Einakter »Comtesse Mizzi« zu schaffen, einem Stück über die Kokotten, die Kirchner mit seinen Maleraugen so gierig beobachtete bei ihren Streifzügen durch die Friedrichstraße und an den Rändern des Potsdamer Platzes. Döblin sagt über die Kokotte: »Die Sexualorgane sind Betriebswerkzeuge.« Das ist die Theorie hinter der Praxis, die Kirchner ausmalt. Immer wieder nimmt er neue Anläufe in diesem Dezember, den Potsdamer Platz, seine Faszination und seine Kälte, seine Betriebsamkeit und seine Beziehungslosigkeit in Kunst zu überführen. Die Pelzkragen der Kokotten, ihre rosa Gesichter im fahlen Eisrausch ihrer Kragen, diese schreiend grünen Federboas – und daneben die gesichtslosen, getriebenen Männer. Kirchner zeichnet und zeichnet, und einmal schreibt er sogar zwei Wörter in sein Skizzenbuch: »Kokotte = Zeitfrau«.

◈

Heiligabend in der Berliner Klopstockstraße bei Lovis Corinth.

Das Lebenswerk ist schon wieder um ein Jahr reicher geworden. Vor allem in Tirol hat Corinth seine Palette erweitert, den Ton für die Berge gefunden, den er dann in seinen Porträts des Walchensees zur Meisterschaft führen wird. Aber noch immer ist er nicht ganz bei Kräften. Als das Weihnachtsessen endlich vorüber ist und die Bescherung beginnen soll, bittet Papa Corinth die Kinder noch um einen Augenblick Geduld. Er holt seine Staffelei, einen Keilrahmen und seine Farben. Charlotte geht ebenfalls kurz raus, um nach dem Weihnachtsmann zu schauen, wie sie den Kindern sagt. In Wahrheit jedoch, um sich als Weihnachtsmann zu verkleiden. Die Kinder Thomas und Wilhelmine warten gespannt. Dann kommt der Weihnachtsmann, der also eine Weihnachtsfrau ist, und die Bescherung kann beginnen. Doch Lovis Corinth lässt seine Geschenke unausgepackt, hat nur Augen für seine Leinwand – mit wenigen energischen Pinselstrichen lässt er den Weihnachtsbaum erstehen, dessen rote Kerzen warm leuchten. Daneben sieht man Thomas, ganz versunken in den Anblick seines neuen Puppentheaters mit roten Vorhängen. Die kleine Wilhelmine im weißen Kleidchen hat eben eine Puppe ausgepackt und zieht bereits am nächsten Geschenk. Charlotte, links, hat noch ihr Weihnachtsmannkostüm an. Vorne links auf dem Bild steht die Marzipantorte, noch unangeschnitten. Doch nachdem Corinth sie in schönsten Brauntönen gemalt hat, legt er den Pinsel zur Seite, macht sich die Finger an einem Lappen sauber und nimmt sich ein Stück.

◈

Josef Stalin friert in seiner sibirischen Verbannung.

◈

Endlich ist Ernst Jünger in Afrika angekommen. Als frischgebackener Legionär der Fremdenlegion sitzt er mit seinen Kameraden in einem staubigen Zelt in Nordafrika bei Sidi bel Abbès. Statt großer Freiheit nur großer Drill. Bis zur totalen Erschöpfung gibt es bei sengender Hitze Wehrübungen, Manöver, Dauerläufe. Was hat ihn getrieben, sich gleich für fünf Jahre zu verpflichten? Jünger versucht erneut zu flüchten, diesmal vor der Fremdenlegion. Er versteckt sich in Marokko.

Aber er wird gefasst und erhält 10 Tage Arrest im Gefängnis der Garnison. Irgendwie hat er sich das alles ganz anders vorgestellt mit Afrika. Da bringt ihm ein Bote am 13. Dezember folgendes Telegramm: »REHBURG STADT, 12.06 UHR ABGESANDT. FRANZÖSISCHE REGIERUNG HAT DEINE ENTLASSUNG VERFÜGT LASZ DICH FOTOGRAFIEREN JÜNGER«. Nach diplomatischen Interventionen hat Jüngers Vater seine Freilassung und seinen Rücktransport erreicht. Am 20. Dezember verlässt er das Quartier der Fremdenlegion in Nordafrika, in seinem Entlassungsbogen ist als Grund des Ausscheidens vermerkt: »Einspruch des Vaters wegen Minderjährigkeit«. Tief gebräunt, tief beschämt, tief irritiert fährt Jünger mit dem Zug den langen Weg von Marseille nach Bad Rehburg zurück. Zu Weihnachten kommt er wieder im elterlichen Haus an. Heiligabend sitzt er also nicht unter dem afrikanischen Sternenhimmel, sondern unter einem Weihnachtsbaum, der ein paar Tage zuvor im Rehburger Wald geschlagen worden ist. Es gibt Karpfen. Jünger verspricht seinem Vater, nun fleißig für das Abitur zu lernen. Dann entschuldigt er sich und geht früh zu Bett. Er liest vor dem Einschlafen nicht mehr in dem Buch »Die Geheimnisse des schwarzen Kontinents«.

◈

Emil Nolde ist am Ziel seiner Träume. Am 3. Dezember, zwei Monate nach ihrer Abreise, fährt er mit Ada und der Expeditionsgesellschaft auf dem Dampfer »Prinz Waldemar« des Norddeutschen Lloyd an den Palau-Inseln vorbei. Auf der kleinen Insel Jap auf den westlichen Karolinen kommt es zu ersten Kontakten mit Ureinwohnern, deren Boote neben den ihren anlegen und die an Bord kommen. Dann geht es weiter, Richtung Äquator, sie fahren auch an der Insel von

Deutsch-Neuguinea vorbei, auf der August Engelhardt sein Imperium begründet hat. Der deutsche Lebensreformer, inzwischen schon reichlich ausgemergelt, hat hier seine mit Büchern gefüllte Hütte am Strand und schart Anhänger seiner Kokosnuss-Religion um sich. Er hält die Kokosnuss für eine göttliche Frucht (weil sie so weit oben hängt) und predigt, dass die Menschen nur gesund werden können, wenn sie sich ausschließlich von der Milch und dem Fleisch der Kokosnuss ernähren. Er liebt dieses wunderbare göttliche Geräusch beim Öffnen, den Moment, wenn die Kokosnuss kracht.

Auch Nolde isst in diesen Tagen sehr viele Kokosnüsse, aber es reicht ihm nicht, er braucht auch immer wieder ein frisch geschlachtetes Huhn. Am 13. Dezember erreicht die Expeditionsgruppe Rabaul, die Hauptstadt des Schutzgebietes Neu-Pommern. Dort bekommt jeder einen einheimischen »Boy« zur Seite gestellt. Tulie und Matam heißen die beiden Jungen, die sich fortan um Emil und Ada Nolde kümmern. Damit sich alle akklimatisieren, bleibt die Gruppe nun für vier Wochen auf einer kleinen Anhöhe oberhalb von Rabaul, Namanula genannt, wo sie in ein neugebautes, aber noch nicht genutztes Kolonial-Krankenhaus einziehen können. Nach den Wochen des Wartens wird Nolde von einer großen Schaffenslust übermannt. Er nimmt sein Aquarellpapier, füllt etwas Flusswasser in einen Behälter und malt von morgens früh bis abends spät: Matam und Tulie zunächst, dann aber auch die Hütten der Ureinwohner, die Frauen, die Kinder, die Ruhe, die Palmen. Er schnitzt auch einen Holzstock und druckt einen Holzschnitt der beiden Boys. Hauchzart sieht man Ohren und Augen in den dunklen Köpfen, man erkennt die sonderbare Nase Tulies und die hervorstehende Oberlippe Matams, dahinter wuchert die Südseevegetation.

Aber Emil Nolde ist nicht nur fasziniert, sondern auch ernüchtert. Er findet hier in Palau nicht mehr die unberührte Südsee, die einst Paul Gauguin malte und die die europäischen Dichter in ihren Versen beschworen. Die Ureinwohner der Kolonien sind auf traurige Weise europäisiert, »ihr Trotz gebrochen, die Haare kurz geschnitten«, wie er schreibt. Sie werden alle nach Rabaul gebracht, um Deutsch oder Englisch zu lernen, danach kehren sie in ihre heimischen Dörfer zurück, um künftig als Dolmetscher für Touristen zu arbeiten. Nolde setzt mit dem Boot über zur Halbinsel Gazelle, wo er noch auf ursprünglichere Strukturen hofft – er sieht, dass er einer Kultur im Augenblick ihres Untergangs begegnet, und begreift seine Aquarelle als Spurensicherung. Er sucht in den aufleuchtenden rosaroten Blüten der Bougainvillea und des Hibiskus nach dem Paradies, auch in den nackten Körpern der Einheimischen. Doch Nolde findet in den Gesichtern eine erschreckende Apathie. Statt von ursprünglicher Lebensfreude erzählen seine Bilder von der Südsee vom Ernst der Moderne. Er schreibt in die ferne Heimat: »Ich male und zeichne und suche einiges vom Urwesen festzuhalten. Eines möge wohl auch gelungen sein, ich bin jedenfalls der Meinung, dass meine Bilder der Urmenschen und manche Aquarelle so echt und derb sind, dass sie unmöglich in parfümierten Salons zu hängen sind.«

Es entstehen Aberdutzende Aquarelle in diesem Dezember in Neu-Pommern, melancholische Studien der Agonie einer unter europäischem Druck gebrochenen Kultur. Mütter und Kinder schmiegen sich aneinander wie auf einem sinkenden Schiff. Das also ist das Paradies, von dem er jahrelang träumte und in das er sechzig beschwerliche Tage lang angereist ist.

Am 23. Dezember schickt Nolde mit dem Postdampfer von Rabaul 215 Zeichnungen und Aquarelle an seinen Freund und Förderer Hans Fehr in Halle. Am 24. Dezember notiert Emil

Nolde in sein Tagebuch, wie sehr er die weiße Weihnacht vermisst, das Knistern des Holzes im Kamin und den geschmückten Tannenbaum: »Es war uns kaum möglich, weihnachtlich zu fühlen, bei dieser Wärme. Unsere Gedanken streiften über die Meere und Weltteile hinweg zu den Stuben in der deutschen Heimat, wo funkelnd hell die Lichter brannten. Ich stellte meine kleinen während der Seefahrten mit dem Taschenmesser geschnitzten Figuren auf unseren Weihnachtstisch.«

◈

In der Nummer 52 der »Schaubühne« vom 25. Dezember erscheint das Gedicht »Großstadt-Weihnachten« von Kurt Tucholsky alias Theobald Tiger. Es erzählt Weihnachten als bürgerliches Schauspiel, bei dem die Menschen keine Gefühle mehr haben, sondern nur noch Rollen.

Groß-Stadt-Weihnachten (…)

Das Christkind kommt! Wir jungen Leute lauschen
auf einen stillen heiligen Grammophon.
Das Christkind kommt und ist bereit zu tauschen
den Schlips, die Puppe und das Lexikon,
Und sitzt der wackre Bürger bei den Seinen,
voll Karpfen, still im Stuhl, um halber zehn,
dann ist er mit sich selbst zufrieden und im reinen:
»Ach ja, son Christfest is doch ooch janz scheen!«

Und frohgelaunt spricht er vom ›Weihnachtswetter‹,
mag es nun regnen oder mag es schnein,
Jovial und schmauchend liest er seine Morgenblätter,
die trächtig sind von süßen Plauderein.

So trifft denn nur auf eitel Glück hienieden
in dieser Residenz Christkindleins Flug?
Mein Gott, sie mimen eben Weihnachtsfrieden …
»Wir spielen alle. Wer es weiß, ist klug.«

Das Zitat im letzten Vers stammt von Arthur Schnitzler. »Wir spielen alle. Wer es weiß, ist klug.« Das ist so etwas wie der geheime Code des Jahres 1913. Schnitzler könnte stolz sein, dass ihn die junge Avantgarde so gut verstand, dass sie ihn zitieren konnte und alle gleich wussten, wer gemeint war.

◈

Aber Arthur Schnitzler ist nicht stolz. Er notiert im Dezember in sein Tagebuch, er habe nun endgültig die Hoffnung aufgegeben, dass ihn irgendjemand wirklich verstehe: »Dr. Roseeu übersendet eine Brochure über mich; gut gemeint, und – im Grund dasselbe, was überall steht. Ich geb's auf, von der Gegenwartskritik ein Verstehn zu erwarten.«

◈

Am 18. Dezember 1913 wird in Lübeck Herbert Ernst Karl Frahm geboren, der sich später Willy Brandt nennen wird.

◈

Die beliebtesten Vornamen des Jahres 1913 sind Gertrud, Marta, Erna, Irmgard, Charlotte, Anna, Ilse, Margarete, Maria, Hertha, Frida, Else. Und bei den kleinen Jungs: Karl, Hans, Walter, Wilhelm, Kurt, Herbert, Ernst, Helmut, Otto, Hermann, Werner, Paul, Erich, Willi.

◈

Oskar Kokoschka feiert Weihnachten mit Alma, deren Mutter und deren Tochter im neugebauten Haus in Breitenstein. Das Licht funktioniert noch nicht, darum sitzen nach dem Eintritt der Dämmerung alle vor dem Kamin, das lodernde Feuer und die vielen Kerzen tauchen alles in ein feierliches Licht. Kokoschka schenkt Alma einen großen Fächer, den er für sie bemalt hat, in der Mitte verliert der Mann Alma an einen großen Fisch. Kokoschka ist sich sicher: »Seit dem Mittelalter hat es nichts Gleichartiges gegeben, denn kein Liebespaar hat je so leidenschaftlich in sich hineingeatmet.« (Später dann, als Alma längst in Walter Gropius hineinatmet, da hat sich Kokoschka Alma als Puppe nachbauen lassen, lebensgroß, mit der Puppenbauerin besprach er detailliert jede Falte und jedes Fettpolster in der Hüftgegend, er lebt mit der Puppe dann länger zusammen als mit Alma selbst, aber das nur in Klammern, wir wollen ja nicht wissen, wie alles weitergeht, hier im Jahr 1913.)

◈

D. H. Lawrence, der gerade mit »Söhne und Liebhaber« seinen großen Erfolg in England feiert, wonach also der Mann nur entweder Sohn oder Liebhaber sein kann (auch eine Art Vatermord), hat schon in diesem Buch den Konflikt zwischen Intellekt und Instinkt zum großen Thema gemacht. Im Herbst hat er, damit seine Geliebte Frieda von Richthofen ihm glaubt, die ganze Schweiz durchwandert, nun feiern die beiden warme Weihnachten in einer Hafenkneipe am Mittelmeer. Und Lawrence bekräftigt an Weihnachten ein Glaubensbekenntnis aus dem Januar: »Meine tiefe Religion ist der Glaube, dass das

Blut, das Fleisch klüger sind als der Verstand. Wir können uns in unserem Geist irren. Aber was unser Blut fühlt und glaubt und sagt, ist immer wahr.«

◈

Seine Worte in Kafkas Ohr. Felice Bauer antwortet nicht mehr. Er schreibt ihr per Einschreiben, er schickt ihr einen Eilbrief, er schickt seinen Freund Ernst Weiß mit einer Botschaft zu ihr ins Büro der Lindström AG, aber sie antwortet nicht. Dann bekommt Kafka ein Telegramm, das einen Brief ankündigt. Aber der Brief kommt nicht. Sie telefonieren kurz, Felice bittet ihn, an Weihnachten nicht nach Berlin zu kommen, sie werde ihm bald schreiben. Aber sie antwortet nicht. Als am Mittag des 29. Dezember noch immer kein Brief in Prag angekommen ist, setzt sich Franz Kafka nieder und beginnt einen neuen Brief, seinen zweiten Heiratsantrag. Er schreibt und grübelt, schreibt und grübelt, schreibt und grübelt. In der Silvesternacht ist er auf Seite 22 angekommen. Am Ende wird der Brief 35 Seiten lang. Kafka schreibt: »Ich liebe Dich Felice mit allem was an mir menschlich gut ist, mit allem, was an mir wert ist, dass ich mich unter den Lebendigen herumtreibe.« Als um zwölf Uhr wieder die Glocken vom Hradschin herüberläuten, steht Kafka kurz auf und blickt aus dem Fenster. Im November ist die Familie umgezogen, nicht mehr auf Fluss und Brücke und Parkanlagen blickt Kafka jetzt, sondern auf den Altstädter Ring. Es schneit leise und unaufhörlich, das dämpft die Kanonenschüsse von der Burg, draußen auf dem Ring feiern die Menschen den Beginn des neuen Jahres. Kafka setzt sich wieder hin und schreibt weiter: »Sogar das, dass Du an mir Verschiedenes auszusetzen hast und ändern möchtest, sogar das liebe ich, nur will ich, dass Du es weißt«.

◈

Käthe Kollwitz, ermüdet vom Leben mit ihrem Mann und unschlüssig, in welche Richtung ihre Kunst gehen soll, bilanziert in der Silvesternacht: »Jedenfalls 1913 ist ziemlich harmlos verlaufen, nicht tot und schläfrig, ziemlich viel inneres Leben.«

◈

Ziemlich viel inneres Leben, wohl wahr. Robert Musil sitzt in dunkler Dezembernacht an Notizen, aus denen sehr viel später sein Roman »Der Mann ohne Eigenschaften« erwachsen wird. Jetzt schreibt er den schönen Satz: »Ulrich sagte das Schicksal vorher und hatte davon keine Ahnung.« Nicht schlecht. Er nimmt noch einen Schluck vom Rotwein und steckt sich eine Zigarette an (so stellt man sich das jedenfalls vor), dann nähert er sich von Ulrich aus schreibend der Heldin Diotima, der begehrten Schönheit, der Frau voller Eigenschaften, die ganze Zeit hatte er schon diesen bestimmten Satz auf der Zunge. Und also schreibt er: »Und etwas stand offen: es war wohl die Zukunft, jedenfalls waren es aber ein wenig auch ihre Lippen.«

◈

Es gibt ein paar glückliche Menschen an diesem Weihnachtstag des Jahres 1913. Karl Kraus und Sidonie Nádherný von Borutin sind zwei von ihnen, denen alles offensteht. Noch haben die Druckwellen des Streits mit Franz Werfel ihr Idyll nicht erreicht. Noch genießen sie einander, heimlich, aber voller Liebe. Kraus ist überwältigt vom reizenden Schloss der Borutins in Janowitz, wo nur Petroleumlichter leuchten, von seinem traumhaften Park mit der wunderbaren, 500 Jahre alten Pappel im Innenhof – jenem Park, der schon Rilke in seinen ewigen Bann schlug. Auch jetzt, im Dezember, hat die große Pappel noch ein paar zerzauste Blätter oben in der Krone, die aufrauschen, wenn der Wind über die Hügel fährt. Kraus ist dem Zauber dieses Ortes völlig erlegen, hier, wo seine geliebte Sidonie die Herrin ist über die Pferde und die Hunde und die Schweine. Hier ist sein Paradies. Hier ist alles, was es ist: gut und natürlich und wahr. Sidonie und Janowitz, diese Befreiung von Wien und von seinem intellektuellen Korsett, machen Karl Kraus zu einem anderen Menschen. Sidonies Bruder wünscht sich eine standesgemäße Hochzeit für seine Schwester, aber wenn Karl nachts, sobald der Bruder eingeschlafen ist, durch die dunklen, kalten Schlossgänge huscht und zu seiner Sidonie ins warme Bett steigt, dann denken sie nicht nach über solch altmodischen Standesdünkel. Karl Kraus ist schon am 23. Dezember in Janowitz eingetroffen, am 24. Dezember kommt sein Freund Adolf Loos nach, gemeinsam wollen sie Weihnachten feiern. Loos versucht, wohl um das junge Paar nicht zu lange zu stören, das Schloss des Thronfolgers in Konopischt zu besuchen, das direkt neben dem Schloss der Borutins liegt. Er schreibt einen Brief und bittet um Einlass. Aber Franz Ferdinand will nicht gestört werden. Schade, es wäre ein schönes Zusammentreffen geworden der beiden äußersten Pole von Österreich-Ungarn, von Loos, dem eiskalten Bekämpfer des Ornaments, und von Franz Ferdinand, dem heißblütigen Kommandierenden des Militärs.

Da kommt ein Brief an Sidie aus Paris, Rilke ist der Absender. »Ist Karl Kraus bei Ihnen?«, so fragt er, weil Sidie sich ihm anvertraut hat. Und dann bittet er ausgerechnet Sidie, die so angewidert war, um Vermittlung eines Essays über Franz Werfel an Karl Kraus, Titel »Über den jungen Dichter«. Etwas Unpassenderes hätte er nicht schicken können an Kraus, der bald darauf erfährt, dass Werfel Gerüchte über seine Geliebte in die Welt setzt, was ihn rasend macht wie einen blindwütigen Stier.

Aber nun stört Rilkes Brief das Liebesidyll in Janowitz nicht weiter, Sidie legt den Brief zur Seite, das hat keine Eile, denkt sie sich und geht mit Karl und ihrem geliebten Hund Bobby noch einmal in den Park. Sie tanzen umher zwischen den Schneeflocken, die zart vom Himmel fallen.

Kraus, der sonst nie länger als zwei Tage von seinem Schreibtisch fernbleibt, verlängert seinen Urlaub bis Neujahr und schreibt poetische Naturgedichte. Sidie, die große stolze Schönheit, schenkt ihm später ein träumerisches Foto von sich, hinten drauf schreibt sie mit blauer Tinte: »Karl Kraus/zur Erinnerung an gemeinsame Tage von Sidie Nádherný/Janowitz 1913–14«. Er hängte es in Wien sofort über seinen Schreibtisch und nimmt es nie wieder ab. Und irgendwann einmal, irgendwann im Leben danach, schreibt er ihr eine Karte aus St. Moritz: »Bitte heute Abend der Weihnachten 1913 zu gedenken.« Es muss sehr schön gewesen sein, dieses Weihnachtsfest.

◈

Am 27. Dezember verlängert das Ministerium in Wien den Krankheitsurlaub des an Neurasthenie erkrankten Bibliothekars zweiter Klasse Robert Musil um weitere drei Monate. Er reist sofort nach Deutschland, um mit Samuel Fischer zu verhandeln, wenig später wird er Redakteur von dessen Zeitschrift »Neue Rundschau«. Auf seiner Zugreise von Wien nach Berlin notiert er irritiert: »Auffallend in Deutschland: Die große Dunkelheit.«

◈

Silvester 1913. Oswald Spengler schreibt in sein Tagebuch: »Ich erinnere mich, wie mir als Knabe zu Mute war, wenn in der Silvesternacht der Weihnachtsbaum geplündert und weggeräumt wurde und alles wieder so prosaisch war wie vorher. Ich weinte im Bett die ganze Nacht vor mich hin und das lange lange Jahr bis zum nächsten Weihnachten war so lang und trostlos.« Und weiter: »Heute drückt mich das Sein in diesem Jahrhundert. Alles, was an Kultur, an Schönheit, an Farbe da war, wird geplündert«.

◈

Am Ende des Jahres 1913 erscheint ein überraschendes Buch. Es heißt »Das Jahr 1913« – darin der Versuch, eine Bilanz der Gegenwart zu ziehen, die »überreich an Kulturwerten« ist, aber zugleich eine »steigende Abstumpfung und Oberflächlichkeit der Massen sieht«. Höhepunkt ist der letzte Beitrag von Ernst Troeltsch über die religiösen Erscheinungen der Gegenwart: »Es ist die alte Geschichte, die wir alle kennen, die man eine Zeitlang den Fortschritt genannt hat und dann die Dekadenz, und in der man heute gern die Vorbereitung eines neuen Idealismus sieht. Sozialreformer, Philosophen, Theologen, Geschäftsmänner, Nervenärzte, Historiker signalisieren ihn. Noch aber ist er nicht da.« Die alte Geschichte, die man einmal den Fortschritt nannte – so weise also sprach man im Dezember 1913. Aber wer verstand diese Sprache im Stimmengewirr dieses Jahres?

◈

In Babylon wird die Tempelanlage Etemenanki wiederentdeckt: Es ist der legendäre »Turmbau zu Babel«.

◈

Natürlich wird auch der Erfinder der synchronoptischen Geschichtsschreibung, Werner Stein, im Jahre 1913, und zwar am 14. Dezember, geboren. Sein »Kulturfahrplan« wird ab 1946 die ganze Menschheitsgeschichte durch Jahresquerschnitte zu gliedern versuchen.

◈

Was trägt die Frau an Silvester? Die »Welt der Frau«, eine Beilage der »Gartenlaube«, gibt in ihrer Nummer 52 Tipps für die »Mode um die Jahreswende«. »Die Farbenfreude, die auch diese Saison auszeichnet, macht sich auch an den Toiletten für kleinere Festlichkeiten bemerkbar. Die meisten Formen tragen, dank des losen Schnittes, jenes anmutige Gepräge, das für schlanke Erscheinungen reizvoll ist. Aber auch der stärkeren Dame ist die jetzige Mode mit ihrem absichtlichen Verwischen einzelner Linien hold, wenn man zu wählen versteht.« Es folgt ein Gedicht von Marie Möller, das den harmlos klingenden Titel »Silvester« trägt. Darin die verstörenden Zeilen:

Drum laßt uns wirken spät und früh,
Daß uns das Jahr gelinge!
Daß jedem es nach Streit und Müh
Den Sieg und Frieden bringe.
Und daß des Weltkriegs Melodie
Nicht länger drohend schalle!
Daß bald auch sie in Harmonie
Wie Glockenklang verhalle.

◈

Rainer Maria Rilke geht es schlecht in diesen letzten Dezembertagen in Paris. Er schreibt: »Ich sehe keinen Menschen, es hat gefroren, es war Glatteis, es regnet, es trieft, – das ist hier der Winter, immer drei Tage von jedem. Ich habe von Paris über und über genug, es ist ein Ort der Verdammnis.« Und dann: »Hier der Inbegriff meiner Wünsche für 1914, 1915, 1916. 1917 usf.« Der da lautet: Ruhe und mit einem schwesterlichen Menschen auf dem Lande sein. An einen dieser schwesterlichen Menschen, die aber zur Zeit ihre Gedanken anderswo hat, also Sidonie Nádherný, schreibt er sodann: »Mir wär es recht jetzt, wie ohne Gesicht zu sein, ein zusammengerollter Igel, der sich nur am Abend im Straßengraben aufmacht und vorsichtig heraufkommt und seine graue Schnauze in die Sterne hält.«

◈

Zum ersten Mal wird 1913 das komplette Sternbild Sagitta am Himmel beobachtet. Südlich des Fuchses und nördlich des Adlers ist Sagitta ein deutlicher hell leuchtender Pfeil, der auf den Schwan zufliegt. Gebannt gehen die Blicke zum Himmel. Sagitta trägt den Namen des gefährlichen Pfeils, den der Mythologie nach Herkules abschießt. Doch der Schwan hat noch einmal Glück: Der Pfeil geht ganz knapp vorbei.

◈

Es ist der 31. Dezember 1913. Arthur Schnitzler notiert in sein Tagebuch ein paar Worte: »Vormittags die Wahnsinnsnovelle vorläufig zu Ende dictiert.« Nachmittags liest er: Ricarda Huchs Buch »Der große Krieg in Deutschland«. Ansonsten: »Sehr nervös tagsüber«. Dann Abendgesellschaft: »Es wurde Roulette gespielt«. Um Mitternacht stoßen sie an auf das Jahr 1914.

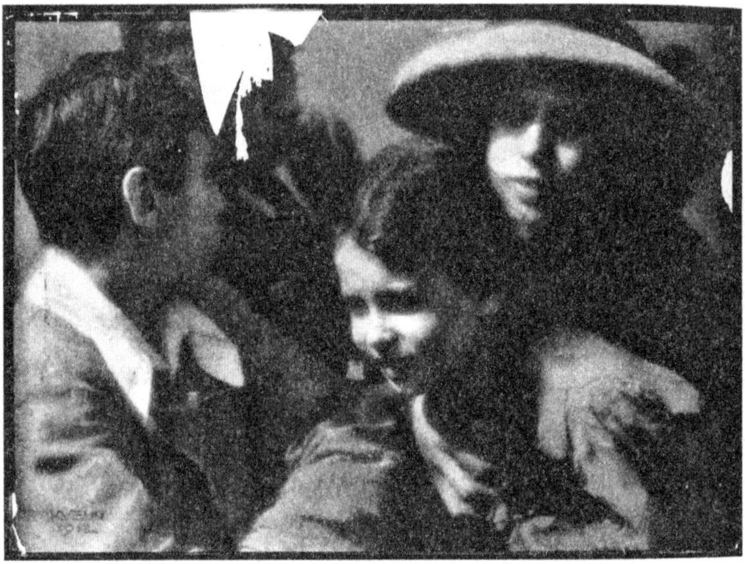

WAS ICH UNBEDINGT NOCH ERZÄHLEN WOLLTE

WINTER 1913

Maxim Gorki holt sich einen Sonnenbrand auf Capri. Peter Panter jagt Theobald Tiger. Hermann Hesse sehnt sich nach seinem Zahnarzt, und Puccini hat keine Lust auf ein Duell. Ein neuer Komet erscheint am Himmel, und Rasputin verhext Russlands Frauen. Aber Marcel Proust findet keinen Verleger für »Auf der Suche nach der verlorenen Zeit«. Dr. med. Arthur Schnitzler kümmert sich um seinen schwierigsten Patienten, die Gegenwart. Ein Feuerschlucker aus Berlin-Pankow wird König von Albanien. Nur für fünf Tage. Aber immerhin.

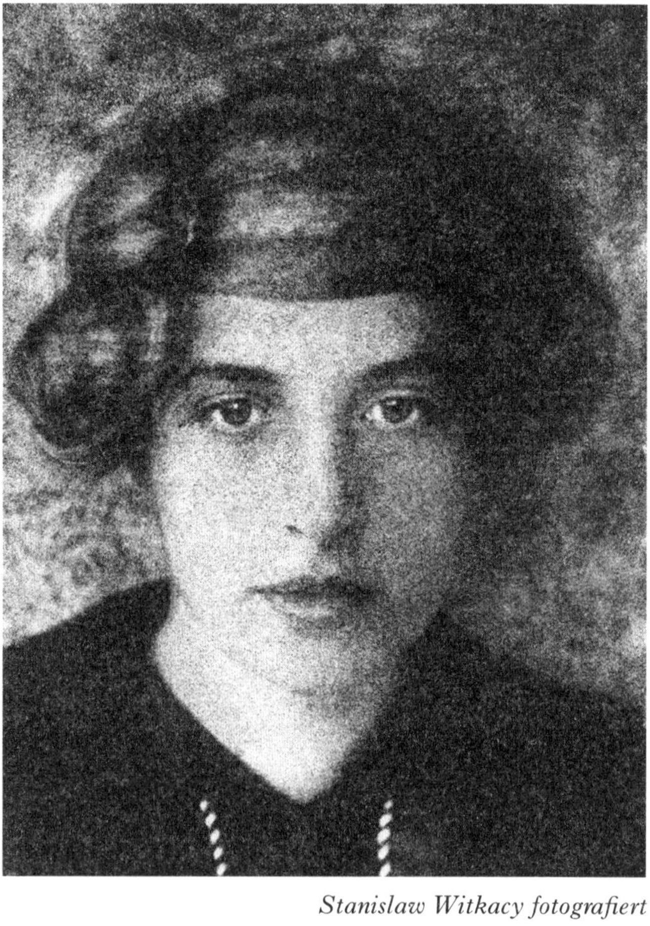

Stanislaw Witkacy fotografiert
die hinreißend schöne Jadwiga Janczewska.
Doch sie hat sich schon einen Revolver besorgt.

In dieser Silvesternacht, in den Stunden zwischen dem 31. Dezember 1912 und dem 1. Januar 1913, beginnt unsere Gegenwart. Es ist für die Jahreszeit zu warm. Das kennen wir ja. Sonst kennen wir nichts. Herzlich willkommen.

✷

Es ist spät geworden an jenem 31. Dezember in Köln, draußen leichter Regen. Rudolf Steiner, der Messias der Anthroposophie, hat sich in Rage geredet, er spricht am vierten Abend hintereinander in Köln, die Zuhörer hängen an seinen Lippen, gerade greift er zum Jasmintee, nimmt einen Schluck, da läuten die Glocken zwölf Mal, man hört die Menschen draußen auf den Straßen schreien und jubeln, aber Rudolf Steiner spricht einfach weiter und verkündet, dass eigentlich nur durch Yoga das verstörte Deutschland wieder zur Ruhe finden kann: »Im Yoga macht sich die Seele von dem frei, worin sie eingehüllt ist, überwindet das, worin sie eingehüllt ist.« Spricht's, geht und hüllt sich in Schweigen. Prost Neujahr.

✷

Picasso blickt hinab zu seinem aufschauenden Hund: Frika, diese seltsame Mischung aus bretonischem Spaniel und deutschem Schäferhund, mag es nicht, wenn er seinen Koffer packt, sie winselt und will dann immer unbedingt mit. Egal, wohin es geht. So nimmt er sie also kurzerhand an die Leine, ruft nach Eva, seiner neuen Geliebten, und zu dritt brechen sie in Paris auf, um mit dem nächsten Zug nach Barcelona zu fahren. Picasso will seinem alten Vater seine neue Liebe vorstellen (kaum ein Jahr später sind der Vater, der Hund und Eva tot, aber das gehört nicht hier hin).

*

Hermann Hesse und seine Frau Mia wollen es noch einmal versuchen. Sie haben ihre Kinder Bruno, Heiner und Martin bei der Schwiegermutter abgeladen und sind nach Grindelwald gefahren, es ist nicht weit von ihrem neuen Haus bei Bern hinauf in die Berge, zum kleinen Hotel »Zur Post«, das in diesen Tagen schon kurz nach drei Uhr am Nachmittag im Schatten der mächtigen Eigernordwand versinkt. Hesse und seine Frau hoffen, hier im Schatten die Leuchtkraft ihrer Liebe wiederzufinden. Sie kam ihnen abhanden wie anderen Leuten ein Stock oder Hut. Doch es nieselt. Wartet nur, balde, sagt der Hotelier, wird der Regen zu Schnee. Also leihen sie sich Skier aus. Aber es nieselt weiter. Und der Silvesterabend im Hotel ist lang und quälend und sprachlos, der Wein ist gut, immerhin. Irgendwann ist es endlich zwölf Uhr. Sie stoßen müde an. Dann gehen sie aufs Zimmer. Als sie morgens den schweren Vorhang zur Seite schieben und aus dem Fenster schauen, regnet es noch immer. Nach dem Frühstück bringt Hermann Hesse die unbenutzten Skier wieder zurück.

*

Rilke schreibt da gerade aus Ronda richtig Rührendes an den rüstigen Rodin.

*

Hugo von Hofmannsthal spaziert am 31. Dezember missmutig durch die Straßen von Wien. Ein letzter Gang durchs alte Jahr. Der Frost hält die Zweige der Bäume in den Alleen ummantelt, und auch auf den Fugen der Mauern sitzen die weißen Kristalle. Langsam senkt sich die dunkle Kälte über die Stadt. Als er in der Wohnung zurück ist, beschlagen seine Brillengläser, er reibt sie sauber mit seinem Taschentuch mit dem herrlich verschnörkelten Monogramm. Mit der noch kalten Hand streicht er über die Kommode, auf die er seinen Schlüssel legt. Ein Erbstück. Fasst dann auch den kunstvollen Spiegel an, der einst im Haus der Ahnen hing. Setzt sich an seinen prachtvollen handgearbeiteten Sekretär und schreibt: »Man hat manchmal den Eindruck, als hätten uns Spätgeborenen unsere Väter und unsere Großväter nur zwei Dinge hinterlassen: hübsche Möbel und überfeine Nerven. Bei uns ist nichts zurückgeblieben als frierendes Leben, schale, öde Wirklichkeit. Wir schauen unserem Leben zu; wir leeren den Pokal vorzeitig, und bleiben dennoch unendlich durstig.« Dann ruft er nach dem Diener. Und bittet um einen ersten Cognac. Er weiß aber längst: das wird auch nicht helfen gegen die Melancholie, die auf seinen müden Lidern liegt. Er kann nichts dagegen tun, aber er weiß den Untergang, wo andere ihn nur erahnen, er kennt das Ende, wo andere nur damit ihre zynischen Spiele treiben. Und so schreibt er an seinen Freund Eberhard von Bodenhausen, dankt für den Gruß »über das ganze große umdüsterte beklommene Deutschland hinweg«, um dann zu gestehen: »Mir ist so eigen zumut, alle diese Tage, in diesem konfusen, leise angstvollen Österreich, diesem Stiefkind der Geschichte, so eigen, einsam, sorgenvoll«. Auf mich, so heißt das, hört ja keiner.

Mit jungen Jahren war Hofmannsthal zu einer Legende geworden, seine Verse verzückten Europa, Stefan George, Georg Brandes, Rudolf Borchardt, Arthur Schnitzler, sie alle gerieten in den Bann dieses Genies. Doch Hugo von Hofmannsthal trug schwer an der Bürde des Frühvollendeten, er publizierte quasi nicht mehr, und jetzt, 1913, war er ein fast vergessener Mann, ein Relikt aus alten Zeiten, aus der »Welt von gestern« und so gründlich vergangen wie die Gesellschaft, deren Wunderkind er gewesen war. Er war der letzte Dichter des alten Österreichs, jenes Wiens, in dem im Jänner 1913 die Regentschaft von Kaiser Franz Joseph I. ins unglaubliche fünfundsechzigste Jahr geht. 1848 war er gekrönt worden, und 1913 trug er diese Krone noch immer, als sei es das Selbstverständlichste von der Welt. Doch genau unter seiner ermatteten Regentschaft, die aus den Tiefen des 19. Jahrhunderts kam, übernahm in Wien die Moderne die Herrschaft. Mit den Revolutionsführern Robert Musil, Ludwig Wittgenstein, Sigmund Freud, Stefan Zweig, Arnold Schönberg, Alban Berg, Egon Schiele, Oskar Kokoschka und Georg Trakl. Die alle mit Worten und Tönen und Bildern die Welt umkrempeln wollen.

*

Hedwig Pringsheim, Thomas Manns mondäne Schwiegermutter, fährt, die Masseuse ist endlich gegangen, am frühen Abend von ihrer Villa in der Münchner Arcisstraße 12 aus zum Silvesteressen »bei Tommy's« (das ist kein Restaurant in New York, sondern ihre patriarchalische Bezeichnung für die Familie ihrer Tochter Katia, verheiratete Mann, die in der Mauerkircherstraße 13 wohnt). Aber schon beim Setzen in der Mann'schen Wohnung jagt ihr der Schmerz erneut in den Rücken, der verdammte Ischias. Weil der gute Tommy am nächsten Tag nach Berlin reisen muss (was er noch bitter bereuen wird), bricht der alte Spielverderber den Silvesterabend um elf Uhr abrupt ab: »Ihr wisst, ich muss morgen früh raus.« Aber auch vorher schon war es, so die Schwiegermutter, höchstens »leidlich gemütlich«. In der ratternden Tram, auf der Heimfahrt, schlägt die Uhr vom Odeonsplatz dann zwölf Mal. Ihr Rücken schmerzt, ihr Mann, der Mathematiker Professor Alfred Pringsheim, sitzt neben ihr, schweigt und rechnet irgendetwas mit komplizierten Primzahlen. Wie unromantisch. Genau eine Straße weiter sitzt Karl Valentin und schreibt in dieser Nacht an Liesl Karlstadt: »Gesundheit und unser köstlicher Humor sollen uns nie verlassen, und bleibe fernerhin mein gutes braves Lieserl«. Wie romantisch.

*

Ja, genau, das ist eben jene Nacht, in der Louis Armstrong im fernen New Orleans damit beginnt, Trompete zu spielen. Und in Prag Franz Kafka am offenen Fenster sitzt und schmachtend und wundervoll und verstörend schreibt an Fräulein Felice Bauer, Immanuelkirchstraße 4, Berlin.

*

Der große ungarische Romancier, Freudianer, Morphinist und Erotomane Géza Csáth sitzt in dieser Nacht hingegen in seiner kleinen Arztwohnung im Sanatorium des winzigen Kurortes Stubnya, im letzten Zipfel des riesigen Habsburgerreichs, liest noch ein wenig in den Schriften Casanovas, steckt sich dann eine Luxor-Zigarre an, spritzt sich noch einmal 0,002 Gramm Morphium und zieht dann eine erfolgreiche Jahresbilanz: »360- bis 380-mal Koitus«. Geht's noch konkreter? Aber ja. Csáth erstellt eine penible Auflistung seiner Beziehung zu seiner Geliebten Olga Jónás, die in ihrer Genauigkeit nur von der Robert Musils übertroffen wird: »424-mal Koitus an 345 Tagen, also täglich 1,268 Koitus«. Und weil er schon dabei ist: »Verbraucht an Morphium: 170 Zentigramm, also täglich 0,056 Gramm«. Und weiter geht es in der »Bilanz des Jahres«: »Einkommen von

7390 Kronen. Zehn verschiedene Frauen eingeheimst, darunter 2 Jungfrauen. Erscheinen meines Buches über Geisteskrankheiten«. Und was soll werden in 1913? Der Plan ist klar: »Koitus jeden zweiten Tag. Zähne machen lassen. Neues Jackett.« Na, dann mal los.

*

Alles ist neu im Jahr 1913. Überall werden Zeitschriften gegründet, die die Uhren auf null drehen wollen. Während Maximilian Harden schon seit 1892 in seiner Zeitschrift »Die Zukunft« dieselbige für sich reklamiert, nimmt sich die nächste Generation die Gegenwart vor. Gottfried Benn, der junge Arzt im Westend-Krankenhaus in Berlin, bietet gerade geschriebene Gedichte sowohl Paul Zechs Zeitschrift »Das neue Pathos« an wie Heinrich Bachmairs »Die neue Kunst«. Nur das ebenfalls 1913 neugegründete Blatt »Der Anfang« lässt er erst einmal aus. Dafür schreibt dort, also in Heft Nr. 1 von »Der Anfang« auf Seite 1, der junge Walter Benjamin. Was für ein symbolischer Start, was für ein symbolisches Ende einer »Berliner Kindheit um Neunzehnhundert«.

*

Marcel Proust ist endlich fertig mit dem ersten Teil von »Auf der Suche nach der verlorenen Zeit«. Geschafft. 712 engbeschriebene Seiten sind es geworden. Er schickt das dicke Manuskriptbündel an den Pariser Verlag Fasquelle, dann an den Verlag Ollendorff, dann an Gallimard. Alle lehnen ab. Bei Gallimard kam die Absage vom Cheflektor persönlich, dem Schriftsteller André Gide, der sich rühmen durfte, mit Oscar Wildes Hilfe vor kurzem in Marokko in die Freuden der gleichgeschlechtlichen Liebe eingeführt worden zu sein. Er brach die Lektüre des Manuskripts von Proust nach etwa 70 Seiten ab, weil er bei einer Frisurbeschreibung eine syntaktische Ungenauigkeit entdeckte, die ihm ungeheuer auf die Nerven ging. André Gide ist in etwa so leicht reizbar wie Marcel Proust. In jedem Fall hatte Gide den Eindruck, diesem Autor könne man nicht trauen. Später, als er selbst kaum noch Haare hatte, wird André Gide dieses Stolpern über eine falsche Frisur als den größten Fehler seines Lebens bezeichnen. Jetzt aber ist erst einmal Marcel Proust verzweifelt. »Das Buch«, so schreibt er, »verlangt jetzt nach einem Grab, das bereit ist, bevor sich meines über mir schließt.«

✷

Am Morgen des 1. Januar, und zwar um 8.30 Uhr, wenn Sie es genau wissen wollen, besteigen Kaiser Wilhelm II. und seine Frau Auguste Viktoria am Neuen Palais in Potsdam ihr Automobil, um sich zum offiziellen Hauptquartier der Monarchie fahren zu lassen, dem Berliner Stadtschloss. Sie kommen dort an, ohne dass etwas Nennenswertes geschieht. Ist das ein gutes Omen?

✷

Am Nachmittag des 1. Januar wird Kalifornien von einem Erdbeben durchgerüttelt. Das Epizentrum liegt in jenem Tal, das später als Silicon Valley die Welt regieren wird. Unbeeindruckt von dem Erdbeben wird am 1. Januar erstmals in Amerika ein Paket mit der Post versandt. Wenige Tage später bricht Franz Kafka, vollkommen ratlos, trotzdem die Arbeit an seinem Roman »Amerika« ab.

✷

Am 2. Januar demonstrieren der ungarische Parlamentspräsident Istvan Graf Tisza und der Oppositionsführer Mihaly Graf Károlyi von Nagykárolyi ihren naiven bürgerlichen Kollegen, wie politische Fragen am sinnvollsten zu lösen sind: mit einem Duell. Im Morgengrauen des 2. Januar stehen sie sich mit Säbeln gegenüber. Beide verletzen sich leicht. Und nehmen am nächsten Tag ihre parlamentarische Arbeit wieder auf. Graf Károlyi muss danach dringend heiraten, denn er hatte durch Kartenspiel unvorstellbare Schulden in Höhe von 12 Millionen Kronen angehäuft. Und Graf Tisza wird am 10. Juni wieder ungarischer Regierungschef. Aber das hielt ihn nicht davon ab, sich am 20. August erneut zu duellieren, diesmal mit dem Oppositionsabgeordneten György Pallavicini, der Tisza der Zeugenbeeinflussung in einem Ehrbeleidigungsprozess beschuldigt hatte.

Auch diesmal wurden beide Duellanten verletzt. Als Tisza nach zahllosen weiteren Wirren während des Krieges im Oktober 1918 von Aufständischen erschossen wurde, sprach er immerhin die preisverdächtigen goldenen letzten Worte: »Es musste so kommen.«

✷

Muss es so kommen? Nein. Giacomo Puccini erhält am 2. Januar in seinem toskanischen Landsitz eine Aufforderung zum Duell. Der Münchner Baron Arnold von Stengel kann Puccinis Affäre mit seiner Ehefrau Josephine nicht länger ertragen. Doch Puccini schießt viel lieber auf Enten und Wildschweine als auf Menschen. Er lässt dem Baron ausrichten, er habe für ein solches Duell im Moment leider keine Zeit.

✷

Am Tag drauf schickt Arthur Schnitzler aus Wien nach Kopenhagen an die Filmfirma Nordisk die Kinobearbeitung seines Schauspiels »Liebelei«. Darin muss sich der frisch verliebte Leutnant Fritz in einem Duell für eine längst vergangene Liebschaft mit einer verheirateten Ehefrau verantworten. Auch der gehörnte Ehemann liebt seine Frau nicht mehr, aber es geht schließlich um die Ehre. Fritz stirbt. Die Ehre ist wiederhergestellt. Und doch vollkommen sinnlos geworden. So die Diagnose von Dr. med. Arthur Schnitzler für seinen schwierigsten Patienten, die Gegenwart.

*

Am 3. Januar endet die Ära des Stummfilms. Thomas Edison veranstaltet an diesem Abend die erste Vorführung seines Kinetophons in seiner Werkstatt in New Orange in West Jersey. Erstmals können gleichzeitig Bilder mit Tönen gezeigt werden. Es geht also los.

*

Am 4. Januar stirbt Alfred von Schlieffen, der Generalstabschef des deutschen Heeres. Zeitlebens plante er den Krieg. Er war der größte Stratege seiner Zeit. Er hatte einen »Aufmarschplan 1« entwickelt, den Präventivschlag gegen den Erzfeind, den berühmten »Schlieffen-Plan«, mit dem das deutsche Heer Frankreich überrollen konnte. Doch jetzt ist er tot. Wird nun alles gut?

*

Ernst Zermelo formuliert im Januar 1913 auf einem Kongress der internationalen Gesellschaft für Mathematik erstmals eine

Spieltheorie – mit einem Beispiel aus dem Schach. »In endlichen 2-Personen-Nullsummenspielen (wie etwa Schach) existiert entweder eine dominante Strategie für einen Spieler, dann kann dieser unabhängig von der Strategie des anderen gewinnen, oder eine solche Strategie existiert nicht.« Ein irrer Satz. Gut, dass Schlieffen, der große Stratege der Dominanz, gerade gestorben war. Und ist eigentlich nur Schach oder auch ein Duell ein 2-Personen-Nullsummenspiel? Und die Liebe?

*

Die junge ungarische Tänzerin Romola de Pulszky ist 23 Jahre alt, sehr blond, sehr hübsch, sie hat einen hellen Teint und sèvresblaue Augen. In Budapest verfiel sie in diesem Winter den »Ballets Russes«, vor allem dem vierundzwanzigjährigen Nijinsky in seiner Jahrhundertrolle in »Nachmittag eines Fauns«. Als die Gruppe um den großen Impresario Djagilew nach Wien weiterreiste, da reiste sie einfach mit. Schon da wusste Romola, dass ihr Interesse im Allgemeinen dem Russischen Ballett, aber im Besonderen diesem Nijinsky galt. In Wien arrangierte sie unter einem Vorwand ein Treffen mit Djagilew in einem leeren Salon des Hotel Bristol. Sie bewarb sich scheinbar um eine Stelle im Ballett. Doch eigentlich bewarb sie sich um die Rolle an der Seite Nijinskys. Das spürte Djagilew auf Anhieb und verteidigte seinen tartarischen Liebhaber, wähnte sich auch in Sicherheit wegen dessen Homosexualität, er glaubte, er und Nijinsky, das wäre ein Zweipersonen-Nullsummenspiel. Doch Romola de Pulszky gelang es trotz des Argwohns Djagilews, ab sofort offiziell zur Truppe zu gehören, sie hatte ihre Beziehungen spielen lassen. Auf ihrer Tournee machten die Tänzer nun in London Station. Und während sie abends in Covent Garden »Petruschka« tanzten und »Nachmittag eines Fauns«, begannen vormittags die Proben für eine Revolution. Für Strawinskys urwüchsiges, archaisches Urwaldweltszenario »Le sacre du printemps«, für das Nijinsky im kühlen Londoner Januarregen eine Choreographie zu entwickeln versucht. Und jeden Tag aufs Neue daran scheitert. Es war kaum zu merken, wann eine Phase bei Strawinsky aufhörte und eine andere begann, so gebrochen und verzahnt war alles. Nijinsky droht zu verzweifeln an der Genialität Strawinskys. Immer wieder bricht er die Proben ratlos ab und redet sich in Rage. Romola de Pulszky legt ihm dann fürsorglich eine warme Decke um die Schultern, damit er sich nicht erkältet.

*

Egon Schiele kann seinen Blick nicht mehr von ihr wenden. Immer und immer wieder muss er Wally malen, nackt meist oder zumindest mit entblößter Scham. Doch auch dann bleiben ihre Augen so verstörend teilnahmslos, so schamlos modern. Auch am Nachmittag des 8. Januar sitzt Egon Schiele wieder in seinem Atelier in der Hietzinger Hauptstraße 101 in Wien, es waren fast immer zwei, drei Modelle gleichzeitig da, die sich erholten von den heimischen Wirren, sich räkelten, sich die Kleider ordneten, sich selbst überlassen von Schiele, der an seiner Staffelei saß und lauerte wie ein Tiger, der zum Sprung ansetzte, wenn er ein besonderes Motiv witterte. Dann rief er plötzlich »Halt!« durch den überheizten, großen Raum, und dann musste das Modell genau so verharren, und er malte es mit schnellem Strich. Und wenn es ihm gefiel, dann tunkte er noch den Pinsel in die Aquarellfarben und er nahm noch ein bisschen Rot und ein bisschen Blau. Bei Wally liebte er es, das Strumpfband, die Lippen, die Scham in jenem irrsinnigen Leuchtorange zu malen, das er auch ihren Haaren manchmal schenkte. Wie Blut wirkt dieses jähe, helle Rot. Auch an diesem 8. Januar 1913 kann Schiele wieder nicht die Augen von

Wally Neuzil lassen, er ist so vernarrt, dass er sie zwingt (oder sie sich selbst), eine eigene Unabhängigkeitserklärung zu verfassen. Und so beugt sie sich halbnackt über Egon Schiele und schreibt in sein heiliges Skizzenbuch den folgenden Satz: »Ich versichere hiermit, daß ich in niemanden auf der Welt verliebt bin. Wally.« Und er, schwer erleichtert, weiß nicht, ob er sie auf der Stelle malen oder lieben soll.

✷

Die Zigarettenmarke »Camel« wird in Winston-Salem, North Carolina gegründet. Sie ist die erste Marke, die Zigaretten in Zwanzigerpackungen anbietet. So beginnt also 1913 das 20. Jahrhundert der Zigarettenindustrie. Auf dem Logo der »Camel«-Zigarette ist seit 1913 leider kein Kamel, sondern ein Dromedar zu sehen, und zwar Old Joe, das zum Zirkus »Barnum und Bailey« gehörte. Barnum und Bailey gastieren im Januar 1913 in Winston, als Richard Joshua Reynolds, statt ein Logo zu entwerfen, nachmittags mit seinen Kindern in den Zirkus ging. Abends auf seiner Staffelei wurde das Dromedar dann zum Kamel. Der geheime Beitrag der Elternzeit zur globalen Designgeschichte, Teil 1.

✷

Wer sind eigentlich die zwei Mädchen auf dem Cover dieses Buches? Die so neugierig in die Welt schauen, so mutig, aber doch auch so, als ahnten sie, was kommen wird? »Noch einmal vorm Verhängnis blühn«, so dichtet Gottfried Benn in genau der Zeit, als diese Fotografie entstand. Es sind Lotte und Edeltrude, die Töchter des Fotografen Heinrich Kühn, der sie tatsächlich im Jahre 1913 so in Farbe abgelichtet hat auf einem von ihm erfundenen »Autochrom«. »Ablichten«, was für ein schönes altmodisches Wort. Im Falle von Kühn aber stimmt es, denn er experimentierte viel, mit der Kamera, mit dem Papier, um als einer der Ersten mit der Kraft des Lichtes wirklich Farbfotografien zu schaffen. Fotos mit Weichheit ohne Süßlichkeit, wie er es selbst nannte. Wie Standfotos aus Adalbert Stifters »Nachsommer«. Seine Kinder mussten immer wieder in Kleidung in Rot und Blau und Türkis vor die Kamera treten, wie eine kleine Schauspieltruppe.

Es war eine Revolution, was dem, noch so ein wunderbar altmodisches Wort, Lichtbildner Kühn da in den Hängen rund um sein Haus bei Innsbruck in der Richard-Wagner-Straße 6 gelang, weil er erstmals die natürliche Weltwahrnehmung der Menschen mit der der fotografischen Welterfassung in Deckung brachte. Denn niemand schaut die Welt schwarz und weiß an – aber alle mussten 1913 noch die Fotografie in Schwarzweißreduktion akzeptieren, die Porträts, die Zeitungsfotos, die Gemäldereproduktionen, die Kinofilme. Lotte, geboren 1904, und Edeltrude, geboren 1897, wussten nicht, dass sie Bannerträgerinnen dieser kleinen Revolution der Mentalitätsgeschichte waren (der geheime Beitrag der Elternzeit zur globalen Fotografiegeschichte, Teil 1). Sie waren einfach nur Kinder. Sie wanderten unter dem riesigen Kastanienbaum im Garten einfach weiter, die Almhänge hinterm Haus hinauf, blickten über einen Zaun hinab ins weite Tal. Sie spielten mit dem Kindermädchen Mary Warner, das zu ihnen gekommen war, als ihre Mutter starb, und sie merkten, dass irgendwann ihr Vater anfing, ihr Kindermädchen genauso oft zu fotografieren wie sie selbst. So spürten sie, wie Liebe beginnt. Auf dem Cover von »1913. Der Sommer des Jahrhunderts« übrigens ist es genau diese Mary Warner, die mit ebenjener Edeltrude durch die blühenden Tiroler Wiesen läuft, während oben eine Wolke von der drohenden Zukunft kündet. »Es war ein schöner Augusttag des Jahres 1913«, als dieses Foto entstand. Mit genau diesem

Satz beginnt Robert Musils Jahrhundertroman »Mann ohne Eigenschaften«. Es ist das fiktive 1913/1914, in dem Thomas Manns Roman »Zauberberg« endet – und es ist das reale Jahr 1913, in dem er damit begonnen hat, ihn zu schreiben. Der kühne Zauberberg der Fotografie also, mit seinen Hängen aus Sehnsucht und Melancholie, der lag auch in den Alpen, nicht weit von Davos.

*

Im Januar denkt Sigmund Freud in Wien nach über den »Vatermord«. Im Januar nennt sich der große polnische Avantgardist Stanislaw Witkiewicz junior als Protest gegen seinen Vater Stanislaw Witkiewicz senior in einer großen Geste um in »Witkacy«. Hilft aber nicht wirklich. Er bleibt dennoch weiter bei Papa wohnen im polnischen Intellektuellenort Zakopane am Fuße der Hohen Tatra, der zu allem Überfluss auch noch komplett beherrscht war von den berühmten Architekturen seines Vaters. Es ist ein polnisches Davos, von überall her kommen die Lungenkranken, die echten und die eingebildeten. Die Häuser sind gebaut in einer Mischung aus Alpenhütte und Jugendstil, aber jetzt, in diesen Wintertagen sieht man das kaum, auf den Dächern liegt meterhoch der Schnee. Es schneit in dicken Flocken, als solle die ganze Welt in Schweigen gehüllt werden. Witkacy experimentiert mit der Kamera und schafft umwerfende Porträtserien von Arthur Rubinstein, als der große Pianist ihn im Januar in Zakopane besucht. Draußen ist der Schnee so hoch, dass sie tagelang nicht vor die Tür können. Immer wieder fotografiert Witkacy sich selbst und Rubinstein, immer wieder. Witkacy sei, sagt Rubinstein später, ein hemmungsloser Melancholiker, ein glühender Anhänger Nietzsches, ein flüsternder Mephisto. Sein späteres Hauptwerk wird »Unersättlichkeit« heißen. Das passt. Jetzt aber, in diesem

Winter 1913, geht es ihm wieder einmal schlecht, Rubinstein kann ihn nur kurz über seine Depressionen hinwegtrösten. Aber wenn er anfängt, Klavier zu spielen, dann fühlt sich mit einem Mal alles friedlich an und still. Witkacy steht ergriffen im Türrahmen und lauscht. Diese Töne. Diese Finger. Draußen der Schnee. Und dann diese junge Dame, die sich im Hause Witkiewicz für den Winter einquartiert hat, um ihr Lungenleiden hier oben in den hohen Bergen zu kurieren. Doch nun soll sie selbst zur Kur werden: Stanislaw Witkacy Witkiewicz malt und fotografiert die hinreißend schöne Jadwiga Janczewska. Dann verliebt er sich in sie. Dann verlobt er sich mit ihr. Sie solle ihn, so beschließt Witkiewicz, aus seinem verlorenen Leben retten. Klappt leider nicht so ganz. Sie erschießt sich einige Monate später an einem Berghang bei Zakopane mit einem Revolver – nicht ohne vorher in einer wilden modernistischen Geste an der späteren Todesstelle einen üppigen Blumenstrauß aufzustellen. In einer Vase! Damit die Blumen länger halten als sie. Eros und Thanatos also, mit Hinweisschild. Das Zeitalter der Romantik endet, zumindest in Polen, erst 1913.

*

Am 8. Januar hält Julius Meier-Graefe, der bedeutendste Kunstschriftsteller seiner Zeit und der größte Vermittler des französischen Impressionismus (beide Superlative sind in diesem Fall zutreffend), in den neuen Räumen der Galerie Cassirer in der Viktoriastraße 35 in Berlin seinen Vortrag »Wohin treiben wir?« (in den Abgrund, so vermutet er). Es herrschte großes Gedränge, jedoch, so der Vortragende: »Verständnis war ziemlich null.« Paul Cassirer und seine Frau Tilla Durieux wollen danach mit Meier-Graefe essen gehen, doch der hat keine Lust: »Die brave Durieux zischte, weil ich nicht mit ihnen ins Esplanade ging.« Die brave Durieux war so etwas wirklich nicht gewohnt. Und ob man nun ausgerechnet sie »brav« nennen kann? In der Tat ist es ein herrlicher Affront von Meier-Graefe, eine solche Einladung auszuschlagen, denn Paul Cassirer und Tilla Durieux, das ist 1913 das unangefochtene kulturelle Königspaar Berlins. Und die beiden hatten sich zehn Jahre zuvor ausgerechnet bei einem Abendessen im Hause Meier-Graefes kennengelernt. Aber das war ihm alles egal. Auch dass Tilla Durieux einen Papageien zu Hause hatte, der deutlich »Tilla« rief, wenn sie die Tür öffnete. Ansonsten aber brachte die große Schauspielerin Tilla Durieux auf der Bühne alle aus dem Konzept, Männer wie Frauen. Und der große Kunsthändler Paul Cassirer war 1913 nicht nur der mächtigste Galerist Deutschlands, er war auch gerade erst zum Präsidenten der Berliner Secession gewählt worden, des wichtigsten Ausstellungshauses der Stadt, und hatte nun endgültig alle künstlerischen Fäden in der Hand. Seine Gesichtszüge waren wie der ganze Mensch: eigenwillig, edel, aber auch wollüstig, zart, und zugleich leidenschaftlich, voller Machthunger und voller Berührbarkeit. Wenn er zu reden begann, dann hörte er nicht mehr auf, eng verbandelt mit Lovis Corinth und Max Liebermann war er zugleich ein Förderer der Impressionisten, 1913 etwa zeigt er die schönsten van Goghs und Manets und Cezannes, die man sich nur denken kann. Er liebte die Frauen und er liebte das Risiko. Bei Tilla Durieux kam beides zusammen.

Durieux ist mit Lou Andreas-Salomé, mit Alma Mahler, Coco Chanel, Ida Dehmel und Misia Sert eine der sechs zentralen Frauenfiguren der Zeit um 1913, sie war eine der großen Femmes fatales. Nicht eigentlich hübsch, aber von großer erotischer Ausstrahlung, zog sie alle, die sie als Schauspielerin in einem der Münchner oder Berliner Theater sahen, auf der Stelle in ihren Bann. Selbst Heinrich Mann war ihr, kaum hatte er sie auf der Bühne gesehen, ganz untertan. Er schreibt im Frühjahr 1913: »Sie ist eines der vorgeschrittensten Menschenwesen, die heute über die europäischen Bühnen gehen, ja man kennt für das, was modern heißt, keine vollkommenere Vertreterin. Sie hat alles, was modern heißt: Persönlichkeit, erarbeitet und wissend, nervöse Energie und weite Schwungkraft des Talents.« Die Professorentochter aus Wien mit ihrer seltsamen Schönheit, die eigentlich Ottilie Godeffroy hieß, sich aber glücklicherweise umbenannte, führte von Anfang an mit ihrem geliebten Cassirer ein großes, offenes Haus. Künstler, Schriftsteller, Industrielle, sie alle kamen und gingen, erst in der Wohnung in der Margarethenstraße, Ecke Matthäikirchplatz, dann in der Villa in der Viktoriastraße. Im Dachzimmer wohnte Ernst Barlach, der nur runterkam, wenn ihn die Abendgesellschaft reizte. Und wenn Oskar Kokoschka bei Tilla Durieux und Paul Cassirer zu Gast war, dann wünschte er sich immer, unter van Goghs »Eisenbahnbrücke von Arles« übernachten zu dürfen. So wurde das Gästezimmer in der Viktoriastraße 35 zum schönsten Schlafwagenabteil des alten Europas. Morgens dann wollten alle, die dort nächtigten, Tilla Durieux porträtieren. Und manche wollten auch gleich mit ihr durchbrennen. So etwa Alice Auerbach, die wunderschöne Frau des Malers Wilhelm Trübner, die von der Durieux besessen war, ihr auf ihren Tourneen nachreiste, sich in dieselben Hotels einmietete und dann die Pulsadern aufschnitt, als Tilla ihre Liebe nicht erwiderte. Bitte, so sagte damals Paul Cassirer zu ihr, mach daraus keine große Sache, ich möchte gerne auch weiterhin die Bilder ihres Mannes gut verkaufen.

Verschreckt von dem geschäftlichen Kalkül ihres eigenen Mannes wendet sich Tilla Durieux dann, wenn sie abends von ihren Aufführungen nach Hause kommt, anderen Dingen zu, der Sozialdemokratie etwa, die sie leidenschaftlich unterstützt. Paul Cassirer hatte andere Sorgen: Er wollte, dass alle großen

Maler seine Frau porträtieren. Corinth, Liebermann, Barlach, sie alle hatten es schon getan, 1913 dann malt sie auch Franz von Stuck in einer Rolle als »Circe« in mehreren Varianten. Und Cassirer schreibt in diesem Frühjahr so oft an den greisen Renoir in Frankreich, bis auch dieser nicht mehr anders kann, als mit der Durieux Termine für eine Porträtsitzung auszumachen.

*

In Paris schreibt der Bildhauer Aristide Maillol an Misia Sert, die frühere Muse all der großen Impressionisten und jetzt, etwas älter geworden, große Förderin der zeitgenössischen Musik und Kunst, ob er sie vielleicht porträtieren dürfe. Renoir hatte sie einst, als er sie malte, noch höflich gefragt, ob sie vielleicht ihr Mieder ein klein wenig öffnen könne. Maillol nun fragt gleich, ob sie ihm ganz nackt Modell stehen könne. Sie schaut in den Spiegel, freut sich und schreibt lächelnd: »Non, merci.«

*

Am 9. Januar findet Kaiser Wilhelm II. den Gottesbeweis. Er spricht zum hundertsten Jubiläum des preußischen Aufstandes gegen die napoleonische Fremdherrschaft und stellt aus heiterem Himmel fest: »Wir haben die sichtbaren Beweise, dass Gott mit uns war und mit uns ist. Und aus diesen greifbaren, sichtbaren Tatsachen der Vergangenheit kann sich auch die gesamte deutsche Jugend den im Feuer bewährten Schild des Glaubens schmieden, der nie in der Waffenrüstung eines Deutschen und Preußen fehlen darf.«

*

Im bayerischen Sindelsdorf sitzt Franz Marc im Pelzmantel in seinem Atelier unterm Dach, friert trotzdem und malt sein Jahrhundertbild »Der Turm der blauen Pferde«. Draußen auf der Weide hinterm Haus zittert sein zahmes Reh. Seine Frau Maria bringt ihm eine Kanne Tee. Und dem Reh einen Apfel.

✷

Zu Neujahr hat Marc eine Postkarte mit dem »Turm der blauen Pferde« nach Berlin gesandt, zu Else Lasker-Schüler, der bettelarmen Dichterin, die ziellos durch die Straßen und die Cafés zieht, seit Herwarth Walden sie verlassen hat. Doch der blutjunge Dichter Klabund, den Alfred Kerr gerade entdeckt, schreibt über sie in der ersten Ausgabe der Zeitschrift »Revolution«: »Else Lasker-Schülers Kunst ist sehr verwandt mit der ihres Freundes, des blauen Reiters Franz Marc. Fabelhaft gefärbt sind alle ihre Gedanken und schleichen wie bunte Tiere. Zuweilen treten sie aus dem Wald in die Lichtung: wie zarte rote Rehe. Sie äsen ruhig und heben verwundert die schlanken Hälse, wenn jemand durchs Dickicht bricht. Sie laufen nie davon. Sie geben sich ganz preis in ihrer Körperlichkeit.« Schauen wir mal, wer vor dieser Körperlichkeit noch alles Angst bekommen wird.

✷

Nie war es so kalt im kalifornischen Death Valley wie am 9. Januar 1913. Das Thermometer auf der Greenland Ranch misst Minus 9,4 Grad.

✷

In der Januarausgabe der Zeitschrift »Die Schaubühne« erscheint der erste Artikel von Kurt Tucholsky. Im Februar

1913 folgt dort das Debut von Ignaz Wrobel, im März erscheint Peter Panter zum ersten Mal und im September Theobald Tiger. Wrobel, Panter und Tiger sind die Pseudonyme von Tucholsky, denen er sein Leben lang treu bleiben wird, treuer als jeder Frau.

✷

Josef Dschugaschwili unterscheibt am 12. Januar erstmals einen Brief mit »Stalin«. Das heißt übersetzt: Mann aus Stahl. Wenig später wird er in Wien ankommen und nachmittags durch den dicken Schnee im Schlosspark Schönbrunn stapfen, über den Marxismus nachdenken und darüber, wie die Revolution in Russland doch noch gelingen könnte. Und ja, in diesen Tagen streift auch tatsächlich der junge Adolf Hitler durch diesen verschneiten Park. Auch er hat weitreichende Pläne. Aber, nein, noch immer wissen wir nicht, ob sich die beiden hier wirklich getroffen haben.

✷

Während Stalin also Stalin wird, eröffnet am selben Tag, dem 8. Januar, in Nizza das Hotel »Negresco«. Der rumänische Gastronom Henri Negresco, ein kleiner Mann mit großem Schnauzer, wollte das schönste Hotel der Welt bauen, und weil er sich für den schönsten Mann der Welt hielt, nannte er es gleich nach sich selbst. Die Adresse 37, promenade des Anglais wurde vom ersten Augenblick an zum Anlaufpunkt für den europäischen Blut- und des amerikanischen Geldadels: die Vanderbilts, die Rockefellers, die Singers kamen zur Eröffnung und acht gekrönte Häupter, darunter Wilhelm II. und Zar Nikolaus, allein im ersten Jahr, das erste Glas Champagner trank Königin Amelia von Portugal. Das tat sie auf dem 375 Quadratmeter großen Teppich unter dem 4,60 Meter hohen Lüster aus Baccarat-Kristall mit 16 457 Einzelteilen. Und natürlich unter der imposanten und sofort legendären Kuppel. Denn diese hatte angeblich Gustave Eiffel, der Erbauer des Eiffelturmes, für das Negresco entworfen, und er hatte für die Kuppel die genauen Maße des Busens seiner Geliebten in Architektur umgesetzt.

✷

F. Scott Fitzgerald, der später dem Treiben des amerikanischen Geldadels an der Cote d'Azur mit »Zärtlich ist die Nacht« ein literarisches Denkmal setzen wird, arbeitet in diesen Tagen und Nächten an seiner Bewerbung um einen Studienplatz in Harvard und in Princeton. Die Anmeldefrist läuft am 15. Januar ab.

✷

Am 16. Januar schickt der 26-jährige Srinivasa Ramanujan aus dem indischen Madras einen sehr langen Brief an den bedeutenden englischen Mathematiker Godfrey Harold Hardy in Cambridge und erklärt ihm, dass er zwar nicht Mathematik studiert habe, aber in den letzten Wochen eventuell hundert der größten Rätsel der analytischen Mathematik gelöst habe, »siehe anbei«. Er sei ein gläubiger Hindu, deshalb dürfe Hardy auch nicht glauben, dass die Weisheit von ihm komme, sondern sie sei ihm von der Familiengottheit im Schlaf mitgeteilt worden, der offenbar naturwissenschaftlich versierten Namagiri Thayar. Hardy vertieft sich in die seitenlangen Zahlenkolonnen, dann begreift er: Srinivasa Ramanujan hat tatsächlich hundert der größten Rätsel der analytischen Mathematik gelöst, etwa eine Formel zur Berechnung der Kreiszahl Pi.

Hardy sagte: »Das muss wahr sein, denn wenn es nicht wahr wäre, könnte es niemanden auf der Erde geben, der die Imaginationskraft hätte, sich das auszudenken.«

Seine Ansätze gehen schnell als Ramanujans Primzahltheorie, als Ramanujans Theta-Funktionstheorem und als Ramanujans Teilungsformel in die Geschichte ein. Er wird Mitglied der Royal Society und Fellow am Trinity College in Cambridge. Gerne arbeitet er an seinem Schreibtisch 24 oder 36 Stunden ohne Unterbrechung, wenn ihm die Familiengöttin wieder neue Formeln einflüstert. Es erscheint eine eigene Zeitschrift, das »Ramanujan Journal«, um die Überfülle seiner Resultate, Rechenmodelle und Lösungsvorschläge zu publizieren. Kurz darauf stirbt er. Nur damit hatte er nicht gerechnet.

✷

In der »Wochenschrift für Deutschlands Jugend«, der »Jungdeutschland-Post«, schreibt Otto von Gottberg am 25. Januar allen Ernstes dies: »Still und tief im deutschen Herzen muss die Freude am Krieg und ein Sehnen nach ihm leben, weil wir der Feinde genug haben und der Sieg nur einem Volk wird, das mit Sang und Klang zum Kriege wie zum Fest geht.« Und weiter: »Solchen Stunden wollen wir entgegengehen mit dem männlichen Wissen, dass es schöner, herrlicher ist, nach ihrem Verklingen auf der Heldentafel in der Kirche ewig fortzuleben als namenlos den Strohtod im Bett zu sterben.« Otto von Gottbergs Fazit anno 1913: »Der Krieg ist schön.«

✷

Ist es eventuell in Capri doch noch ein klitzekleines bisschen schöner? Dort ist es in jedem Fall bereits warm an diesen Januartagen, 15, 16 Grad, das Meer sieht manchmal schon so blau aus, als könne man darin baden. Die Zitronen blühen, und wenn man den engen Pfaden um die Hügel folgt, dann hat man, wenn man um eine Ecke biegt, plötzlich ihren Duft in der Nase. Maxim Gorki läuft heute die verschlungenen Wege der Via Krupp hinab, die der liebestolle deutsche Industriebaron hier vor ein paar Jahren in den Felsen hat schlagen lassen. Auf der Seite der Marina Piccola ist die Sonne auch im Winter bis drei, halb vier zu sehen, während die andere Seite, wo Gorkis Haus steht, schon im Schatten versunken ist. Auf dem Weg hinab zum Wasser hört er nur das herrliche Rascheln, das die Salamander erzeugen, wenn sie sich blitzschnell in den trockenen Olivenbaumblättern verstecken, sobald er ihnen näher kommt. Er sieht die letzten, vergessenen Früchte, die an den Spalieren hängen wie Weihnachtslampions. Die Laubbäume sind noch kahl, aber die ersten Mandelbäume blühen schon. Von unten rauscht das Wasser herauf, das an die Kreidefelsen schlägt. Gorki zieht seine Jacke aus. Blickt hinaus aufs weite Meer, richtet seinen Blick nicht nach Mekka aus, sondern nach St.Petersburg. Es fällt ihm schwer, im Winter an Russland zu denken, wenn dort alles im Schnee versinkt und in der komatösen Kälte, und er hier im offenen Hemd am Meer einen Kaffee trinkt. Vor einiger Zeit saß er noch unten am Meer mit Lenin, der ihn besucht hatte in seinem Exil. Sie spielten Schach und überlegten, welche Bauernopfer es brauche, um Russlands König endlich matt zu setzen.

Gorki fragt sich heute, ob er hier, am verwunschenen Strand, wirklich der Revolution in der Heimat genügend dienen könne. Noch darf er nicht zurück, aber er hofft auf eine Amnestie. Als er später, nachdem die Sonne sich auf den Weg gemacht hat, wieder hinaufsteigt zu seiner Villa, da spürt er den kleinen Sonnenbrand auf seiner Nase. Als er aus dem Wind raus ist und an einem Schreibtisch sitzt, da brennt es richtig.

Früher hätte ihm Maria, seine Geliebte, ein bisschen Öl gebracht und auch ein paar liebevolle Worte, aber sie ist abgereist, zornig, weil er es nicht schaffte, sich ganz von seiner ersten Frau Katia zu verabschieden. Er erholt sich am Schreibtisch von diesen Wirrnissen, indem er sich lieber gleich der wichtigsten Frauengestalt seines Lebens zuwendet, er schreibt besessen weiter an seinem großen Roman »Die Mutter«. Als Gorki vor sechs Jahren in Capri landete, um von hier aus, aus dem sonnigen Exil, die russische Revolution vorzubereiten, da hatte er geschworen, er wolle »mindestens sechshundert Jahre« bleiben. Nun denkt er manchmal, sechs Jahre würden vielleicht auch reichen. Gorki blickt von seinem Schreibtisch hinaus aufs Meer, auf der Stuhllehne sitzt sein Lieblingspapagei Loretta, zu seinen Füßen liegt sein Foxterrier Topka. Er denkt ein bisschen an Maria. Etwas weniger an Katia. Und ganz viel an Russland.

✷

Am Samstag, dem 25. Januar, heiratet die erste deutsche Frau mit Pilotenschein, die sechsundzwanzigjährige Amelie Boutard-Beese, den französischen Flugpionier Charles Boutard. Nach deutschem Recht wird Amelie Boutard-Beese dadurch Französin, was ihr ihre deutschen Verehrerinnen sehr übelnehmen.

✷

Der Freikörperkulturattachee Richard Ungewitter publiziert in diesen Tagen sein Standardwerk »Nacktheit und Kultur – Neue Forderungen« mit einem kleinen Gruß an Amelie Beese-Boutard: »Würde jedes deutsche Weib öfter einen nackten germanischen Mann sehen«, schreibt er, »so würden nicht so viele exotischen fremden Rassen nachlaufen.«

✷

Am 28. Januar feiert in Cody, Wyoming, der kleine Jackson Pollock seinen ersten Geburtstag. Es gibt Nudeln mit Tomatensauce. Die Tischdecke danach ist das wahre »Drip Painting Number 1«.

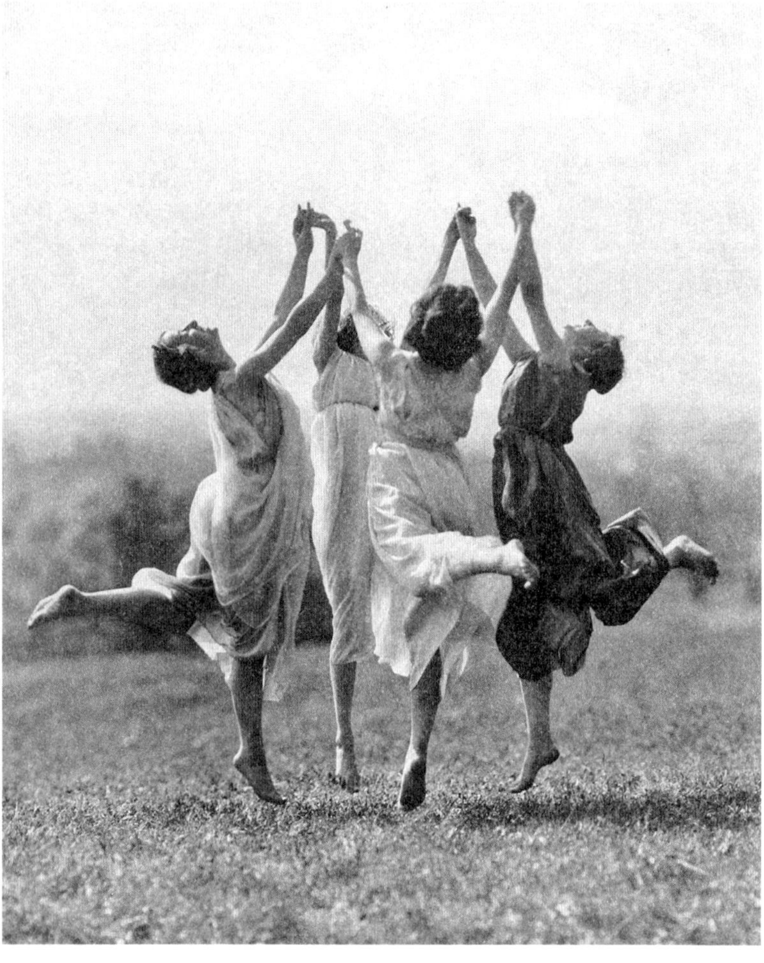

Der »Monte Verita«, der Berg der Wahrheit,
lädt ganzjährig zum Tanz auf dem Vulkan.

Oskar Barnack erfindet die erste Kleinbildkamera, die es Privatpersonen ermöglicht, spontan Fotos zu machen. Er arbeitet bei der kleinen Firma Leitz in Wetzlar als Konstruktionsleiter für Mikroskope, doch in seiner Freizeit fotografiert er mit großer Leidenschaft. Abends bastelt er so lange herum, bis er eine leicht tragbare Kamera entwickelt hat, die mit auf kleine Rollen gezogenem Filmmaterial arbeiten kann. Am Schluss baute er noch schnell die Namen »Leitz« und »Camera« zusammen – und fertig war die erste »Leica«.

*

Rasputin, der Wanderprediger und Heiler mit dem irren Blick, wurde an den Zarenhof gerufen, als alle Hofärzte mit ihrem Latein am Ende waren. Der Zarewitsch Alexei litt an einer seltenen Blutkrankheit, nach einem Sturz gelang es niemandem, die innere Blutung zu stoppen, bis die Zarin Alexandra in ihrer Verzweiflung nach Rasputin rief. Er kam, betete, hypnotisierte Alexei, und das Blut gefror in dessen Adern. Seit diesem Moment war ihm auch die Zarin verfallen. Sie hielt ihn für Gottes Antwort auf ihre Stoßgebete. Und doch durfte niemand außerhalb der dicken Mauern des Palastes in St. Petersburg überhaupt wissen, dass der Thronfolger, der einzige Sohn, an der Bluterkrankheit litt. Darum waren die ständigen Besuche Rasputins bei der Zarin geheimnisumwittert, zumal ihm bereits seit seinen Wanderungen durch das weite, wüste Land, vor allem aber seit seinen Wanderungen durch die Schlafzimmer der St. Petersburger Paläste, der Ruf eines Sexgurus vorauseilte. Gekleidet in einen schwarzen Kaftan, groß, muskulös und mit stechendem, animalischem Blick, soll er die Damen der Gesellschaft bevorzugt nach dem Gebet oder einer schönen Séance verführt haben. Rasputin versuchte bei seinen Anhängerinnen Gehör für seine These zu finden, dass man zunächst einmal Sünden begehen müsse, bevor sie einem von Gott vergeben werden könnten.

Wie eng sein Verhältnis zur Zarengattin ist, weiß niemand; am Hofe hieß es, sie sei ihm sexuell hörig. Der Präsident der Duma kam zum Zaren, der verbannte Rasputin von seinem Hof. Doch dann stolperte der junge Alexei im Frühjahr 1913 auf einer Reise nach Jalta erneut, und wieder gelang es niemandem, seine Blutungen zu stoppen. Er lag schon fast im Sterben, als die Zarin erneut verzweifelt nach Rasputin rief – er eilte herbei. Und abermals rettete er Alexei durch sein Gebet das Leben.

Dem Zaren, der Duma, dem Geheimdienst, allen ist Rasputin ein Dorn im Auge, es gibt zahllose Mordversuche, die immer wieder scheitern. Im Frühjahr 1913 muss der Innenminister Chwotow seinen Posten daraufhin wegen Unfähigkeit räumen, kurz darauf wird in der russischen »Börsenzeitung« von einem ehemaligen Agenten die Liste aller gescheiterten Attentate minutiös veröffentlicht. Im Grunde war es natürlich dumm, dass die Monarchie Rasputin töten wollte, denn erstens hielt er den Thronfolger am Leben und zweitens hatte er immer geweissagt, dass, wenn er stürbe, auch die dreihundertjährige Dynastie der Romanows an ihr Ende kommen werde (natürlich kam es dann auch so).

*

Hermann Hesse hält es nach dem verunglückten Silvesterurlaub kaum noch zu Hause aus, er zweifelt immer mehr daran, dass sich bürgerliche Bindungen und Künstlertum verbinden lassen. So wie Gottfried Benn später in Gedichtform fragen wird: »Überhaupt nachdenkenswert: Ehe und Mannesschaffen/Lähmung oder Hochtrieb?« Bei Hesse fühlt es sich nach Lähmung an. Er beschreibt in seinem Roman »Roßhalde« kaum verschleiert seinen eigenen Versuch, in der »Schloßhalde« bei Bern mit seiner Frau Mia doch noch einen Weg des Zusammenlebens zu finden. Aber das Haus, das sie mieten mit seinem herrlich verwilderten Garten, wird nur zum Schauplatz des Scheiterns einer Ehe. Sie bekommen Besuch von Romain Rolland, der berichtet von der angespannten Stimmung, von Hesses sonderbarem Aussehen, dem spärlichen Bartwuchs, den kalten Augen, daneben Mia, seine Frau, die »weder sehr schön noch sehr jung ist«. Beide sind erleichtert, wenn der Tag endlich dämmert. Dann sucht er mit den Kindern draußen im Garten Holz und macht den Kamin an. Und wenn die Söhne schlafen, dann liest ihm Mia Goethe vor. Er schließt die Augen, die ihn immer schmerzen, und er träumt sich fort und muss nicht reden. Er schreibt seinem Vater einen langen Brief: »Die unglückliche Ehe, von der mein Buch ›Roßhalde‹ handelt, beruht gar nicht auf einer falschen Wahl, sondern tiefer auf dem Problem der ›Künstlerehe‹ überhaupt.« Der kluge Kurt Tucholsky spürt beim Lesen des Buches, dass sich etwas Zentrales beim Autor verändert hat: »Das ist nicht unser lieber, guter alter Hesse, das ist jemand anders, er hat die heimatlichen Zelte abgebrochen und geht – wohin?« Am 1. Februar bekommt Hermann Hesse Post aus Czernowitz von Ninon Ausländer, einer jungen Bewunderin, die kurz vor dem Abitur steht und mit der er seit einiger Zeit korrespondiert. Doch das reichte noch nicht als Reifeprüfung. Erst 14 Jahre später werden sie zusammenziehen und heiraten, aber wir wollen nicht vorgreifen. Jetzt muss Hesse erst einmal zum Zahnarzt. Er fährt zu Dr. Schlenker nach Konstanz, um sich neue Plomben machen zu lassen. Wie schlecht es Hesse in diesen Tagen geht, wie er leidet unter der Lautstärke seiner Kinder, unter Nervosität, Schlaf- und Ausweglosigkeit, sieht man allein daran, dass er sogar den mehrtägigen Zahnarztbesuch herbeisehnt: »Ich verspreche mir zwei, drei Tage Ablenkung und Erholung und hoffe, es sei recht viel an meinen Zähnen zu machen.« Dem Manne kann geholfen werden.

*

Was ist 1913 geblieben von Marcel Duchamps drei Monaten in München im letzten Jahr? Immerhin zwei bedeutende Hinterlassenschaften. Ein schnittiges Porträtfoto, das Heinrich Hoffmann aufgenommen hat und das im Februar dieses Jahres in Apollinaires bedeutendem Buch »Les Peintres cubistes« abgedruckt wird und die erste und endgültige Aufnahme Duchamps in den Olymp der Kunst darstellt (Heinrich Hoffmann wird später auch noch berühmt werden, als Hitlers Hoffotograf, aber das gehört nicht hierher). Die zweite Frucht von Duchamps Münchner Aufenthalt wächst in diesen Tagen offenbar im Bauch von Therese Greß, der Frau seines Vermieters in der Barer Straße 65, zweiter Stock links. Es wird im Sommer 1913, genau neun Monate nach Duchamps Zeit in München, geboren. Ihr Mann, August Greß, war tagsüber außer Haus, als Maschinenkonstrukteur bei der Lokomotivenfabrik Maffei. Duchamp verbrachte also viele Tage in der Wohnung allein neben dem Nähatelier der blendend schönen Therese Greß, das im Wohnzimmer eingerichtet war, wo die Nähmaschine unaufhörlich ratterte. Die Zeichnungen von Duchamp aus seinen Münchner Monaten zeigen auffallend viele Nähmaschinen und Fäden. Und einen Faden also scheint er persönlich aufgenommen zu haben. München, so wird Duchamp später einmal sagen, war für ihn der Ort der totalen Freiheit.

✷

Im S. Fischer Verlag erscheint in den ersten Tagen des Februars Thomas Manns Novelle »Tod in Venedig«, die der Autor eine »Geschichte von der Wollust des Untergangs« nennt. Zwei Straßen neben Thomas Manns Wohnung sitzt in diesen Tagen Oswald Spengler und schreibt jeden Morgen an seinem »Untergang des Abendlandes«. Von Wollust ist da schon keine Rede mehr.

✷

Ernst Ludwig Kirchner findet sie am Potsdamer Platz. Tag für Tag streift er durch die Straßen hier, besonders wenn es zu dämmern beginnt, und er sucht die Blicke der Frauen. Man kann in diesen Tagen kaum mehr unterscheiden zwischen den aufgedonnerten russischen Ladys aus Grunewald, die hier ihre Töchter und ihren Reichtum spazieren führen, und den Schauspielerinnen von den Theatern und Varietés, den jungen adligen Damen in ihrer Garderobe aus Neapel oder Paris und jenen Kokotten, die ihren Körper gegen Geld anbieten. Es braucht den Kennerblick. Ernst Ludwig Kirchner hat ihn. Er wittert Sexualität wie andere ein Parfum. Er hat sie in Dresden gewittert bei den jungen Artistinnen im Zirkus, die selbst noch nichts davon wussten, er hat sie gewittert bei seinen Modellen, wenn er sie einlud in sein Atelier. Und er spürt sie jetzt, unter der dicken Schminke, unter den mondänen Jäckchen, unter den Schirmen. Und er zeichnet sie und malt sie und erkennt im Potsdamer Platz den vibrierenden Umschlagplatz des Geschlechtlichen. Und er zeigt in seinen Bildern, dass eben nicht nur er (und die Männer), sondern auch die anderen, ehrbaren Damen sich angezogen fühlen von diesem Fluidum der getarnten Lust. Das zu zeigen ist vielleicht der wahre Skandal seiner Kunst.

✷

Am 19. Februar morgens um 6 Uhr, es ist noch dunkel, wird die Stille im beschaulichen Walton Hill südlich von London von einer gewaltigen Detonation erschüttert. Im neugebauten Landhaus des englischen Schatzkanzlers David Lloyd George explodiert eine Bombe. Verletzt wurde niemand, aber eine Bewegung hatte sich Gehör verschafft. Denn gelegt wurde die Bombe von Emmeline Pankhurst, einer unerschrockenen englischen Suffragette, wie die Kämpferinnen für das Frauenwahlrecht genannt werden. Die Justiz hat keine Wahl und steckt sie für drei Jahre ins Gefängnis.

✷

Henri Matisse ist dem Pariser Winter entflohen. So viel Grau kann man einfach nicht aushalten, vor allem wenn man die Farben so abgöttisch liebt wie er. So sitzt Matisse jetzt also in Tanger im Hotel »Villa de France« (so viel Heimatverbundenheit muss sein) und genießt das ungeheure Licht Marokkos, verzückt, berauscht und hingerissen. Das Zimmer 35, das er gebucht hat, hat drei Fenster, eines direkt neben dem Bett. Er stellt seine Staffelei auf und malt, links den Turm der Andreaskirche, das Minarett der Moschee Sidi Bou Abid, das Häusermeer – und hinten das blaue, blaue Meer. »Fenster in Tanger« wird er das Bild nennen. Vom Hafen weht der Geruch von Algen hinauf, von Fisch und von Öl. Er malt die Palmen in den Straßen, die Blätter, die Luft. Die Luft? Ja, natürlich malt

Matisse die Luft. Vielleicht kann sogar niemand so gut warme Luft malen wie Matisse, selbst Picasso nicht. Er malt die Zwischenräume und er malt die Luft über den Dächern und über dem Meer. Um ihn herum im fernen Europa, da tobte die Moderne, überall robbten sich die Maler immer weiter an die Abstraktion heran, Kupka, Mondrian, Malewitsch, Hilma af Klint, Kandinsky, sie alle standen kurz vor dem letzten Schritt. Doch Matisse, dieser weise Mann von 45 Jahren, wusste, dass die Abstraktion eben nicht der einzige Weg in diese Moderne ist. Sondern dass es daneben immer auch sonnenbeschienene Pfade aus der Vergangenheit gibt, die genauso in die Zukunft führen. Und genau daran arbeitet Matisse in diesen Tagen in Tanger. Er baut aus großen reinen Farbflächen, aus Blau und Grün vor allem, seine Welt auf der Leinwand zusammen. Menschen im Caféhaus, Palmen, Straßen, die sich in Formen auflösen. Auf seinen Zeichnungen haben die Menschen noch Pfeifen im Mund oder besondere Schuhe an. Auf seinen Bildern wird alles reduzierter und einfacher und klarer. Die wuchernden Blumen, die Akanthusblätter, die reinen Farben, die lernt er hier kennen, an der Spitze Afrikas, und jahrelang wird er sie malen, an den Rändern seiner Briefe und auf die Tapeten seiner Bilder. Und viel später dann, als er nicht mehr laufen kann und nur noch mit dem Stock zeichnet und Scherenschnitte macht, da sind es dann noch einmal diese runden Formen der Blätter, dieses Wachsen und Werden aus jenen Monaten in Marokko, die ihm alte Lebensenergie zurückgeben, die Erinnerung wird dann zu seiner einzigen Lust geworden sein.

✷

Im Februar 1913 prallen der Nordpol und Südpol der Literatur zusammen, Franz Kafka und Else Lasker-Schüler. Eigentlich hat Kafka nie über irgendjemanden ein böses Wort verloren, wenn er es einmal versuchte, wie gegenüber seinem Vater, dann wird daraus ein sehr langer verschlungener Brief, und die ganze Kraft des Widerwillens wird zusammengehalten von den Sicherheitsgurten der Form und der Sprache. Doch als Kafka Else Lasker-Schüler trifft, da gehen mit ihm die Sicherungen durch, zu stark scheint deren rohe sexuelle Energie ihn seine eigenen Verklemmungen spüren zu lassen. Kafka schreibt also am 12. Februar an Felice Bauer, seine Geliebte, die zum Glück so fern ist, dass er sie sich als bloße Briefempfängerin vorstellen kann, ohne gleichzeitig an sie als Lustempfängerin denken zu müssen, an diese Felice Bauer also schreibt er: »Ich kann ihre Gedichte nicht leiden, nur Leere und Widerwillen angesichts des künstlichen Aufwandes.« Und weiter: »Auch ihre Prosa ist mir lästig aus den gleichen Gründen, es arbeitet darin das wahllos zuckende Gehirn einer überspannten Großstädterin.« Auf Deutsch also: Ich habe Angst vor ihr. Es ist, als habe Kafka, dieses so notdürftig von einem barmherzigen Gott aus Abertausenden Nervenenden zusammengebastelte Wesen, hier mit großer Panik die Flucht ergriffen, weil er Angst hatte, verschlungen zu werden von deren uferloser Phantasie, deren Ungezügeltheit, deren Weiblichkeit. Einmal, am 24. März, treffen sie in Berlin aufeinander, gemeinsam mit anderen Schriftstellern im Café Josty. Gemeinsam schreiben sie eine Postkarte: nach Leipzig, an Kurt Wolff, ihren gemeinsamen Verleger. »Sehr geehrter Herr Wolff«, schreibt da »Ihr ergebener F. Kafka«. Und direkt daneben auf der Karte: eine Zeichnung von Else Lasker-Schüler und ihre Unterschrift als »Abigail Basileus III«. Schon diese ganzen erfundenen Titel und Namen waren Kafka nicht geheuer. Gehörte das nicht in das Reich der Literatur? Für Else Lasker-Schüler ist dieses Reich der Phantasie aber nicht zu trennen vom Deutschen Reich. Oder dem Himmelreich. Es ist für sie alles dasselbe. Das hilft beim Dichten, stört aber beim Leben. Ihr zweiter Mann, Herwarth Walden, der Galerist und Verleger des »Sturm«, war der Stürme seines Lebens überdrüssig und verließ sie. Sie begann zu trinken, lebte aus Koffern, schreibt, um ihrem kleinen Sohn das Schulgeld für die Odenwaldschule zusammenzuklauben, überall sammeln die Künstlerkollegen Geld für sie, selbst der harte Karl Kraus entdeckt bei ihr seine weichen Seiten (und sein Portemonnaie). Und so fährt also Else Lasker-Schüler zwei Wochen nach dem Treffen mit Kafka in Berlin ausgerechnet nach Prag, um dort vor dem »Klub deutscher Künstlerinnen« zu lesen. Sie hat sich feingemacht: silberne Stiefel und ein seidenes Hemd aus »Caprigrottenseide«. Als der Applaus der Gäste beginnt, weiß sie noch nicht, was sie lesen soll. Sie blättert hinter der Bühne in ihren Gedichtbänden umher, unschlüssig. Dann erhebt sie sich und tritt vor den Vorhang. »Wie ein trotziger Knabe steht sie da, mit dem merkwürdig interessanten Gesicht, das einer russischen Nihilistin gehören kann«, schreibt Maria Holzer darüber in Pfemferts Berliner Zeitschrift »Die Aktion«. Dann beginnt sie ihre Gedichte zu lesen, wie Zaubergebete eines orientalischen Propheten. Die Menschen starren sie an, in einer Mischung aus Demut und Bewunderung, alle lauschen atemlos, Studenten, Literaten, Künstler, Egon Erwin Kisch etwa und Max Brod, Kafkas engster Vertrauter. Nur Kafka fehlt. Seine Angst war zu groß. Else Lasker-Schüler reist zurück nach Berlin, rastlos, irrend, von fernen Reichen träumend, wie sie nach der Lesung in Prag an Franz Marc schreibt und an Karl Kraus. Sie sucht einen Mann, der ihr gewachsen ist. Dem wahllos zuckenden Hirn einer überspannten Großstädterin. Und ihren riesigen Bergen aus Sehnsucht und Verzweiflung und Verlangen. Sie wird Gottfried Benn finden. Sein Hunger war groß genug.

*

Wie nur soll man auf der schnöden Erde weiterleben, wenn man gerade in den Olymp aufgenommen wurde? Am besten man zieht vorübergehend an einen der wenigen Orte hienieden, um den einen sogar die Götter beneiden würden. Und so begibt sich Gerhart Hauptmann mit frischer Nobelpreismedaille, mittelalter Ehefrau und 16 gefüllten Koffern für den Winter in die Villa Carnarvon in Portofino. Unten schlagen die Wellen gegen die Felsen, aus dem Arbeitszimmer, wenn er morgens die grünen Fensterläden aufgestoßen hat, blickt er hinauf aufs unendliche Meer. Über ihm die Kronen der alten Pinien, unter ihm im riesigen Park die Agaven und Palmen, auf den Kieswegen hört man nur das meditative Rechen der Gärtner, sonst nichts. Er zieht seine Franziskanerkutte an, die er letztes Jahr gekauft hat, lockert den Gürtel etwas über dem immer fülliger werdenden Bauch und beginnt zu meditieren. Ommmmmmmh. Der Wind wirbelt ihm durch die grauen Haare, er genießt es, wie im Meeresrauschen die Pausen zwischen den einzelnen Gedanken immer länger werden. Später, nach einem Bad und einem ausgiebigen Gabelfrühstück, setzt er sich an seinen Schreibtisch.

Und abends kocht Maria Pasta mit Pilzen und Wildschweinbraten an Maronen, selbst beim Meditieren morgens packen ihn manchmal die Gedanken ans Abendessen, er kann es nicht ändern. Spätabends, nach drei üppigen Gängen und einem Grappa, schreibt Hauptmann dann in sein Tagebuch, sichtlich ergriffen von sich selbst: »Wir ziehen uns aus dem, was sie aus uns machen wollen, auf das zurück, was wir sind. Sie können eine Puppe erheben und fallen lassen, mich nicht.« Da er nun weiß, was er ist, will er auch gleich den Deutschen zeigen, was sie sind. Und er glaubt, dass er das am besten in Form eines Puppentheaters machen sollte. Er schreibt für die Hundertjahrfeier der Befreiungskriege, die am 31. Mai in Breslau stattfinden soll, ein »deutsches Urdrama«, ein »Festspiel in deutschen Reimen«. Mit Blick auf die Schaumkronen des Mittelmeeres taucht er ein in die Untiefen der deutschen Geschichte. Er erfindet eine Puppe für Napoleon. Eine für Kleist. Und ein paar deutsche Klageweiberpuppen gibt es natürlich auch. Der Text besteht aus Knittelversen. Am 12. Februar hat er sein »Festspiel« beendet und sendet es mit stolzerfüllter Brust nach Breslau. Am nächsten Tag lässt er es sich unten im Salon von seiner Frau Grete dreimal hintereinander vorlesen. Er sitzt im breiten, grünen Sessel, trinkt ein Glas kühlen Weißwein, genießt und schweigt. Und wie nennt man diesen Zustand der bräsigen Selbstzufriedenheit, wenn man gerade Nobelpreisträger geworden ist? Gerhart Hauptmann beschreibt ihn abends im Tagebuch als, Achtung: »Passive Produktivität«. Von Nobelpreisträgern kann man wirklich etwas lernen.

✷

Die bevorstehende Hundertjahrfeier setzt auch andernorts produktive Kräfte frei, so bei Freifrau Gustl von Blücher in Dresden. Wie sie ausgerechnet an jenem Ort, an dem August der Starke die »Gesellschaft zur Bekämpfung der Nüchternheit« gründete, auf die fixe Idee verfiel, direkt neben dem geplanten Völkerschlachtdenkmal in Leipzig ein »Heim für abstinente Frauen« zu gründen, bleibt rätselhaft. Aber sie verfolgte das Ziel mit großer Nüchternheit. Sie schrieb die Oberhofmeister aller gekrönten Häupter deutscher Sprache des Jahres 1913 an (und das waren eine Menge) und bat sie um Spenden für den Bau dieses Müttergenesungsheimes. Aus Preußen kam Zustimmung: Ihre Majestät, die Kaiserin und Königin, teilte aus Berlin mit, dass sie 300 Mark beisteuern wolle. Doch aus Württemberg kam Skepsis: »So sehr nun Ihre Majestät die guten Absichten der Idee anerkennen«, heißt es im Schreiben vom 12. Februar, »so vermögen Allerhöchstselbe doch mit dem Gedanken des vorliegenden Planes und seiner Ausführung nicht befreunden.« Denn: »Der Anschauung ihrer Majestät widerspricht es, den gegebenen patriotischen Anlaß und das geplante Unternehmen eines Heimes für abstinente Frauen in einen einleuchtenden Zusammenhang zu bringen.« Das nennt man Diplomatie. Auf gut Deutsch hieß es: Verehrte Freifrau von Blücher, das ist eine Schnapsidee.

*

Und jetzt kommt eine der unglaublichsten Geschichten dieses unglaublichen Jahres: Am 13. Februar nämlich lässt sich der Clown, Feuerschlucker, Hochseilartist und Hallodri Otto Witte aus Berlin-Pankow, Wollankstraße 54, in Albanien zum König krönen (so die bislang unwiderlegte Behauptung des Clowns, Feuerschluckers, Hochseilartisten und Hallodris Otto Witte). Aber der Reihe nach. Der gute Otto Normalverbraucher hatte sich in den herrlich unübersichtlichen Wirren des Balkankrieges unter dem Namen Josef Joppe als Offizier und Geheimagent in der türkischen Armee einen Namen gemacht. Sodann fingierte er zwei Telegramme, mit denen er die baldige Ankunft des Prinzen Halim Eddin in Tirana ankündigte, des Neffen des letzten Sultans, und er lieh sich eine bombastische orientalische Phantasieuniform in einem Kostümladen in Wien (»There is a Kingdom, there is a king«, wie Nick Cave singen würde). Otto Witte also hatte kühne schwarze Haare und einen stolzen Schnäuzer von türkischen Ausmaßen und sah so dem guten Halim Eddin ausreichend ähnlich. Prachtvoll kostümiert und frisiert reiste er sodann zum obersten Befehlshaber der Türken in Albanien, General Essad Pascha. Seine genauen Kenntnisse der serbischen Aufmarschpläne, die er sich als türkischer Spion verschafft hatte, machten großen Eindruck. Er nahm eine Parade ab und erteilte in schnittiger Sprache klare

Anweisungen. Das machte auf dem Balkan großen Eindruck. Die Soldaten schlossen sich ihm freimütig an, und die Generäle hegten den Plan, den vermeintlichen Prinzen Halim Eddin, also unseren guten Otto Witte, schnellstens zum albanischen König zu erklären, bevor die Westmächte den Thron unter sich ausmachen konnten. Also rief Essad Pascha im Morgengrauen des 13. Februar Otto Witte zum »König von Albanien« aus, man hatte ein paar Albaner hinzugebeten, die ergeben jubelten und ihre bunten Tücher schwenkten, die Militärkapelle spielte einen Marsch. Unverzüglich reiste der frischgekrönte König nach Tirana, wo der Palast für ihn vorbereitet wurde, wegen der Eile war zwar noch keine Bürokratie vorhanden, wohl aber gelang es den Albanern, dem König über Nacht einen Harem mit elf bildschönen Frauen zur Verfügung zu stellen. Und da »1913« in Wahrheit natürlich ein Buch über die Liebe ist, genoss Otto Witte aus Berlin-Pankow immerhin vier von tausendundeiner Nächten in vollen Zügen. Im Morgengrauen des fünften Tages jedoch ging in Tirana ein Telegramm aus Konstantinopel ein, in dem sich der wahre Prinz Halim Eddin meldete und wutschnaubend erklärte, dass ein Betrüger unter seinem Namen König spiele. Er werde noch am selben Tage anreisen und den Hochstapler vom Thron stoßen. Noch in der Morgendämmerung des 19. Februar flüchtete König Otto Witte also aus seinem Harem und seinem Palast, warf, ohne die Leihgebühren zu bezahlen, seine Phantasieuniform in einen Bach und stahl einem Bauern einen einfachen Kittel. So erreichte er nach fünftägiger Regentschaft auf schnellstem Wege die Küste seines Königreiches. In Durazzo flüchtete er auf ein österreichisches Schiff, das ihn in Sicherheit bringen sollte. Sollte. Denn in Österreich hielt man ihn aufgrund seiner Erzählungen für geisteskrank und steckte ihn in die Psychiatrie. Doch dann erschienen Zeitungen, die Otto Witte beim Einzug in Tirana zeigten, und der Patient wurde unverzüglich als geheilt entlassen. In seinen deutschen Pass ließ er sich eintragen: »Ehemaliger König von Albanien«. Ordnung muss sein. 1925 kandidierte er nach dem Tod von Friedrich Ebert für das Amt des deutschen Reichspräsidenten, aber diesmal klappte es nicht.

*

Der Dichter Fernando Pessoa wird Anfang Februar in Lissabon auf seinem Heimweg an einem frühen Abend von einem plötzlichen Gewitter überrascht. Er rennt durch die Dunkelheit zu seiner Wohnung in der Rua de Passos Manuel 24, 3. Stock links, und im Laufen bilden sich in ihm die Verse für sein Poem »Abdankung«. Er zieht die nassen Kleider aus, setzt sich an seinen Schreibtisch und schreibt: »Ich hinterließ im kalten Treppenhaus die Sporen, deren Klirren mich betrog, mein Panzerhemd, das ohne Wert. Ich zog mein Königreich, den Leib, die Seele aus, und kehrte heim zur alten, stillen Nacht wie eine Landschaft, wenn der Tag vollbracht.« Wie eine Landschaft, wenn der Tag vollbracht … Was für ein Vers.

*

Richard Dehmel, der bekannteste deutsche Dichter der Zeit um 1913, verehrt von Thomas Mann wie von Hermann Hesse und Arnold Schönberg usw., veröffentlicht neue Verse unter dem Titel »Schöne wilde Welt«. Das ist die perfekte Überschrift für das Jahr 1913. Aber zu ihm und seiner schönen Frau Ida kommen wir noch. Muss ich unbedingt noch erzählen!

*

Wir schalten jetzt erst einmal kurz nach Wien, in eines der Epizentren der schönen wilden Welt. Am Samstagabend, dem 15. Februar, hat das Kolleg bei Dr. Sigmund Freud in der Berggasse 19 im 9. Wiener Bezirk die Themen »Bisexualität/Neurose und Sexualität/Traumdeutung«, also das volle Programm. In der Woche ordinierte Freud morgens von 8 bis 9 und von 17 bis 19 Uhr, Mittwochabends und Samstagsabends versammelt er aber in seinen Kollegs seine Getreuen um sich, um psychologische Tiefenforschung zu betreiben. Seit Ende 1912 war eine besondere Frau zu Gast in der illustren Männerrunde der größten Therapeuten und Theoretiker Wiens, nämlich Lou Andreas-Salomé. Die trug an ihrem Gürtel zwei bemerkenswerte Skalps: den von Nietzsche und den von Rilke. Beide waren einst ihrer funkelnden Intelligenz, ihrer schillernden Unabhängigkeit und ihrem abgrundtiefen Eigensinn verfallen. Und nun stand der große Freud kurz davor, hinterherzustürzen. Sie sagt also zum Beispiel am 15. Februar so besondere Dinge wie diese: »Deshalb kann sowohl Asket als auch lasterhaft im Grunde nur der Mann sein, das Weib (dessen Geist Geschlecht und dessen Geschlecht Geist ist), wird dazu nur in dem Maße imstande sein als es sich entweibt.« Freud sagte ihr, sie sei die »Dichterin der Psychoanalyse«, er selbst könne nur Prosa. Am 15. Februar also geht Lou Andreas-Salomé nachmittags zunächst zur Generalprobe von Frank Wedekinds neuem Stück »Die Büchse der Pandora«, Arthur Schnitzler sitzt neben ihr, abends dann zieht sie weiter zu Freud ins Kolleg. Abends notiert Andreas-Salomé begeistert in ihr Tagebuch: »Sehr sympathisch sprach Freud über die Bereicherung, die im Bisexuellen liegen könne.« Schau an.

*

Im Februar gründet Magnus Hirschfeld in Berlin die »Ärztliche Gesellschaft für Sexualwissenschaft und Eugenik«. Als Gutachter gelang es Magnus Hirschfeld, die Berliner Kriminalpolizei davon zu überzeugen, dass Homosexualität kein »erworbenes Laster«, sondern »unausrottbar« sei. Um das zu untermauern, veröffentlichte Hirschfeld in seinen streng wissenschaftlichen »Jahrbüchern für sexuelle Zwischenstufen« (!) jedes Jahr tausende Seiten von Statistiken, um zu beweisen, dass es im großen deutschen Reiche nicht nur »Vollweiber« und »Vollmänner« gebe, sondern dass der Phantasie in diesem Zwischenreich der Bisexualität keine Grenzen gesetzt seien.

✷

Am 17. Februar eröffnet in New York die »Armory Show« in der Halle des 69. Regiments der Nationalgarde. Es ist der Moment, in dem die moderne Kunst wie eine massive Flutwelle Amerika erreicht. Der junge Fotograf Man Ray wird Ende des Jahres sagen: »Ich habe sechs Monate nichts getan – so lange habe ich gebraucht, um zu verdauen, was ich gesehen habe.« Alfred Stieglitz, der große Fotograf, Herausgeber der Zeitschrift »Camera Work« und Betreiber der Avantgardegalerie 291, war da etwas reaktionsschneller. Er sah, verdaute und kaufte noch am Eröffnungsabend für 1260 Dollar von Wassili Kandinsky das abstrakte Gemälde »Improvisation 27«.

✷

F. Scott Fitzgerald bekommt keinen Studienplatz in Harvard (er muss nach Princeton). Aber T. S. Eliot darf ab Sommer 1913 in Harvard studieren.

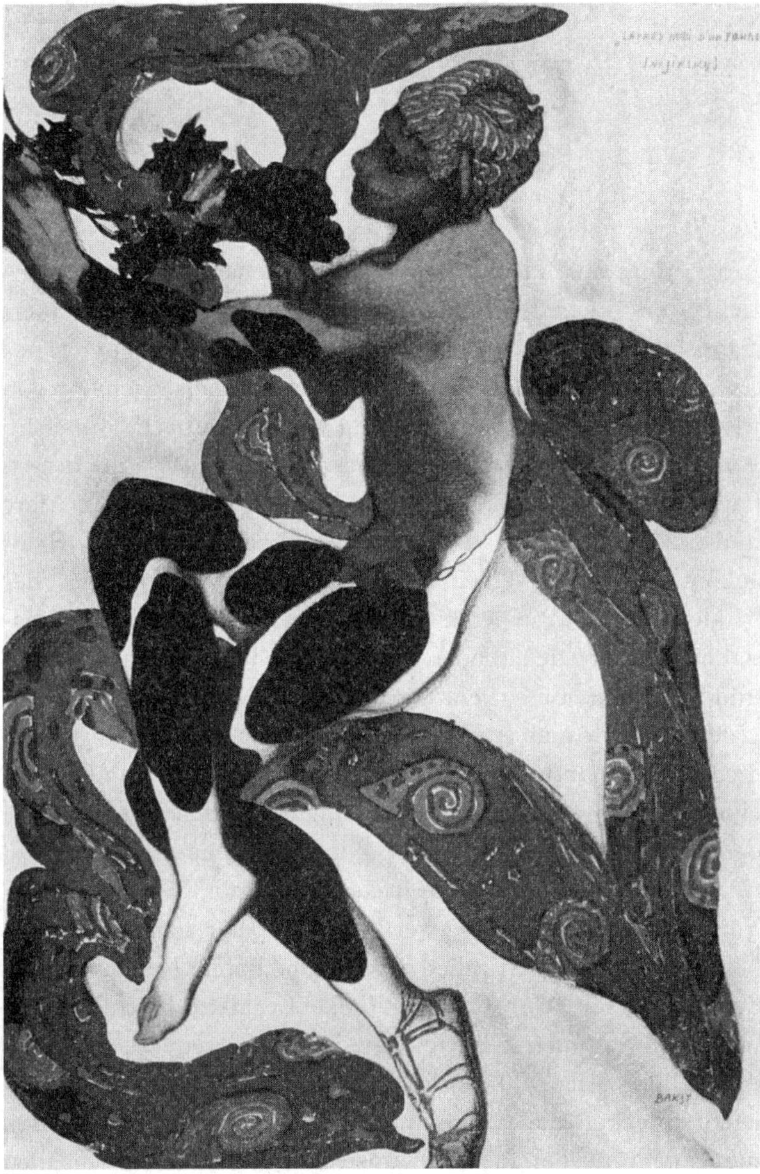

Waslaw Nijinsky verzaubert in »Nachmittag eines Fauns« das gesamte Abendland.

Am 5. März reist Herwarth Walden, ein energischer Strippenzieher mit hoher Stirn und tiefer Stimme, der seine Widerstandsfähigkeit ausreichend bewiesen hatte als Verleger der notorisch klammen Zeitschrift »Der Sturm« und als Ehemann von Else Lasker-Schüler, mit dem Zug von Berlin nach München. Am Bahnsteig erwarten ihn Wassily Kandinsky und dessen Partnerin, die Malerin Gabriele Münter, sowie Franz Marc und dessen Frau, die aus dem nahen Sindelsdorf in die Stadt gekommen sind. Walden, einer der großen Impresarios der Moderne, zeigt in seinen kleinen Räumen in Berlin die Futuristen aus Italien, den Blauen Reiter, die Modernisten aus Paris und aus Wien. Er hat ein untrügliches Gespür für das Neue. Und dafür, wie man es inszeniert. Er ist nach München gekommen, um gemeinsam mit den »Blauen Reitern« Marc und Macke einen Plan für eine große Ausstellung im Herbst zu entwerfen, den »Ersten Deutschen Herbstsalon«. Die Schau soll ein Fanal für die Moderne werden, so wie es die Armory Show für New York gewesen ist. Schon zwei Wochen später schreibt August Macke, das Bonner Mitglied der Gruppe Blauer Reiter, an Walden, dass er seinen großzügigen Onkel Bernhard Koehler, einen wichtigen Sammler der Moderne, dazu überreden konnte, die Ausstellung mit 4000 Mark zu garantieren. Und weiter: »Vielleicht sprechen Sie sofort mit Apollinaire und Delaunay über die Vertretung der Pariser Kunst. Ich denke, es ist vor allen Dingen wichtig, mit Matisse und Picasso zu verhandeln. Keiner, der in diesem Herbstsalon ausstellt, darf bei Cassirer ausstellen. Das Wichtigste ist, daß wir sofort alle Hauptkräfte auf unserer Seite haben. Sie werden das schon machen.« Und Herwarth Walden macht es. Er holt alle auf seine Seite. Und Cassirer, sein großer Berliner Konkurrent, wird im Herbst 1913 erstmals alt aussehen. Aber jetzt ist erst einmal Frühling.

✷

Na ja, Frühling. Wie man es halt nennt. Oben, im ewigen Eis von Grönland, sitzt derweil Mitte März Alfred Wegener bei Außentemperaturen von minus 30 Grad in dem Winterlager seiner Polarexpedition und schreibt. Der Privatdozent für Physik, Meteorologie und Astronomie aus Marburg war verlacht worden, als er im November seine »Theorie der Kontinentalverschiebung« vorgetragen hatte. Niemand glaubte ihm, dass die Erdteile vor 200 Millionen Jahren einmal zusammenhingen. Das war zu viel für eine Zeit, die noch nicht einmal ihre eigenen Zusammenhänge begriff. So hatte er sich frustriert der Expedition des dänischen Forschers Johan Peter Koch angeschlossen. Vier Männer, 16 Islandpferde und ein Hund schickten sich an, Grönland von Osten nach Westen zu durchqueren, mitten durch die endlosen Weiten des ewigen Eises, die noch niemand gesehen hatte. Doch jetzt war es zu kalt zum Marschieren, zu kalt, um überhaupt sein Gesicht aus dem Quartier zu stecken, erst im April würden sie weiterziehen können. So fraßen die Pferde ihr Heu, der Hund nagte an seinen Knochen, und Alfred Wegener spielte Schach mit Johan Peter Koch. Und dann machte er die Funzel seiner Öllampe an und schrieb weiter an seinem großen Aufsatz über die Kontinentalverschiebung. Irgendwann, so wusste er, würden ihm die Menschen schon glauben, und sei es auch erst in 200 Millionen Jahren.

✷

Marcel Proust musste nun aber nicht ganz so lange warten, bis er doch noch einen Verleger fand für die »Suche nach der verlorenen Zeit«. Nach drei Absagen kommt eine Zusage. Und am 11. März schließt er einen Vertrag mit dem Verleger Bernard Grasset ab – er selbst schießt 1750 Franc zum Druck dazu, damit das Buch im September überhaupt erscheinen kann. Das klingt noch gut. Aber wenig später beginnt Bernard Grassets Albtraum. Wenn er Marcel Proust Druckfahnen zur Korrektur schickt, dann bekommt er ein paar Tage später etwas zurückgeschickt, das man eher Schlachtfeld als Druckfahne nennen kann. Proust lässt keinen Stein auf dem anderen, überschreibt mit Tinte das gesamte gedruckte Manuskript einmal, zweimal, dreimal, klebt daneben zusätzliche Passagen aus anderen Druckfahnen und streicht ausgiebig. Selbst seinen legendären ersten Satz, dieses »Lange Zeit bin ich früh schlafen gegangen«, streicht er erst einmal komplett durch, um ihn dann wenig später reumütig per Hand doch wieder neben die Streichung zu schreiben und mit Ausrufezeichen zu versehen. Der Verleger dreht mit jeder neuen Korrekturlieferung langsam durch. Das Buch wird dicker und dicker, ständig schleichen sich neue Druckfehler ein, ganz neue Figuren werden eingeführt, andere verschwinden. Vorsorglich schreibt Grasset seinem Drucker, er solle als Erscheinungsdatum das Jahr 1914 vorbereiten, das Ganze könne unmöglich noch in diesem Jahr fertig werden. In genau diesen Tagen stößt der Münchner Schriftsteller Eduard von Keyserling, von der Syphilis zerfressen, seinen eigenen Erinnerungen nachhängend, einen leisen Stoßseufzer aus: »Wenn es doch so Korrekturbogen – nicht wahr, so nennt man das? – Korrekturbogen des Lebens gäbe …«.

✷

Das nun hätte unser Freund Rainer Maria Rilke nicht schöner sagen können. Am 25. März 1913 sitzt er an seinem Schreibtisch in Paris in der Rue Campagne. Er hat zwar gerade keinen Schnupfen, aber es geht ihm trotzdem nicht gut. Er arbeitet quasi unaufhörlich an seinen Korrekturbögen des Lebens. Davon blickt er kurz auf und in seinen Taschenspiegel, er sieht seine zarten Bartstoppeln, und da fällt ihm auf, dass ihm langsam die Rasiercreme ausgeht. Und so schreibt er an den Hoffriseur Honsell in München am Odeonsplatz: »Übrigens wäre es mir lieb, wenn Sie mir gleich wieder eine Dose der Creme ›Mousse de Violette‹, an die ich mich sehr gewöhnt habe, hierher senden wollten.« In wahrscheinlich genau diesen Tagen schreibt Marcel Proust ein paar Straßen weiter in Paris auf den Korrekturbogen der »Suche nach der verlorenen Zeit« den wunderbaren Satz, dass man sich manchmal, wenn es einem ganz melancholisch zumute sei, immerhin »von seiner Gewohnheit in den Arm nehmen lassen kann«.

✷

Oskar Kokoschka und Alma Mahler, das wohl rasendste Liebespaar dieses Jahres, steigen am 20. März 1913 in den Zug in Wien, um über Bozen und Verona nach Italien zu fahren.

Sigmund Freud und Martha Freud, das wohl stillste Liebespaar dieses Jahres, steigen am 21. März 1913 in den Zug in Wien, um über Bozen und Verona nach Italien zu fahren.

Richard Strauss und Hugo von Hofmannsthal, das ungewöhnlichste Künstlerduo dieses Jahres, steigen am 30. März 1913 in den Zug in Wien, um über Bozen und Verona nach Italien zu fahren.

Der Weltgeist geht also auf Reisen. Und Wien muss mal kurz Pause machen. Denkt man.

*

Doch dann kehrt der Weltgeist am 31. März, obwohl also Kokoschka und Alma und Freud und Richard Strauss und Hofmannsthal fehlen, im großen Saal des Wiener Musikvereins doch kurz zurück. Arnold Schönberg dirigiert, oder sagen wir: versucht zu dirigieren – eine eigene Kammersinfonie, Mahler und Stücke seiner Schüler Alban Berg und Anton von Webern. Das Publikum explodiert. Es findet so viel Modernität ohrenbetäubend. Also: Geschrei, Wutausbrüche, Gepfeife, Buhrufe. Und zu guter Letzt wird der große Arnold Schönberg von einem kleinen Operettenkomponisten geohrfeigt. Die Zeitungen sprechen am nächsten Tag vom »Watschenkonzert«. Also im Grunde ein Triumph der neuen Musik über den alten Geschmack? Mitnichten. »Publikum und Kritik sind heutzutage so sehr von allen guten Geistern verlassen, daß sie in keiner Hinsicht mehr einen Maßstab abgeben können«, klagt Schönberg. »Man kann heute nicht einmal mehr durch einen Mißerfolg Selbstvertrauen zu sich bekommen.« Früher also, so lehrt uns der radikale Modernist Schönberg, war alles besser. Selbst der Widerstand der Konservativen.

DER FRÜHLING

Endlich wird es wärmer. Doch der schönste Pilot stürzt leider ab – die schönste Pilotin hatte leider nicht aufgepasst. Und wissen Sie, wann Truffauts »Jules et Jim« eigentlich spielt? Natürlich im Frühjahr 1913, in Paris, als die Kastanien blühen.
»Le sacre du printemps« wird tatsächlich fertig und gefeiert, aber der große Igor Strawinsky wird sofort danach krank, und seine Mama muss kommen. Die große Revolutionärin Rosa Luxemburg geht über eine Blumenwiese, sammelt eine Butterblume und trocknet sie für die Ewigkeit. Ein »Frühlingsopfer« sozusagen. Und Rilke? Genau: wieder mal erkältet, diesmal in Bad Rippoldsau.

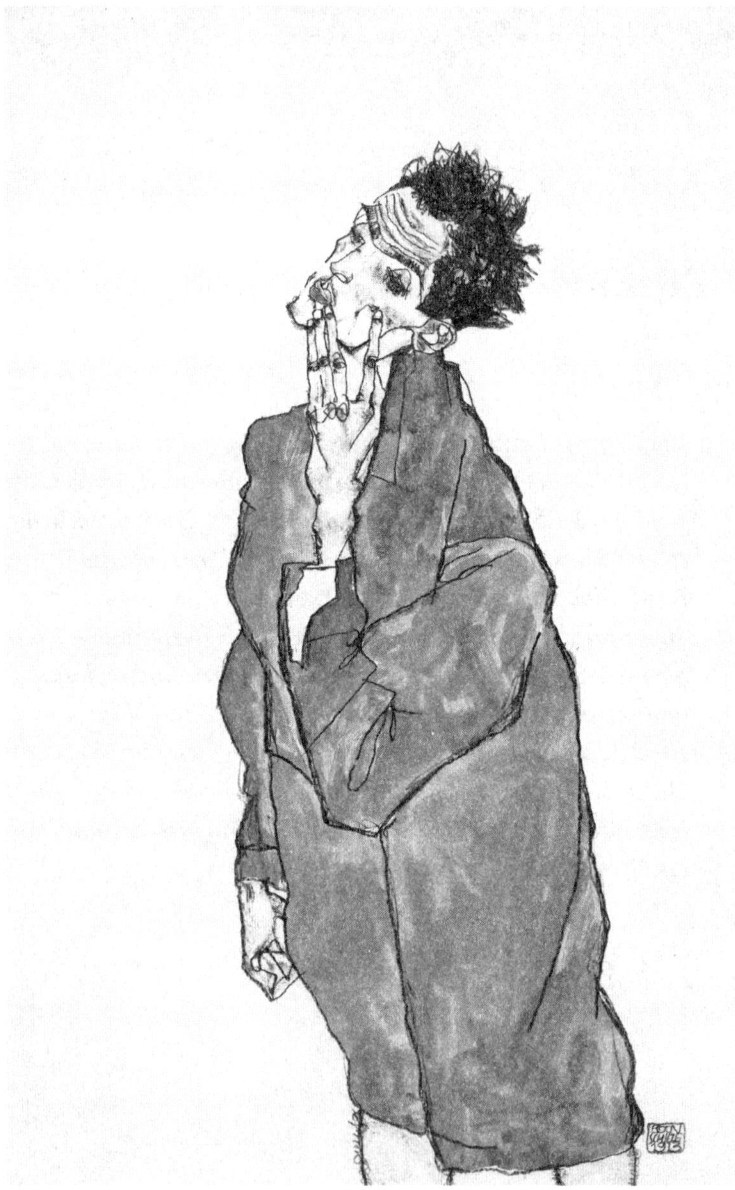

Egon Schiele, gesehen von sich selbst,
gezeichnet vom Leben.

Am 1. April, kein Scherz, beschließt Franz Kafka nachmittags Unkraut zu jäten beim Kohlrabibauern Dvorsky im Prager Speckgürtel. Zur Selbsttherapie. Er will in der Erde graben, um die Grabenkämpfe in seinem Kopf irgendwie ertragen zu können, er will, wie er sagt, seine »Neurasthenie heilen«. Neurasthenie – das war das Zauberwort des Jahres 1913, das war irgendetwas zwischen ADHS-Syndrom und Burn-out, ein so wunderbar undefinierter Begriff für jedwedes psychosomatische Unwohlsein und Nervenleiden, dass nicht nur Kafka und Rilke sich diese Diagnose stellten, sondern auch Robert Musil und Egon Schiele – und all die großen leidenden Frauen des Jahres natürlich ohnehin. Die neue Krankheit erhielt 1913 die zwei wichtigsten Weihen: Sie wurde in das elfbändige Standardwerk »Spezielle Pathologie und Therapie innerer Krankheiten« aufgenommen. Und sie wurde im »Simplicissimus«, dem Zentralorgan des zeitgenössischen Spotts, in unsterbliche Verse gegossen: »Haste nie und raste nie, sonst hast du die Neurasthenie«.

Während also der Neurastheniker Kafka die Gemüsebeete umgräbt für die legendäre Dvorsky-Kohlrabi (Kafka mit Spaten, eine surreale Vorstellung), und er stolz seiner Berliner Angebeteten Felice Bauer schreibt, dass er tatsächlich im bloßen Hemd bei Nieselregen den lehmigen Boden bearbeitet habe, da lernt sie gleichzeitig in Frankfurt am Main auf der Büroartikel-Messe ihre künftige Busenfreundin Grete Bloch kennen. Später im Jahr, als Kafka längst beim Gemüsebauern gekündigt hat und ihm Felice zu nahe zu kommen droht, da schreibt Kafka dann fast intimere Briefe an Grete als an Felice, beschwert sich bei ihr über die schlechten und ungepflegten Zähne seiner Berliner Verlobten und phantasiert von einer Liebe zu dritt. Im Tagebuch steht einmal »Träumereien Bl. betreffend«. Grete zeigt Felice die seltsamen Briefe, worauf diese dann die Verlobung mit Kafka löst, »Alpträumereien Ka. betreffend« also. Neun Monate später bekam Grete Bloch einen unehelichen Sohn. Max Brod, Kafkas Prager Lebensfreund, behauptete, der Vater sei wahrscheinlich Kafka gewesen. Bis heute glaubt ihm niemand. Als Kafka Felice das letzte Mal sah, da begann er das erste Mal in seinem Leben hemmungslos zu weinen. Das behauptet Max Brod ebenfalls. Und das glaubt ihm jeder.

*

Am 1. April, auch kein Scherz, hört Marcel Duchamp mit dem Malen auf und beginnt seine Stelle als Bibliothekar in der Bibliothèque Sainte-Geneviève. Draußen scheint die Sonne freundlich, und die Platanen am Ufer der Seine treiben aus, aber Duchamp sitzt an seinem Schreibtisch im Dunkeln, und wenn niemand etwas ausleihen will, dann liest er stundenlang weiter in den Werken seines neuen Lieblingsphilosophen Pyrrhon, eines Denkers vom Hofe Alexander des Großen. Der war, klar, der Begründer der älteren skeptischen Schule. Seit der früheren Neuzeit wird Pyrrhons Name oft als Synonym für den Zweifel an sich gebraucht. Seit der späteren Neuzeit wird Marcel Duchamps Name oft als Synonym für den Zweifel an sich gebraucht.

*

Am 5. April geht Niels Bohr in Kopenhagen zum Briefkasten. Er reicht seinen Aufsatz »On the Constitution of Atoms and Molecules« zur Veröffentlichung beim englischen »Philosophical Magazine and Journal of Science« ein, der in der nächsten Ausgabe sofort veröffentlicht wird. Der Text ist einer der Ursprungsmythen der Moderne. Das »Bohr'sche Atommodell« hat den Blick der Welt auf den Mikrokosmos grundlegend geändert, er hat mit einzigartiger Anschaulichkeit das Unsichtbare fassbar gemacht. Wie, so lautete die Frage, ermöglichen die Atome die uns umgebende Materie, und wie halten sie sie stabil? Niels Bohr hat also gleichzeitig mit Marcel Proust die Welt in ihre kleinsten Bestandteile zerlegt – und er hat wie er genau dadurch die Stabilität von Materie erklären können. Aber eben naturwissenschaftlich. Und philosophisch zugleich: Er zeigt, dass man das Atom erst einmal erfinden muss, um es begreifen zu können. In jahrelangen Experimenten bemerkte Bohr zu seiner eigenen Bestürzung, dass die Form, die Atome offenbar haben mussten, nicht zu den bekannten Gesetzen der Physik passten. Darum kam er zu dem kühnen Entschluss: Dann müssten eben die Gesetze der Physik geändert werden. Ein Atom, so ahnte Bohr, kann keine Energie freigeben, sondern nur aufnehmen, um in einen angeregten Zustand zu kommen – und von dort kann es nur durch einen Quantensprung wieder zurück zu seinem Ursprung gelangen. In diesem angeregten Zustand beginnt also am 5. April 1913 das Atomzeitalter.

*

Am 5. April hat Erik Saties Stück »Véritables préludes flasques (pour un chien)« Premiere. Damit auch ja alle richtig darauf reagieren, veröffentlicht der Komponist am selben Tag im »Guide de concert« Anweisungen an sein Publikum: »In meinen neuen Stücken habe ich mich ganz den süßen Freuden der Phantasie hingegeben. Alle, die das nicht verstehen wollen, sind dringend gebeten, den Klängen des Pianos in feierlicher Stille zu begegnen. Sie sollen sich bitte der Musik in vollkommener Ergebenheit unterwerfen. Das ist ihre richtige Rolle.« Die Avantgarde bittet das allgemeine Publikum also, wie schon Arnold Schönberg zwei Wochen zuvor, nicht weiter zu stören.

*

Am 6. April darf Lou Andreas-Salomé zum letzten Mal das Kolleg von Sigmund Freud in Wien stören. Na ja, stören, eher beehren. Freud schenkt ihr einen Strauß frischer Rosen zum Abschied. Die mittelalten Herren sind entzückt über die blitzgescheite Gasthörerin. Und Lou Andreas-Salomé weiß, dass die Zeit bei Freud in Wien der Wendepunkt in ihrem Leben ist, wie sie abends in ihr Tagebuch schreibt. Im Sommer schon wird sie in Berlin eine große Rede halten beim Psychoanalytischen Kongress, bald darauf in Göttingen ihre eigene Praxis eröffnen. Aber im Spätsommer, das weiß sie noch nicht (aber wir), wird Rainer Maria Rilke wieder vor ihrer Tür stehen. Sie hatte ihm allerdings auch vielsagend geschrieben, dass seine Pantoffeln noch immer in ihrer Diele stünden und darauf warteten, wieder von seinen Füßen gefüllt zu werden. Das war zwar kein Freud'scher Versprecher, aber doch ein Freud'sches Versprechen. Und Rilke, unser großer Pantoffelheld, hat das für seine Verhältnisse ziemlich schnell verstanden und reiste an.

*

Wir schalten zu Coco Chanel nach Paris. Sie lebt zusammen mit Boy Capel, einem Engländer mit tadellosen Manieren und wirtschaftlichen Erfolgen, den sie heiß und innig liebt. Eines Tages erklärte sie ihm, dass sie Hüte machen wolle. Und zwar Hüte, die man tragen könne, nicht die Wagenräder, die sie bei den Pferderennen sah, zu denen er sie mitnahm. Chanel mietete zwei Räume in der Rue Cambon, erster Stock, an der Tür stand »Chanel modes«. Boy Capel hatte bei der Lloyd's Bank eine Bürgschaft für sie hinterlegt. Doch ein Jahr und sehr viele verkaufte Hüte später löste Coco Chanel die Bürgschaft ab. Und Boy Capel zwirbelte seinen Schnurrbart und sagte etwas melancholisch: »Ich glaubte, Dir ein Spielzeug zu schenken, doch dabei habe ich Dir die Freiheit geschenkt.« Schon im Juni 1913 eröffnete Coco Chanel ihre erste Dependance – im mondänen Seebad Deauville. Am Anfang kamen die Damen nur, um zu schauen und zu lästern. Doch dann kaufte die Erste ein schlichtes Jerseykleid und einen schlichten Hut – und genoss sichtlich die Leichtigkeit und Einfachheit. Und die anderen Frauen auf der Promenade beneideten sie auch sofort um die irritierend neue Mischung aus Bequemlichkeit und Eleganz – und klingelten am nächsten Morgen an der Ladentür. Am Ende des Sommers war die Boutique ausverkauft. Und Coco Chanel sprach: »Ich habe dem Körper der Frau seine Freiheit wiedergegeben.«

*

Die Redaktion des »Gotha«, des Verzeichnisses der adeligen Häuser in Deutschland, sieht sich angesichts seiner sechsundachtzigsten Auflage und auch der Freiheit der Frauen im Jahre 1913 zu einer dringenden Mahnung an seine Abonnenten veranlasst: »Das eine aber müssen wir wiederholt betonen, daß es uns ganz unmöglich ist, genealogische Nachrichten, die der Familie oder einem einzelnen ungelegen sind (Vermählungs- oder Geburtsdaten, namentlich aber die Scheidung) zu unterdrücken.« Manchmal verstecken sich ja in den Klammern die größten Verschiebungen in der Mentalitätsgeschichte.

✷

Nachdem nämlich Anfang des Jahres Giacomo Puccini seine Aufforderung zum Duell schnöde abgelehnt hat, greift Baron Arnold von Stengel jetzt zu modernen Waffen. Er wird am 9. April vor dem Amtsgericht München offiziell geschieden, Grund ist »Verschulden der Frau«. Und dem widersprach niemand, noch nicht einmal besagte Frau. Josephine von Stengel war 30 Jahre jünger als Puccini, als sie 1912 dem Komponisten verfiel. Sie war seit fünf Jahren verheiratet und Mutter zweier Töchter, als Puccini sie verführte. Nun war der ein notorischer Schwerenöter mit umfangreicher libidinöser Biographie, außerdem mit einer dauerhaft fuchsteufelswilden Gattin namens Elvira, die das Dienstmädchen Doria Manfredi, also die wahrscheinlich einzige Frau aus Puccinis Umfeld, die nie etwas mit ihm gehabt hatte, mit falschen Anschuldigungen in den Tod getrieben hatte.

Aber das hielt Puccini nicht davon ab, sich durchaus heftig in Josephine von Stengel zu verlieben. Er fuhr mit ihr nach Bayreuth, nach Karlsbad, nach Viareggio, eine sehr klassische Grand Tour d'Amour, unklassisch war allein, dass die beiden Reisenden anderweitig verheiratet waren. Aber als Josephine dann endlich geschieden war (für sich selbst hielt Puccini so etwas für überflüssig), da fuhr er sofort zu ihr und stellte sie wenig später seinem Freund Gabriele D'Annunzio vor. In Viareggio will er ein Haus für sie bauen, doch dann verliebt er sich leider neu, und Josephine von Stengel wird unglücklich und 13 Jahre später in Viareggio sterben. Ihre Töchter haben leider ihren testamentarischen Wunsch erfüllt und alle Briefe Puccinis an ihre Mutter vernichtet. So bleibt uns nur Puccinis hochseetaugliche Motoryacht mit dem schönen Namen Cio-Sio-San (und dem eingebauten Bordklavier), die er ihr widmete und die sich erhalten hat als Zeugnis dieser ungewöhnlichen Liebe.

✷

Der Islam gehört zu Deutschland. Die sogenannten »Problem-Zigaretten« der Marke »Moslem« sind 1913 die meistverkauften Zigaretten des Landes (ja, wirklich, Sie können es mir glauben).

✷

Am 11. April macht sich Alfred Kerr in der Zeitschrift »Pan« darüber lustig, dass Thomas Manns Bruder Heinrich und die Großmutter seiner Frau positive Rezensionen zu seinem »Tod in Venedig« veröffentlichen. In dem Text lässt Kerr einen fiktiven Thomas Mann vom Nutzen der »Verwandtenrezension« fabulieren und den Kern von »Tod in Venedig« so zusammenfassen: »Jedenfalls ist Päderastie annehmbar für den gebildeten Mittelstand gemacht.« In jenen Tagen dichtete Alfred Kerr voller Spott und Wut auch seinen »Thomas Bodenbruch«, eine fiktive Autobiographie Thomas Manns in zwei Zeilen: »Sprach immer stolz mit Breite / Von meiner Väter Pleite. Ich dichte nicht – ich drockse / Ich träume nicht – ich ochse.«

✷

Paris, April 1913. Das Tagebuch von Harry Graf Kessler schwappt fast über vor mondäner Gegenwart. Immer wieder mitternächtliche Diners im Restaurant Larue mit Misia Sert, dem einstigen Prachtmodell der Impressionisten und jetziger Gönnerin der Moderne, mit Djagilew, seinem Geliebten Nijinsky und den halben »Ballets Russes«, mit Jean Cocteau, André Gide und manchmal, nachdem er zuvor dreimal brieflich ab- und zweimal doch wieder halb zugesagt hatte, auch mit Marcel Proust. Kessler wird fast aufgesogen von der flirrenden Energie von Paris, an den geplanten Essay über Richard Dehmel ist nicht zu denken, er schreibt an seine Schwester: »Ich war jeden Tag von 11 Uhr am Vormittag bis 3 Uhr in der Nacht ständig in Bewegung. Es ist ganz unmöglich für mich, Dir irgendeine zusammenhängende Darstellung all dieser Tage zu geben.« Gut für uns, dass sich Kessler dann, vollkommen überfordert von der Fülle des Lebens und vollkommen unfähig, einen zusammenhängenden Text zu verfassen, ganz auf das Schreiben seines Tagebuchs konzentrierte.

✷

Am 12. April landet Delacroix' riesiges Löwenbildnis »Lion dévorant un cheval« in der Höhle des Löwen: im Hause von Julius Meier-Graefe in Berlin-Nikolassee, jenem Mann, der den Deutschen wie sonst nur Harry Graf Kessler mit aller Vehemenz die Lust und Freude an der französischen Kunst, am Savoir-vivre, am Lebensgefühl des Erzfeindes einzuhämmern versuchte. Wir sollten glücklich sein, dass es die Franzosen gibt, so Meier-Graefes tägliche Botschaft an sein skeptisches Volk im Jahr 1913. Gut gebrüllt, Löwe! Aber wird es helfen?

✷

In der Galerie von Bruno Cassirer wird die ungeheure Privatsammlung von Gottlieb Friedrich Reber aus Wuppertal-Barmen gezeigt, eine der wichtigsten Kollektionen französischer Kunst jenseits von Frankreich überhaupt, etwa zwölf Gemälde von Paul Cézanne, daneben Hauptwerke von Manet, Renoir,

Courbet, Degas, Corot und Daumier, heute wohl eine halbe Milliarde wert. Der angesehene Kritiker Max Osborn bemerkt dazu in der »BZ am Mittag« lakonisch: »Es geht mir, ehrlich gesagt, denn doch über die Hutschnur, daß ein deutscher Sammler sich mit offenbar bedeutenden finanziellen Mitteln eine Galerie anlegt, die fast kein deutsches Bild enthält. Gegen eine solche Rücksichtslosigkeit erhebe ich scharfen Protest.« Und Fritz Stahl schreibt dazu im »Berliner Tagblatt«: »So mag ich auch Herrn Reber die sehr auffallende Tatsache, daß in seiner Sammlung als der eines Deutschen so gut wie kein Werk eines neueren deutschen Malers ist, nicht geradezu vorwerfen. Sollte sich aber herausstellen, daß das nicht persönlich, sondern für den ›neuen‹ Sammler typisch ist, so würde man es nicht nur beklagen, sondern hart verurteilen müssen.« Man liest es und sieht mit Bestürzung, dass die Aufrüstung Anfang 1913 ganz offenkundig nicht nur militärisch im vollen Gange war.

*

August Bebel, der große alte Mann der Sozialdemokratie, ruft seine Parteifreunde aus Berlin und die aus Paris deshalb zu Pfingsten ins neutrale Bern zur »Deutsch-Französischen Verständigungskonferenz«. Dort hält er seine letzte große Rede und wiederholt seinen eindringlichen Appell: »Man wird rüsten bis zu dem Punkt, daß der eine oder andere Teil eines Tages sagt: lieber ein Ende mit Schrecken als ein Schrecken ohne Ende. Dann kommt die Katastrophe. Alsdann wird in Europa der große Generalmarsch geschlagen, auf den hin 16 bis 18 Millionen Männer, die Männerblüte der verschiedenen Nationen, ausgerüstet mit den besten Mordwerkzeugen, gegeneinander als Feinde ins Feld rücken.«

*

Ein Franzose und ein Deutscher in der Blüte ihrer Jahre spazieren an diesen ersten Frühlingstagen einträchtig an der Seine entlang. Sie gehen in ein Café, setzen sich nach draußen in die Sonne, trinken erst einen Rosé und dann noch einen und noch einen. Sie teilen alles, sogar ihre Freundinnen, etwa die Pariser Malerin Marie Laurencin oder Franziska zu Reventlow, die wilde Münchner Gräfin, und ihre Erlebnisse ohnehin, aber diesmal, so sagt also der Berliner Franz Hessel zu seinem Pariser Freund Henri-Pierre Roché, diesmal wolle er ihn bitten, die Finger von seiner neuen Freundin zu lassen. Diesmal sei es etwas anderes. Diesmal sei es, tja, Liebe oder etwas in der Art, diese Helen Grund, Malerin aus Berlin, die wolle er heiraten, tu comprends? Oui, oui, sagt also Henri-Pierre Roché, steckt sich eine Zigarette an und stößt Rauch in diesen feinen Kringeln aus, die nur bei ihm aussehen wie pures Rokoko. Ein paar Tage später, die Sonne scheint, feiern die beiden mit ihrem gemeinsamen Freund Thankmar von Münchhausen Junggesellenabschied in Montparnasse. Ein paar Jahre später werden natürlich erst Henri-Pierre Roché und dann Thankmar von Münchhausen Affären mit Franz Hessels Frau haben.

*

Gerade war der Himmel noch blau. Aber jetzt ziehen Wolken auf, sie kommen von fern. Hinten am Horizont die ersten kleinen Vorboten, dann kommen sie näher, werden mehr und ziehen über die Köpfe hinweg. Eine bleibt stehen. Geht einfach nicht wieder weg. Die Menschen schauen hoch. Neugierig erst, dann unsicher. Die Wolke begann in Weiß. Nun wird sie immer grauer. Und sie bewegt sich nicht. Immer mehr Menschen kommen dazu, schauen hoch in die drohend unbewegliche Wolke. Dann kommt Martin Brandenburg, der einzige Maler, den Thomas Mann liebte, und malt diese Wolke. Und die Menschen unter ihr, »alle unter dem gleichen Druck der Wolke, den sie, den Temperamenten nach, verschieden tragen: dumpf-kindlich, gleichgültig ergeben, anklagend, sich aufbäumend«, wie es in der Zeitschrift »Kunst und Künstler« hieß. Brandenburg nennt sein sonderbares Bild »Die Menschen unter der Wolke«. Und als er aufsah, schwand sie schon im Wind.

*

In Deutsch-Ostafrika entdeckt die paläontologische Tendaguru-Expedition aus Berlin das größte Dinosaurierskelett der Welt. Einen rund zwölf Meter hohen und 23 Meter langen Brachiosaurus brancai (benannt nach dem Berliner Museumsdirektor Wilhelm von Branca), der vor etwa 150 Millionen Jahren das Zeitliche gesegnet hat. Also der Dinosaurier, nicht Professor Branca natürlich, dem ging es 1913 noch sehr gut. Der Brachiosaurus war Veganer und aß wohl täglich eine Tonne Grünzeug, und damit er das schaffte, hatte er einen extralangen Hals, mit dem er sich direkt in den Baumkronen bedienen konnte. Nach der Ausgrabung mussten die vielen tausend Einzelteile des Dinosauriers von den afrikanischen Grabungshelfern tagelang unter der glühenden Sonne zu Fuß unglaubliche 60 Kilometer weit bis an die Küste zum Seehafen Lindi getragen werden. Das nennt man Knochenarbeit. Von Lindi aus gingen sie per Schiff mit Zwischenstation in Daressalam erst nach Hamburg und dann per Bahn nach Berlin, wo sie im Naturkundemuseum wie ein riesiges Puzzle neu zusammengesetzt werden mussten. Im Jahre 1937 wird man damit fertig sein. Aber was sind schon 24 Jahre bei einem Tier, das seit 150 Millionen Jahren tot ist? In den Berliner Museen hielt man zu zügiges Arbeiten eben einfach schon immer für würdelos.

*

In Paris erscheint in diesem April Guillaume Apollinaires Lyrikband »Alcools«. Er hatte auf jede Interpunktion verzichtet. Aber nicht auf Gefühl und Provokation. Die Kritiker tobten. Apollinaire tobte zurück. Die angegriffenen Kritiker forderten ihn zum Duell auf, weil sie ihre Ehre verletzt sahen. Aber Apollinaire hatte keine Zeit dafür. Er musste dichten.

*

Wassily Kandinsky bekommt Anfang April Besuch von seiner Mama. Sie macht sich Sorgen, seit ihr schöner, stolzer Sohn so abstrakt geworden ist. Das hängt, da ist sie sich sicher, mit dieser neuen Frau zusammen. So kommt sie aus Odessa nach München angereist, um nach dem Rechten zu sehen. Nach einem kurzen Empfang am Bahnhof reisen Kandinsky und Münter mit Mutter Lydia gleich weiter nach Murnau, in ihr kleines Traumhaus am Hügel. Die Mutter sitzt draußen im Sessel, und Kandinsky gräbt in Lederhose und Trachtenwams den Garten mit dem Spaten um. Er pflanzt Blumen, und wenigstens die Sonne lacht. Es gibt Fotos aus diesen Apriltagen, auf denen steht Kandinsky kerzengerade neben der Mutter, die in schwarzem Kleid missmutig auf einem Stuhl hockt, man weiß nicht, ob sie immer so schaut oder ob das daran liegt, dass sie der Fotografin, also Gabriele Münter, der Lebensgefährtin ihres Sohnemanns, in die Augen schauen muss. Als sie in München zurück sind, wird am 12. April gleich weiter fotografiert: Kandinsky mit Bart und ernstem Blick vor Nippes auf der Konsole und einer scheußlichen Wanduhr, dann nimmt Kandinsky die Kamera und fotografiert Münter, die ja immer schaut wie sieben Tage Regenwetter, und postiert sie neben ein Regal, darauf ein Zweig aus Seidenblumen und eine kitschige Porzellanschale, die Wände dunkel, vollgehängt mit Kreuzen und Volkskunst. Das war die Wohnung in der Ainmillerstraße 36, eng, fast spießig, düster – und genau hier, in diesem Interieur, brach der hellste Morgen der abstrakten Kunst an. Die Mutter hockt auch dazwischen auf den Fotos, immer noch schwarz gekleidet, immer noch ernst blickend, streng, musternd, auf Russisch in sich hineingrummelnd »Was mache ich hier?«. Die Mutter bestand dann auch darauf, nicht nur seine Geliebte, sondern auch Kandinskys geschiedene Ehefrau Anja zu sehen. Und so zogen die drei ein paar Straßen weiter zu Anja, die auch Wassilys Cousine ist (und von der er sich 1904 scheiden ließ). Pikanterweise macht dann also auch dort Gabriele Münter die Fotos: Jetzt gucken alle missmutig und verstört, also die Mama (die auch die Tante ist) und der Sohn. Nur Anja, in der Mitte, fasst sich keck an den Kragen und kichert fast über diese surreale Inszenierung in ihrem Wohnzimmer, sie wirkt sichtbar erleichtert, dass sie dieser Mutter-Sohn-Kombination entkommen ist, und auf die missmutige Fotografin scheint sie auch nicht wirklich eifersüchtig zu sein. Kandinsky fasst sich etwas ratlos und angespannt an seinen Bart. Schnitt.

*

Enrico Caruso, die Stimme des Jahrhunderts, ist sehr, sehr dick geworden, seit seine Partnerin Ada mit dem Chauffeur durchgebrannt war, dem schmierigen Cesare Romati. Der Verleumdungsprozess im letzten Herbst in Mailand war schrecklich gewesen für Caruso, weltweit berichtete die Presse über die 100 Zeugenaussagen, die an vier Tagen die wildesten Theorien über das Zusammenleben der Carusos verbreiteten. Ada behauptete steif und fest, sie habe den Chauffeur zum Schutze Carusos verführen müssen, da dieser eigentlich von der Mafia gesandt gewesen sei, um ihn zu ermorden. Nur durch ein intensives Liebesleben habe sie ihn davon abhalten können. Das war so hanebüchen, dass es selbst die italienischen Richter nicht glaubten und Ada und ihren Chauffeur wegen Verleumdung, Falschaussage und Zeugenbeeinflussung zu einem Jahr Haft verurteilten.

Caruso rasierte sich daraufhin seinen Schnurrbart ab, ging mehrfach täglich essen und stürzte sich in unzählige Affären. Etwa mit der blutjungen Elisa Ganelli, einer Verkäuferin aus Mailand, die er – Sigmund Freud hätte seine Freude gehabt – ausgerechnet bei einem Krawattenkauf kennengelernt hatte. Er nimmt sie mit nach Berlin zu einer Konzertreise, lässt sie feudal im Hotel »Bristol« logieren, und eines Abends, nach einer gefeierten Opernaufführung, trinkt er zu viel und verlobt sich mit ihr. Als er zwei Tage später in Bremen auftritt, schickt er ihr ein entsetztes Telegramm: »Heirat unmöglich. Dauerndes Reisen zwingt mich, Verlobung aufzulösen. Vergessen wir alles Vorgefallene.« Na ja, das hätte er gerne so gehabt. Ging natürlich nicht. Auch Elisa Ganelli zerrte ihn vor Gericht und wollte Schadensersatz für ihr gebrochenes Herz. Und Caruso? Er zahlte. Er hatte keine Nerven mehr. Und dann wollten ihn auch noch immer alle ausgerechnet den Canio singen hören! Jenen der Phantasie Leoncavallos entsprungenen verlassenen, alt gewordenen Liebhaber. »Meine Lieblingsrolle«, so sagt Caruso trotzig zum Reporter der »New York Times«, »ist das wirklich nicht.«

In den Wochen seiner New Yorker Gastspielreise wird er immer dicker, er geht ein wenig zu oft ins »Ristorante del Pezzo«, nicht nur wegen des Tiramisu, sondern auch, um einzutauchen in den italienischen Singsang der Köche und Kellner. Natürlich war Caruso als echter Neapolitaner ein grenzenloser Romantiker. Wie ein Verrückter tourt er in diesen Monaten durch die Welt, in panischer Angst, seine Stimme zu verlieren – und sie trotzdem fast jeden Abend aufs Neue maximal strapazierend. Von New York reist er nach London, er wird bejubelt für seine Arien in »Aida«, »Tosca« und »La

Bohème«. Und weil es die Engländer immer genau wissen wollen, untersucht ihn der britische Wissenschaftler William Lloyd auf Herz und Nieren. Er will herausfinden, wo das Geheimnis von Carusos Stimme liegt. Das Ergebnis: Seine Knochen vibrieren mehr als die normaler Menschen und der Abstand zwischen seinen Zähnen und seinen Stimmbändern ist besonders groß. Was dadurch möglich war, demonstriert er am 23. Dezember 1913 in Philadelphia. Als seinem Partner in der Oper »La Bohème«, dem Bassisten Andrés de Segurola, wegen einer Erkältung die Stimme versagte, da sprang Caruso im vierten Akt für ihn ein, der Tenor sang den Bass – und das Publikum merkte es nicht, sondern applaudierte frenetisch. Wahrscheinlich war an diesem Abend der Abstand zwischen seinen Zähnen und seinen Stimmbändern noch ein klitzekleines Stück weitergewachsen.

✷

Am 14. April wird in Frankfurt am Main einer der gestörtesten Geister des Jahres 1913 festgenommen: Karl Hopf. Monatelang hatte er seiner Ehefrau Wally mit Arsen versetzte Getränke gegeben und ihre Wäsche mit tödlichen Giften bestrichen – um sie daraufhin aufopferungsvoll zu pflegen und ihr Wickel zu machen, wenn sie sich schweißgebadet im gemeinsamen Ehebett windet. Doch Wally überlebt. Als Einzige. Zuvor nämlich hatte Karl Hopf auf dieselbe Weise erst seine Eltern, seine Kinder und auch seine früheren Ehefrauen zur Strecke gebracht. Doch niemand hatte ihn je in Verdacht. Denn Karl Hopf war ein angesehener Bürger, ein Futtermittel-Unternehmer, Bernhardiner-Züchter und Meister im Säbelfechten. Und er ist auch ein Wissenschaftler. Weil immer wieder junge Bernhardiner sterben, entwickelt er im Labor ein Mittel gegen die Hundestaupe. Er lässt sich Briefpapier drucken für ein »Bakteriologisches Laboratorium Hopf«. Das klingt wahnsinnig seriös. Und er bekommt von einem Institut in Wien daraufhin hochansteckende Cholera- und Typhus-Bakterienstämme zugesandt. Hopf beschwert sich sogar einmal beim Absender über die »sehr mangelhafte Wirkung beim Menschen«, aber niemand schöpft Verdacht. Die Institutsmitarbeiterin hatte »Meerschweinchen« gelesen statt »Menschen«. Doch als auch seine zweite Ehefrau und sein drittes Kind plötzlich sterben, kommen erste Zweifel auf, aber der angesehene Bürger Hopf kann alle Zweifel zerstreuen, die Staatsanwaltschaft Wiesbaden stellt das Verfahren ein. Hopf stiftet seine Hundeschädelsammlung dem Frankfurter Senckenberg-Museum und wird dafür in einer Feierstunde geehrt.

Hopf konzentriert sich daraufhin ganz aufs Säbelfechten (die Hunde sind ja alle tot inzwischen, die Frauen und die Kinder auch, er hat also wieder Zeit). Doch das ist keine ganz so gute Geschäftsidee. Er geht pleite. Da ist es praktisch, dass gleich darauf seine Mutter unter zunächst ungeklärten Umständen stirbt und ihm ein großes Vermögen hinterlässt. 1912 dann heiratet Hopf ein drittes Mal, Wally Siewic, eine Österreicherin. Schon bald wird sie natürlich krank. Auch das Dienstmädchen und die Putzfrau und die Pflegeschwester werden von plötzlichen Krämpfen ans Bett gefesselt. Der Hausarzt ist gerührt, wie Hopf sich um all die ihm anvertrauten Frauen kümmert, so aufopferungsvoll und selbstlos. Doch dann wird auch der Arzt krank, eine Vertretung kommt – und weist Wally sofort wegen Vergiftungserscheinungen ins Krankenhaus ein. Der gute böse Hopf bringt ihr natürlich täglich Blumen dorthin – später werden die Gerichtsmediziner an jeder einzelnen Blüte Typhusbazillen nachweisen. Aber Wally übersteht auch diese Attacke. Als der Anwalt der zweiten Ehefrau von Hopf hört, dass nun auch die nächste Ehefrau wegen einer Vergiftung im Krankenhaus liegt, alarmiert er die Polizei. Am 14. April nimmt sie Hopf zu Hause fest. Die Beamten finden ihn mitten in seiner brodelnden Giftküche – und wenig später entdecken die Gerichtsmediziner dann große Mengen von Arsen in den exhumierten Leichen seines Vaters, seiner Mutter, seiner ersten beiden Frauen und aller seiner Kinder. Karl Hopf wird zum Tode verurteilt. Am Tag der Vollstreckung schickt er den Pfarrer mit Beschimpfungen weg und beschwert sich, dass die Henkersmahlzeit nur lauwarm sei. Dann fällt das Fallbeil in der Justizvollzugsanstalt Frankfurt-Preungesheim. Zack.

✷

Am 13. April 1913 sitzt Rainer Maria Rilke an seinem Schreibtisch in Paris in der Rue Campagne. Es geht ihm natürlich auch heute nicht gut. Er blickt sich an in seinem Taschenspiegel, lange, sehr lange. Erschrickt selbst über die Untiefen seiner Augen. Dann nimmt er seinen Füller, tunkt ihn in das Tintenfass und schreibt die letzten Zeilen seines Gedichtes »Narziss«: »Denn, wie ich mich in meinem Blick verliere: ich könnte denken, dass ich tödlich sei.«

✷

Zum Glück ergeht in diesen Tagen der Ruf zur Gründung der DLRG.

✷

Am 19. April 1913 geschieht dennoch ein schreckliches Unglück: Isadora Duncan, die berühmteste Tänzerin ihrer Zeit, möchte sich etwas ausruhen auf ihrer Chaiselongue (so stellt man sich das zumindest vor) und schickt also ihre Kinder mit dem Kindermädchen zum Spielen in einen Park. Sie müssen alle ihre Jacken anziehen, auch wenn sie maulen, aber Mama möchte nicht, dass sie sich erkälten. Küsschen hier, Küsschen da, au revoir, à plus tard! Und los. Der Chauffeur lädt sie ein, doch als der Motor stottert, steigt er aus, um nach dem Rechten zu schauen. Doch er hat vergessen, die Handbremse zu ziehen. Der Wagen rollt los, durchbricht das Gitter am Seine-Ufer, stürzt in die Fluten, und der fast dreijährige Patrick, Duncans Kind mit dem amerikanischen Nähmaschinen-Erben Paris Singer, und die sechsjährige Deirdre, ihre Tochter mit Edward Gordon Craig, können nicht mehr gerettet werden. An diesem Tag versank Isadora Duncans Leben für immer in Tränen.

*

Alma Mahler und Oskar Kokoschka sind bei ihrer Flucht aus Wien inzwischen in Neapel angekommen. Der einzigen Stadt, die ihrer Beziehung entspricht: Überbordend, sinnlich, chaotisch, am Rande der Legalität. Sie besteigen irgendwann ein Boot und fahren mit der Fähre raus nach Capri, auf die Sehnsuchtsinsel. Zur blauen Grotte. Zu Maxim Gorki, zu dem verrückten Diefenbach und seinem Harem. Sie ziehen in die Villa Monacone, ein seltsames Haus, wo schon immer Phantasten und Revolutionäre wohnten, genau da passen sie hin. Sie lieben sich, und sie gehen über die Insel, pflücken Zitronen und liegen im Gras, über ihnen die Möwen, Kokoschka, dieser grobschlächtige Kerl, isst unten in den Hafentavernen, weil ihm nur da die Portionen groß genug sind, und Alma tanzt halbnackt über die Pfade, wenn die rote Sonne im Meer versinkt. Nachts, wenn Alma schläft, da malt er zu ihrer Überraschung die hellen Räume mit Fresken aus, wilde Phantasien, herrliche Träume, kühne Farben. Alma war immer ganz beglückt, wenn sie morgens im leichten Nachthemd mit dem nackten und stolzen Oskar die Werke seiner Nacht besichtigte. Doch irgendwann endete dieser südliche Traum, sie mussten zurück in den Irrsinn Wiens. Und der Fischer Ciro Spadaro, dem das Haus gehörte, kratzte nach der Abreise des seltsamen Paares aus Österreich alles wieder ab und tünchte es neu in Weiß. Ciro Spadaro stand einfach nicht so auf Expressionismus. Immerhin, Jahrzehnte später, wurde einer der Söhne von Ciro Spadaro, Antonio, der Liebhaber von Thomas Manns Tochter Monika, die dann in der Villa Monacone mit den weißgetünchten Wänden wohnte.

*

Die fünfjährige Astrid Lindgren spielt im Garten hinter ihrem Elternhaus auf dem Hof Näs bei Vimmerby. »Es war schön, dort Kind zu sein, es gab Geborgenheit und Freiheit«, so wird sie sich später erinnern.

*

Mata Hari, die legendäre Tänzerin und Mätresse, die später als Spionin des deutschen Geheimdienstes auch im unbekleideten Zustand wenigstens den irritierend unsinnlichen Decknamen H 21 trägt, reist im April 1913 nach Berlin. Sie hat ihre größte Zeit in Paris hinter sich und sucht fieberhaft nach neuen Aufträgen oder Liebhabern. Da sieht sie Unter den Linden den Kronprinzen vorbeireiten und ist auf der Stelle vollkommen vernarrt in ihn. Sie schickt ihm offizielle Schreiben und bittet »Hochwohlgeboren« um die Erlaubnis, für ihn im Berliner Stadtschloss javanische Straßentänze und hinduistische Tempeltänze aufführen zu dürfen. Die Geburtsstunde des Humboldt-Forums schien also zum Greifen nah: Die Kulturen der Welt hätten sich um ein Haar schon 1913 spielerisch kennengelernt! Aber leider wurde der Bitte von Mata Hari nicht entsprochen, und sie reiste unverrichteter Dinge wieder ab.

*

»Nein, so geht es nicht«, sagte Igor Strawinsky und blinzelte durch seine dicken Brillengläser. »Was geht so nicht?«, fragte der heldenhafte Gabriel Astruc, als er ihm voller Stolz den prächtigen Neubau seines Théâtre des Champs-Élysées präsentierte, dessen Bauarbeiten gerade abgeschlossen waren. Strawinsky strich sich mit den Fingern über seine mit Gelatine nach hinten gekämmten Haare und knurrte: »Der Orchestergraben ist zu klein, wenn Sie ihn nicht erweitern, kann es hier keine Uraufführung von ›Le Sacre du Printemps‹ geben, ich brauche Platz für 84 Musiker.« Astruc protestierte kurz, atmete schwer, sprach davon, dass es ein Stahlbetonbau sei, der gerade in diesen Tagen fertig geworden sei, und es gebe doch Platz für 80 Musiker, doch Strawinsky interessierte das nicht. Er brauchte Platz für 84 Musiker. Noch am selben Tag wurden die Arbeiter zurückgeholt, mit Presslufthämmern und Schweißbrenner machten sie sich an die Arbeit, das Unmögliche möglich zu machen, also Platz zu schaffen für 84 Musiker in einem viel zu engen Orchestergraben. Ohrenbetäubender Lärm hallte durch den riesigen Zuschauerraum. Es waren noch vier Wochen bis zur geplanten Premiere am 29. Mai und Strawinsky und Astruc waren schon mit ihren Nerven am Ende.

*

Am 20. April verlässt die Grönland-Expedition von Alfred Wegener ihr Basislager auf dem Gletscher Storstrommen und macht sich an die Durchquerung der Insel. Noch immer tobt der Schneesturm. Doch die vier Forscher, die ihr gesamtes Labor und allen Proviant auf ihre verbliebenen fünf Islandpferde geladen haben (die anderen elf hatten das Weite gesucht oder waren während der Überwinterung getötet worden), ziehen los. Kläffend läuft ein Hund um die kleine Karawane, die sich tapfer die 1200 Kilometer durch das Eis Richtung Westen quält. Am 7. Mai erreichen sie die äußerste Zone des Hocheises. Abends in seinem Zelt, frierend, erschöpft, hundemüde, aber doch ergriffen, wird Alfred Wegener, der große Polarforscher, zum großen Poeten: »Es war unser Einzug in die große, weiße Wüste der vollkommensten, leblosesten Wüste, die die Erde trägt«, schrieb er in sein Tagebuch. »Weit wie das Meer dehnte sich die weiße Fläche vor uns, fast rings herum den Himmel berührend. Wie die Wogen auf dem Meere reihten sich die vom Wind gemeißelten Furchen in die Schneeoberfläche aneinander in endloser Form. Die langen, federnden Schlitten tanzten auf ihnen wie ein schnell segelndes Boot auf den Wellen. Es gibt nur den blauen Himmel und den weißen Schnee. Andere Sehenswürdigkeiten wie etwa Wolken scheint die hiesige Natur sich nicht leisten zu können.«

Die hiesige Natur scheint vollkommen damit beschäftigt, diese seltsame Expeditionskarawane durch ihr Allerheiligstes ziehen zu lassen. Das war so von den Schneegöttern offenbar nicht vorgesehen. Am 21. Mai zeigt das Thermometer nachts minus 31 Grad, mittags, um 14 Uhr, als die Sonne am höchsten steht, minus 20 Grad. Das ewige Eis. Die Nasenspitzen sind abgefroren, die Gesichtshaut hängt, wie Wegener klagt, in Fetzen herunter. Abends schreibt Wegener vollkommen erschöpft in sein Tagebuch, er könne eigentlich nur darüber nachdenken, wie er mit seiner fernen Verlobten Else zusammenleben werde und was es heute Abend zu essen gebe: »Wohl zu bemerken: Das erste Thema stellt sich vorzugsweise nach, das zweite vor unseren Mahlzeiten ein. Es fehlt mir nur der Mut dazu, sonst könnte ich darüber 2 Abhandlungen schreiben, gegen welche die ›Entstehung der Kontinente‹ einen Sextaneraufsatz darstellt.« Am 28. Mai dann wird der Ton verzweifelter: »Wir wissen immer noch nicht, ob einer von uns lebend die Westküste erreichen wird.« Die Pferde sind zu schwach, immer wieder müssen sie einem von ihnen den Gnadenschuss geben und fortan das Gepäck auf den schweren Schlitten selbst durchs Eis ziehen, zwölf, dreizehn Kilometer am Tag. Alles Überflüssige wird weggeworfen, Werkzeug, Kisten, Reservepfeifen, der Tabak ist ohnehin aufgebraucht. Auf 2700 Höhenmetern wird am 4. Juni dann auch das geliebte Islandpferd »Dame« erschossen, das vor Erschöpfung zusammengebrochen war. Aber, immerhin, wie aus dem Nichts, taucht ein Schneesperling auf, der die müde Karawane zwitschernd umfliegt.

✷

1913 ist das Jahr, das das 19. Jahrhundert und das 20. Jahrhundert unauflöslich miteinander verbindet. Kein Wunder, dass deshalb am 29. April 1913 Gideon Sundback das Patent für den Reißverschluss erhält. Zwei biegsame Stoffstreifen mit kleinen Zähnen an der Seite und einem Schieber, der die Zähne ineinander verhakt. Kurt Tucholsky stellt fest: »Kein Mensch kann verstehen, warum ein Reißverschluss funktioniert, aber er funktioniert.«

✷

Zu den schönsten und wildesten Frauenfiguren dieses an schönen und wilden Frauen so reichen Jahres 1913 gehört die geheimnisumwitterte Fürstin Eugénie Schakowskoy. Sie ist, ganz genau weiß man es nicht, eine entfernte Cousine von Zar

Nikolaus II., vor allem aber ist sie eine Frau, die das Leben liebt und die Gefahr – das zumindest weiß man sehr genau. 1907 verlässt sie, kaum achtzehnjährig, ihren Fürsten und ihre Kinder und schließt sich dem Zirkel um den Liebesguru Rasputin an, getarnt als Krankenschwester. Die Männer fielen bei ihrem Anblick tatsächlich reihenweise in Ohnmacht oder rannten gegen den Türrahmen und hofften auf Wiederbelebungsmaßnahmen. Sie hat kurze, dunkelbraune Locken, furiose Augenbrauen und vor allem glühende Augen, die wie schwarze Punkte aus jedem Schwarzweißfoto herausstechen. Noch in St. Petersburg entdeckt die Fürstin, der selbst das Fahren von Autorennen und das Schießen, das sie exzellent beherrschte, langsam fad geworden waren, das Fliegen für sich. Bald darauf kam sie nach Berlin, erwarb hier am 16. August 1912 in Johannisthal ihre deutsche Fluglizenz, die 274., die überhaupt in Deutschland bis zu diesem Zeitpunkt vergeben worden war, und zog die Stadt und deren Männer in Bann mit ihrer Furchtlosigkeit (und ihrer Lebenslust). Als einmal bei einem Flug der Benzintank der Maschine explodierte und der Motor ausfiel, flog sie den Feuerball, der vorher ein Flugzeug war, trotzdem irgendwie zurück auf die Erde, unverletzt, ein paar Schmauchspuren am Gesicht, das war alles. Anschließend brauchte sie ein paar neue Herausforderungen. Sie bot sich dem italienischen Militär für Spionageflüge im Italienisch-Türkischen Krieg an, aber das war im italienischen Frauenbild um 1913 noch nicht vorgesehen. So verliebte sie sich auf dem Flugplatz in Johannisthal in Wsewolod Michailowitsch Abramowitsch, einen Dreiundzwanzigjährigen aus Odessa mit kurzen Haaren und langem Namen, der Testpilot war für die deutsche Filiale der Gebrüder Wright, der »Flugmaschinen Wright«. Abramowitsch, ein kühner, melancholischer und schweigsamer Mann, war der ungekürte Flugkönig von Johannisthal. Er baute schnell eigene Flugzeuge zusammen, mit denen er bis nach St. Petersburg flog, und er liebte es, sich immer höher und höher in die Luft zu schrauben. Er stellte zwei neue Rekorde auf – einen Höhenrekord mit 2100 erreichten Metern und einen Langzeitrekord für den Transport von vier Passagieren –, er blieb 46 Minuten und 57 Sekunden in der Luft. Was kann so einem unsinkbaren Mann eigentlich passieren? Dass er sich verliebt.

Am 24. April, frühmorgens um 6.43 Uhr, steigen Abramowitsch und seine Geliebte, die Fürstin Eugénie Schakowskoy, in ihr Flugzeug. Die Sonne ist gerade aufgegangen. Es wird ein herrlicher, windstiller Frühlingstag. Es darf nur geflogen werden, wenn ein entfaltetes, in die Luft gehaltenes Taschentuch sich beim Fallen nicht bewegt. Und das Taschentuch bleibt still. Und liegt ihnen zu Füßen.

Sie küssen sich, und der Flug beginnt. Sie küssen sich wieder, Abramowitsch überlässt seiner Geliebten das Steuer ihres Zweideckers, er streichelt ihr die Wangen, vielleicht passt sie eine Hundertstelsekunde nicht richtig auf – und schon gerät sie in den Wirbel eines über sie hinwegfliegenden Fliegers. Ihr Flugzeug beginnt stark zu schwanken, der Fürstin gelingt es nicht mehr, das Gleichgewicht herzustellen, Abramowitsch versucht einzugreifen, aber sie stürzen zur Erde. Entsetzte Blicke auf dem Flugplatz verfolgen ihren Himmelsturz. Es gibt einen unglaublichen Aufprall, die Menschen eilen schreiend herbei. Abramowitsch liegt blutüberströmt in den Trümmern. Er wird seine Verletzungen nicht überleben. Doch die Fürstin ist wieder einmal mit ein paar Schrammen davongekommen. Aber als sie am nächsten Tag vom Tod ihres Geliebten hört, versucht sie, sich umzubringen. Das ist das Einzige, was ihr in ihrem Leben nicht gelingt.

Das Flugzeug über dem Liebespaar übrigens, das den tödlichen Wind aufwirbelte, gehörte der anderen besonderen Frau, die den Flugplatz in Johannisthal unsicher machte: Amelie Beese, frisch verheiratete Boutard, wir erinnern uns. »Ad astra«

hieß ihre Fluggesellschaft. »Zu den Sternen«. In diesem Fall war es aber nun der legendäre Michailowitsch Abramowitsch, der erleben musste, dass man als Flieger dorthin nur »per aspera« kommt – also durch einen Absturz.

✷

Am 25. April gründet der junge Reichstagsabgeordnete Gustav Stresemann in Berlin das »Kartell der schaffenden Stände«, einen Zusammenschluss des Zentralverbandes der Industrie und der Mittelstandsvereinigung. In der Berliner Presse heißt der Verband vom ersten Tag an das »Kartell der raffenden Hände«.

An demselben 25. April veröffentlicht Rosa Luxemburg ihre Kampfschrift »Die Akkumulation des Kapitals« im Vorwärts-Verlag. Da sage noch jemand, Gott habe keinen Humor.

✷

Am 30. April verbietet die Zensur in München aus sittlichen Gründen die Aufführung der »Lulu« von Frank Wedekind. Gegen das Verbot des Münchner Zensurbeirates protestiert dessen neues Mitglied Thomas Mann.

✷

Egon Schiele, erst 23 Jahre alt, ist weiterhin besessen von Wally Neuzil, seiner rothaarigen Gefährtin, die nun immerhin schon 18 Jahre alt ist. Anfang Mai reisen sie gemeinsam nach Maria Laach am Jauerling und tragen sich gemeinsam in das Gästebuch des Gasthofes »Weiße Rose« ein. Schiele zeichnet schnell mit dem Bleistift ein famoses Selbstporträt. Unter seinem Kopf, da, wo der Körper ist, steht »Wally Neuzil«. Auch eine Art von Liebeserklärung. Wenig später, zurück in Wien, füllt Schiele eigenhändig den Meldeschein für Wally aus: Sie wohnt jetzt, so bestätigt seine Unterschrift, in der Feldmühlgasse 3 im 13. Bezirk. Na ja, da ist sie zumindest gemeldet, denn eigentlich wohnt sie natürlich bei ihm, in der Hietzinger Hauptstraße 101, in seinem Atelier.

✷

Und Gott erschuf Eva. Das kann ich auch, dachte sich Picasso, und erschuf immer wieder: seine Eva. Die schöne Dame hieß zuvor zwar Marcelle Humbert, aber Picasso wollte ihr klarmachen, dass sie für ihn die erste Frau war, die er wirklich liebte (obwohl sie in Wahrheit circa die Nummer 101 hätte tragen müssen). Picasso übernahm für sich dann die Rolle von Adam, Schlange und Schöpfer zugleich. Eine neue, sehr ungewöhnliche Dreieinigkeit, die da »Eva« ins Leben (und zugleich auch in die Sünde) gerufen hat. Picasso musste sie aber auch allein schon deswegen umbenennen, da sein ewiger Rivale im kubistischen Wettstreit um die neueste Biegung oder Brechung der Wirklichkeit, Georges Braque, dummerweise zu genau demselben Zeitpunkt sich auch in eine Marcelle verliebt hatte (die natürlich ein paar Jahre vorher schon einmal die Geliebte von Picasso gewesen war). Deshalb also Eva. Und damit sie das nicht wieder vergisst und der Rest der Welt auch nicht, nennt Picasso seine Bilder in diesem heißen Frühling und Sommer des Jahres 1913 so: »J'aime Eva«, »Jolie Eva« oder »Ma jolie Eva«. Nun hatte die gute Eva aber leider das Pech, dass sie zu jener Phase in Picassos Leben trat, als der sich gerade im synthetischen Kubismus versuchte. Das heißt auf Deutsch: von Eva ist nichts zu erkennen auf diesen Bildern. Es ist jene Form des Kubismus, wo die Formen zersplittert sind und dazu noch Zeitungen, Holz und andere Dinge auf die Leinwand geklebt werden, die Collage aus allen Fetzen der Wirklichkeit. Picasso reist mit Eva in die Pyrenäen, nach Céret, wo sie das Frühjahr 1913 über bleiben und wohin sie auch im August noch einmal zurückkehren. Es ist so schön still hier, ein kühler Wind weht von den Bergen herunter, Paris und seine lächerliche Betriebsamkeit sind weit. Doch dann trifft am 2. Mai in Céret, in der Idylle von Pablo und Eva, die Nachricht ein, dass Picassos Vater, dem er seine neue Braut gerade vorgestellt hatte, schwer erkrankt sei. Picasso packt in großer Eile seine Sachen und rast los nach Barcelona, doch er kommt zu spät. Als er am nächsten Tag eintrifft, da liegt Don José bereits auf seinem Totenbett.

Doch da hatte Picasso bereits den Mietvertrag unterschrieben für seine neue Wohnung in der Rue Schoelcher Numero 5 – alle Fenster blickten auf den endlosen Friedhof von Montparnasse. Ein Horroranblick für seine geliebte Eva, die in Céret schwer und lebensbedrohlich an Tuberkulose erkrankt war. Sie hustete und hustete – und verbarg all die Taschentücher voll Blut vor Picasso, sie glaubte, wenn er von ihrer Krankheit wüsste, dann würde er Eva wieder in eine gewöhnliche Marcelle zurückverwandeln und weiterziehen (womit sie vermutlich recht hatte). Aber sie hatte bei ihrem Herrn und Meister gelernt. Sein Credo lautet: »Man muss die Menschen von der Aufrichtigkeit seiner Lügen überzeugen können.« Sie lügt also noch ein paar Wochen weiter. Dann muss sie ins Krankenhaus. Picasso besucht sie täglich. Und hat, wenn er nach Hause kommt, eine Affäre mit Gaby, der Nachbarin. Männer!

*

An den Steilhängen über dem Main bei Lohr lässt der Landesweinbaudirektor August Dern in diesem Frühjahr erstmals in

Deutschland dreihundert Rebstöcke der Sorte Müller-Thurgau anbauen. Er will sehen, ob es warm genug für sie ist. Er weiß da noch nicht, dass der Sommer des Jahrhunderts folgt.

*

Was ist noch mal genau »Ego-Futurismus«? Das ist eine persönliche Erfindung von Iwan Ignatjew aus St. Petersburg, einem der zahllosen russischen Geistesrevolutionäre mit Hang zum schillernden Abgrund und zum gleißenden Morgen. Er war in erster Linie Dandy, in zweiter Linie Dichter. Aber er wusste früh, dass der Höhepunkt seines Schaffens nur in einem formvollendeten Selbstmord liegen würde. Doch leider bot sich 1913 dann doch keine richtige Gelegenheit dafür, erst Anfang des nächsten Jahres findet er eine Braut, die sich traut, er trägt zur Hochzeit seinen schönsten Frack, gibt seiner Frau einen letzten Kuss und schneidet sich dann nebenan im Schlafzimmer mit dem Rasiermesser die Kehle durch. Und so verblutete der Ego-Futurismus elendig.

*

Im April hält Hilma af Klint einen Vortrag vor der Theosophischen Gesellschaft in Stockholm. Während sie spricht, denkt sie an ihre künstlerischen Anfänge, als sie Früchte noch en detail malte, die Adern von Blättern, die Schalen der Äpfel. Und wie es dann für sie weiterging, hinauf zu den Ursprüngen, mit Hilfe der Anthroposophie und Theosophie und dem Universum. Hilma af Klint erzählt von den Botschaften, die sie in ihrer Malerei von »höheren Mächten« empfängt. Und dass es nicht darum gehen könne, die Natur zu malen. Sondern das Wachsen an sich. Und, ganz wichtig: Dass männliche und weibliche Kräfte endlich wieder ins Gleichgewicht kommen. Deshalb beginnt sie 1913 mit ihrer abstrakten Serie zum »Baum der Erkenntnis«. Darin geht es nicht mehr um den Sündenfall. Sondern um ein Fließen der Formen im Schatten des Baumes der Erkenntnis, von Linienbahnen, die zu Vögeln werden und wieder zu Linien oder zu Zweigen. Die Farben leben. Die Formen schwingen. Und alles ist, wie Hilma af Klint betont, ihr eingegeben worden. Die überraschten Zuhörer in Stockholm also lernen: Selbst das Universum steht inzwischen auf Abstraktion. Und: offenbar hat diese resolute Schwedin das schon früher verstanden als Mondrian, als Kandinsky, als Kupka, als Delaunay.

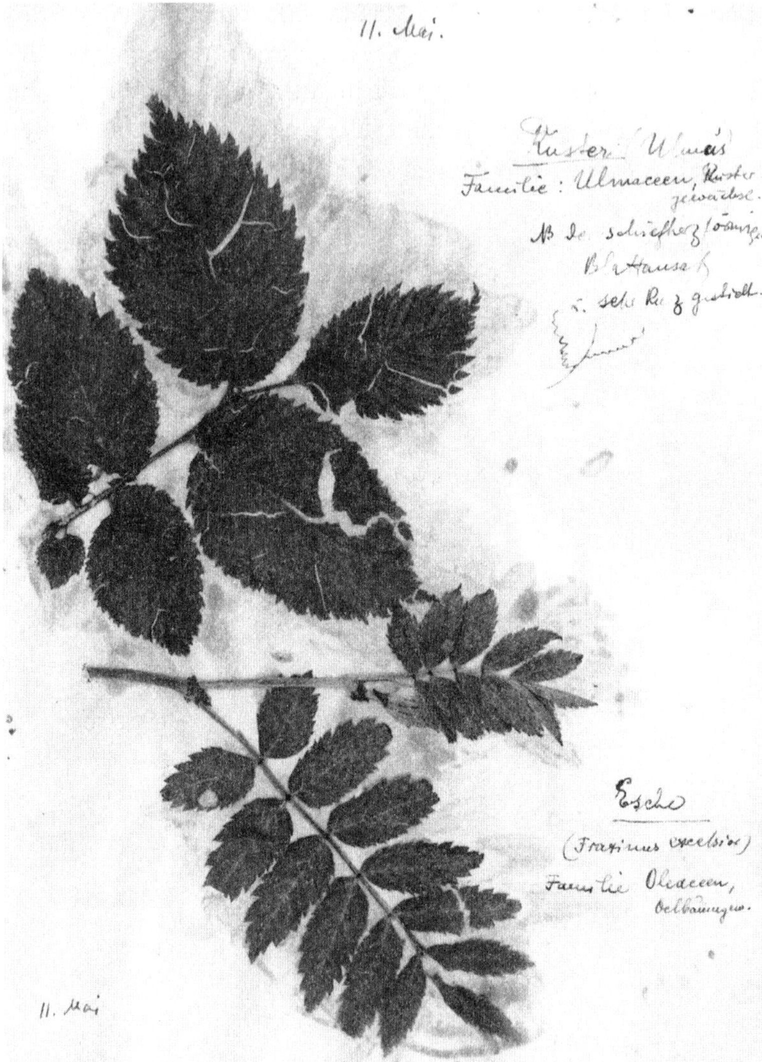

Wenn Revolutionäre entspannen,
dann sammeln sie Blumen:
Rosa Luxemburgs Herbarium
aus dem Mai 1913.

Seine Kaiserliche und Königliche Majestät Kaiser Franz Joseph bekommt am Montag, dem 5. Mai, in Wien zum Mittagessen Leberknödelsuppe, Kalbsfilets, Omelette, Kartoffelpüree und grüne Bohnen serviert. Auch in seinem 83. Lebensjahr und auch trotz der Balkankriege ist ihm noch lange nicht der Appetit vergangen. Dann empfängt er Erzherzog Heinrich Ferdinand, den Sohn des letzten Großherzogs der Toskana aus der habsburgischen Sekundogenitur der Linie Habsburg-Lothringen-Toskana Ferdinand IV. (bitten Sie mich jetzt bitte nicht, das zu erklären). Der will sich bedanken für die Ernennung zum Major im Dragonerregiment Nr. 6. Gleich darauf fährt der junge Major weiter nach Graz, um sich in den Puch-Werken ein neues Auto zu kaufen. Abends aß der Kaiser Gerstenschleimsuppe, gebackene Fleischpasteten, Roastbeef, grünen Spargel, gebratene Schnepfen. Zum Nachtisch verspeiste Franz Joseph dann noch ein Erdbeertortelette und einen Schokoladenkuchen. Serbischer Bohneneintopf steht nicht auf der Karte.

✷

Am Vormittag des 9. Mai, draußen jagen die Kastanien und die Flieder ihre Blütenfarben in die Luft, geht die junge Revolutionärin Rosa Luxemburg in die Papierhandlung von Paul Frank in der Steglitzer Straße 28 und kauft ein blaugraues Oktavheft. Ihr Jugendtraum war es gewesen, Botanikerin zu werden. Und nun, in diesem blühenden, duftenden, explodierenden Frühjahr 1913, da packte die große Theoretikern und Kämpferin für eine neue Republik plötzlich das, was sie selbst »den Rappel« nannte. Am 10. Mai ging sie das erste Mal raus auf die Felder und in die Wälder und sammelte Blätter, als Erstes, ganz klassisch, waren es die der roten und der weißen Johannisbeersträucher, am 11. Mai waren es ein Ulmen- und ein Eschenblatt, dann kommen der Holunder, der Flieder, die Buche. Nimmt sie und presst sie, klebt sie auf die Seiten ihres Heftes und beschriftet sie, beschreibt sie, schreibt die lateinischen Namen dazu. Sie habe sich, gesteht sie ihrer besten Freundin, »mit meiner ganzen Glut, mit dem ganzen Ich in das Botanisieren gestürzt, daß mir die Welt, die Partei und die Arbeit verging und nur die eine Leidenschaft mich Tag und Nacht erfüllt: draußen in den Frühlingsfeldern herumstrolchen, die Arme voll Pflanzen zu sammeln und dann zu Hause zu ordnen, zu erkennen, in die Hefte einzutragen«. Schon am 14. Mai ist das erste Heft gefüllt, sie geht erneut zur Papierhandlung in Berlin-Südende und kauft gleich fünf weitere Oktavhefte, das zweite beginnt am 15. Mai mit der prächtigen Blüte und den schlanken Blättern der Japanischen Quitte. Am 20. Mai, mit dem Zusatz »vom eigenen Balkon«, dann: Stiefmütterchen.

✷

Die Künstlergruppe »Die Brücke« löst sich am 27. Mai mit großem Knall auf. Ernst Ludwig Kirchner, Erich Heckel, Max Pechstein und Karl Schmidt-Rottluff gehen ab sofort getrennte Wege. Kirchner, erschöpft und erleichtert, fährt mit seiner Lebensgefährtin Erna Schilling nach Fehmarn und springt ins Meer. Die beiden wohnen wieder im blaugetünchten Turmzimmer des Hauses des Leuchtturmwärters auf Staberhuk, unten am Meer sieht man die Segelboote vorbeiziehen. Kirchner sitzt am Tisch, raucht eine Pfeife, trägt eine leichte Hose und ein leichtes Oberhemd, Erna steht vor ihm, nackt, wie Gott sie schuf. Sie unterhalten sich, beiläufig, interessiert, die Zimmerwände sind blau, die Möbel fallen kubistisch durch den Raum, Erna schaut zurück, aus dem Fenster, aufs Meer, Kirchner schaut sie an, immer aufs Neue begeistert von ihrem Körper. Genau diesen Moment hat er gemalt. »Turmzimmer (Selbstbildnis mit Erna)« heißt das Bild, es zeigt einen der friedlichsten Momente im Leben dieses leidenschaftlichen Paares. Expressionismus im Hausgebrauch. Nachmittags, als die Sonne schon ein wenig schräg steht, gehen sie raus an den Strand, Erna zieht sich ein leichtes Sommerkleid über, Kirchner nimmt seine Kamera mit. Er will die Bucht fotografieren, die Wellen und die Dünen. Berlin ist ganz weit weg.

✷

Im Führer »Berlin für Kenner« aus dem Jahre 1913 werden die »Zehn Gebote für Berlin« aufgestellt. Am Wichtigsten: »Geh' spät schlafen.« Aber dass man nicht seines nächsten Weib begehren sollte – keine Rede davon.

✷

Plötzlich ist Igor Strawinsky der Komponist der Stunde. »Der Feuervogel« war schon zum Triumph geworden, und nun sollte »Le sacre du printemps« zur Krönung werden. Strawinsky zieht mit seiner Familie nach Clarens in die französische Schweiz, ins Châtelard Hotel, direkt neben Maurice Ravel, um das Stück fertig zu schreiben. 8000 Rubel hat ihm Djagilew, der Impresario der »Ballets Russes« für die Komposition bezahlt, eine enorme Summe. Dann findet Ravel für Strawinsky und dessen Familie eine bessere Unterkunft, das Hotel Splendide, zwei

Räume, ein Badezimmer, für 52 Francs die Nacht. Strawinsky zieht um. Rosa Luxemburg, die Revolutionärin aus Berlin, wird in diesem Frühling in Clarens Urlaub machen, durch die Wiesen streichen, Blumen sammeln, und durch die geöffneten Fenster des Hotels hört sie immer wieder unglaubliche Töne, Klaviermusik wie von einem anderen Stern. Sie hört Strawinskys revolutionäres »Le sacre de printemps« vor allen anderen.

Strawinsky ist ein seltsamer Geselle, eigentlich unauffällig im strengen Anzug, hinter seiner kleinen Brille hervorblinzelnd, aber wenn es um seine Musik geht, dann wird er zum Berserker. Schon während der Arbeit am »Feuervogel« hatte er die erste Vision von »Le sacre«: »Alte weise Männer sitzen im Kreis und schauen dem Todestanz eines jungen Mädchens zu, das geopfert werden soll.« Arbeitstitel: »Das große Opfer«. Er sammelte in seiner Heimat Material über das »heidnische Russland«, gemeinsam mit Nicholas Roerich, dem Maler, der in diesem Frühjahr 1913 in Paris an seinen Bühnenbildern für die Premiere des »Frühlingsopfers« sitzt. Anfang April 1913 ist endlich auch die Reinschrift Strawinskys beendet, 49 Seiten reine Kalligraphie, die Proben haben da schon längst begonnen. Wo immer die »Ballets Russes« gerade gastieren, wird geprobt. Oft mit Strawinsky zusammen. In Budapest, erinnert sich eine Tänzerin, »schubste Strawinsky den dicken deutschen Pianisten zur Seite, den Djagilew ›Koloss‹ nannte, und spielte selbst weiter, doppelt so schnell, wie wir es bis dahin kannten und tanzen konnten. Er stampfte mit den Füßen und hieb mit der Faust in die Tasten und sang und schrie, um uns die Rhythmen und die Farben des Orchesters klarzumachen.« Der »sacre« beginnt mit einer verstörenden, sehr hohen Fagottlage und endet, im dreifachen Forte, mit einem finalen dumpfen Schlag. Strawinsky hat sich bei dieser Komposition quasi selbst überholt, als Debussy bei einem Freund auf dem Klavier erste Passagen aus dem neuen Stück Strawinskys hört, ist er erschüttert – und hell begeistert über das vollkommen Neue, das sich hier anbahnt. Das Neue, kommend aus den archaischen Tiefen der Riten und Gesänge und Tänze der Ahnen. Und mit einem neuen Tempo, das dem Rhythmus der Maschinen entspricht, den Propellern der Flugzeuge, den Gedichten der Futuristen. Strawinsky entdeckt mit Tönen, was Sigmund Freud parallel in den Gemütern findet, in seinem bahnbrechenden Buch »Totem und Tabu«, an dem er in diesen Tagen schreibt: »Übereinstimmung im Seelenleben der Wilden und der Neurotiker«.

In Paris proben die »Ballets Russes« die Choreographie von Nijinsky jeden Tag, der göttergleiche Faun und Geliebte Djagilews kommt in Strawinskys kühner Komposition ganz zu sich. Die Stadt ist in heller Aufregung, die Schockwellen dringen aus den Proberäumen des Théâtre des Champs-Élysées in die Salons und die Ateliers. Die Generalprobe am 28. Mai, nur vor Künstlern und Kritikern, verläuft irritierend ruhig. Harry Graf Kessler notiert in sein Tagebuch: »Mit Djagilew, Nijinsky, Strawinsky, Ravel, Werth, Mme Edwards, Gide, Bakst usw. zu Larue, wo allgemein die Ansicht herrschte, dass es morgen Abend bei der Premiere einen Skandal geben werde.«

*

Am 29. Mai dann, also »morgen Abend«, die Premiere einer der kühnsten Erfindungen der Moderne. Die Uraufführung von »Le sacre du printemps«, der »Frühlingsweihe« von Igor Strawinsky, dargestellt von Djagilews »Ballets Russes« in der Choreographie Nijinskys. Im Publikum saßen Coco Chanel, Gabriele D'Annunzio, Jean Cocteau, Marcel Duchamp, Rainer Maria Rilke, Pablo Picasso und: Marcel Proust (er ist im Pelzmantel gekommen, trotz 24 Grad, und er lässt ihn bis zum Ende der Aufführung an, er hat Angst, sich zu erkälten). Und

500 andere, die ganze Pariser Gesellschaft, alle ohne Pelz. Nach dem ersten Takt: Vollkommene Verwirrung, vollkommene Verzückung, vollkommene Überwältigung angesichts der rhythmischen Exorzismen Strawinskys, der rituellen archaischen Bewegungen des vierundzwanzigjährigen Nijinsky, dem es gelungen war, ein choreographisches Äquivalent zur atemberaubenden Komposition zu finden. Abends, nach dem umtosten, tumultuösen Auftritt, ging Strawinsky mit Djagilew und Nijinsky essen. Der von den heftigen Reaktionen des Publikums verstörte Nijinsky wurde von Djagilew, als Strawinsky einmal zur Toilette musste, getröstet: »Le sacre du printemps«, so hauchte er ihm ins Ohr, sei doch eigentlich das Kind ihrer Liebe. So also kann man es auch sehen.

Oder so, wie es der Kritiker von »Le Figaro« am nächsten Tag beschrieb: »Stellen Sie sich Menschen vor, die, mit den grellsten Farben angetan, mit spitzen Mützen und Bademänteln, Pelzen oder purpurnen Tuniken verkleidet, sich wie Wahnsinnige gebärden, hundertmal immer wieder dieselbe Geste wiederholen, auf der Stelle treten und treten.« Doch genau so, im Auf-der-Stelle-treten, sieht offenbar der Fortschritt aus. Das ahnt auch »Le Figaro«: »Man möchte die Stimmen unparteiischer und unabhängiger Kritiker zum Thema dieses kleinen Experiments zur Psychologie der zeitgenössischen Menschenmasse kennenlernen.«

✷

An jenem 29. Mai wird in Paris (und in Berlin) ein zweites großes Ereignis angekündigt: die Hochzeit von Franz Hessel und Helen Grund. »Einwände«, so formuliert es der Standesbeamte im Aufgebot, »sind binnen 14 Tagen bei dem Standesamt II in Berlin-Schöneberg anzumelden«. Aber da kam nichts. Das Paar zog in Hessels Wohnung in der Numero 4 in der Rue

Schoelcher, die Hessels waren also pikanterweise direkte Nachbarn von Pablo Picasso. Aber um ihn scherten sie sich nicht. Sie waren ganz mit sich beschäftigt. Helen, blond, herb, sportlich, dagegen Franz: kahler Kopf, alles rundlich, abwägend, ein etwas unheimlicher Blick. Doch schon in diesem Frühjahr ist Henri-Pierre Roché, Hessels Busenfreund, stets der Dritte im Bunde, ein Schriftsteller, Übersetzer und Journalist, Epizentrum des Café Dôme, Sammler von Werken Duchamps, Picassos und Braque. Und Roché boxt, ziemlich gut sogar, und sonntagabends heißt sein Gegner oft Georges Braque. Noch aber lässt er seine Finger von der Freundin seines besten Freundes. Noch sind sie nicht »Jules et Jim«.

*

Am 31. Mai wird in der neuerbauten »Jahrhunderthalle« in Breslau Gerhart Hauptmanns »Festspiel in deutschen Reimen« uraufgeführt. Es soll an die Befreiung von Napoleon 1813 bis 1815 erinnern – und wurde ebenfalls zu einem kleinen Experiment zur Psychologie der zeitgenössischen deutschen Menschenmasse. Die Regie hat Max Reinhardt. Besser geht es also eigentlich nicht: Der frischgekürte Nobelpreisträger für Literatur dichtet, der bekannteste Regisseur des Landes inszeniert. Aber es ist ein Desaster. Künstlerisch. Die Idee, deutsche Geschichte als Puppentheater zu erzählen, geht nicht auf. Paul Ernst schreibt in der »Kölnischen Zeitung« am 1. Juni: »Ein sehr hochstehender Gast mag einmal einen Augenblick lang das Weltgeschehen als ein Puppenspiel empfinden. Wenn er dann ein ganzes Werk darauf aufbaut, ein Bühnenwerk, das für ein Fest bestimmt ist, so begeht er eine Albernheit. Eine Albernheit, das ist denn auch das nicht patriotisch oder politisch erzeugte, sondern das ästhetische Urteil, das man über das Werk fällen muß.«

Eigentlich sollte es 15 Aufführungen geben, die den deutschen Patriotismus beflügeln. Aber nach der elften Vorstellung ist am 18. Juni Schluss. Der deutsche Patriotismus fühlte sich aufs Übelste beleidigt. Es gab heftige Proteste deutscher Kriegervereine, weil Hauptmann in seinem Stück beweisen will, dass Deutschlands Weltgeltung nicht auf seiner militärischen, sondern seiner geistigen Überlegenheit beruhe. Geistig sehr wenig überlegt, verlangte der deutsche Kronprinz Wilhelm von Preußen die sofortige Absetzung des Stückes. Er sieht die deutsche Militärmacht durch die unpatriotischen Verse des deutschen Nobelpreisträgers geschwächt.

*

Mata Hari versucht derweil weiterhin den Kronprinzen mit den Waffen der Frau zu überzeugen. Sie reist aus Paris erneut nach Berlin, steigt erneut im Hotel »Bristol« ab und versucht erneut, irgendwie an den deutschen Kronprinzen heranzukommen. Sie geht ins Metropoltheater, weil sie gehört hat, dass er an diesem Abend auch da sein soll. Und er ist da. In einer besonders rührenden Liebesszene auf der Bühne schaut sie hoch in die königliche Loge. Und da finden sich ihre Blicke. Er schaut sie eine Hundertstelsekunde länger an als nötig. Glaubt sie.

*

Die »Titanic« war 1912 untergegangen und mit ihr die meisten Passagiere. Doch die 22-jährige Dorothy Gibson hatte in der sturmumtosten Nacht des 14. April einen Platz im ersten Rettungsboot bekommen. 1913 wird die Unsinkbare weltberühmt: Sie spielt sich selbst in dem zehnminütigen Stummfilm »Saved from the Titanic«, in denselben Kleidern, die sie am Tag des

Untergangs getragen hatte. Auch Richard Norris Williams hat den Untergang der »Titanic« ganz gut weggesteckt. Er überlebte stundenlanges Schwimmen im eiskalten Wasser, entschied sich trotz des dringenden Rates der Ärzte gegen eine Amputation der fast abgefrorenen Beine und gewann dann 1913 leichtfüßig die Tennis-Meisterschaften der Harvard Universität und kurz darauf Wimbledon und die US-Open.

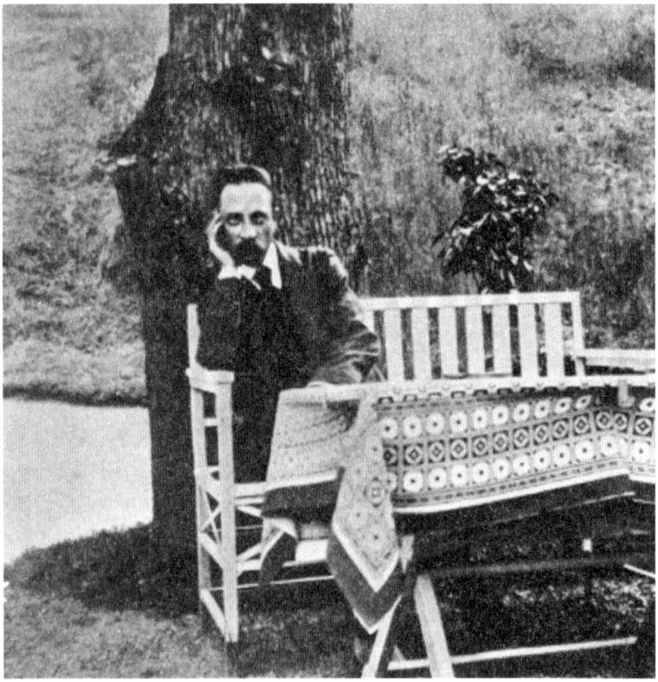

Rainer Maria Rilke hat Schnupfen,
diesmal in Bad Rippoldsau.
Aber hat er eigentlich auch Beine?

Um ein Uhr in der Nacht, gerade hatte der 1. Juni begonnen, klingelt das Telefon von Alfred Stieglitz, dem berühmten Fotografen, Herausgeber der Zeitschrift »Camera Work« und Avantgardegaleristen. Die Feuerwehr teilt ihm mit, dass es in der Wohnung unter seiner Galerie in der 291 Fifth Avenue brenne und das Feuer kurz davor sei, das ganze Haus zu erfassen. Stieglitz ist in heller Aufruhr. Er weiß, dass in der Galerie nicht nur seine gesamten Negative liegen, sondern auch seine spektakuläre Sammlung an Fotografien, also sein ganzes Vermächtnis. Am meisten aber, so sagte er seiner Frau Emmy, die ihm einen Tee gemacht hatte mitten in der Nacht, am meisten quäle ihn der Gedanke an all die verbrannten Bilder der jungen Maler, die er gerade dort ausgestellt habe. Alfred Stieglitz blieb in seiner Wohnung und nahm Abschied, während in der Fifth Avenue das Feuer wütete. Er trauerte. Erst als der Morgen dämmerte, fuhr er los, um sich dem schrecklichen Verlust zu stellen. Doch als er ankam, begrüßte ihn die Feuerwehr mit der erfreulichen Mitteilung, dass seine Räume unbeschadet geblieben seien. Ungläubig ging er ins Treppenhaus, in dem das Wasser stand und der kalte Rauch, öffnete die Tür zur Galerie – und alles hing an den Wänden, wie am Abend zuvor, alle Negative waren unbeschädigt und alle Fotografien. Doch Alfred Stieglitz blieb stumm. Er hatte alle seine Möglichkeiten für Emotion in den Abschiedsstunden der Nacht aufgebraucht.

✷

Der Chemiker T. L. Williams konnte es nicht länger mitansehen, dass seine Schwester Mabel unglücklich in ihren Chef verliebt war, der sie keines Blickes würdigte. Also rührte er Kohlenstaub und Vaseline zusammen und erfand die Wimperntusche Mascara. Seine Schwester eroberte ihren Chef. Und er mit seiner Firma Maybelline den Weltmarkt.

*

Auf Capri zieht Maxim Gorki weiter seine Kreise. Die Sonne brennt vom Himmel, doch er sehnt sich nach der ausweglosen Kälte Russlands. Es gibt Gerüchte, dass die Romanows eine Generalamnestie planen, dass er heimkehren darf in das Land, das ihn vertrieben hat. Sein Sohn Maxim Junior will ihn sehen, doch er hat keine Zeit, er muss sich um die Revolution zu Hause kümmern. Er schreibt ihm einen Absagebrief: »Das sind Vaterlandspflichten, frag Mama.« Die, frisch vom Vater verlassen, wird sich bedankt haben.

Gorki pflegt mit Hingabe seinen revolutionären Schnauzbart, sein Markenzeichen. Es würde ihm nie in den Sinn kommen, ihn abzurasieren. Die nach unten hängenden Schnurrbartspitzen geben ihm etwas besonders Grimmiges und Entschlossenes.

Meist schreibt er, Bücher oder Briefe, 12 bis 20 am Tag. Der Postbote kommt inzwischen zweimal zu ihm: morgens, um Briefe zu bringen, und nachmittags, wenn der Hafen schon im Schatten versunken ist, noch einmal, um neue abzuholen. Als Lenin Gorki in Capri besuchte und sie unter dem großen Feigenbaum Schach spielten, da warnte er ihn: Inmitten der Schönheit der Insel und ihres Lichts werde er die Armut Russlands vergessen. Aber Gorki vergaß nicht. Erst versuchte er die Insel zu einer Kaderschmiede für die Helden der russischen Arbeiterklasse zu machen. Und später schrieb er hier seine revolutionären Hauptwerke. Manchmal reist er mit der Fähre rüber nach Neapel, um sich die neuesten Zeitungen aus Russland zu kaufen. Dann steigt er immer wieder hinauf auf die Terrasse des Grande Albergo Vesuvio, vorne an der Uferpromenade, von wo er das erste Mal die Silhouette Capris im blauen Meer hatte aufblitzen sehen. Nachmittags streift er durch die Antiquitätenläden an der Riviera di Chiaia, er ist immer auf der Suche nach antiken Waffen, nach Schwertern, Pfeilen, Äxten. Die nimmt er dann abends auf der letzten Fähre mit in seine Villa Pierina auf Capri, lässt sie sich von ein paar jungen Burschen, die sich etwas dazuverdienen, hoch auf den Berg tragen. Und umgeben von diesem riesigen Waffenarsenal feilt er dann aus seinem Exil an den Plänen für die friedliche Revolution in der Heimat. »Hier«, so schreibt er 1913, »hier haben die Leute die Glut verloren, aber wir haben geistige Kräfte mehr als genug. In naher Zukunft werden die Russen eine führende Stellung in Europa einnehmen, eine intellektuelle Hegemonie.«

Seit ihn Maria, seine Geliebte, verlassen hatte, konnte er sich ungehemmt dem Waffensammeln widmen. Und dem Rauchen. Täglich hatte sie ihn gefragt: »Warum rauchst du so viel?«. Irgendwann hatte er sie dann einmal mit einer Gegenfrage vertrieben: »Warum willst du so lange leben?« Vielleicht war das der Moment, als sie merkte, dass sie eventuell doch glücklicher werden könnte im Leben, wenn sie es nicht an seiner Seite verbringen würde.

✷

Nach der zweiten Aufführung von »Le sacre«, das die Pariser Kritiker als »Le massacre du printemps« verspotteten, isst Igor Strawinsky im Restaurant Larue wohl eine zu alte Auster. Mit einer akuten Eiweißvergiftung wird er ins Krankenhaus von

Neuilly-sur-Seine eingeliefert, er bekommt hohes Fieber, das Thermometer zeigt 41 Grad, und die Ärzte fürchten um sein Leben. Seine Frau Katya, die gerade wieder schwanger war, kommt mit den drei Kindern aus Clarens panisch angereist, und seine Mutter Anna nimmt sogar den Zug aus St. Petersburg, um ihrem Sohn die Hand zu halten. Auch Maurice Ravel und Giacomo Puccini eilen ans Krankenbett. Sollte der größte Komponist seiner Zeit, gerade 31 Jahre jung, wirklich unmittelbar nach der Schöpfung seines Meisterwerkes die Erde verlassen müssen?

Nein. Ende Juni ist Strawinsky zwar noch etwas blass um die Nase, aber ansonsten wieder guter Dinge und darf nach Hause gehen. Dieser Frühling fordert kein Menschenopfer.

*

Am 4. Juni besucht Emily Davison, eine der berühmtesten der englischen Suffragetten, die für ihren Kampf für das Frauenwahlrecht bereits acht Mal im Gefängnis saß, das berühmte Galopprennen in Epsom. Während die Pferde um die letzte Kurve biegen, steigt sie plötzlich über die Absperrungen und wirft sich vor das Pferd von König Georg V. Sie stirbt kurz darauf an ihren Schädelverletzungen und wird ab diesem Moment als Märtyrerin der englischen Frauenrechtsbewegung verehrt. Über die Wirren wird fast vergessen, dass das Rennen von einem Pferd namens Kenymore gewonnen wird. Darüber freut sich vor allem Paul Draper, der ein paar hundert Pfund auf dessen Sieg gewettet hatte. Draper war ein großer Hallodri, Spieler und Freund des schönen Lebens, der in seinem mondänen Haus in London den Pianisten Artur Rubinstein einquartiert hatte und der sich von dem Preisgeld nicht nur ein paar weitere Abendessen im Grill des Savoy Hotels leisten konnte, sondern auch die nächsten beiden Hauskonzerte von

Rubinstein und seinem Kompagnon, dem Jahrhundertcellisten Pablo Casals.

✷

Wozu solche Besuche von russischen Müttern doch gut sind. Sie heilen ihre Söhne, wie bei Strawinsky. Und kaum hat Kandinsky seine Mutter wieder zum Zug nach Odessa gebracht, schneidet er sich am 5. Juni endlich seinen Bart ab. Er schreibt an August Macke: »Ich habe mich rasiert und sehe wie ein Pfarrer aus.«

✷

In diesem Frühling geht eine der intensivsten Geschwisterbeziehungen der modernen Kunst zu Ende. Gertrude Stein und ihr Bruder Leo entzweien sich. Sie teilen ihre Kunstsammlung auf, Leo zieht nach Italien, sie werden nie wieder ein Wort miteinander wechseln. Gertrude ist froh, endlich mit ihrer Geliebten Alice Toklas alleine samstagabends zum Salon in ihre legendäre Wohnung in der 27 Rue de Fleurus einladen zu können, einem der Epizentren der zeitgenössischen Kunst. Man nimmt den Tee zwischen Gemälden von Cézanne, von Picasso, von Renoir, von Braque, von Matisse. Natürlich können sich Alice und Leo nicht ausstehen. Gertrude wird ihm keine Träne nachweinen. Aber sehr viele den »Fünf Äpfeln« von Cezanne, einem kleinen Stillleben von 1877, das die Geschwister 1907 erwerben konnten und das Leo sich bei der Teilung der Sammlung gesichert hat. Leo war besessen von diesem kleinen Bild, nichts sei an den »puren Ausdruck der Form aus Michelangelos Sixtinischer Kapelle so herangekommen wie diese Äpfel von Cézanne«. Er schrieb an seine Schwester, sie solle jetzt bitte den Verlust des Apfelstilllebens als einen Akt höherer Gewalt akzeptieren. Aber Gertrude Stein gesteht einer Freundin, sie denke viel öfter an Cézannes verlorene Äpfel als an ihren verlorenen Bruder. So sehr trauerte sie, dass ihr Pablo Picasso schließlich ein Bild mit einem einzelnen Apfel malt, als Trost, und hintendrauf schreibt er »Souvenir pour Gertrude und Alice«. Damit sie auch morgen noch kraftvoll zubeißen können.

✷

Die große Frage ist natürlich: Hat Rainer Maria Rilke Schnupfen auch in Bad Rippoldsau? Wir dürfen davon ausgehen. Aber es ist diesmal noch schlimmer. »Ich bin wie Gras nach dem Hagel«, so berichtet er vollkommen niedergedrückt seiner Beichtmutter und Mäzenatin, der Fürstin Thurn und Taxis nach Duino aus dem kleinen Schwarzwaldtal, als er am 6. Juni 1913 dort in der »Villa Sommerberg« eintrifft, um sich von sich selbst zu erholen. Er irrt seit Monaten und Jahren kreuz und quer durch Europa, sehnsüchtig nach Ruhe, der Mai war furchtbar, »voller Widerwärtigkeiten, ich erinnere mich nur sprechend, wenn ich zurückdenke, einunddreißig Tage sprechend«, dazu kam ein neues Zerwürfnis mit dem vergötterten Rodin in Paris, dem er zunehmend auf die Nerven geht, und der Selbstmord seines Freundes Jan Nádherný, Bruder seiner geliebten Sidonie. Rilke, der schon die ganze Zeit nur noch auf einem Reifen fuhr, warf das endgültig aus der Bahn, der Siebenunddreißigjährige steckte in seiner größten Krise, in der »Dürre«, wie er klagt, dagegen soll, logisch, die »Wasserkur« helfen in Bad Rippoldsau. Doch erst einmal fängt es zu regnen an, tagelang, »mit einer traurigen und verdrossenen Beharrlichkeit«. Es herrscht also akute Erkältungsgefahr! Rilke bittet den Hotelier um eine Wolldecke, um auch nachts seine Füße einzuhüllen. Rilke will sich »vor der Natur erneuern«, und als Renovierungshelfer hat er Goethe auserkoren, dessen Naturlyrik er in der

Tasche trägt bei seinen Spaziergängen durch die endlosen, schweigenden Wälder. Seine Ausgehkleidung: dunkler Anzug mit Weste, weißes Hemd, helle Strümpfe, heller Hut mit schwarzem Band und der Spazierstock mit silbern geschmiedetem Knauf. So stieg er hinauf in die Fichtenhöhen, zu jener »Pandora-Bank«, auf der ihn Hedwig Bernhard lesend fotografierte. Dreimal las Rilke dort Goethes frühes Pandora-Fragment, und er hoffte wohl, dass sich dadurch auch für ihn Pandoras Büchse nicht öffnen würde, dass er vor Unheil und vor Sünde verschont bliebe. Bei Goethe wird Pandora zur Alles-Schenkenden, sie schenkt die Freude am Schönen, am Träumen: »Wer sich die Schönheit schon gewann auf Erden, darf stets der Himmlischen Gefährte sein«. Das zog Rilke komplett in seinen Bann.

Im Frühjahr 1913 hatte er die Erkenntnis gewonnen, dass ihn die »genereusen Asyle« wie Duino zu viel Anpassungskraft kosteten, »ich möchte lieber nicht ›bei‹ jemandem sein«. Rilke hat panische Angst vor all den lästigen Verpflichtungen als Gast, er will anonymer Reisender sein in einem Hotel, das keinerlei Ansprüche an ihn stellt, außer dass er am Ende die Rechnung zahlt. Man könnte es auch so formulieren: Rilke schätzte den Zustand, in dem er der Einzige sein konnte, der maßlose Ansprüche an sich und seine Umgebung stellt. Schon am 14. Juni kann er an seinen Verleger Anton Kippenberg nach Leipzig berichten, er »sei etwas angegriffen heute und gestern«. Leichtes Kratzen im Hals. Die »Kur greift an und beschäftigt mich vegetativ, bin bis auf den Grund erschöpft«, so sein Fazit nach drei Wochen in Bad Rippoldsau. »Ich bin zu müde um zu schreiben« – sagt's und schreibt am selben Tag noch elf weitere Briefe. Und so geht es dann immer weiter: zu müde, um wach zu bleiben, zu erschöpft, um zu schöpfen, zu verschnupft, um zu atmen. Der Arme.

*

In Amerika erscheint im Juni das Buch »Don'ts for Husbands« von Blanche Ebbutt. Ihr wichtigster Rat: »Hören Sie auf, sich die ganze Zeit Gedanken über Ihre Gesundheit zu machen. Wenn Sie wirklich krank sind, suchen Sie bitte einen Arzt auf, anstatt die Frau an Ihrer Seite die ganze Zeit mit Vermutungen darüber verrückt zu machen, was Ihnen eventuell fehlen könnte.«

✷

Der einzige Freitag, der 13., des Jahres 1913 ist der 13. Juni 1913. Arnold Schönberg, der Paniker, hat seit Monaten vor diesem Unglückstag Angst. Und was passiert? Nichts.

✷

Ende des Jahres werden die Urheberrechte für Richard Wagner enden, genau 30 Jahre nach seinem Tod. Cosima Wagner, seine Witwe, fürchtet vor allem finanzielle Einbußen. So kommt sie auf die dumme Idee, ihrer Tochter Isolde Beidler, geboren 1865, die Unterstützung zu kürzen. Isolde war zwar noch zur Zeit der Ehe von Cosima mit Hans von Bülow geboren worden, aber unbestritten bereits gezeugt von Richard Wagner. Im Juni erreichte sie ein Brief ihrer Mutter, adressiert an »Frau Isolde Beidler, geborene v. Bülow«. Da half es auch nichts, dass auf der Partitur von »Rheingold« steht: »Am Tage der Geburt meiner Tochter Isolde vollendet«. In der Todesanzeige für Richard Wagner standen die Kinder: Isolde, Eva, Siegfried. Doch das nützt alles nichts, wenn die Angeklagte Ehrenbürgerin der Stadt Bayreuth ist. Sie könne sich, so sagt Cosima, an all das leider nicht erinnern. So musste also Isolde am Bayreuther Landgericht im Frühjahr 1913 einen Erbschaftsprozess gegen ihre Mutter anstrengen. Doch die Mutter verleugnete ihre Tochter, aber dafür kannte sie den Richter sehr gut – und gewann. Isolde musste die Prozesskosten tragen, weil sie nicht zweifelsfrei beweisen konnte, Richard Wagners Tochter zu sein. Denn damals war sie als Kind von Hans und Cosima von Bülow eingetragen worden, und Richard Wagner fungierte in den Papieren nur als Taufzeuge. Das außereheliche Kind Isolde hatte leider auch mit ihrem Mann, dem Komponisten Franz Beidler, nicht das größte Glück: Er zeugte während ihrer Ehe mit zwei Geliebten drei Kinder. Die Wagners, eine Familie voll Wahn und ohne Fried.

✷

Am 20. Juni hat in Berlin der Film »Recht auf Glück« Premiere. Er war im Frühjahr in den Vitascope Studios in der Lindenstraße 32–34 entstanden. Der Film war zwar am Ende 695 Meter lang, aber seine Botschaft war trotzdem, dass das Glück in der Regel kurz ist.

✷

Marcel Proust verliert keine Zeit. Er kümmert sich bei seinem Buch, das vielleicht irgendwann unter dem Titel »Auf der Suche nach der verlorenen Zeit« erscheinen soll, um alles: also Umfang, Papiersorte, Schriftgröße, Satzspiegel, Preis. Er quält weiterhin den Verleger und den Setzer mit seinen Anmerkungen auf den Druckfahnen, die eigentlich keine Anmerkungen sind, sondern ein neues Buch. Vorsorglich schreibt er schon mal an seinen Verlag: »Ich habe eine Seite mehr pro Seite vorgeschlagen, weil ich beim Korrigieren der Fahnen, besonders jener des Anfangs, möglicherweise gewisse Änderungen anbringe, die den Text leicht verlängern.« Leicht verlängern! Dass ich nicht lache. Am Ende wird er den Umfang des Buches ungefähr verdoppeln. Kommen frische Druckfahnen an, streicht er durch, korrigiert, klebt überall kleine Zettelchen dran mit neuen Sätzen und Formulierungen. Im Juni erhält Proust die letzte der 95 Fahnen des ersten Laufs. Noch im Mai hatte er die ersten 45 korrigierten Fahnen zurückgeschickt. Er ahnt, dass er den ursprünglich vereinbarten Preis mit seinem Verleger Grasset (ja, natürlich bezahlt Proust sein Buch quasi selbst) nicht mehr halten kann, und fragt den Verleger, wie viel teurer denn das Buch mit jeder neuen Seite werde. Für den Titel des Buches, so schreibt er an seine Freunde und seinen Verleger, schwanke er momentan zwischen neun verschiedenen Varianten. »Verzichten muss ich auf ›Les intermittences du coeur‹«, schreibt er, obwohl »Die Arrhythmien des Herzens« natürlich auch kein schlechter Titel gewesen wäre. Nun denkt er an »Les Colombes poignardées«, also »Die Dolchstichtauben« oder an »L'Adoration Perpetuelle«, »Die ewige Anbetung«. Zu den Titelgedanken kommen ab Juni neue Verwirrungen: Proust sieht sich in dem Chaos seiner Zettel und Entwürfe mit zwei zu korrigierenden Stapeln konfrontiert, einem Stapel mit Druckfahnen und einem mit Korrekturabzügen. Zugleich verteilt er Kopien der Korrekturläufe an Freunde, die diese zurückschicken, und er trägt deren Anmerkungen irrtümlich in die ersten Druckfahnen ein. Es ist das pure Chaos. Keiner blickt mehr durch. Keiner glaubt mehr, dass Proust dieses Werk je abschließen wird.

*

Die »New York Times« würdigt den deutschen Kaiser Wilhelm II. anlässlich seines fünfundzwanzigjährigen Regierungsjubiläums am 15. Juni als »den großen Friedensfürsten der Welt«.

*

Solcherart geschmeichelt, veröffentlicht am nächsten Morgen, am Montag, dem 16. Juni, Kaiser Wilhelm II. einen »Gnadenerlass« – und zwar für »alle Straftaten, die aus Not, Leichtsinn, Unbesonnenheit oder durch Verführung begangen wurden«. Kann man es schöner, liebevoller, nachsichtiger formulieren? Ist der deutsche Kaiser eventuell doch Gott?

*

Pierre Bonnard, der große französische Maler, besucht nachmittags oft einen noch größeren französischen Maler, und er muss dafür nur sehr kurz gehen. Bonnard hatte im Frühjahr ein Landhaus bei Vernon mit Blick ins Flusstal bezogen – und von hier ist es nur ein Katzensprung bis zum legendären Giverny, wo Monet lebt und seinen Garten in ein Gesamtkunstwerk verwandelt hat. Sechs Gärtner pflegen die Beete und Seerosenteiche, und wenn Monet gefrühstückt hat, geht er raus und malt und malt, bis die Sonne untergeht, dann legt er sich bald schlafen, »denn was soll ich tun, wenn die Sonne gegangen ist«, so fragt er entgeistert.

*

Es ist warm in Berlin, noch am späten Abend steht die Hitze in den neugebauten Straßenzügen im Prenzlauer Berg, die Straßenbäume sind erst mannshoch, draußen stehen die Tische vor den Eckkneipen, Gläserklirren, Gelächter, eine unermüdliche Amsel singt dem aufgehenden Mond ein süßes Lied. Felice Bauer sitzt da gerade in ihrem Zimmer in der Immanuelkirchstraße und träumt vom gemeinsamen Leben oder wenigstens einer gemeinsamen Nacht mit ihrem fernen Verlobten Franz Kafka. Sie wagt ihm das zu schreiben. Doch seine Nächte (und sein Leben) stellt er sich anders vor: »Ich brauche«, so heißt es in seinem Brief vom 26. Juni 1913, »zu meinem Schreiben Abgeschiedenheit wie ein Toter. Schreiben in diesem Sinne ist ein tieferer Schlaf, also Tod, und so wie man einen Toten nicht aus seinem Grabe ziehen wird und kann, so auch mich nicht vom Schreibtisch in der Nacht.«

✷

Ernst Ludwig Kirchner? Kandinsky? Picasso? Duchamp? »Ich finde die Expressionisten einfach talentlos«, schreibt der Maler Max Liebermann am 26. Juni 1913, »ebenso wie die Kubisten und Futuristen und ich glaube, daß die törichte Mode bald abgewirtschaftet haben wird: was mir eigentlich gleichgültig ist. Mögen sie machen, was sie wollen, ich mache, was ich will.«

✷

Die diesjährige Tour de France beginnt am 28. Juni. Es gehen 140 Radfahrer an den Start. Nach 5388 Kilometern erreichen nur 25 von ihnen das Ziel. Einer von ihnen war Eugène Christophe, der bei der Abfahrt vom Col du Tourmalet einen Gabelbruch an seinem Rad hatte. Er lief daraufhin 14 Kilometer auf der Strecke zu Fuß weiter, das Rad auf dem Rücken, um dann in der nächsten Schmiede mit dem Hammer sein Gefährt wieder auf Vordermann zu bringen. Trotz dieser Verzögerung wurde er im Gesamtklassement am Ende noch siebter.

✷

Nachdem am 30. Mai der »Erste Balkankrieg« offiziell beendet wurde, beginnt am Sonntag, dem 29. Juni, der »Zweite Balkankrieg«. Zu einem dritten kommt es später leider auch noch, aber der erhält dann einen Namen, der statt des regionalen leider eher einen globalen Bezugsrahmen hat.

✷

Am 30. Juni beschließt der deutsche Reichstag mit der »Heeresvorlage« die größte Steigerung der Militärausgaben in seiner Geschichte: eine Aufstockung des Heeres um 135000 Mann. Russland und Frankreich beschließen daraufhin ebenfalls erhebliche Vergrößerungen ihrer stehenden Streitkräfte.

DER SOMMER

Marcel Proust verliebt sich in seinen Chauffeur und brennt mit ihm durch. Auch Nijinsky, das Genie des Tanzes, ergreift die Flucht, aber überraschenderweise mit einer Frau. Ernest Hemingway fängt an zu boxen, er bittet seine Mutter, ihm größere Hemden zu schicken, die nicht so über dem Brustkorb spannen. Bertolt Brecht hat Herzbeschwerden. Und Ernst Ludwig Kirchner geht baden. Aber immerhin wird in Graz der erste Lügendetektor erfunden.

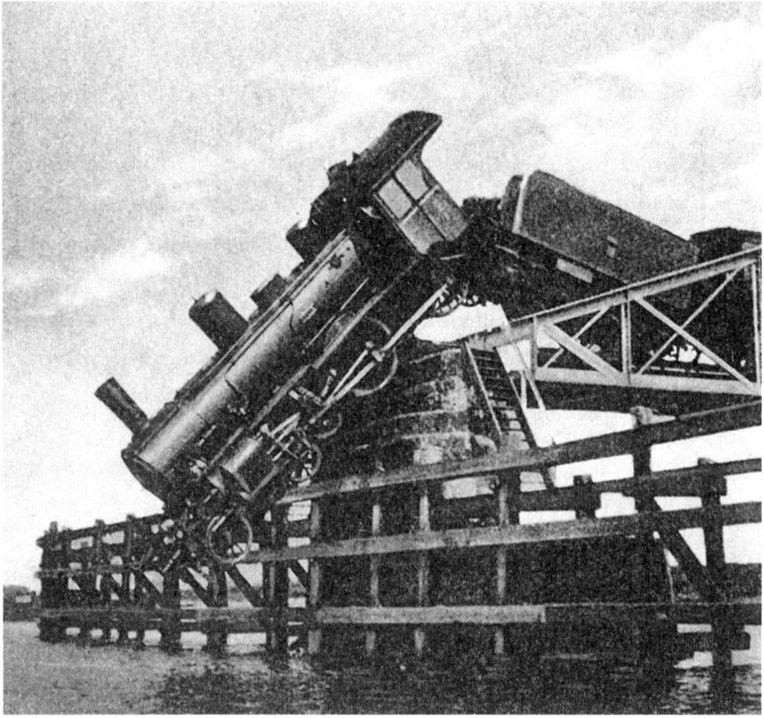

Das Bild des Jahre 1913:
Diese Lokomotive hängt am 25. Juli über der Ems
und über dem Abgrund.

Artur Rubinstein, größter Pianist des Jahres 1913, geboren 1887 im polnischen Lodz, sitzt in diesem Juli abends in der Oper in London, um die »Ballets Russes« zu erleben, die ihren Triumphzug durch Europa fortsetzen. Er sieht Strawinskys »Le sacre du printemps«, das vier Wochen zuvor in Paris die Musikwelt in Aufruhr versetzt hat, und schreibt zornig in sein Tagebuch: »Die lärmige Eintönigkeit der Partitur und die unverständlichen Vorgänge auf der Bühne ärgern mich.«

*

Helena Rubinstein, größte Kosmetik-Unternehmerin des Jahres 1913, geboren 1870 im polnischen Krakau (und nicht mit Artur Rubinstein verwandt oder verschwägert), hatte mit ihren aus Polen importierten Cremes aus Kräutern, Mandelöl und Rinderfett erst die Frauen in Australien, dann in Amerika und nun, also 1913, sogar in Paris und London davon überzeugt, dass man wirklich feine Gesichtshaut nur in ihren Schönheitssalons erlangen könne – und nur mit Tinkturen by Helena Rubinstein.

*

Akiwa Rubinstein, größter Schachspieler des Jahres 1913, geboren 1880 im polnischen Stawiski (und weder mit Artur Rubinstein noch mit Helena Rubinstein verwandt oder verschwägert), erreichte im Juli 1913 mit 2789 seine beste historische Elo-Zahl. Damit übertraf er sogar den deutschen Schachweltmeister Emanuel Lasker, doch es kam nicht zum Kampf, da Rubinstein finanziell schachmatt war und das erforderliche Antrittsgeld nicht aufbringen konnte. Lasker, leicht gelangweilt von den anderen Gegnern, versuchte sich daraufhin als Landwirt bei Trebbin in Brandenburg, was in die Hose ging, und als Philosoph (er veröffentlichte im Sommer 1913 sein Buch »Über das Begreifen der Welt«), das aber niemand begriff. So blieb er hauptberuflich Schachweltmeister. Er wird es am Ende unglaubliche 27 Jahre geblieben sein, von 1894 bis 1921. Akiwa Rubinstein aber hat nach 1913 nie wieder gewagt, ihn herauszufordern, und wurde leider etwas verrückt. Aber immerhin wird eine seiner legendären Schachpartien als »Rubinsteins Unsterbliche« dennoch überleben.

✷

Gemeinsam mit seiner Frau Mama ist der fünfzehnjährige Bertolt Brecht Anfang Juli nach Bad Steben in Oberfranken zur Kur gereist, der junge Mann leidet unter Herzschmerzen. Erst später merkt er, dass das bei einem Lyriker dazugehört. In Bad Steben notiert er noch wie ein junger Rilke minutiös alle Veränderungen des Blutdrucks und der Nervosität beflissen und ängstlich in sein Tagebuch. Noch kann ihn seine Lyrik nicht erlösen. Noch dichtet er so: »Gestern, 7 Stunden vor Mitternacht, sind wir hier angekommen – der Himmel war heiter, die Sonn hat gelacht.« Doch dann beginnt es in Bad Steben wie auch in Bad Rippoldsau und überall im weiten deutschen Reich in diesem Sommer zu regnen und zu regnen und zu regnen. Und Brecht? »Man ißt und langweilt sich.« Aber immerhin: die ersten Barthaare wachsen.

✷

Genau wie bei Rilke. Der berichtet stolz aus Bad Rippoldsau, dass er »Tag und Nacht den Bart wachsen lassen kann«. Das ist aber nicht seine Hauptbeschäftigung. Die bleibt das Singen von Klageliedern. In den ersten Julitagen beschenkt er seine gesamte weibliche Jüngerschar mit Schilderungen seiner schwierigen Lage, seiner Müdigkeit, seiner Erschöpfung: Jeden Nachmittag, um 17 Uhr, wenn die Kurkapelle von Kapellmeister Lotz endlich verstummt ist und er sich wieder aus dem Haus traut, trägt er von der schmucken Villa Sommerberg einen kleinen Stapel Briefe zur Post – an die Baronin Sidonie Nádherný, an die Fürstin Marie von Thurn und Taxis im Schloss Duino, an Katharina Kippenberg in Leipzig, an Eva Cassirer, an die Contessa Agapia Valmarana in Venedig, an Lou Andreas-Salomé, an Helene von Nostitz, an alle seine Mäzenatinnen, Seelenfreundinnen, Musen. Wenn er sich der täglichen Berichtspflicht an die fernen Damen entledigt und seine trübsinnigen Gesundheitsbulletins versandt hatte, dann widmet sich Rilke aber, plötzlich genesen und quicklebendig, der sehr realen Hedwig Bernhard, einer jungen Schauspielerin aus Berlin, die zufällig im Nachbarzimmer Rilkes in der Villa Sommerberg wohnt. Schon am 28. Juni schreibt sie in ihr Tagebuch: »Mein Gemüt ist erfüllt von dem Wesen eines neuen mir so köstlichen Menschen: Rainer Maria Rilke, der Dichter, ist hier.« Ob sie diesen köstlichen Menschen bald darauf verspeisen durfte? Wir wissen es nicht. Wir wissen nur, dass sie nachmittags zusammen den kurzen Waldweg hinter dem Hotel hinaufgehen, allein, schweigend zunächst, dann im intensiven Austausch, sie lauschend, er sprechend, und er erzählt ihr, während es leise nieselt, von den Schönheiten des Sommers in Capri und Duino. Hedwig Bernhard schwärmt: »Sein Sinn ist fest und stark, seine Stimme hoch und fein, die Augen zwei große klare blaue Seen, und keine Falte, weder hier noch dort in seinem Antlitz.« Und Rilke, eigentlich nur ins eigene Leiden verliebt, verliebt sich auch in diese junge Frau. Sie gehen durch die Täler und die Wiesen, sie hört ihm hingebungsvoll zu, er spricht, und sie hängt an seinen Lippen. Als sie am frühen Morgen des 5. Juli abreist, schenkt Rilke ihr sein »Buch der Bilder«, vorne hinein schreibt er: »Nicht, wie du ihn nennst, wird er dem Herzen gewaltig. Liebende: wie du dich rührst, bildest du dringend ihn aus. Rainer, Rippoldsau, Nacht des 4. July 1913«. Was auch immer das bedeuten mag, sie schmolz dahin. Und schon am 8. Juli schreibt er ihr nach Berlin: »Hedwig, wie fehlst Du mir. Sind wirklich alle unsere Wege noch da, dort hinten im Regen? Hast Du sie mit Dir hinweggenommen? Aber wenn ich hinsehe, wo wir gingen: gingen wir denn? Wars nicht Fliegen, Stürmen, Strömen?« So verdanken wir also Hedwig Bernhard, dass sie den Leidenden wieder zum Dichter machte. Und: Wir verdanken ihr eine einzigartige Serie von Fotografien, die Rilke in jenen Tagen in Bad Rippoldsau auf ihren gemeinsamen Spaziergängen zeigen, zwar bis oben zugeknöpft, aber doch zugewandt, er sitzt auf einer Bank und liest Goethe, er steht an einem kleinen Bach, immer tadellos in Anzug und Krawatte, aber doch, das spürt man, irritiert und beflügelt von jenem schönen kleinen Sommerflirt, der ihn hier in diesem friedlichen Schwarzwaldtal aus seinem Trübsinn herausgewirbelt hatte.

✷

Es erscheint Max Schelers Buch mit dem hübschen Titel »Zur Phänomenologie und Theorie der Sympathiegefühle und von Liebe und Hass«. Darin schreibt er: »Die Liebe lässt den Wert des geliebten Menschen, seinen Personenkern, aufblitzen. Die Liebe ist der sehend machende Akt. Je mehr man liebt, umso wertvoller wird die Welt.« Ist das nicht schön?

✷

Am 8. Juli schreibt Max Reger aus Meiningen, bevor er zu einer Konzertreise aufbricht: »Ferner bitte ich Sie betreffend meiner Person so drucken zu lassen: Unter Leitung von Generalmusikdirektor Dr. Max Reger (Ich muß den Generalmusikdirektor führen).« Vor allem aber musste jedes Konzerthaus ihm einen Flügel von Ibach auf die Bühne stellen. Nur darauf könne er spielen, schrieb er. Die Wahrheit war: Rudolf Ibach, der Flügelproduzent, versorgte ihn wöchentlich mit russischen Papyrossi-Zigaretten und verlangte dafür strikten Markengehorsam. Und der tabaksüchtige Reger gehorchte. Wir sind alle käuflich.

*

Madame Matisse muss weinen. Sie kommt in das Atelier ihres Mannes und sieht, wie er das hübsche Porträt von ihr vollkommen übermalt hat, statt ihrer feinen Züge trägt sie nur noch eine graue Maske, ihre Augen, ihr Mund sind nur noch schwarze Linien. Abstraktion ist hart, vor allem für die, die abstrahiert werden. Madame Matisse weint bitterlich, als sie das fertige Bild sieht. Picasso staunt hingegen ritterlich, als er das Bild sieht, und ist ganz hingerissen von dem »Bildnis Madame Matisse«. Darauf startet er sein eigenes Frauenbildnis. »Sitzende Frau im Hemd in einem Sessel« nennt er es. Doch man sieht nichts von Eva. Man sieht nur ihre Geschlechtsteile. Evas spitz zulaufende Brüste, die an Stammesplastiken erinnern, verdoppelt er. Und so weinte dann auch Eva. Auch sie war auf den Studien anfangs noch zu sehen gewesen, doch nun quasi verschwunden. Es ist keine Freude, Frau eines kubistischen Malers zu sein.

*

1913 ist eben doch der Sommer des Jahrhunderts. Am 10. Juli wird im Death Valley in Kalifornien der höchste Wert gemessen, den jemals eine Wetterstation auf der Welt registriert hat: 56,7 Grad zeigte das Thermometer auf der Greenland Ranch in Furnace Creek an.

✷

Am frühen Samstagabend des 12. Juli, die Kühe sind gerade gemolken, doch die Sonne versteckt sich weiter hinter einer weißen milchigen Wolkenwand, fällt auf dem Hof Wellie in Mawicke bei Soest in Westfalen ein dumpfer Schuss. Als die Sanitäter kommen und die Polizei, liegt im ersten Stock des Bauernhofes Landwirt Theo Wellie inmitten einer Blutlache. Unten in der Stube die verstörte Frau. Theo Wellie stirbt auf dem Weg ins Krankenhaus. Der »Soester Anzeiger« berichtet am 16. Juli: »Wie W. die Schußverletzung erhalten hat, darüber schweben noch die Ermittlungen. Ärztlicherseits soll festgestellt sein, dass ein Selbstmord ausgeschlossen ist.« Und das konnte offenbar schnell ausgeschlossen werden, denn am 18. Juli vermeldet die Zeitung: »Die Ehefrau des am vorigen Sonnabend auf seinen Hofe angeschossenen und der Verletzung erlegenen Landwirts Wellie in Mawicke ist gestern auf Veranlassung der Staatsanwaltschaft verhaftet worden.« Die neunundzwanzigjährige Therese Wellie kam in Untersuchungshaft. Ihr Anwalt stellte Antrag auf Haftentlassung, doch leider war inzwischen bekannt geworden, dass gegen sie bereits mehrere Verfahren wegen gezielter Schüsse auf vorbeifahrende Motorradfahrer eingeleitet worden waren. So musste sie ein halbes Jahr im Gefängnis bleiben. Aber sie war dort nicht ganz allein. Am 28. Dezember kann der »Soester Anzeiger« dann doch von einer Haftentlassung berichten: »Gegen Stellung einer hohen Kaution ist die ihrer Entbindung entgegensehende Ehefrau des Landwirt Wellie einstweilen aus der Untersuchungshaft entlassen worden. Das gegen sie eingeleitete gerichtliche Verfahren wegen Tötung ihres Ehemannes durch einen Gewehrschuß nimmt seinen Fortgang.« Nachdem bei ihrem kurzen Ausflug in die Freiheit am 3. Januar ihr dritter Sohn Franz geboren wurde, begann wenig später der Prozess. Die Zeitung fasst es folgendermaßen zusammen: »Die Verhandlung ergab, dass das Familienleben nicht das allerbeste war.« Auf Deutsch: tägliche Schläge, Misshandlungen, Prügeleien durch den stets betrunkenen Ehemann. Genau so war es auch am 12. Juli 1913. Der Pater familias rastete aus, weil sich Therese weigerte, mit ihm zum Schützenfest zu gehen. Sie gab an, er habe sich aus Wut und im Alkoholwahn selbst erschossen. Die Gutachten ergaben, dass der Schuss mindestens aus drei Metern Entfernung abgegeben wurde. Ein Selbstmord von so langer Hand konnte anatomisch ausgeschlossen werden. Therese Wellie atmet tief ein und bleibt dennoch bei ihrer Version.

*

Es geht eigentlich immer nur ums Atmen. Das sagt nicht der Erfinder der Achtsamkeit, sondern der Erfinder des Lügendetektors, Vittorio Benussi. Benussi war ein zerrissenes Genie, Wissenschaftler und Künstler, hochsensibel und ein Tüftler zugleich, der mit immer neuen Maschinen der Seele auf den Grund gehen wollte. Er wollte verstehen, wie das menschliche Zeitgefühl ist und wie wir Farben bewerten und das Gewicht von Dingen einschätzen. Vor allem aber interessierte ihn, wie wir uns verraten. Der blitzgescheite Philosoph und Psychologe aus Triest arbeitete in Graz im – wie es so schön heißt – »Psychologischen Laboratorium«. Dort entwickelte Benussi im Juli 1913 einen ersten Vorläufer des Lügendetektors, einen Apparat, der Kriterien wie Puls oder Blutdruck außer Acht ließ und sich nur auf die Atmung der Testpersonen konzentrierte. In seinem Aufsatz mit dem schönen Romantitel »Die Atmungssyptome der Lüge« konnte er dann belegen, dass lügende Menschen vor ihrer Lüge verhältnismäßig lange ausatmen. So entwickelte er das sogenannte Benussi-Kriterium: Der Nachhall der Wahrheit ist demnach eine verlängerte Ausatmung, das Vorspiel der Lüge eine verlängerte Einatmung. Das sollte man sich merken.

*

Fast hätten sich in diesen ersten Julitagen zwei der bedeutendsten Schriftsteller englischer Sprache, Joseph Conrad und der Amerikaner Henry James, in der Nähe von London getroffen. Conrad, der die Traumata seiner Jahre im Dschungel mit schönen Autos zu kompensieren versuchte, hatte sich gerade einen neuen Cadillac gekauft. Ende Juni schreibt Henry James an Conrad, der nur wenige Meilen entfernt in seinem Landhaus lebte, er habe von dem neuen Auto gehört, dem »not life-saving but literally life-making miraculous car«. Ob er wohl an einem schönen Julinachmittag, diesen Wagen einmal zu seinem Anwesen, dem Lamb House, lenken wolle, damit sie gemeinsam einen Tee trinken könnten? Und Conrad fährt tatsächlich ein paar Tage später vor, klingelt, lässt sich melden. Aber der Diener richtet aus, Henry James sei leider ausgegangen. So braust Joseph Conrad unverrichteter Dinge zurück und versinkt weiter in seiner Schwermut. Weihnachten wird er sich dann ein neues, größeres Auto schenken, einen Humber mit vier Sitzen. Aber auch den wird er immer nur alleine fahren.

*

Am 13. Juli muss Albert Einstein sich entscheiden. Am Bahnhof in Zürich empfängt er in Sonntagskleidung Max Planck und Walther Nernst, die aus Berlin mit dem Zug gekommen sind, um ihn nach Deutschland zu locken. Sie bieten ihm einen Professorentitel ohne Lehrverpflichtung an der Preußischen Akademie der Wissenschaften. Und Einstein atmet tief ein und sagt ja – in einem Nachhall der Wahrheit und der Lüge. Denn er sagte nicht nur ja, weil er dort frei von allen Pflichten an der Relativitätstheorie feilen und die Quantenphysik vorantreiben kann. Sondern weil in Berlin auch seine Cousine und Geliebte Elsa Löwenthal lebt.

*

Am 13. Juli beginnt in der Schweiz ein zweiter Höhenflug. Um 4 Uhr und 7 Minuten am frühen Morgen, die Sonne geht gerade auf, steigt Oskar Bider in Bern in seinen Flugapparat aus Eschenholz, um als erster Mensch fliegend die Alpen zu überqueren. Er will ohne Unterbrechung von Bern bis nach Mailand fliegen. Er nimmt mit seinem Einsitzer Kurs auf das 3500 Meter hohe Jungfrauenjoch. Genau zwei Stunden später, um 6.07 Uhr, gelingt es Bider, die Bergspitze zu überfliegen. Als er am späten Morgen in Mailand landet, wird er triumphal empfangen. Das war, technisch gesehen, die bedeutendste Alpenüberquerung seit Hannibal.

*

Am 13. Juli will Arthur Schnitzler in der Mittagspause eine junge Dame besuchen, die er ein paar Tage zuvor in einem Kaffeehaus kennengelernt hat. Sie hatte so ein schelmisches Lächeln. Er klingelt. Niemand macht auf. Er nimmt seine Visitenkarte und zückt einen Stift, um einen kurzen Gruß zu verfassen. »Dr. Arthur Schnitzler«, so darf die Dame dann abends lesen, als sie nach Hause kommt, »hat einige Male vergeblich geklingelt und wird sich erlauben den heutigen Besuch bei nächster Gelegenheit zu wiederholen.«

✷

Alfred Wegeners Grönlanddurchquerung entwickelt sich zu einer unendlichen Geschichte, noch weiß niemand, ob sie bedeutend wird oder katastrophal. Der Expedition bläst der Eiswind ins Gesicht, alle sind vollkommen erschöpft, sie schaffen nur noch wenige Meilen am Tag und müssen immer öfter Ruhepausen einlegen. Anfang Juli schließlich müssen sie auch »Grauni« erschießen, das letzte Islandpferd, das die Strapazen bis dahin noch überstanden hatte. Und zwar, was das Ganze besonders tragisch macht, drei Stunden entfernt von dem ersten grünen Grashalm nach einem halben Jahr Eiswüste. »Es war ein ganz eigentümliches Gefühl nach all dem Schnee einmal wieder Land, richtiges Land unter den Füßen, Blumen in Fülle im Wind wiegen zu sehen, Hummeln und Schmetterlinge zu beobachten und dem Gezwitscher der Vögel zu lauschen. Wie ein Paradies kam uns diese (von normalen Menschen sicher für recht trostlos angesehene) Moränenlandschaft am Eisrand vor«, schreibt Wegener. Aber dann wird es wieder kalt und es schneit, die Expedition hat nichts mehr zu essen, und Alfred Wegener schreibt in sein Tagebuch: »Man kann doch wohl nicht vor Kälte sterben Anfang Juli!« Am 11. Juli schlachten die vier Männer den Hund und essen ihn auf. Sie bauen sich an der Küste einen Verschlag, Eisregen von oben, sie verzweifeln, Blasen überall, Entzündungen, keine Menschenseele in Sicht und auch nichts mehr, das sie schlachten können. Alfred Wegener hat Todesangst. Doch dann, am 15. Juli, sehen sie plötzlich ein Segelboot an der vergessenen

Küste vorbeikommen, es ist der Pfarrer Chemnitz aus Upernavik, der mit seinem Boot Konfirmanden zum Konfirmationsunterricht aus dem ewigen Eis abholen will. Sie schreien um Hilfe und rufen und rennen zum Ufer – und werden gerettet.

✷

In denselben Minuten am Abend des 15. Juli gehen in Paris Franz Hessel, seine frisch angetraute Ehefrau Helen und Franzens engster Freund Henri-Pierre Roché, der versprochen hat, seine Finger von Helen zu lassen, in ein kleines Restaurant im 7. Arrondissement. Am Tisch redet Franz, wie in den sieben Jahren seiner Freundschaft zuvor auch, nur mit Pierre, seine Ehefrau beachtet er nicht weiter, einmal, kurz vor Schluss, fragt er sie, ob sie noch eine Nachspeise wolle, das ist alles. Sie sagt nein und entscheidet sich für einen eigenen Abschluss dieses demütigenden Essens. Als sie auf ihrem Heimweg gegen halb elf an der Schleuse Ecluse de la Monnaie an der Seine vorbeikommen und die beiden Männer weiterhin plaudern, als wären sie allein, findet Helen Hessel, geborene Grund, den Absprung. Mit dem Kopf zuerst überwindet sie das Eisengitter und taucht ein in die Fluten der Seine. Die Männer schreien entsetzt, rennen zum Ufer, doch da treibt nur noch Helens Hut, ein prächtiges, verziertes Exemplar, ein Geschenk der Schwiegermutter. Doch von Helen keine Spur. Da gerät auch Franz in Panik. Doch Helen taucht weiter, bis zu einer Leiter am Rande der Schleuse. Dort kommt sie aus dem Wasser, nicht Franz, sondern Roché reicht ihr seinen Mantel herunter und zieht sie damit hoch. Sie bibbert, das Wasser tropft ihr aus den Haaren, alle sind etwas verwirrt von der Situation, von der neuen Dynamik. Sie fahren in die Rue Schoelcher, und Franz setzt Wasser für einen Tee auf, das hält er für seine eheliche Pflicht. Auch sonst legt er seine neue Rolle eher ungewöhnlich aus. Auf die Hochzeitsreise nach Südfrankreich, die er mit Helen wenig später unternimmt, lädt er einen weiteren Gast ein: seine Mutter Fanny. Zu dritt erleben sie Wochen des Missvergnügens. Statt mit Roché spricht Franz nun ausschließlich mit seiner Mutter – und Helen lässt er links liegen in den Flitterwochen. In ihrem Tagebuch berichtet sie davon, wie sie ihren Mann das erste Mal betrog: mit einer Büste des römischen Kaisers Lucius Verus im Museum in Toulouse. Ein feister, strammer, maskuliner Kerl. Während Franz Hessel und seine Mutter im Saal nebenan die Gemälde begutachten, flüstert Helen Hessel dem steinernen Lucius Verus ein »Ich liebe dich« ins Ohr.

Als Truffaut später den Roman, den Roché über Franz und Helen und sich selbst geschrieben hat, verfilmen wird und ihn »Jules et Jim« nennt, da lässt er das mit der Schwiegermutter lieber weg und konzentriert sich auf den Sprung in die Seine. Und natürlich darauf, dass Roché, der, alleingelassen in Paris, in diesen Sommertagen seine Autobiographie unter dem schönen Titel »Don Juan« beginnt, sich natürlich nicht ewig an sein Gelübde halten wird, die wilde Helen unberührt zu lassen. Aber Franz wird ihm das dann auch nicht wirklich übelnehmen. Sie hatten zu oft ihre Lieben geteilt. Zuerst war Franziska zu Reventlow, die schöne Gräfin inmitten der Münchner Bohème, von Franz auf Roché übergegangen, dann in Paris die Malerin Marie Laurencin von Roché auf Franz, ehe sie zum Dichter Apollinaire weiterzog. Später, in New York, wird Roché dieses Prinzip der Menage à trois mit einem anderen Freund weiterspinnen, mit Marcel Duchamp. Wie passend also, dass Helen Hessel dann Duchamps Schachbuch ins Deutsche übertragen sollte (und übrigens auch Nabokovs »Lolita«).

*

Piet Mondrian malt in Paris in diesem Juli seine beiden bedeutenden »Gemälde 1« und »Gemälde 2«. Eine neue Zeitrechnung beginnt für ihn: Die Abstraktion. Die Bäume, die er noch im Winter gemalt hatte, lösten sich in kubistisch verschachtelte Formationen auf. Mondrian war ganz bei sich angekommen.

Für die Zeitschrift »Teosofia« schreibt er einen Artikel über »Art and Theosophy«, in dem er klar darlegte, dass die Evolution in der Kunst genauso vor sich gehe wie in der Theosophie. Leider hat die Redaktion den Text als »zu revolutionär« abgelehnt, und er ist verschollen.

*

In Berlin gibt es im Sommer 1913 zwei Millionen Einwohner, 7900 Personenkraftwagen, 3300 Pferdedroschken und 1200 Kraftdroschken. Aber nur einen Kaiser.

*

Robert Frost denkt am 17. Juli in Beaconsfield bei London darüber nach, welchen Weg er einschlagen soll und welchen nicht. Er ist jetzt 39 Jahre alt. Er ist aus Amerika übergesiedelt, mit Frau und vier kleinen Kindern, er lernt Ezra Pound kennen, doch der macht ihm Angst. Er war Farmer gewesen, doch das klappte nicht, er hat das Lehren aufgegeben, aber er traut sich noch nicht, sich Dichter zu nennen. Aber in seinem Kopf sind da schon die magischen Zeilen von »The Road Not Taken«, dieses »Two roads diverged in a wood, and I – I took the one less traveled by, and that has made all the difference.« Ganz ungläubig also schreibt er am 17. Juli an einen Freund: »I think I have made poetry.«

*

Ultima hieß die Frau des schwedischen Arztes Axel Munthe, die Letzte, auch wenn sie eigentlich die erste Frau dieses Mannes war. Und Ultima liebte den Regen. Denn wenn es regnete und das Wasser in Strömen sich durch die Straßen ergoss, dann war es auch den edlen Damen auf den Pariser Boulevards erlaubt, ihren Rock zu lüpfen. Ultima liebte es, ihre Fesseln zu zeigen, auch wenn durch das Gehen im Wasser immer wieder ihre schönsten Schuhe ruiniert wurden. Doch Ultima hieß auch irgendwie zu Recht die Letzte, denn es war Axel Munthes letzter Versuch, sich der bürgerlichen Konvention zu ergeben. In Wahrheit wurde diese Ehe nie vollzogen – es war, wie er schrieb, »nur der Schein einer ehelichen Gemeinschaft, der sich meine ganze Natur unwiderruflich widersetzt, was nebenbei bemerkt, bedeutet, dass die Natur keuscher ist als das Gesetz«. Munthe zog von Paris weiter nach Capri, das er nie wieder verließ. Immer blies hier ein leichter Wind, selbst im Juli, der ihm die strohblonden Haare ins Gesicht fallen ließ, die er, mit einer hunderttausendfach wiederholten Geste, hinter seine Ohren strich. Eine Frau zu lieben, mit Haut und Haar, und deshalb sogar so etwas wie eheliche Pflichten zu haben, das sah die Selbstinszenierung von Dr. Axel Munthe nicht vor. Munthe las lieber wieder und wieder Arthur Schopenhauer und dessen »Die Welt als Wille und Vorstellung«, das war ganz nach seinem Geschmack, etwa diese Worte hier: »Wenn man nun die wichtige Rolle betrachtet, welche die Geschlechtsliebe in allen ihren Abstufungen und Nüancen spielt, da wird man veranlaßt auszurufen: Wozu der Lerm? Wozu das Drängen, Toben, die Angst und die Noth? Es handelt sich ja bloß darum, daß jeder Hans seine Grethe findet.« Axel Munthe fand stattdessen Capri. Er brauche, gestand er, nichts als ein weißgetünchtes Zimmer mit einem Bett, einem Tisch, ein paar Stühlen und einem Klavier, Vogelgezwitscher vor den Fenstern und – das ist die einzige Bedingung – »aus der Ferne das Rauschen des Meeres«, so schrieb er, als er sich auf der kleinen Insel vor Neapel niederließ. Oben, in Anacapri, entdeckte er die Trümmer einer Villa des Kaisers Tiberius, er legte die Mosaiken frei, über die einst die müden Füße des finsteren alten Kaisers geschritten waren, und errichtete darüber seine Villa San Michele, hell und weiß, mit Blicken über das unendliche Blau des Meeres, mit ewigem Vogelgezwitscher, so wie er sich gewünscht hatte, auch im Winter. Munthe wird Leibarzt der schwedischen Kronprinzessin Viktoria aus dem Hause Baden und pendelt fortan zwischen London, Schweden, Rom und Capri hin und her. Er ist dabei die meiste Zeit allein, manchmal ist ein Hund dabei (sein Dackel hieß »Waldmann«), manchmal zwei oder drei, zuweilen sein Affe. Munthe besaß im Laufe seines langen Lebens Doggen, Hirtenhunde, Collies, Terrier und Mischlinge, in Capri wurden es immer mehr, die bei ihm lebten, sie waren die einzigen Lebewesen, die er dauerhaft aushielt. Menschen konnte er nur in Form von Patienten ertragen, die er nach der Konsultation wieder nach Hause schicken konnte. Seine Praxis in Anacapri und seine Villa San Michele werden zum Mekka der kränkelnden europäischen Upper Class: Kronprinz Rudolf von Österreich wird hier kuriert, Kaiserin Eugénie, Henry James, Oscar Wilde, die Duse, Rainer Maria Rilke, natürlich der Aga Khan, dessen Yacht an der Marina Grande ankerte und der sich an alten Muscheln den Magen verdorben hatte. Munthe praktiziert sechs Tage die Woche, und sonntags spielt er in der kleinen Kirche auf Capri die Orgel. Und irgendwann wird Munthe dann auch Curzio Malaparte auf die Insel locken, einen Dandy der Selbstvergessenheit und Selbstbezüglichkeit wie er, der der Insel mit seiner Villa Malaparte dann nach Munthes Villa San Michele das zweite Bauwerk der Insel schenken wird, das das 20. Jahrhundert ästhetisch zu überdauern vermag.

✷

Nie waren Oskar Kokoschka und Alma Mahler so glücklich wie im April in Capri. Sie hatten keine Konsultation bei Dr. Axel Munthe nötig. Und jetzt, am 19. Juli, wollen sie eigentlich heiraten, im Rathaus von Döbling, das Aufgebot ist bestellt. Aber Alma mag nicht mehr. Sie nennt Kokoschka in ihren Briefen plötzlich immer öfter »Schlappschwanz«. Der Hochzeitstermin verstreicht. Und Alma fragt ein paar Tage später vorsorglich bei Walter Gropius in Berlin in der Kaiserin-Augusta-Straße 68 an, ihrem Liebhaber von einst, ob er sie eigentlich noch liebe. Sie hatten sich kennengelernt, als Alma eine Kur von Gustav Mahler brauchte und der hellsichtige Kurarzt ihr Tanzen verordnet hatte. Unter den Tänzern war ein, wie sie schreibt, »ungewöhnlich gutaussehender Deutscher, der gut als Modell für Walther von Stolzing aus den ›Meistersingern‹ dienen könnte«. Sie verliebt sich. Mahler, verzweifelt, geht zu Sigmund Freud. Doch der kann auch nicht helfen. Stellt aber eine saftige Rechnung. Dann stirbt Mahler. Dann trauert Alma kurz. Und dann rauscht Kokoschka in ihr Leben. Und nun, im Juli 1913 in Franzensbad, wohin sie vor Kokoschka geflüchtet ist, erinnert sich Alma plötzlich leicht wehmütig ihres deutschen Meistersingers. Ihr stand nach all dem Wahnsinn mit Kokoschka nun wieder der Sinn nach etwas Nüchternheit. Und so schreitet sie voran in ihrem Jungmädchentraum, »meinen Garten mit Genies zu bepflanzen«. Gropius wird es wirklich mit ihr zum Standesamt schaffen, anders als Kokoschka. Aber auch Gropius gelingt es nicht, Teil ihres Namens zu werden. Das gelingt dann erst Franz Werfel. Der, gerade 23 Jahre alt geworden, veröffentlicht, als sich im Sommer 1913 Alma Mahler gerade von Kokoschka ab- und zu Gropius hinwendet, im Leipziger Kurt Wolff Verlag seinen ersten Gedichtband mit dem verheißungsvollen Titel »Wir sind«.

✷

Am 21. Juli endet in Monte Carlo das Leben einer der ungewöhnlichsten Frauen ihrer Zeit: Emma Forsayth-Coe, genannt »Queen Emma«. Wie sie starb, ist unklar, sehr glaubhafte Zeitungsartikel aus diesen Tagen berichten von einem tragischen Autounfall. Andere schreiben genauso überzeugend davon, dass sie an einem Herzinfarkt gestorben sei. Und dritte Quellen wissen zu berichten, dass sie erschossen wurde, genau wie ihr Mann, der deutsche Kaufmann Carl Paul Kolbe, der genau sieben Tage zuvor ebenfalls in Monte Carlo völlig überraschend das Zeitliche segnete. Es war alles ein riesiger Skandal. Und klar ist eigentlich nur, dass eine junge Schauspielerin aus Berlin irgendetwas mit dem plötzlichen Tod zumindest von Queen Emmas Ehemann zu tun hat. Denn der bekam im Hotel Monaco kurz vor seinem Ableben plötzlich Besuch von einer Dame, die glaubhaft versicherte, dass sie eigentlich die Verlobte von Carl Paul Kolbe sei, beziehungsweise eigentlich sogar die Ehefrau. Sie hatte in einer Zeitschrift ein Foto ihres Angetrauten Kolbe gesehen, von dem es eigentlich geheißen hatte, er sei in der Südsee verschollen. Die junge Frau und Kolbe trafen sich erst an der Hotelbar, dann wurden sie gesehen, wie sie in ein wartendes Automobil stiegen und zur Küste fuhren. Und kurz darauf war er tot und sie weg. Und Queen Emma also starb sieben Tage später. Herrlich mysteriös das Ganze. Erst ein Jahr zuvor hatten die beiden in Berlin geheiratet, und erst im Mai waren sie an die Côte d'Azur gereist, um in Nizza, Cannes und Monte Carlo das Leben zu genießen. Die europäische Klatschpresse war voll von ihren mondänen Auftritten, denn Queen Emma war eine legendäre Erscheinung, offenbar eine der schönsten Frauen des ausgehenden 19. Jahrhunderts und mit Sicherheit eine der gerissensten Unternehmerinnen.

Sie war als Tochter einer samoaischen Prinzessin und eines amerikanischen Walfängers in der Südsee geboren worden. Seit sie zwölf Jahre alt war, galt sie als sagenhafte Schönheit – und nachdem sie in San Francisco zur Schule gegangen war, galt sie als intelligente, international versierte sagenhafte Schönheit. Nach ihrer Rückkehr arbeitete sie im Handelsunternehmen ihres Vaters und reiste dann mit ihrem ersten Mann auf die kleine Insel Myoko, Teil der Duke-of-York-Inselgruppe bei Papua-Neuguinea. Es gab dort nur noch elf Siedler, nachdem gerade die beiden anderen von einem Kannibalenstamm verspeist worden waren. Auch Emma wurde einmal von den Kannibalen gefesselt und zum Abtransport vorbereitet, doch da kam ihr Ehemann mit seinen Leibwachen dazwischen. Fortan zogen sich die Eingeborenen in die unzugänglichen Bergregionen zurück, und Emma und ihr Mann kultivierten das Land. Gekocht wurde nur fleischlos. Als das Inselchen fünf Jahre später plötzlich Teil des deutschen Kolonialreiches wurde und »Neulauenburg« hieß, stellte der deutsche Bevollmächtigte Gustav von Oertzen erstaunt fest, dass der größte Teil des fruchtbaren Landes im Besitz einer gewissen Emma Forsayth-Coe war, also unserer »Queen Emma«, wie sie wegen ihres präsidialen Auftretens von den Insulanern auf Neuguinea genannt wurde. Sie kaufte immer weiter Land, betrieb Kokosnussplantagen, verkaufte diese wieder gewinnbringend und wurde immer schöner und reicher und einflussreicher. Nachdem sie sich in der Nähe der deutschen Verwaltungshochburg Herbertshöhe ein stattliches Anwesen gebaut hatte, wo sie mondäne Feste feierte, galt sie als die heimliche Königin der Südsee. Sie rauchte so viel und so genussreich wie ein Mann, trank täglich ihre zwei Flaschen Champagner, spielte Klavier, rezitierte Goethe und nahm sich jeden Mann, den sie wollte. Als sie 1912 den 15 Jahre jüngeren, bildhübschen Paul Kolbe heiratete, den großen blonden leitenden Angestellten der deutschen Neuguinea-Kompagnie, und mit ihm nach Berlin zog, verkaufte sie ihre Ländereien an die »Hamburgische Südsee

Aktien Gesellschaft« und strich dafür ein Vermögen ein. Damit kaufte sie ihre Wohnung in Monte Carlo, wo das Reich der Königin Emma und ihres Königs Paul dann aber im schwülen heißen Juli 1913 abrupt zu Ende ging.

✷

Am 26. Juli meldet das »Volksblatt« aus Meßkirch im Schwarzwald das Folgende: »Von Freiburg ist am Samstag eine hocherfreuliche Nachricht eingetroffen. Martin Heidegger, der Sohn des Mesners Heidegger hier, hat in Philosophie und Mathematik den Doktor gemacht und zwar mit Auszeichnung. Wie wir hören, beabsichtigt, Herr Heidegger in nächster Zeit sich mit der Herausgabe eines größeren wissenschaftlichen Werkes zu befassen, Glück auf.«

✷

Natürlich haben sich alle sehr angestrengt, das Bild des Jahres zu schaffen: Picasso mit seinen Collagen voll aufgeklebter Wirklichkeit, Matisse mit seinen Sehnsuchtsfarben. Macke mit seinen Bildern des ewigen Friedens, Marc mit seinen gestapelten Pferden, Mondrian, Kupka, Malewitsch mit ihren Abstraktionen. Aber das Bild des Jahres 1913 schuf dann doch die Wirklichkeit. Und das kam so: In der Nacht vom 26. auf den 27. Juli verließ der letzte Personenzug auf der Strecke Ihrhove-Neuschanz den Haltepunkt Hilkenborg im Emsland, obwohl die stählerne Friesenbrücke, eine Drehbrücke über die Ems, nach einer Schiffsdurchfahrt noch geöffnet war und das Signal auf einem lauten und deutlichen »Halt« stand. Der Lokführer merkte etwa 100 Meter vor dem Abgrund den Irrtum – er sah den gähnenden Abgrund und den Brückenteil vor ihm, der ins Nichts führte. Er bremste und bremste und bremste – und tatsächlich rutschten nur die Dampflok und die erste Treibachse in die klaffende Öffnung über der Ems. Der Rest des Zuges hing noch auf der Brücke fest, doch da die Kupplung zwischen Lok und dem Tender eine deutsche Wertarbeit war und deshalb hielt, wurde der Sturz in den Fluss verhindert. Lokführer und Heizer sprangen von der Lok auf den Waggon dahinter. Die Lokomotive, schwebend über dem Abgrund – das ungestüm Vorwärtsstürmende auf schwankendem Boden, das surreale Verkeiltsein zwischen sicherem Gleis und sicherem Tod einer fortschrittsgläubigen und technikgläubigen Gegenwart: das ist das Bild des Jahres 1913.

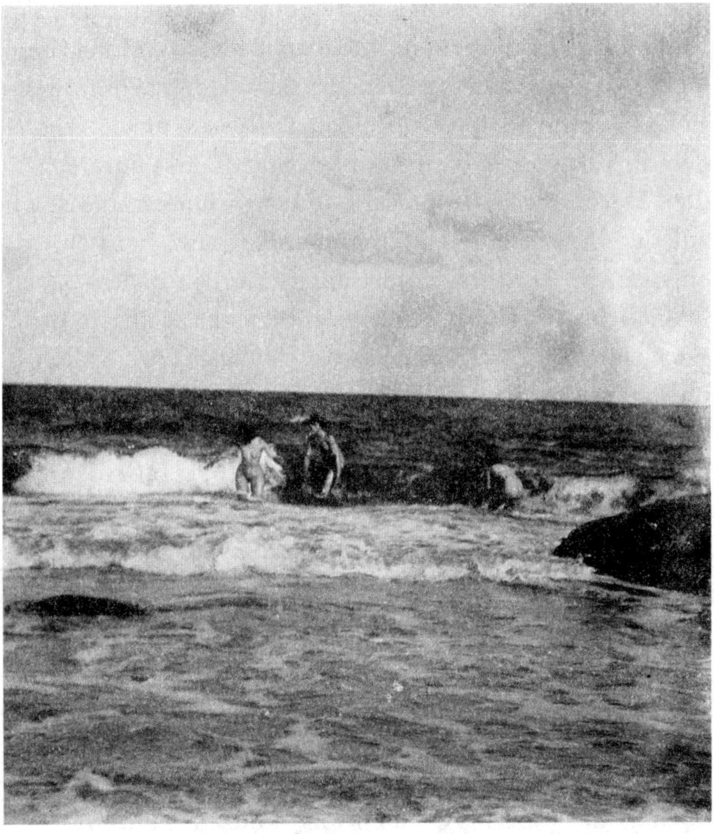

»Frauenhellbraun taumelt an Männerdunkelbraun« –
so dichtet Gottfried Benn.
Ernst Ludwig Kirchners Foto zeigt,
wie er das meint.

Nach den rauschenden Erfolgen der »Ballets Russes« in Paris und London reisen Djagilew und sein junger Star Nijinsky Ende Juli zur Erholung nach Baden-Baden ins Hotel Stéphanie les bains, das sich heute Brenners Park-Hotel nennt. Sie wollen sich kurz erholen, bevor die »Ballets Russes« am 15. August mit dem Schiff zu einer Tournee nach Südamerika aufbrechen werden. Der russische Impresario und sein junger Irrwisch liegen auf den Sofas, flanieren durch den Kurpark, rauchen, trinken, entspannen. Und was entdecken sie dort in Baden-Baden? Johann Sebastian Bach. Und sie überlegen sich ein Ballett zu Bach, mit der Pracht der Rokoko-Hoffeste. Auf einem Flügel muss ein alter deutscher Pianist den beiden den ganzen Tag über im Salon des Hotels Bach vorspielen. Nach einer Woche wissen die beiden, was sie wollen: Etwas aus dem »Wohltemperierten Klavier«, etwas aus der c-moll-Fuge, und vieles mehr. Um den Geist der Zeit besser zu verstehen, reisen sie in Schlösser und Kirchen des Barock und des Rokoko, sie besuchen Vierzehnheiligen, Bruchsal und die Residenz in Würzburg. Als letztes Kunstwerk, bevor er den Atlantik überquert, sieht Nijinsky Ende Juli Tiepolos Fresken in der Würzburger Residenz und also die Hochzeitsszene zwischen Friedrich Barbarossa und Beatrix von Burgund. Er weiß zu diesem Zeitpunkt noch nicht, was das bedeuten soll. Und Djagilew und Nijinsky wissen in diesem Moment noch nicht, dass sie sich hier in Würzburg und Baden-Baden das letzte Mal in ihrem Leben sehen werden.

*

Die Sonne steht hoch und golden, es geht immer ein leichter Wind, Ernst Ludwig Kirchners sehniger Oberkörper ist tiefgebräunt. Manchmal trägt er eine leichte Sommerhose und ein aufgeknöpftes Leinenhemd, wenn er am Strand von Fehmarn sitzt und malt, manchmal nicht. Erna Schilling, seine Geliebte, sein Modell, ist meist ganz nackt, sie spielt mit den Füßen im warmen Sand, selbstvergessen, merkt gar nicht mehr, wenn Kirchner sie malt, weil er das ohnehin die ganze Zeit tut. Kirchner ist in diesem Sommer wieder ganz bei sich. Er hat Berlin hinter sich gelassen. Dieses große, irre, laute, vorwärtsstürmende Berlin. Hier am Strand gibt es nirgendwo das Quietschen der Trambahn, wenn sich in einer Kurve ihre Reifen an den Eisenschienen reiben. Hier gibt es keine Menschen, die über die Bürgersteige eilen, als ginge es um ihr Leben, hier gibt es keine Zeitungen, die dreimal am Tag erscheinen, hier gibt es abends weder Varieté noch eine Uraufführung von Gerhart Hauptmann oder Frank Wedekind oder ein Varieté mit Mata Hari, hier gibt es abends nur ein Glas Wein, liegend, im Sand, hinten in der Ferne geht die Sonne langsam unter. Erna liegt schnurrend in seinem Arm. Und er hat eigentlich schon wieder Lust auf sie, obwohl sie gerade erst aus dem Bett gekommen sind in ihrem Gästezimmer bei Leuchtturmwärter Lüthmann in Staberhuk. Kirchner geht dann aber noch einmal tauchen, denn vor der Küste war ein Schiff gestrandet, zerborsten nun, und er holt sich ein paar herrliche Planken, um in den nächsten Tagen damit Skulpturen bauen zu können.

Denn am nächsten Morgen wird Besuch aus Berlin kommen, sein Freund, der Maler Otto Mueller, und dessen Maschka. Im Mai war ja die Künstlergruppe »Brücke« zerbrochen, aber jetzt, in diesem Sommer, weint ihr Kirchner keine Träne nach, er spürt, dass die Fliehkräfte Berlins, wohin die Brücke-Maler aus dem sinnlich-zeitentrückten Dresden gezogen waren, zu viel waren für sie, weil diese verdammte Stadt einfach alles auseinanderbringt, was nicht im Innersten miteinander verschweißt ist. Erich Heckel und Karl Schmidt-Rottluff leiden unter der Trennung, sie halten Kirchners Egotrips für den Grund des Scheiterns. Otto Mueller interessiert das nicht. Er freut sich, mit Kirchner am Meer zu sein, mit ihm zu baden, mit ihm zu malen. Maschka und Erna verstehen sich gut, nackt laufen sie, kaum sind die Muellers angekommen, fast einen Kilometer am endlosen Strand entlang, spritzen mit den Füßen durch das flache Wasser. Dann holt Kirchner seine Kamera und er fotografiert Mueller zwischen Erna und Maschka, wie sie in die Fluten steigen, wie sie hochhüpfen, wenn die Wellen kommen, wie sie eintauchen, Sommerkörper, auf denen das trocknende Salz schöne weiße Flecken hinterlässt und die Haare so steif macht. »Fleisch, das nackt ging / bis in den Mund gebräunt vom Meer«, so wird Gottfried Benn dichten über diesen Sommer an der Ostsee. Kirchner fotografiert diesen Sommer. Und malt ihn. Und genießt ihn. Wahrscheinlich war Ernst Ludwig Kirchner nie so glücklich wie im August 1913 in Fehmarn. Er malt in kurzer Zeit 68 Gemälde und er macht unzählige Zeichnungen. Dann nimmt er ein Blatt Papier und schreibt seinem Freund, ergriffen von sich selbst und dem Erlebten: »Hier lerne ich die letzte Einheit von Mensch und Natur gestalten und vollenden.«

✷

Am 2. August ist die Menschheit endlich am Olymp angelangt. Der Schweizer Fotograf Fred Boissonnas, sein Freund Daniel Baud-Boy und der griechische Hirte Christos Kakalos besteigen erstmals den mythenumwitterten Berg des antiken Griechenlands. Noch am Vorabend hatte Kakalos, der Hirte, die beiden Schweizer angefleht, nicht auf den 2917 Meter hohen Gipfel zu steigen, dort dürften nur Adler hinauf, nicht Menschen. Aber es war dann halb so schlimm.

✷

Im August fährt Josef Kohler, Deutschlands bekanntester und produktivster Jurist, aus Berlin zur Sommerfrische an die Ostsee. Aber natürlich kann er auch dort nicht nur einfach so aufs Wasser schauen. Gerade war sein Buch »Moderne Rechtsprobleme« erschienen – und darin ging Kohler der Frage nach, ob der Mensch nun einen freien Willen habe oder nicht. Wie auch immer, so sein Fazit, niemand dürfe sich rausreden. Menschenpflicht sei es, an »seinem eigenen Charakter zu arbeiten«. Er selbst arbeitete in diesem Sommer lieber an einem alten juristischen Problem: Zwei Schiffbrüchige klammern sich an eine Planke, die nur einem von beiden das Überleben sichert. In Heiligendamm, mit Blick aufs müde, stille Wasser, das behaglich ans Ufer schwappt und jedem Schiffbruch eine Höllenphantasie voraussetzt, da kam Josef Kohler eine Idee, die er sogleich in einem Aufsatz für das »Archiv für Rechts- und Wirtschaftsgeschichte« zusammenfasste: »Sollte man nicht einen Goethe retten dürfen, wenn sein Leben mit dem eines Indianers in Kollision tritt?« Tja. Da hat man also das krude deutsche Selbstverständnis, gebündelt in einem Satz. Natürlich konnte Kohler solchen kolonialen Unsinn nur mit dem Brustton der Überzeugung verkünden, weil Karl May gerade ein Jahr zuvor verstorben war. Karl May, erstmals im Alter von 22 Jahren wegen »Hochstapelei« steckbrieflich gesucht, hatte in seinen letzten Lebensjahren auf seinen Lesungen sehr glaubhaft verkündet, dass er Nachfahre eines Häuptlings der Apachen sei. Karl May hat aus den ewigen Jagdgründen den Berliner Juristen Josef Kohler sicherlich für seine Blasphemie verflucht: Erstens war er selbst natürlich bedeutender als Goethe und zweitens die Indianer bedeutender als die Preußen.

✷

Wenn Gerhart Hauptmann in seinem Haus in Agnetendorf ist, dann reitet er jeden Morgen aus. Er genießt die Kühle des Morgens, gerade in diesen heißen Augusttagen, erst langsam steigt die Glut aus den Tälern herauf. Doch am 11. August, plötzlich auf einer Lichtung, greift ein großer Bernhardiner sein Pferd an. Es kommen die beiden Damen angerannt, denen der Hund gehört, doch sie sind machtlos. »Mein Pferd und ich auch«, kommentiert Hauptmann abends im Tagebuch. Der Bernhardiner knurrt wild und beißt, obwohl er einen Maulkorb trägt, dem Pferd in die Beine. Doch Gerhart Hauptmann, mit der Gelassenheit des amtierenden Nobelpreisträgers, lässt kulturgeschichtliche und gattungsspezifische Milde walten: »Es war der Instinct gegen das Pferd als jagdbares Wild wie er in den assyrischen Reliefs zum Ausdruck kommt wo Könige mit solchen Hunden ähnliche Pferde jagen, wie ich eins ritt.«

*

Der »Blaue Reiter« Franz Marc vollendet in Sindelsdorf bei München in diesen Tagen sein Bild »Der Turm der Blauen Pferde«. August Macke schreibt ihm: »Gib Deiner Zeit Tiere, vor denen man noch lange steht. Die Hufschläge Deiner Pferde mögen hallen bis in die fernsten Jahrhunderte.« Doch in diesem Sommer zeichnet auch Macke plötzlich Pferde – und zwar solche, auf denen Soldaten sitzen. Ein Manöver, Pferde als Mittel zum Zweck, in ihren Sätteln Männer in deutscher Uniform. Bei Marc hingegen: das Pferd als das Beste und Reinste, was ein Mensch sich denken kann. Es ist eine absurde Ironie des Schicksals, dass genau dieser Franz Marc, dieser »Blaue Reiter« und Schöpfer der traumverlorenen Blauen Pferde im Ersten Weltkrieg fallen wird, als er ausgerechnet bei einem Erkundungsritt von einer Granate getroffen wird. Und: Am folgenden Tag sollte der Sechsunddreißigjährige als »einer der bedeutendsten Maler Deutschlands« eigentlich vom Militär freigestellt werden, um sich ganz seiner Kunst widmen zu können. Doch da war er bereits im Himmel.

✷

August Bebel, beruflich zunächst Hersteller von Türklinken, also dem Kommen und Gehen durchaus zugeneigt und demzufolge ein erstklassiger Kandidat für jedes hohes Amt in der deutschen Sozialdemokratie zu allen Zeiten, saß im Jahre 1913 als SPD-Abgeordneter für den Wahlkreis Hamburg I im deutschen Reichstag. Vor allem aber war er die Stimme der Sozialdemokratie, geachtet und verehrt. Aber am 13. August 1913 musste er endgültig gehen: Er stirbt in Passugg in der Schweiz während eines Sanatoriumsaufenthaltes an Herzversagen. Sein Tod sorgt europaweit für Erschütterung. Rosa Luxemburg, Sommergast bei Clara Zetkin in Sillenbuch in der Nähe von Stuttgart, findet an seinem Todesmorgen im Nieselregen ein Schleierkraut in den Wiesen hinterm Haus und trocknet es in ihrem Herbarium, sie beginnt damit ihr zehntes Heft und schreibt den lateinischen Namen dazu: Gypsophila paniculata. Am Tag nach seinem Tod findet sie in Sillenbuch das, was sie am dringendsten braucht: Baldrian. Sofort nimmt sie die Pflanze mit, macht sich einen Tee daraus, klebt einen Stiel mit Blättern in ihr Buch und beruhigt ihre Trauer mit den lateinischen Worten »Valeriana officinalis«. Soll sie, so überlegt sie in diesen verregneten Sommertagen, vielleicht doch lieber Botanikerin werden als Revolutionärin?

✷

Im Hafen von Southampton legt am 15. August die »Avon« ab: ein riesiges Schiff von 11 073 Bruttoregistertonnen mit einer kostbaren Fracht: den gesamten »Ballets Russes«. Die russischen Tänzer wollten nach Europa nun auch Südamerika erobern. Aber die junge ungarische Tänzerin Romola de Pulszky stellt besorgt fest, dass sowohl Djagilew als auch Nijinsky fehlen. Doch Nijinsky steigt mit sechs Koffern und seinem Diener Wassili am 16. August im französischen Cherbourg zu, Djagilew aber fehlt. Er hat in Baden-Baden entschieden, sich zu schonen, er hat panische Angst vor Schiffreisen, seit ihm eine Wahrsagerin prophezeit hatte, er werde dort ein großes Unglück erleben, er hat außerdem kein Interesse an Südamerika, er will sich lieber in Venedig ausruhen und er schickt seine Truppe zum Geldverdienen los, ohne den Cheftrainer.

Für die Tänzerinnen und Tänzer waren die 20 Tage auf See ein langer Urlaub, die Sonne schien, sie waren umsorgt und versorgt, sie konnten sich erholen von ihrer exzessiven Tournee durch Europa, nur morgens und abends trafen sich die Tänzer, für Gymnastik, leichte Lockerungsübungen, Gewichtstraining. Die Stammbesetzung von »Le sacre du printemps« war an Bord, nur drei der jungen Tänzerinnen fehlten, sie waren bei den Proben in Paris schwanger geworden. Die dreiundzwanzigjährige Romola de Pulszky hatte einen verwegenen Plan. Sie wollte den homosexuellen Nijinsky aus den Armen Djagilews im Besonderen und aus denen der Männer im Allgemeinen befreien. Und diese Bootsreise, auf der der vierundzwanzigjährige Tänzer ohne seinen älteren Liebhaber und Aufpasser und Förderer und Halbgott unterwegs war, schien ihr dafür die einmalige Gelegenheit. Romola ließ ihre Zofe Anna in ihrem Zweite-Klasse-Abteil wohnen und buchte sich selbst ein Erste-Klasse-Abteil schräg gegenüber von Nijinsky, dessen Tür sie so überwachen konnte. Tagsüber lief sie immer wieder in langen, langen Runden über das Deck, um dem Objekt ihrer Begierde irgendwie näher zu kommen. Nijinsky war ein edles Gemüt, zurückhaltend, verschlossen, saß oft auf seinem Deckstuhl und las im warmen Wind, Tolstoi und Dostojewski, meist im hellen Anzug oder mit blauem Blazer und weißer Hose. Er blickte über das weite, weite Meer, blinzelte in die Sonne, döste ein. Nachmittags arbeitete er unter Deck weiter an seinem Ballett zu Johann Sebastian Bach, das er in Baden-Baden begonnen hatte, Romola kam vorbei und lauschte ihm. Als sie ein Stewart vertreiben wollte, damit der Meister in Ruhe tanzen konnte, erlaubte ihr Nijinsky mit einer kleinen Handbewegung zu bleiben. So fängt alles an. Mit der Erlaubnis, bleiben zu dürfen. Dann, eines Abends, der Mond schien helle, stand Nijinsky an der Reling, im Smoking, und hielt einen kleinen schwarzen Fächer, der mit einer goldenen Rose geschmückt war, und fächelte sich zu. Da näherte sich Chavez, ein französisch-argentinischer Modeschöpfer, und als er Nijinsky dort so melancholisch stehen sah und links die junge Romola, da sagte er: »Monsieur Nijinsky, permettez-moi de vous présenter Mademoiselle de Pulszky?« Ob er ihm, auf gut Deutsch, die junge Dame vorstellen dürfe. Er durfte. Doch Nijinsky neigt nur seinen Kopf, ganz leicht, sieht genau aus wie auf den Plakaten für »Nachmittag eines Fauns«. Keiner sagt etwas. Da stammelt Romola: »Sie haben den Tanz auf die Stufe der anderen Künste gehoben.« Chavez übersetzte. Danach: Wieder Schweigen. Nijinsky schaut kurz in die Augen der jungen schönen Frau, dann auf ihren kleinen Ring. Sie zieht ihn ab und sagt ihm, dass es ein Talisman sei, ein Geschenk ihrer Mutter vor der Abreise mit dem »Russischen Ballett«, damit er ihr Glück bringen möge. Da nimmt Nijinsky den Ring, betrachtet ihn lange, und dann steckt er ihn Romola zärtlich an den Finger und spricht: »Er wird Ihnen Glück bringen, ganz gewiss.« Darf man das schon eine Verlobung nennen?

Die drei gingen weiter übers Deck, das Meer leuchtete in dunklem Licht, eine unendliche Friedlichkeit lag über allem, gerade hatte das Schiff den Äquator überquert, Romola und

Nijinsky schauten hoch in die Sterne, auf die neuen Sterne, die man in der nördlichen Hemisphäre nicht sehen kann. Er konnte eigentlich kein Französisch, sie kein Polnisch und kein Russisch. Aber irgendwie verständigten sie sich. Und nachdem sie lange schweigend das Kreuz des Südens angeblickt hatten, verabschiedeten sie sich vorsichtig und gingen zu Bett.

Und zwei Tage später kommt der Vortänzer der »Ballets Russes«, Gunzburg, zu Romola und bittet sie um ein dringendes Gespräch: Sie hat Angst, nicht gut genug zu sein, um bei den Auftritten in Südamerika teilzunehmen. Aber ihr wird etwas ganz anderes eröffnet: »Romola Karlowna, da Nijinsky nicht mit Ihnen sprechen kann, hat er mich gebeten, Sie zu fragen, ob Sie ihn heiraten wollen?« Romola wird rot, die Tränen brechen aus ihr heraus, und sie rennt in ihre Kabine, wo ihre Zofe Anna sie in den Arm nimmt und ihr stundenlang behutsam die langen, langen Haare kämmt. Da klopft plötzlich Nijinsky, und mit allen französischen Worten, die er beherrscht, fragt er erregt: »Mademoiselle, voulez-vous, vous et moi?« Und Romola stammelt nur noch: »Oui, oui, oui.« Da nimmt er ihre Hand, sie gehen an Deck, es ist Abend geworden, sie setzen sich in zwei Stühlen auf die Kommandobrücke und blicken abermals in den unendlichen Sternenhimmel. Sie schweigen und sind glücklich in dieser Tropennacht. Am nächsten Morgen, dem 31. August, legte ihr Schiff im Hafen von Rio de Janeiro an. Nijinsky und Romola können beide ihr Glück nicht fassen. Sie gehen zum Juwelier, der ihre Ringe gravieren soll, abends steigen sie wieder an Bord und dürfen am Kapitänstisch essen. Das ganze Boot ist in heller Aufruhr. Nijinsky, der Liebling der Götter und Djagilews, ist doch nicht schwul? Und wie war es dieser jungen, mäßig begabten ungarischen Tänzerin nur gelungen, ihn zu becircen, obwohl sie gar nicht miteinander reden konnten?

*

Eigentlich müsste sich Marcel Proust um seine Druckfahnen kümmern. Eigentlich. Aber er wird liebeskrank. Überstürzt war er aus dem heißen Paris geflohen nach Cabourg, an die Küste der Normandie, ins Grand Hotel direkt am Strand, Zimmer 414, wie immer. Am 3. August meldet »Le Figaro« unter der Rubrik »Rencontré sur la plage« Prousts Ankunft. Nicht gemeldet wird dort die Ankunft von Alfred Agostinelli, denn der war offiziell nur Prousts Chauffeur. In Cabourg hatte Proust ihn 1907 als Taxifahrer kennengelernt und gleich in einem Artikel verewigt als »einen Pilger oder eher eine Nonne der Geschwindigkeit«. Mit diesen Vergleichen versuchte er offenbar seine eigenen unkeuschen Gedanken einzuhegen. Aber natürlich erfolglos. Als sich Agostinelli im Frühjahr 1913 bei Proust meldet, weil er arbeitslos geworden ist, stellt dieser ihn gleich ein. Dummerweise hat er bereits einen Chauffeur, Odilon Albaret, den er wiederum nicht einfach so entlassen kann, aber er will sich die einmalige Chance, Agostinelli in seiner Nähe zu wissen, nicht entgehen lassen. Also macht er den gelernten Kfz-Mechaniker zu seinem Sekretär. Maschine ist Maschine, mag er sich gedacht haben, und bittet ihn also, seine unleserlichen, unverständlichen Manuskriptberge und Fahnenkorrekturen zu »Auf der Suche nach der verlorenen Zeit« in eine neue, ordentliche Form zu bringen. Er lässt Agostinelli und dessen Frau Anna in seine große Wohnung am Boulevard Haussmann 102 einziehen. Und als Proust Anfang August nach Cabourg aufbrechen will, da gibt er einfach seinem eigentlichen Chauffeur Urlaub und fährt mit Agostinelli. Kaum an der Küste angekommen, beschließt er bei einem Ausflug nach Houlgate, direkt von dort wieder mit seinem angeschmachteten Chauffeur in die nunmehr leere Wohnung nach Paris zurückzufahren. Sturmfreie Bude. Proust steht, das zeigen die Briefe an seine Freunde, wo er »à propos Agostinelli« leicht verschlüsselt seinen ganzen Schlamassel offenbart, in diesen

Tagen kurz vor einem Nervenzusammenbruch. Seine Liebe macht ihn rasend, und tragischerweise hat er sich schon wieder in einen Mann verguckt, der eigentlich Frauen liebt. Er bittet in ständig neuen Briefen seine Freunde, gegenüber niemandem von seinem Sekretär zu sprechen und so zu tun, als gäbe es diesen Mann nicht. Proust verliert vollkommen den Kopf: »Ich habe mir den Bart schneiden lassen«, so schreibt er an seinen Vertrauten Vicomte d'Alton, »um zu versuchen, mein Gesicht etwas zu verändern und der Person, die ich wiedergefunden habe, zu gefallen.« Ob es gereicht hat, dass Agostinelli ihn in sein Bett lässt? Auf jeden Fall nehmen die Geldgeschenke an ihn und seine Frau ein bedrohliches Ausmaß an, so dass Proust die Hälfte seiner Royal Dutch-Aktien verkaufen muss.

✷

Am 18. August geschieht im berühmten Spielcasino von Monte Carlo etwas Ungeheuerliches: Es fällt die Kugel am Roulettetisch 26 Mal hintereinander auf die Farbe Schwarz. Sehr viele Menschen im Frack verloren an diesem Abend sehr viel Geld, weil sie ab dem 16., 17., 18. Mal immer mehr Geld auf Rot setzten, in dem festen Glauben, dass es nach den Gesetzen der Wahrscheinlichkeit nun einfach dran sei. Diese Nacht ging in die Geschichte der Spieltheorie ein als »Gambler's Fallacy«. Denn auch in der 26. Runde liegt, auch wenn es alle, die dabei sind, nicht glauben wollen, die Wahrscheinlichkeit, dass Rot kommt, genau bei 50 Prozent. Die Kugel hat kein Gedächtnis. Und es gibt keine ausgleichende Gerechtigkeit. Aber die Wahrscheinlichkeit, dass die Kugel 26 Mal hintereinander auf Schwarz fällt, liegt trotzdem bei eins zu 136,8 Millionen.

✷

Jack London, der Autor des »Seewolfs«, war im Jahr zuvor erstmals seit Urzeiten wieder nüchtern gewesen, ein paar Monate sogar, weil auf der langen Schiffsreise entlang der ganzen amerikanischen Westküste der Alkohol ausgegangen war, und auch Drogen waren nicht zu bekommen. Er reiste mit seiner zweiten Ehefrau Charmian, sie waren auf der Rückreise zu ihrer geliebten Farm, ihrer »Beauty Ranch« und seinem »Wolfshaus«, das er dort am Bauen war. Zu seiner unbändigen Freude hatte er auf der Überfahrt ein Kind gezeugt, sein Traum von einem Stammhalter, der seine Ranch übernehmen würde, schien zum Greifen nah. Doch als sie wieder in Kalifornien waren, verlor Charmian das Kind und Jack London seinen Halt. Er begann wieder zu trinken und Drogen, Opium, Heroin, zu nehmen und sich vollkommen gehenzulassen. Auch Charmian verzweifelte darüber, dass sie wohl nie wieder ein Kind bekommen könne.

Umso intensiver kümmerten sich die beiden nun darum, den Boden, ihr Land fruchtbar zu machen. Jack London hoffte, hier auf seiner Ranch seinem Leben doch noch einen Sinn zu geben, mit der Schriftstellerei wollte er seine Landwirtschaft finanzieren, nicht umgekehrt. Ausgerechnet nach der Fehlgeburt kaufte Jack London einen Zuchtstier und eine preisgekrönte Kuh und schuf sich die Basis für eine große Herde von Jerseykühen. Er liebte die Tiere, und er liebte es zu züchten, er wollte die Tiere und die Erde ein Stück besser machen. Auch mit den Pflanzen ging er sehr viel sorgsamer um als mit seinem eigenen Körper: »Kurz gesagt versuche ich das zu tun, was die Chinesen seit 40 Jahrhunderten tun, nämlich Felder zu bestellen ohne kommerzielle Düngemittel. Ich baue ausgelaugtes Hügelland wieder auf, das von unseren verschwenderisch wirtschaftenden Pionieren in Kalifornien zerstört wurde.« So schuf Jack London 1913 den weltweit vielleicht ersten Betrieb für ökologische Landwirtschaft (von den nackten Gemüsebauern auf dem Monte Verità mal abgesehen). Gekrönt werden sollte Jack Londons Paradies durch ein Haus, das gänzlich in die Natur eingebettet war, das sogenannte »Wolfshaus«. Mit aller Kraft arbeiteten Jack und Charmian im Frühjahr und Sommer 1913 daran, den zwei Jahre zuvor begonnenen Bau zu vollenden, 23 Räume, nur aus Holz gebaut. Zwei Tage vor dem geplanten Einzug, am 22. August, brannte das gesamte Haus nieder. Die Holzböden waren gerade mit Terpentin gereinigt worden, so dass das Haus und der Lebenstraum, als Jack London nachts herbeieilte, um zu löschen, in einer hellblauen Stichflamme zerbarsten.

Wenig später musste London der Blinddarm in einer blutigen Operation entfernt werden, der Arzt teilte ihm bei dieser Gelegenheit mit, dass seine Nieren aufgrund der Alkoholexzesse nicht mehr lange lebensfähig seien. Zwei Wochen später entfernte ihm sein Zahnarzt alle oberen Zähne, um der Parodontose Einhalt zu gebieten, die in seinem Zahnfleisch wütete. 1913 war für Jack London also ein Annus horribilis. Der Brand des Hauses hatte ihn finanziell vollkommen ruiniert, sein Einkommen war inzwischen auf 18 Monate im Voraus gepfändet. Er musste dringend neues Geld verdienen und schrieb weiter, auch wenn es ihm gesundheitlich elend ging. Die Filmrechte an sieben Erzählungen verkaufte London an die Hollywood-Firma Bosworth Inc, die Stummfilme nach berühmten Erzählungen von ihm realisierte, die aber keinen Erfolg hatten. So musste er dringend neue Erzählungen veröffentlichen. »The Little Lady of the Big House« schreibt er in den verzweifelten Nächten dieses heißen Sommers, als sein Leben vollkommen in Flammen aufzugehen scheint. Das Buch sollte ein Lobgesang sein auf das Wolfshaus, die wissenschaftlich betriebene Landwirtschaft und den Sex. »Der Roman ist ganz Sex, vom Anfang bis zum Ende«, schrieb er in seiner vertrauten maskulinen Verschwitztheit dem Herausgeber der Zeitschrift »Cosmopolitan«, mit der er einen Exklusivvertrag hatte. »In ihm wird zwar kein sexuelles Abenteuer wirklich dargestellt, nicht im Entferntesten, in ihm steckt aber dennoch die ganze Gefräßigkeit des Sex, gepaart mit Kraft.« In Wahrheit aber steckt in dem Roman eine große Kraftlosigkeit, eine Mutlosigkeit, die Paula, die Heldin des Romans, und den Helden Dick Forrest (was für ein Name!) befällt, weil sie unfruchtbar sind. Kaum hat er das Buch vollendet, muss er wieder zu seinem Arzt Dr. Porter gehen, der ihm gegen die unerträglichen Schmerzen in Niere und Blase neue Narkotika verschreibt, dazu Mixturen aus Morphium und Belladonna und aus Heroin und Strychnin. Die Wirkung von Morphium und Heroin war kurzzeitig günstig – er fing nämlich an, viel weniger zu trinken. Und begann sofort ein Buch über das Saufen zu schreiben: »John Barleycorn«, das in Deutschland etwas zutreffender als »König Alkohol« erschien, in dem er seine eigene Trunksucht zum Thema machte. Die »New York Times« urteilte, dies sei »das vielleicht lebendigste Buch, das London je geschrieben hat«. Na ja, auf jeden Fall das ehrlichste. Er behauptete darin, Zeit seines Lebens zwar in großen Mengen Alkohol getrunken zu haben, jedoch ohne jeden Genuss. Die Hauptthese ist: Der Alkohol ist ein Dämon, der qua Konvention Männern erlaubt, gesellig zu sein, sie letztlich aber in der Sucht vernichtet. Von den Frauen hingegen erhoffte sich Jack London mit Hilfe des Frauenwahlrechtes ein Verbot des Alkohols. Hmmm.

In den Nächten der Drogenräusche begann sich Jack London immer mehr in andere Sphären fortzudenken, weit weg von seinem zerrütteten Körper, seiner traurigen Ehe, seinem niedergebrannten Haus, seinen horrenden Schulden. Der »Seewolf« wollte zum Adler werden. Er wollte endlich die Vogelperspektive einnehmen auf sein Leben und die ganze Welt. Zumindest dabei half ihm das Morphium. Er nahm ein neues schwarzes liniertes Notizbuch. Auf den Titel schrieb er »The

Last Novel of All«. Und auf die erste Seite diesen ungeheuren Abschiedssatz: »Weit jenseits des fernsten Sterns rotierte einst die Erde.«

✷

An jenem 22. August, als Jack Londons »Wolfshaus« zerstört wird, zerstört Franz Kafka mit ein paar Worten den Lebenstraum seiner Verlobten Felice Bauer. Die hatte ihm gerade aus Sylt geschrieben, wo sie die Paare am Strand beobachtet und davon träumt, bald die Ehefrau Kafkas zu werden. Kafka, in Panik, stellt klar: Wer ihn heiraten wolle, der müsse sich einstellen auf »ein klösterliches Leben an der Seite eines verdrossenen, traurigen, schweigsamen, unzufriedenen, kränklichen Menschen«. Sehr vernünftig eigentlich von Felices Vater Carl, dass er schon einen Tag später an Kafka schreibt, er behalte sich eine Entscheidung über dessen Eheantrag vor, bis er mit seiner Tochter gesprochen habe. Doch die Tochter will sich tatsächlich auf diesen verdrossenen, traurigen, schweigsamen, unzufriedenen, kränklichen Menschen einlassen, und so bleibt dem Vater nichts anderes übrig, als am 27. August Kafkas Heiratsantrag zuzustimmen. Doch der antwortet Felice drei Tage später voller Flehen: »Stoße mich fort, alles andere ist unser beider Untergang.« Was soll man da noch sagen?

✷

Am 23. August glaubt Oscar Schmitz endlich zu wissen, wie man mit dieser unheimlichen Spezies Frau umgehen muss. Schmitz, einer der größten Schwerenöter dieses Jahres, in der sexuell dokumentierten Frequenz und Varianz eigentlich nur von Erich Mühsam übertroffen, von dem nun wiederum dummerweise ausgerechnet das Tagebuch aus 1913 nicht erhalten ist, dieser Schmitz also, der sich die gesamte erste Jahreshälfte 1913 herumquält mit einer Psychoanalyse bei einem Freud-Schüler in Berlin und der Lösung vom mütterlichen Typus und dem Verstehen der väterlichen Verdauungsprobleme, besteigt am 20. August in Stettin ausnahmsweise nur einen Dampfer und bricht auf ins Baltikum. Im Leben von Schmitz scheinen sich die individuelle und die kollektive Neurose seiner Zeit aufs schönste zu vermengen, kein Wunder, dass er etwas Urlaub braucht.

In Helsinki auf der Strandpromenade macht er, die Sonne will natürlich gar nicht untergehen, die Bekanntschaft mit einer schönen Estin, Olga Tilga, mit der er bis fünf Uhr in der Frühe spazieren geht, damit sie ja nicht den Eindruck gewinnt, er wolle sie ins Bett kriegen. »Rührend ihr Kampf zwischen Hingabe & Mißtrauen«, so notiert Schmitz und reportiert an seinen Therapeuten in Berlin: in der »Morgenmüdigkeit glaubte ich dann, alles sei verfahren, verschwatzt«. Doch Olga will plötzlich noch den nächsten Tag mit ihm verbringen, doch da sagt Oscar kühl: »Nein danke.« Als ordentlicher Freudianer träumt er sodann, dass er ihr einen Brief schreiben wird, und das tut er dann auch brav, kaum erwacht. Die Antwort fällt positiv aus. Zwei Stunden später nehmen sie als Monsieur und Madame Schmitz ein blaugetünchtes Zimmer mit Bad im Hotel Afallo, sie macht sich nur schnell frisch. Dann Souper im Hotel, Krebse, Veuve Cliquot, Musik von Bach, das volle Programm. Und dann? »Und dann ein paar rauschhafte Stunden von seltener Vollkommenheit.«

Und dann erklärt der Erotomane Oscar A. H. Schmitz der Welt in seinem Tagebuch, wie es läuft: »1.) eine Frau durch plötzliches Abwenden zum ›ja‹ zu entscheiden. 2.) NICHT aus Mitleid ihrem Flehen nachgeben. 3.) als durch mein ›Nein‹ wieder alles ungewiß geworden war, nach 2 Stunden ihr ›ja‹ zu erbitten, so daß sie sich nicht erniedrigt, sondern wieder als

Schenkerin fühlte, in mir aber wieder das Verlangen erwacht war.« Das sind die Minima amoralia von Oscar A. H. Schmitz. Dr. Freud, bitte übernehmen Sie!

✷

Doch Dr. Sigmund Freud, Berggasse 19, Wien, hat gerade andere Sorgen. Er bereitet sich auf den Psychoanalytischen Kongress in München vor, wo er auf seinen Widersacher C. G. Jung treffen wird. Freud hat Angst. Und er weiß nicht, wie er sie verdrängen soll, was für eine verdammte Déformation professionelle.

✷

Und wie ist, ganz grob gefragt, der Beziehungsstatus zwischen den Männern und den Frauen 1913? Grob geantwortet: kompliziert. Beide wissen nicht, was sie wollen. So etwa schreibt Heinrich Kühn, der Fotograf des Titelbildes dieses Buches, an seinen Freund, den großen amerikanischen Fotografen Alfred Stieglitz, der gerade seinen ersten Kandinsky gekauft hat: »Frauen, die wirklich ein innerliches Verständnis für künstlerische Dinge haben, kümmern sich um das Hauswesen und die normalen Küchendinge so wenig, dass der Mann sich dann wieder nach einer Landpomeranze, die um Himmelswillen nichts von Kunst und Literatur versteht, sehnt.«

Als seine Frau noch lebte, so klagt Kühn gegenüber seinem Vertrauten Stieglitz, habe er immer nur seine Kinder fotografieren dürfen, weil ihm seine Frau keine anderen Modelle erlaubt hatte. Selber schuld. So wurde dann das Kindermädchen Mary, das die Kinder immer auf den Fotoausflügen begleitete, Kühns Geliebte. Und später, nach dem Tod seiner Frau, seine zweite Ehefrau. Aber auch sie wollte offenbar unbedingt verhindern, dass ihr Mann andere Frauen nackt fotografierte, und wurde so zu seinem einzigen Aktmodell. Und sie interpretierte die Rolle der Landpomeranze auf sehr vielfältige Weise: Sie ist auf Kühns Fotografien das verführerische Aktmodell und die fesche Wanderin im Dirndl, die liebevolle Mutter, die sich zu ihren Kindern beugt, und die selbstbewusste Frau im Ausgehkostüm. Sie ist einfach alles selbst. So musste sich der Mann nicht mehr nach etwas anderem sehnen. Auch ein Rezept für eine glückliche Beziehung.

✷

Genau in diesen Tagen schafft Egon Schiele in Wien einige seiner irritierendsten Frauendarstellungen: Er verzichtet ganz auf den Kopf und zeigt nur die Körper, oben am Hals endet immer das Papier. Es sind bodenlos im Raum stehende Torsi, geköpft, mit leichtem Tuch umweht, ansonsten splitternackt, aquarellierter Fleischton, zarte Umrisslinie. Ein Weib ohne störenden Kopf. Kein Rezept für eine glückliche Beziehung.

✷

Am 23. August wird die von Edvard Eriksen ausgeführte »Kleine Meerjungfrau« im Hafen von Kopenhagen enthüllt. Originellerweise hatte Eriksen den Kopf seiner Geliebten Ellen Price, der Primaballerina am dänischen Staatsballett, nachgebildet, den Körper aber seiner Ehefrau Eline. Auch eine Lösung.

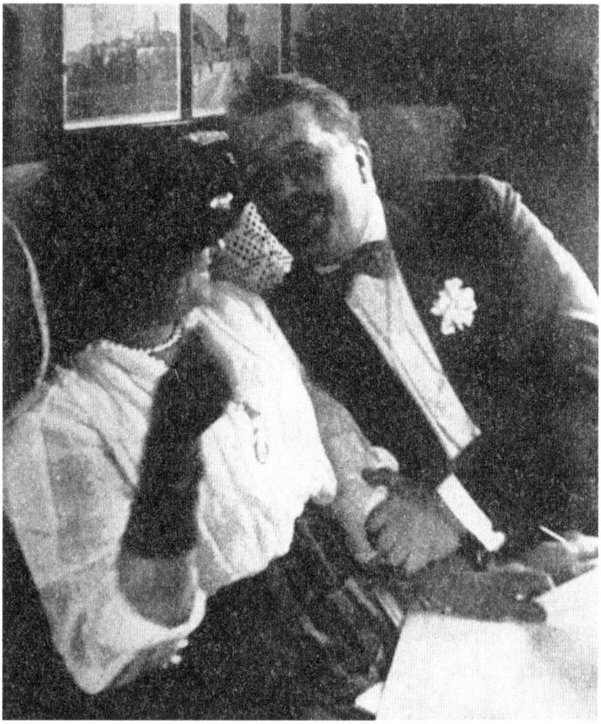

Da war das Leben noch schön:
Djagilew, der Impresario der »Ballets Russes«,
fährt mit Misia Sert nach Venedig.
Dann kommt ein Telegramm.

Wie groß ist die Kulturszene des Jahres 1913? Gottfried Benn hat es genau ausgerechnet. Am Dienstag, dem 2. September schreibt er an seinen Freund und Verleger Paul Zech: »Kunst ist eine Sache von 50 Leuten, davon noch 30 nicht normal sind.«

*

Einer dieser 50 Leute, und vermutlich einer der normalen, der Bankdirektor Carl Steinbart aus Berlin, fährt am 2. September zu dem norwegischen Maler Edvard Munch nach Moss. Er hat Nummer 51 mit, seine Tochter Irmgard, die Munch porträtieren soll. Zunächst kauft Steinbart für die ungeheure Summe von 34 500 Mark spontan bei Munch diverse Gemälde ein. Doch schon auf der Rückfahrt beschleichen ihn Zweifel. Und dann lässt Steinbart, als er am Stettiner Bahnhof in sein Auto steigt, das Gemälde »Ein Morgen am Ostseestrand«, für das er drei Tage zuvor über 6000 Mark bezahlt hat, auf dem Verdeck liegen und fährt los. Als er in Lichterfelde ankommt, ist das Bild weg. Am 8. September meldet das »Berliner Tagblatt«: »Ein sehr wertvolles Ölgemälde, für dessen Wiederbeschaffung eine Belohnung von 200 Mark zugesichert wird, wurde gestern abend in der neunten Stunde von einem Herrn auf einer Automobilfahrt vom Stettiner Bahnhof über Steglitz nach Lichterfelde verloren. Das Bild stellt eine Wasserlandschaft dar. Unterzeichnet ist es mit ›Munch 1902‹.« Doch das half alles nichts, das Bild ist weg, und es ist es bis zum heutigen Tag, statt 6000 Mark würde es wohl inzwischen sechs Millionen Euro kosten. Aber damit endet die unglückliche Beziehung zwischen Munch und seinem deutschen Sammler noch lange nicht. Als wenige Wochen später Munchs Porträt von Irmgard in Berlin eintrifft, herrscht im Hause Steinbart großes Entsetzen. Sofort schreibt der Sammler an den Maler, er wolle das Bild zurückgeben, es gefalle weder ihm noch seiner Frau noch seiner Tochter. Und bringt es flugs wieder zur Post. Und dann berechnet Steinbart dem armen Munch sogar noch 15 Mark für Fracht und Versicherung. Munch, ein höflicher, erschöpfter Mann, der sich selbst in diesem Sommer nur noch als »verblichenen Klassiker« erlebt, wird es nur so kommentieren. »Steinbart macht sehr viele Umstände.«

Die Konsequenz: Munch wird ab Oktober 1913 keine Porträtaufträge von deutschen Querulanten mehr annehmen.

✷

Am 8. September erscheint in der »Irish Times« das Gedicht »September 1913« von W. B. Yeats. Es ist ein Gedicht über das Ende der Romantik und den Beginn des Materialismus. Anlass war die Ablehnung der Stadt Dublin, eine Sammlung moderner und impressionistischer Kunst als Geschenk anzunehmen. Aber er nahm das zum Anlass für einen grundsätzlichen Abschied: »Romantic Ireland's dead and gone«. So läutet er in seinem Refrain der Vergangenheit die Totenglocke.

✷

Am 8. September sind Karl Kraus und Sidonie Nádherný im Café Imperial in Wien aufeinandergestoßen wie zwei Kometen. Sie werden sich ein Leben lang umkreisen. Aber schon am

19. September notiert Sidonie in ihr Tagebuch: »Es ist erniedrigend, durch Unerreichbarkeit die Begierde des Mannes groß zu ziehen. Er soll mich besitzen, um zu erkennen, wie unerreichbar ich ihm bin. Dann erst soll seine Sehnsucht wachsen, dann erst gilt sie mir, dann erst darf ich mich ihm entziehen.« Und weiter: »Wie niedrig ist die Frau, die mit dem Kuss was anderes meint als mit dem Körper und mit ihren Lippen Sehnsucht entfacht, die sie dann nicht stillt.« Was für eine interessante Theorie. Sidonie scheint sich wirklich langsam aus dem lebenslähmenden Bannkreis Rilkes herauszuarbeiten.

*

Der vierzehnjährige Ernest Hemingway schreibt Anfang September aus der Oak Park and River Forest High School einen Brief an seine Mutter. Er bittet sie um lange Hosen. Und, ganz wichtig, um neue Hemden, denn durch das ständige Boxen ist sein Brustkorb gewachsen: »Ich sprenge jedes Mal meine Hemdknöpfe, wenn ich voll ausatme.« Hemingways stolze Mutter Grace Hall schickt ihm ein Paket mit neuen Sachen. Sie hat schon immer gewusst, dass ihr Sohn alle Normen sprengen würde, und klebt jeden seiner Briefe und Zettel in ein großes ledergebundenes Buch. Vielen Dank.

*

Am 8. September kommt es im »Bayerischen Hof« in München zum Showdown zwischen Sigmund Freud und C. G. Jung, in dem Freud einst seinen »Sohn und Erben« gesehen hatte. Offiziell ist es der »4. Kongreß der Internationalen Psychoanalytischen Vereinigung«, und es stehen 87 Mitglieder und Gäste auf der Teilnehmerliste, darunter ein ergriffener Rainer Maria Rilke, der sich gerade wieder in den Bannkreis von Lou Andreas-Salomé hineinarbeitet. Aber eigentlich geht es nur um zwei der 87 Anwesenden: Es geht um den Machtkampf zwischen Freud und Jung. Und schon nach wenigen Minuten macht ein Bonmot die Runde: »Die Jungs glauben nicht länger an Freud.« Freud war, sehr kurzgefasst, nach Jungs Einschätzung bei der Neurosenbildung und bei der Traumdeutung viel zu obsessiv auf die Sexualität fixiert. Am Ende treten die Zürcher Analytiker um Jung aus der Vereinigung aus, die zunächst in einer Kampfabstimmung Jungs Wiederwahl zum Präsidenten durchgesetzt hatten. Doch das Porzellan war nicht mehr zu kitten. Freud damals über Jung: »Seine schlechten Theorien entschädigen mich eben nicht für seinen unangenehmen Charakter.« Jung über Freud: »Sosehr ich die Kühnheit seines Versuchs bewundere, sowenig stimme ich mit seiner Methode und ihren Resultaten überein.« Der Meister und sein ungelehriger Schüler werden sich nach dem 8. September 1913 nie mehr wiedersehen.

*

Alle Freiheitssucher und Freiluftfanatiker zieht es magisch nach Ascona, an den Monte Verità, in die erste deutsche Aussteigerkolonie. Erich Mühsam beschrieb, wie nach und nach aus dem Refugium einiger Individual-Ethiker ein ethisches Kollektiv-Etablissement hervorwuchs, »die Heil- und Erholungsanstalt ›Monte Verità‹, für die ich, da man dort mit nichts als rohem Obst und ungekochtem Gemüse gefüttert wurde, den Namen ›Salatorium‹ in Umlauf brachte. Über die Gäste habe ich mich recht missmutig geäußert; ich nannte sie die ›ethischen Wegelagerer mit ihren spiritistischen, theosophischen, okkultistischen oder potenziert vegetarischen Sparren‹.« Die Veganer, die Sex-Gurus, die Tänzer, die FKKler, die Buddhisten, die Hermann Hesses und die Dandys der Schwabinger Bohème, sie alle hatten hier auf diesem 321 Meter hohen Hügel voller Feigenbäume und verfallener Hütten, den der belgische Industriellensohn Henri Oedenkoven zusammen mit seiner Lebensgefährtin Ida Hofmann und einigen Gleichgesinnten gekauft hatte, gemerkt, dass der Glaube Berge versetzen kann. Denn der Berg hatte eigentlich gar keinen Namen. Sie tauften ihn einfach »Berg der Wahrheit«, keiner widersprach, und die Tessiner Behörden, überwältigt von dem teutonischen Gestaltungswillen, trugen brav »Monte Verità« ins Grundbuch ein.

Karoline Sophie Marie Wiegmann, Nähmaschinenhändlertochter aus Hannover, machte die gleiche Erfahrung: Sie taufte sich um in »Mary Wigman«, und von dem Moment an war sie ein neuer Mensch. In Dresden-Hellerau bei Émile Jaques-Dalcroze hatte sie »Rhythmische Gymnastik« studiert, im Sommer 1913 reist sie nach Ascona, um bei dem großen Tanztheoretiker Rudolf von Laban, der erstmals seine Tanzschule von München hierher verlegt hatte, den Ausdruckstanz ohne Musik zu erlernen. Emil Nolde, der es liebte, Tänzerinnen zu malen, hatte Mary Wigman von Laban erzählt. Und auch wenn der Monte Verità zuvor so vieles andere war: also Außenstelle der Schwabinger Bohème, Experimentierstätte von Drogen und Psychoanalyse, Ort der freien Liebe und Ziel alleinerziehender junger Frauen wie Fanny zu Reventlow, Modell einer besseren Welt mit Menschen, die nur von Luft und Liebe und Gemüse leben – wirklich berühmt wird der Berg erst, als die Menschen dort anfangen, nackt zu tanzen. Und durch all die Fotos, die die nackten Frauen zeigen, hinter denen man die Berge und den Lago Maggiore schimmern sieht. Es war, als sei der Körper befreit – und zwar wieder zu jener Körperlichkeit, die er hatte vor dem Sündenfall. Denn, so Mary Wigman, der Körper sei das Instrument, das die Menschen wieder lernen müssten, neu zu stimmen. Sie reist an, mit dem Zug aus München, landet in Locarno. Geht erst zu Fuß nach Ascona und von dort den Berg hinauf. Hinter dem kleinen Waldstück, beim Damenluftbad, trifft sie die Tänzer. Labans klare Ansage: »Da zieh'n Sie sich da hinterm Busch aus und kommen Sie her.« Und schon ging es los. Sie schrieb in Ascona in ihr Tagebuch: »Frei werden von der Musik! Das müssen sie alle! Erst dann kann sich die Bewegung zu dem entwickeln, was alle von ihr erhoffen: zum freien Tanz, zur reinen Kunst.« Und es gelang ihr. Was Kandinsky auf dem Gebiet der Abstraktion in die Malerei einbringt, was Schönberg in der Musik erreicht, das gelingt Mary Wigman im Reich des Tanzes. Als Oskar Kokoschka sie das erste Mal tanzen sieht, sagt er ergriffen: »Sie setzt Expressionismus in Bewegung um.« Wie also entsteht Avantgarde? Durch Bewegung.

✷

Wie entsteht Avantgarde? Durch Abschottung. František Kupka jedenfalls, neben Malewitsch, Kandinsky und Mondrian die Hauptfigur der Abstraktion um 1913, lebte zwar in Paris, direkt neben Matisse und Picasso, aber er erklärte seinem Freund Arthur Roessler in einem Brief: »Natürlich kenne ich alle Künstler hier in Paris, aber ich habe nicht das Gefühl, dass ich mich mit ihnen verbinden müsste, ich habe nicht das Gefühl, ihre Ateliers besuchen zu müssen, und sie wollen nicht zu mir. In Wahrheit also führe ich das Leben eines Eremiten.« Oder, um es mit den Worten von Gottfried Benn aus seinem Gedicht »D-Zug« zu sagen: »O! Und dann wieder dieses Bei-Sich-Selbst-Sein«. Beziehungsweise, noch poetischer und mit noch ein paar Jahren Lebenserfahrung mehr: »Nur wer allein ist, ist auch im Geheimnis.«

✷

Man kann das natürlich auch anders sehen. Ein Berliner Vermieter hatte gegen eine junge Schauspielerin geklagt, die ungern allein war und in ihrer Wohnung deshalb häufiger Herrenbesuch empfing. Das fand er nicht sehr geheimnisvoll, sondern unzulässig. Das Berliner Reichsgericht allerdings sieht das anders und fällt am 9. September 1913 ein revolutionäres Urteil: »Das strikte Verbot von Herrenbesuchen ist eine Beschränkung der Persönlichkeit, zu der ein bloßes Mietsverhältnis keinen Anlass bietet. Es muss der einzelnen Person überlassen bleiben, inwiefern sie sich den Gesetzen der Sitte unterwerfen will. Will eine junge Dame Herrenbesuch empfangen und bringt sie nicht gerade durch die Art der Besuche den Charakter des Hauses in Verruf, so kann ihr das Recht darauf in der Wohnung nicht abgesprochen werden.« Und die Begründung des Reichsgerichts wird noch eindeutiger: »Selbst wenn der Herrenbesuch zu unsittlichen Zwecken stattfand, ändert das nichts an der Auffassung des Gerichts. Es geht niemanden etwas an, was hinter verschlossenen Türen vorgeht.« Will sagen: Das Gesetz gilt für alle, die Moral aber für jeden allein. So weit ist die Gesellschaft also schon anno 1913.

✷

Am 9. September versucht sich Virginia Woolf in Sussex mit einer Überdosis Schlaftabletten umzubringen.

✷

In diesen Tagen unternimmt der junge Max Ernst, eigentlich schon Maler, aber uneigentlich Student der Kunstgeschichte an der Universität Bonn, mit seinem Professor Paul Clemen eine Exkursion nach Paris. Die jungen Studenten besuchen den großen Rodin in seinem Atelier. Der arbeitet zur Freude von Alma Mahler (nicht mehr Kokoschka noch nicht Gropius und noch nicht Werfel) gerade an einer Büste von Gustav Mahler und erzählt ausführlich von den Unterschieden von Gips, Bronze und Marmor. Max Ernst wird das nie vergessen.

*

Am 9. September gehen in Buenos Aires Romola de Pulszky und Nijinsky zur Beichte, denn am nächsten Tag wollen die beiden Tänzer der »Ballets Russes« heiraten. Nijinsky redete lange auf einen argentinischen Priester ein, der zwar kein Wort Polnisch oder Russisch versteht, aber ihm trotzdem die Absolution erteilt. Romola jedoch muss dem Priester versprechen, dass sie alles dafür tun wird, ihren künftigen Mann davon abzuhalten, diese unmoralischen Tänze in der »Scheherazade« aufzuführen, von denen der Priester gehört hat. Versprochen! Zur Trauung um ein Uhr Ortszeit im Standesamt von Buenos Aires trägt Romola ein dunkelblaues plissiertes Taftkleid mit einem Strauß rosa Moosrosen an der Taille und einen schwarzen Hut mit geschwungener Krempe und blauem Band. Sie sieht hinreißend aus. Abends die kirchliche Hochzeit, dann die Generalprobe für die »Scheherazade«, natürlich tanzt Nijinsky wieder die unmoralischen Tänze. Danach essen sie vollkommen erschöpft in ihrer Suite im Hotel Majestic zu Abend. Beide sind sehr verlegen und aufgeregt. Bislang haben sie sich nur geküsst. Aber bereits in der Hochzeitsnacht wird Romola schwanger.

Es ist die Entfernung, die manchmal Raum gibt für neue Gedanken und neue Wege, die einen frei fühlen lässt, frei von den Zwängen und den Ritualen des Bekannten. Vier Wochen zuvor war Nijinsky noch mit Djagilew, seinem Entdecker, Förderer und wohl doch auch Lebenspartner, in Würzburg gewesen, um Tiepolos Hochzeitsmalereien anzuschauen. Und nun, nur eine Schiffreise später, war Nijinsky, der zuvor noch nie eine Frau geküsst hatte, plötzlich verheiratet mit einer jungen ungarischen Tänzerin? Nijinsky war vielleicht der größte Tänzer der Geschichte. Der größte Psychologe war er nicht. Er sandte Djagilew ein Telegramm nach Venedig, wo dieser Urlaub machte. An genau diesem 11. September hatte Djagilew gerade Misia Sert, die Pariser Mäzenatin und Salondame, in sein Zimmer bestellt, um ihr eine Partitur vorzuspielen. Es war sehr heiß in Venedig, drückend schwül, und sie kam mit einem Sonnenschirm ins Zimmer. Djagilew vollführte ausgelassen ein paar Tanzschritte im Zimmer und öffnete dazu rhythmisch den Sonnenschirm. Misia Sert, panisch abergläubisch, bat ihn, den Schirm zu schließen, ein geöffneter Schirm in einem Zimmer bringe großes Unglück. Doch es war schon zu spät. Ein Page klopfte an die Tür und brachte Djagilew ein Telegramm, Nijinskys Telegramm. Und Djagilew brach zusammen. Kurz wollte er telegraphisch die Hochzeit in Buenos Aires verbieten, wollte ein letztes Mal seinen Besitzanspruch an diesem russischen Wunderknaben anmelden, der ihm so jäh aus den Armen gerissen wurde, ohne dass es irgendwelche Vorzeichen dafür gab. Doch dann fehlte ihm selbst dazu die Kraft. Djagilew tobte und wütete und weinte und schrie. Alles brach in diesen Minuten in Venedig für ihn zusammen: Nicht nur sein Ego als Liebhaber und Mann, sondern eben auch seine Vision der »Ballets Russes«, alles vorbei, weil ihn eine 23-jährige Tänzerin ausgetrickst und er verfluchterweise diese Schiffreise ausgelassen hatte. Djagilew steht vor den Trümmern seines Lebens: Er, der Pygmalion, der Nijinsky mit seinen dicken Fingern zu der von Rodin gepriesenen Vollkommenheit geformt hatte, fühlte, wie ihm sein Geschöpf entglitt. Misia Sert versuchte ihren untröstlichen Freund zu trösten, Léon Bakst wurde gerufen, Hugo von Hofmannsthal, eigentlich wollten sie die Inszenierung der »Josephslegende« besprechen, doch nun gab es Wichtigeres zu tun. Bakst, der Nijinsky für alle Zeiten zu einer Ikone gemacht hat in seinem Plakat für »Nachmittag eines Fauns«, dieser Bakst wollte von dem verzweifelten Djagilew vor allem eine Frage beantwortet wissen: Ob Nijinsky in Baden-Baden, vor der Abreise zur Südamerikatour, sich neue Unterhosen gekauft habe? Denn dann habe er von Anfang an vorgehabt durchzubrennen, so Baksts Argumentation. Irgendwann platzte Djagilew der Kragen: Man solle ihn bitteschön mit dieser Unterhosengeschichte in Ruhe lassen, er sei in großer Verzweiflung und könne sich nicht mit solchem Unsinn beschäftigen. Auch habe ja ganz offensichtlich die Wahrsagerin recht behalten, die ihm einst prophezeite, eine Schiffreise werde ihn ins Unglück stürzen.

Misia Sert, diese fürsorgliche Dame mit Sinn für Aberglauben und menschliche Untiefen, nahm den Verlassenen, schleppte ihn in den nächsten Zug und fuhr mit ihm nach Neapel. Wer so traurig ist, so realisierte sie rasch, darf nicht in Venedig, der Hauptstadt der Melancholie, seine schwülen Spätsommertage verbringen, der muss ins Leben, ins Chaos, der muss nach Neapel. Und dort sorgte sie dafür, dass Djagilew Tag und Nacht von sehr vielen jungen glutäugigen Burschen abgelenkt wurde, sie hoffte ihn so ein wenig zu kurieren von seiner Demütigung. Es half natürlich nichts, denn die Kränkung ist eine der größten Mächte auf Erden. Sie ist verantwortlich für die größten Schweinereien, die größten Intrigen, die größten Heldentaten, aber auch für die größten Zerwürfnisse.

*

Am 15. September 1913 schreibt Walter Benjamin, gerade so der »Berliner Kindheit um Neunzehnhundert« entwachsen, an seine Freundin Carla Seligson aus der Delbrückstraße 23 in

Berlin: »Dies ständige vibrierende Gefühl für die Abstraktheit des reinen Geistes möchte ich Jugend nennen. Dann nämlich (wenn wir uns nicht zum bloßen Arbeiter einer Bewegung machen), wenn wir uns den Blick frei halten, den Geist wo immer zu schauen, werden wir die sein, die ihn verwirklichen. Fast alle vergessen, dass sie selbst der Ort sind, wo Geist sich verwirklicht.« Das ist also die »Berliner Jugend um 1913«.

*

Am 18. September wird Jack Londons größter Wunsch erhört: Die Frauen beginnen den Kampf gegen den Alkoholismus. Aber bevor sie sich den Männern zuwenden, fangen sie erst einmal bei sich selber an. Noch im Winter war der Versuch der Freifrau Gustl von Blücher auf Spott gestoßen, direkt neben das neue Völkerschlachtdenkmal in Leipzig ein Haus für nüchterne Damen zu stellen.

Doch die Vorsitzende des Deutschen Bundes abstinenter Frauen ließ einfach nicht locker. Ihre Logik ging so: Wenn das Denkmal an die Befreiung der Deutschen von dem äußeren Tyrannen, also Napoleon, erinnern sollte, dann brauche es auch dringend ein Symbol für die Befreiung vom inneren Tyrannen, dem Alkohol. Am 11. März war Baubeginn für das »Königin Luise Haus«, das »Haus abstinenter Frauen« – und schon am 18. September stand das schmucke Gebäude im Leipziger Stadtteil Stötteritz. Es war direkt gegenüber dem Haupteingang zum Südfriedhof gebaut worden, offenbar um den alkoholkranken Damen auch damit noch einmal zu sagen, dass es höchste Eisenbahn sei. Drinnen gab es Wasser und Tee. Draußen nur Kännchen.

*

Als die Berliner von ihrer Sommerfrische an der See in die Reichshauptstadt zurückkehren, erwartet sie eine Sensation: Am 19. September eröffnet der »1. Deutsche Herbstsalon« auf 1200 Quadratmetern im dritten Stock des neuen Gebäudes Potsdamer Straße 75, Ecke Pallasstraße, in dem das Auktionshaus Rudolf Lepke residiert. Initiiert von Franz Marc und August Macke und organisiert vom »Sturm«-Erzeuger Herwarth Walden als Impresario werden 366 Bilder in 19 Abteilungen gezeigt, Werke russischer, französischer, italienischer, belgischer und deutscher Künstler. Natürlich Macke und Marc und Paul Klee und Kandinsky, aber eben auch die beiden Delaunays aus Paris, Chagall, Piet Mondrian und Max Ernst. Begeistert schreibt Franz Marc an Kandinsky, beim Gehen durch die Ausstellung spüre man, dass die abstrakte Kunst nun wirklich die Vorherrschaft übernommen habe. Es ist eigentlich der Urknall der modernen Malerei in Deutschland. Jedoch kaum einer merkt es. Aber Willi Baumeister spürt es. Der junge Künstler, der selbst stolz war, mit zwei Bildern im Herbstsalon vertreten zu sein, entdeckte am 25. September bei seinem Rundgang durch die Ausstellung plötzlich Franz Marc, der ergriffen vor einem riesigen Bild von Léger stand. »Ein großer, schwarzhaariger, eleganter Mensch«, so erinnert sich Baumeister, »er war vor Erregung geladen.« Es brauchte noch eine Weile, aber dann erfasste diese Welle der Erregung auch den Rest der Welt.

*

Unsere schöne geheimnisvolle russische Fürstin Eugénie Schakowskoy, die Cousine von Zar Nikolaus II., die am 24. April in Berlin-Johannisthal so spektakulär mit ihrem Geliebten abgestürzt war, scheint sich relativ schnell wieder erholt zu haben von diesem Schock und ist in ihr gewohntes Schema zurückgekehrt: Sie macht die Männer verrückt. Am 21. September jedenfalls, spätabends in Berlin, gibt es ein Diner bei der Familie Stern, da trifft sie auf Gerhart Hauptmann, der das Jahr 1913 der Fürstin Schakowskoy so bilanziert: »Die romantische junge Fürstin Schakowskoy. Fliegerin. Sie steuerte ihren Geliebten Abramowitsch in den Tod. Selber vom schweren Fall schwer erholt hat sie den jungen deutschen Marineoffizier um sich und Eros liegt in der Luft. Hans Schiller heißt der Seemann. Vom Fliegen sagt die Fürstin, es sei ganz unromantisch für den, der fliege.« Gut, dass es dann also wenigstens auf der Erde noch ein bisschen Raum für Romantik gibt. Ihr Neuer, Hans Schiller, hatte allerdings auch schon angefangen, die See gegen die Luft zu tauschen und seine eigene Flugprüfung am 5. Mai bestanden, kaum zehn Tage nach Abramowitschs Tod.

✷

Am 23. September, einem Dienstag, überfliegt Roland Garros als erster Mensch das Mittelmeer. Von Fréjus in Südfrankreich nach Bizerte in Tunesien braucht seine Morane-Saulnier G knapp acht Stunden.

✷

Kafka ist sich bewusst, in welch besonderem Jahr er lebt. Er schickt am 24. September aus Riva am Gardasee, wo er eine Art Urlaub zu machen versucht, eine Postkarte an seine Schwester Ottla und bittet sie, ihm den Prospekt für das Buch »Das Jahr 1913« zu besorgen.

✷

Das Buch »Das Jahr 1913« von Daniel Sarason erscheint. Es beginnt mit der lapidaren Feststellung: »Die Zeit, in der wir leben, ist wohl die anregendste und erregendste, die je dagewesen ist.« Dann schreibt Ernst Troeltsch: »Die Intensität des modernen Lebenskampfes lässt es zu der Ruhe und Stille nicht kommen, die die Voraussetzung für religiöses Leben ist und die erschöpften Sinne suchen andere Erholungsmittel. Es ist die alte Geschichte, die wir alle kennen, die man eine Zeitlang den Fortschritt genannt hat und dann die Dekadenz, und in der man heute gern die Vorbereitung eines neuen Idealismus sieht.« Ganz meine Rede, wird sich Kafka gedacht haben.

✷

Am 26. September kann Rosa Luxemburg keine Pflanzen sammeln. Sie hält eine Rede in der »Liederhalle« in Frankfurt-Bockenheim. Der Saal ist gefüllt. Es ist heiß. Sie appelliert an die Arbeiter, nicht zu den Waffen zu greifen, wenn es zum Krieg kommt. »Wenn uns zugemutet wird, die Mordwaffen gegen unsere französischen Brüder zu erheben, dann rufen wir: Das tun wir nicht.« Es wird eine Rede mit Folgen. Schon am 30. September leitet der Frankfurter Oberstaatsanwalt gegen Rosa Luxemburg ein Verfahren wegen »Aufwiegelung zum Ungehorsam gegen die Obrigkeit« ein, weshalb sie wenig später zu einem Jahr Gefängnis verurteilt wird.

✷

Ende September schreibt Auguste Rodin aus Paris an Vita Sackville nach London. Sie hatte den sonderbaren Wunsch, ihn gegen Honorar um eine Porträtbüste des deutschen Kaisers Wilhelm II. zu bitten. Rodin antwortete empört, er würde es natürlich auf alle Zeiten ablehnen, eine Skulptur jenes Mannes zu machen, der der »natürliche Feind Frankreichs« ist.

*

Sein erstes Patent bekam er für das Abfüllen von Klareis in Flaschen, aber das führte noch zu nichts. Rudolf Diesel wollte etwas Richtiges erfinden, etwas, das die Menschheit weiterbringt. So erfand der den Dieselmotor oder auf Amtsdeutsch das »Patent Nr. 67 207 Arbeitsverfahren und Ausführung für Verbrennungskraftmaschinen«. Dieser Motor hieß dann zwar schnell nach ihm, also Diesel, aber weil er als Finanzmann und als Verhandler nicht ganz so genial war wie als Erfinder, luchsten ihm immer wieder große Firmen seine Patente ab, und sein Reichtum zerrann ihm zwischen den Fingern. So auch im Herbst 1913. Am 1. Oktober mussten zahlreiche Kredite bedient werden, doch Diesel wusste nicht wie. Er hatte über 300 000 Reichsmark Schulden. Er war weltberühmt, aber pleite. Im Sommer musste er das Familienauto verkaufen. In dieser angespannten Stimmung bestieg er am 29. September in Antwerpen den Postdampfer »Dresden«, um über den Ärmelkanal zu fahren und am nächsten Tag in Harwich mit den Vorständen der »Consolidated Diesel Manufacturing Ltd« zusammenzutreffen und über finanzielle Entlastung zu beraten. Diesel isst im Bordrestaurant und scheint guter Dinge zu sein. Er bittet den Steward, ihn am nächsten Morgen rechtzeitig zu wecken. Und ab diesem Moment verliert sich seine Spur. Als das Dampfschiff am nächsten Morgen in England anlegt, war der berühmte Erfinder nicht mehr an Bord. Nahe der Reling findet man seinen Hut und seinen Überzieher, und in seinem Zimmer fotografieren die Zeitungen die zurückgeschlagene Bettdecke und den noch zusammengefalteten Schlafanzug. Der Koffer steht unausgepackt daneben. Am nächsten Tag war über sein Verschwinden auf der Titelseite der »New York Times« und der Londoner »Times« zu lesen und in allen deutschen Zeitungen natürlich genauso. Rudolf Diesel war einfach weg. Schnell wurde spekuliert, er sei wegen des Kampfes um seine Patente ermordet worden. Auch von Selbstmord war die Rede. Oder war es vielleicht nur ein Unglück? Am 10. Oktober jedenfalls zog die Besatzung des Lotsenbootes »Coertsen« die Pillendose und das Brillenetui von Rudolf Diesel aus dem Wasser des Ärmelkanals. That's it. Bis heute ist dieser erste Diesel-Skandal der Geschichte ungelöst.

*

In der Nacht, als Rudolf Diesel starb, feierte in Berlin Walther Rathenau mit einem rauschenden Fest seinen 46. Geburtstag. Alle Anwesenden haben also ein perfektes Alibi.

*

Die »Münchner Neuesten Nachrichten« melden am 30. September in ihrem »Witterungsbericht« Kopfschmerzwetter: »Föhneinfluss unter einem sich verstärkenden südeuropäischen Hochdruckgebiet«. Das stört unsere feinnervigen wetterfühligen Geister natürlich. Und so schreibt Hugo von Hofmannsthal aus dem Münchner Hotel Marienbad erst an Ottonie von Degenfeld, dass sich »heute morgen der Wind gewendet habe«, und an die große Salondame Elsa Bruckmann nach Starnberg: »Ich war schon gestern im Begriffe, an Ihrem Starnberger Häuschen anzuklopfen, hatte schon den Fahrplan in der Tasche, da zog das abscheuliche Scirocco Wetter wieder herauf und ich ließ es sein.« Da bekommt man schon beim Lesen Kopfschmerzen. Und so zieht Hugo von Hofmannsthal sich lieber wieder zurück in sein Schattenreich und schreibt im Hotel, passend, weiter an seinem sehnsüchtigen Libretto für die »Frau ohne Schatten«. Im gleichen Hotel Marienbad wie Hugo von Hofmannsthal wohnt übrigens Rainer Maria Rilke – er wiederum ließ sich am 18. September nicht vom Föhn abschrecken und reiste mit Frau und Tochter zur Fürstin Bruckmann an den Starnberger See.

*

Klabund aber singt genau diesem Föhn ein Lied. Im Frühjahr hatte der sonderbare junge Dichter in Alfred Kerrs »Pan« seine ersten Gedichte veröffentlichen können, ein hochsensibler junger Mann, der in Frankfurt/Oder mit Gottfried Benn ins Gymnasium gegangen war, wo sie sich gegenseitig ihre ersten lyrischen Versuche vorlasen. Doch wo sich Benn züchtigt in seinen Versen, da lässt sich Klabund gehen. Nun, im September 1913, also erscheint sein »Föhnlied«: »Der Sturm schweißt uns zu einem Sein / Und mischt uns mit den Wettern. / Im Nächtegraus, im Morgenschein / Wird zwei zu eins und eins zu zwein.« Die Natur, so lehren die Dichter den Menschen anno 1913, ist es, die uns zusammenführt oder zu trennen vermag. Es ist alles eine Frage der Windrichtung.

DER HERBST

Karl Wilhelm Diefenbach findet die Toteninsel. Djagilew findet Trost. Marcel Proust muss mal wieder alles selber machen. Richard Dehmel bekommt sein Haus geschenkt – und zwar von der Crème de la Crème des Jahres 1913. Gerhart Hauptmann bekommt einen neuen Mercedes und Isidora Duncan ein Kind. Ein neuer Komet wird entdeckt und der Handstaubsauger. Was für ein Jahr.

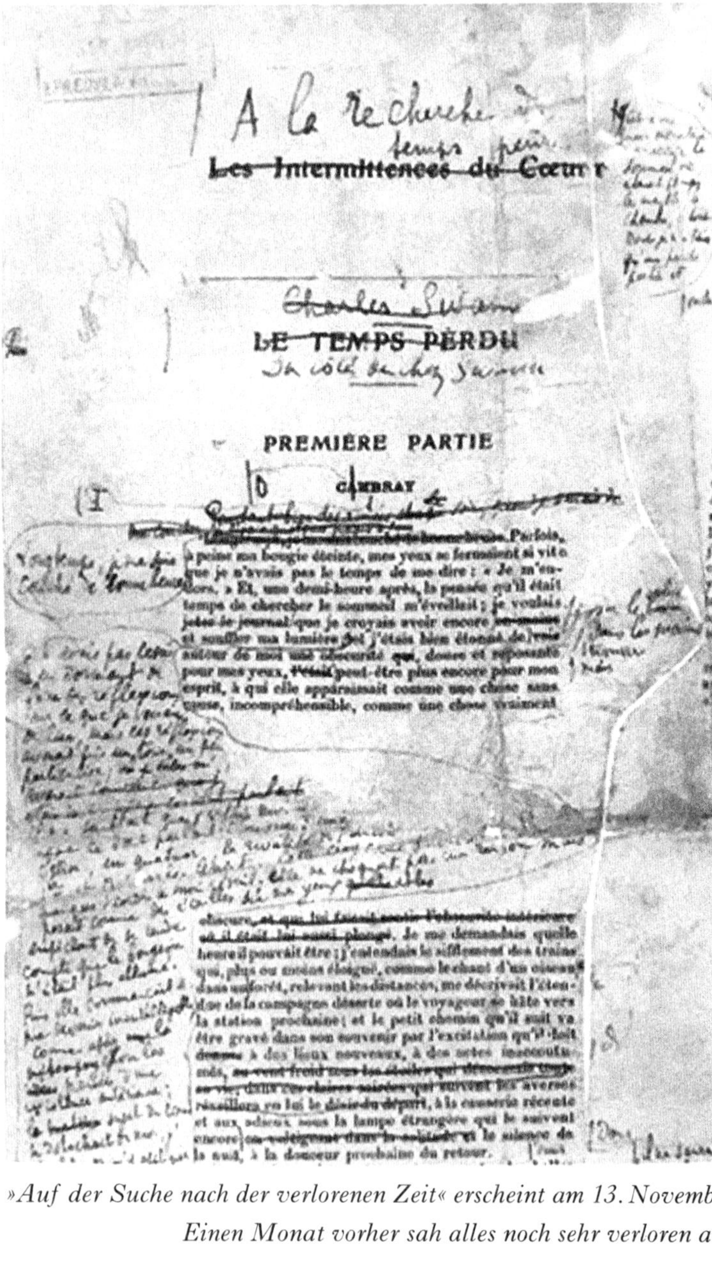

A la recherche du temps perdu

~~Les Intermittences du Cœur~~

~~LE TEMPS PERDU~~

PREMIÈRE PARTIE

COMBRAY

Parfois, à peine ma bougie éteinte, mes yeux se fermaient si vite que je n'avais pas le temps de me dire: « Je m'endors. » Et, une demi-heure après, la pensée qu'il était temps de chercher le sommeil m'éveillait; je voulais jeter le journal que je croyais avoir encore et souffler ma lumière; j'étais bien étonné de voir autour de moi une obscurité, douce et reposante pour mes yeux, peut-être plus encore pour mon esprit, à qui elle apparaissait comme une chose sans cause, incompréhensible, comme une chose vraiment

obscure. Je me demandais quelle heure il pouvait être; j'entendais le sifflement des trains qui, plus ou moins éloigné, comme le chant d'un oiseau dans une forêt, relevant les distances, me décrivait l'étendue de la campagne déserte où le voyageur se hâte vers la station prochaine; et le petit chemin qu'il suit va être gravé dans son souvenir par l'excitation qu'il doit à des lieux nouveaux, à des actes inaccoutumés, … réveillera en lui le désir du départ, à la causerie récente et aux adieux sous la lampe étrangère qui le suivent encore … et le silence de la nuit, à la douceur prochaine du retour.

»Auf der Suche nach der verlorenen Zeit« erscheint am 13. November. Einen Monat vorher sah alles noch sehr verloren aus.

Alfred Lichtenstein, gerade zurück vom Sommerurlaub an der Ostsee, promoviert in Erlangen in Jura und schickt sein Gedicht »Sommerfrische« an Franz Pfemferts Zeitschrift »Die Aktion« nach Berlin. Dort erscheint es am 4. Oktober 1913. Der junge Doktorand, so spürt man, sehnt sich nach ein bisschen Apokalypse:

»Die Erde ist ein fetter Sonntagsbraten, / hübsch eingetunkt in süße Sonnensauce. / Wär doch ein Wind .. zerriß mit Eisenklauen / die sanfte Welt. Das würde mich ergötzen. / Wär doch ein Sturm .. der müßt den schönen blauen / ewigen Himmel tausendfach zerfetzen.«

✷

Am 7. Oktober 1913 steht mittags Schlag 12 Uhr in der Hubertusallee in Berlin-Grunewald vor der neuen Wohnung von Gerhart Hauptmann der Leiter der Daimler Motoren Gesellschaft, Niederlassung Berlin, der freundliche Herr Dr. Kroker. Und der neue Chauffeur, Herr Schmidtmann, ist auch schon da. Sie überbringen Gerhart Hauptmann seinen neuen Mercedes. Man posiert für den Fotografen. Der fünfzigjährige Hauptmann ist aufgeregt. Er notiert: »Neue Situation, neue Erfahrungen: Auto, Portwein, Berliner Wohnung«. Sehr glücklich fährt er mit dem Wagen durch Berlin, »allein in herbstlich kühler Goldglut« auch zu seinem alten Haus in Erkner im Norden, wo seine drei älteren Söhne geboren wurden. Er glaubt, dass sich so die

Vergangenheit und die Gegenwart und die Zukunft zusammenbinden lassen. Er weiß da nicht, dass sein Mercedes schon am 3. August 1914 vom Staat eingezogen und für militärische Zwecke an der Kriegsfront eingesetzt werden wird. Auch hier also: »Neue Situation, neue Erfahrungen«.

✷

An den Litfaßsäulen in Berlin hängt überall ein gelbrotes Plakat, das zum Besuch der »Kolonial-Ausstellung« ins Passage-Panoptikum einlädt, Unter den Linden, Ecke Friedrichstraße: »50 Wilde Kongo Weiber. Männer und Kinder in ihrem aufgebauten Kongodorfe«. Und in Hagenbecks Tierpark in Hamburg läuft parallel die »Völkerschau Nubien«. Zwischen all den afrikanischen Tieren stehen dort in diesen Tagen auch die Schilukkrieger in ihrer charakteristischen Stellung, auf einem Bein nämlich, und lassen sich von den staunenden Hamburgern bewundern. Das einzige Problem der Ausstellung, bei der unter naturwissenschaftlichem Vorwand die fast nackten Körper der afrikanischen Männer betrachtet werden konnten, war deren Attraktivität. Hagenbeck brach die Sonderschauen bald ab – wegen des »krankhaften plötzlichen Verliebens etlicher junger Mädchen und auch Frauen in solche braunen Gesellen«, wie ihm ein Freund es eindrücklich schilderte. »Die Nubier mit ihrem schlanken Wuchs und ihrer bronzenen Haut, nur wenig bekleidet, reizten die jungen Geschöpfe am meisten. Täglich konnte man ein solches verliebtes Mägdelein den Arm oder Hand eines solchen braunen Adonis eine halbe Stunde lang streicheln und befühlen sehen.« Und was würde unser guter Gerhart Hauptmann wohl sagen zu diesen ungeplanten Auswirkungen deutscher Kolonialreichherrlichkeit? Neue Situation, neue Erfahrungen. Dass man die Perspektive auch einfach herumdrehen kann, zeigte die herrliche »Forschungsreise des

Afrikaners Lukanga Mukara ins innerste Deutschland«, die in diesen Tagen in mehreren Folgen in der Zeitschrift »Der Vortrupp« erscheint. Darin schildert Hans Paasche sehr lustig deutsche Sitten und Gebräuche aus der Sicht eines fiktiven Mannes aus Schwarzafrika, all die seltsamen Trinkrituale der Deutschen, ihr Rauchen auf der Straße, ihre Besessenheit mit Zahlen und Welthandel und Bruttosozialprodukt, ihr sinnloses Rennen durch die Straßen – und ihre Unfähigkeit, das Leben zu genießen.

*

In Washington drückt am 10. Oktober der amerikanische Präsident Wilson auf einen kleinen Knopf – per Telegraphenleitung wird diese Botschaft vom Weißen Haus über Kuba und Jamaika nach Panama übermittelt, wo im Gamboa-Damm gleichzeitig mehrere hundert Dynamitstangen detonierten. Julius Meier-Graefe, der große Gegenwartsdiagnostiker der Kunst, klebt den Zeitungsausschnitt aus dem »Berliner Tagblatt« dazu in sein Tagebuch und notiert: »Eine moderne Gebärde«. Große Erdbrocken fliegen durch die Luft, der Dschungel um den gesprengten Kanal wird erschüttert, doch die Sprengung gelingt, und gewaltige Wassermassen strömen in den Panamakanal. Erstmals seit 60 Millionen Jahren fließen die Fluten des Pazifik und des Atlantik nicht erst am Kap Hoorn ineinander.

*

Am 11. Oktober ist Franz Kafka einen Tag in München. Er kommt von Riva am Gardasee und fährt am nächsten Tag weiter nach Prag. Was macht er an diesem langen Tag? Ist er im Technikmuseum wie kurz zuvor Marcel Duchamp? Hat er sich die El-Greco-Ausstellung in der Alten Pinakothek angesehen? War er im Englischen Garten spazieren wie eine Woche zuvor Hugo von Hofmannsthal und Rilke? War er im Kino? Hat er an Felice gedacht oder doch mehr an seinen Sommerflirt aus Riva? Aber vielleicht liegt er auch einfach nur apathisch da auf seinem Bett im Hotel Marienbad und überlegt hin und her, ob er nicht doch noch das Zimmer wechseln sollte, weil man den Aufzug so laut hört. Ein paar Straßen weiter schreibt Thomas Mann an den ersten Seiten des »Zauberberg« und Oswald Spengler am »Untergang des Abendlandes«.

✷

Die Siemens AG bekommt das Patent für die Telefonwählscheibe.

✷

Das kann ja wohl kein Zufall sein: Die beiden Komponisten Claude Debussy und Maurice Ravel suchten sich im Jahre 1913 beide ein interessantes Thema zur musikalischen Bearbeitung aus – nämlich haargenau dasselbe. Es sitzen 1913 also, ohne voneinander zu wissen, sowohl Ravel als auch Debussy an ihren Klavieren und komponieren Musik zu »Trois poèmes de Stéphane Mallarmé«. Und sie hatten sich verrückterweise bei zwei von dreien dieselben Gedichte ausgesucht. Debussy schrieb an einen Freund: »Die Geschichte mit der Mallarmé-Familie und Ravel ist alles andere als lustig. Und ist es nicht außerdem merkwürdig, dass Ravel ausgerechnet dieselben Gedichte ausgewählt hat wie ich? Ist das ein Phänomen von Auto-Suggestion, das es wert wäre, der medizinischen Akademie mitgeteilt zu werden?«

✷

Es regnet in Bindfäden aus dichten grauen Wolken an diesem 11. Oktober, fast 3000 junge Frauen und Männer strömen dennoch voll Zuversicht die Hänge des Hohen Meißner hinauf. Der »Erste Freideutsche Jugendtag« wird gefeiert, komme, was wolle, und sei es im Regenmantel. Die jungen Menschen verwandelten die Berghänge bei Kassel für zwei Tage in eine kleine Befreiungsfeier vom wilhelminischen Drill, überall gab es Reigentänze, kleine Wettkämpfe, Reden, mittags wurde in Gruppen am offenen Feuer gekocht, und der Rauch mischte sich mit den aufsteigenden Nebeln über den Tannen. Der Hohe Meißner war ab diesem Tag der höchste Gipfel der Deutschen Jugendbewegung. Die unterschiedlichsten lebensreformerischen und vegetarischen und friedensbewegten und Wandervogel-Gruppen waren friedlich versammelt, ein wilhelminisches Woodstock. Man sprach und trank und aß und redete, und alle gingen beseelt nach Hause, wie im Rausch, ein Tag wie das Wartburgfest 1817 oder das Hambacher Fest von 1832. Die mitreißendste Rede hielt Gustav Wyneken, die Zukunft sei, so sagte er und blickte in die verhangenen traurigen nordhessischen Tannen, »wie durch eine dichte Nebelwand verhüllt«. Aber es sei, als höre man dennoch »durch den Nebel hindurch von einem fernen Zeitenjenseits oder von der Ewigkeit her die Stimme der Gerechtigkeit und der Schönheit«. So macht man aus schlechtem Wetter eine richtig gute Rede. Schließlich forderte Wyneken, die Sonne war immer noch nicht durch die Wolken gedrungen, deshalb einfach seine Zuhörer auf, sich würdig zu erweisen und »Krieger des Lichts« zu werden. Wie man das machen und wofür und wogegen man kämpfen solle, ließ er, wie es sich für einen guten Redner gehört, vollkommen offen. Aber die Jugendlichen jubelten ihm zu. Und kauften als Erinnerung jene legendäre Postkarte des Künstlers Fidus, die das »Lichtgebet« zeigte. Den splitternackten Jüngling, der von oben, vom Licht Weisung für sein Leben auf Erden erhält. Fidus war ein Zentralgestirn der Lebensreform, eng verbunden mit dem Monte Verità und anderen Bewegungen wie der theosophischen Gesellschaft um Rudolf Steiner und den Reformansätzen Jaques-Dalcrozes in Dresden-Hellerau. Allen ging es um ein freieres Leben, einen Schönheitstraum, um weniger enge Kleidung, um etwas asiatische Weisheit und um eine Durchlüftung der Häuser und der Seelen, um mehr Sex – und um mehr Gemüse auf dem Teller. Fidus versuchte von Berlin-Woltersdorf aus die Welt zu missionieren und gründete dafür den St.-Georg-Bund – auf dem »Hohen Meißner« wurden seine Bilder dann legendär, weil er auf das »Lichtgebet« unten die Aufschrift »Freideutscher Jugendtag 1913« aufdruckte. Und die Festschrift verziert er mit weiteren Bildern und beschwört deren Kraft: »Junge Freunde! Die Ihr den Geist deutscher Treue, deutsche Tüchtigkeit und Einfachheit bewahrt habt und die Ihr noch hinzuwollt, was das deutsche Wesen so lange vergaß, die Schönheit der Eigenart und der Wahrhaftigkeit, ja die Schönheit des Leibes.« Und dann, nach einer Aufzählung all der Freuden, die ein schöner Körper bereiten kann, schreibt Fidus: »Trachtet also nach Schönheit und nach Liebe, zum reinen, ja reinlichen Leibe – so wird Euch alles von selber zufallen, Kraft, Güte, Gerechtigkeit, Liebe und Wahrhaftigkeit – alle unsere deutschen Tugenden.« Da vermählt sich dann also die Reformbewegung plötzlich irritierenderweise sehr eng mit den deutschen Tugenden.

*

In Paris arbeitete Mata Hari weiterhin an der allmählichen Einführung der Nacktkultur. Nachdem sich der deutsche Kronprinz ihrem Wunsch nach einem Vortanzen widersetzt hatte, konzentrierte sie sich wieder auf Frankreich. Nur mit kleinem Leibgürtel und Brustpanzer versehen, tanzte sie sich weiter durch ihr Leben, aber leider nicht mehr auf den Bühnen von Paris. Seit die »Ballets Russes« dort den Takt bestimmten, war Mata Hari etwas aus der Zeit gefallen. Doch ihren aufwendigen Lebensstil muss sie ja irgendwie finanzieren, und deshalb bietet sie im Herbst 1913, da sie die Spionage noch nicht als Erwerbsmöglichkeit entdeckt hatte, ihre Dienste in einer »maison de rendez-vous« in der Rue Lord Byron 14 und gleich um die Ecke in der Rue Galilée 5 an, für 1000 Francs die Nacht. Im Garten ihres Landhauses im Park Saint James in Neuilly versucht sie zugleich noch ein bisschen den alten Glanz aufrechtzuerhalten. Über die Kronen der Bäume hinweg sieht man den Triumphbogen und die schlanken Umrisse des Eiffelturmes. Und hier, im Schatten der Platanen, tanzt sie in diesem Herbst in ihrem Garten für den Fotografen des »Tatler« ihren berühmten javanischen Schleiertanz. Dazu die Bildunterschrift: »Die Tänze, die sie vorführte, vermittelten einen tiefen Eindruck von religiösen Riten, von Liebe und Leidenschaft und wurden hervorragend dargeboten.« Ach, wenn das der deutsche Kronprinz doch sehen könnte.

✷

Die sechzehnjährige Polin Barbara Apolonia Chalupec, die sich vernünftigerweise anders und zwar Pola Negri nannte, feierte mit ihren dunklen tiefen Augen als junge Schauspielerin in Warschau mit Gerhart Hauptmanns Drama »Hanneles Himmelfahrt« ihre ersten Erfolge. Sie taucht wie aus dem Nichts auf und wird dann ganz schnell von Max Reinhardt für Berlin entdeckt. Von da an ging es für sie immer weiter nach oben. Die Welt hatte eine neue Femme fatale. Und sogar der deutsche Kronprinz sitzt in seiner Loge, als sie Hauptmann spielt. Wenn das Mata Hari wüsste.

✷

Die Romanows begnadigen anlässlich ihres dreihundertjährigen Thronjubiläums Maxim Gorki, und er zieht im Oktober 1913 von Capri zurück zu Mütterchen Russland. Kaum angekommen, protestiert er sogleich gegen eine Aufführung von Dostojewskis »Die Dämonen« im Moskauer Künstlertheater, denn das Stück gebe der »krankhaften Botschaft Dostojewskis von Leiden und Demut eine lebensgefährliche Durchschlagskraft«. Er könne, sagte Gorki, die gequälten und leidenden Russen in dem Roman nicht länger ertragen. Russland müsse wiederauferstehen: »Wir dürfen das Leiden nicht mehr lieben, sondern müssen es hassen lernen.« Da spricht einer, der auf Capri gelernt hat, dass man das Leben durchaus lieben kann.

✷

Am 18. Oktober wird in Leipzig das Völkerschlachtdenkmal eingeweiht. Während überall neue U-Bahn-Stationen eröffnet werden, die Futuristen bereits wieder Geschichte sind, man von St. Petersburg nach Berlin in sieben Stunden fliegen kann und in Detroit Henry Ford das erste Fließband für die Autoproduktion in Betrieb nimmt, während also die Moderne erheblich an Fahrt aufnimmt, versucht man sich in Leipzig Kraft zu holen durch die Erinnerung an eine vor 100 Jahren gewonnene Schlacht gegen Napoleon. Eigentlich verrückt. Aber wenn die Deutschen feiern, dann richtig: »Alle deutschen Stämme werden in Eilbotenlauf dem Kaiser einen Gruß des Volkes in Gestalt eines Eichenzweiges überbringen, der an einem geschichtlich bedeutsamen Ort geschnitten und von Mann zu Mann im Schnelllauf durch Deutschlands Gaue bis an die Stufen des Denkmals getragen wird.« Und so geschah es – generalstabsmäßig vom deutschen Turnerbund organisiert, schnitten im Morgengrauen des 17. Oktober überall im weiten deutschen Reiche junge Sportler kleine Eichenzweige ab, am Grab Bismarcks in Friedrichsruh, am Geburtsort von Turnvater Jahn, am Sitz der Zeppelinwerke in Friedrichshafen. Insgesamt 37835 Turner liefen bis zum 18. Oktober zusammen 7319 Kilometer, um die Eichenzweige zum Kaiser zu tragen.

Der nahm sie entgegen und nickte huldvoll. Abends schon waren die Blätter welk.

*

Zehntausende Menschen, auch ohne Eichenzweig im Mund, drängten in diesen Tagen aus allen Teilen des Landes zu den großen Feierlichkeiten nach Leipzig. An den Frankfurter Wiesen lockte der Zirkus Barum mit seiner spektakulären Vorstellung von zehn wilden Löwen die Massen an. Nach der Abendvorstellung am 19. Oktober wurden die Tiere in einen von Pferden gezogenen Transportwagen gebracht, dem ein Wagen mit Bären folgte, weil sie noch in der Nacht vom Preußischen Freiladebahnhof in Leipzig zur nächsten Station aufbrechen sollten. Es herrschte dichter Nebel. Die beiden Kutscher der Wagen hielten spontan in der Berliner Straße an der Kneipe »Graupeter« an, um sich noch ein Bier zu genehmigen, bevor sie die Tiere abliefern wollten. Doch während die beiden selig vor ihrem frisch gezapften Bier saßen, bekamen draußen die Zugpferde des Bärenwagens Panik, dessen Wagendeichsel zertrümmerte die Rückwand des Löwenwagens, aus dem Loch schaute plötzlich ein fauchender Löwenkopf heraus, da drehten die Pferde des Löwenwagens durch, zogen ihn auf die Straße, wo er von einer Straßenbahn gerammt wurde – und sofort sprangen neun wilde Löwen hinaus in die Freiheit. Großes Geschrei der Passanten, blanke Angst in aller Augen, Verkehrschaos, ein Streifenpolizist, der in der Nähe war, eröffnete sofort das Feuer und orderte Verstärkung aus der achten

Polizeiwache. So begann die legendäre Leipziger Löwenjagd 100 Jahre nach der legendären Völkerschlacht. Schon bald lagen fünf tote Raubtiere auf der Berliner Straße. Abdul, der Liebling der Zirkusdirektorin, wurde durch einen Steinwurf gereizt und griff einen Passanten an – daraufhin durchlöcherten ihn unglaubliche 165 Kugeln der Leipziger Polizisten. Und dann lagen also sechs tote Raubtiere auf der Berliner Straße. Der siebte war so verstört von Abduls Hinrichtung, dass er sich apathisch in einen Käfig sperren ließ.

Nun fehlte noch Polly, die schon immer die eigensinnigste Löwin des Rudels war, und einer ihrer Gefährten. Der Zirkusdirektor Arthur Kreiser und der Direktor des Leipziger Zoos, Johannes Gebbing, eilten herbei, um sie lebend zu fangen. Doch Polly ging zunächst seelenruhig durch die nächtlichen Straßen spazieren. In der Blücherstraße begegnete sie einer älteren Dame, die sich später darüber wunderte, dass sie mitten in der Nacht auf dem Bürgersteig ein großes Kalb gesehen habe. Die von anderen, in der Tierbestimmung versierteren Passanten alarmierte Feuerwehr jagte daraufhin Polly mit einem Wasserstrahl, doch vor dem flüchtete sie mit einem großen Sprung durch die Glasscheiben ins Hotel Blücher. Durch die Aufregung spürte Polly offenbar Druck in der Blase, auf jeden Fall suchte sie zielstrebig den Weg zur Toilette im ersten Stock. Dort saß gerade ein Franzose namens François, der die Tür nicht verschlossen hatte – und nun also am stillen Ort von einem sehr lauten Löwen überrascht wurde. Er schrie auf und lief mit heruntergelassenen Hosen die Treppe hinab – Polly jedoch machte es sich auf der Toilette gemütlich. So musste der Zoodirektor, der die Treppe hinaufgestürmt war, nur sanft die Tür von außen schließen, und schon war sie gefangen. Mit einer Kastenfalle wurde Polly schließlich abtransportiert.

Der arme Zirkusdirektor Kreiser aber wurde zu wahlweise zehn Tagen Gefängnis oder einer Geldstrafe von 100 Mark wegen »Unterlassung erforderlicher Vorsichtsmaßregeln zur Verhütung von Beschädigung bei der Haltung bösartiger oder wilder Tiere« verurteilt – das deutsche Recht ist wirklich auf alle Eventualitäten vorbereitet (§ 367 Ziffer 11 StGB). Dazu noch zwei Bemerkungen: Der Löwe war übrigens schon vorher das Wappentier Leipzigs. Und: zu DDR-Zeiten gab es im Interhotel »Zum Löwen« ein Nussparfait mit dem Namen »Polly«.

✷

Am 27. Oktober geht Gerhart Hauptmann zum Flugplatz in Berlin-Johannisthal, um den berühmtesten Piloten seiner Zeit beim Fliegen zu sehen: »Pégouds sogenannte Sturzflüge bewundert / wesentlicher Fortschritt / epochaler Art.« Der Sturzflug also als wesentlicher Fortschritt. Kein schlechtes Motto für das Jahr 1913.

✷

Im Observatorium im argentinischen La Plata entdeckt am selben 27. Oktober Pablo Delavan einen irrsinnig hellen neuen Kometen im inneren Sonnensystem. Er nennt ihn, er hat gerade keine Zeit, schlicht und ergreifend »1913 f«. Wenig später veröffentlicht er in der »Gazette Astronomique« den dringenden Aufruf an alle Himmelsforscher, »dem prachtvollen Kometen eine besondere Aufmerksamkeit zu widmen«. Denn gewisse Eile ist geboten: Erst in 24 Millionen Jahren wird er wieder sichtbar sein.

✷

Es gab zwei Kraftzentren in Paris, Montmartre und Montparnasse, beide seit neuestem durch die Linie A der Metro verbunden, aber doch ganz eigene Welten, und Montparnasse war nicht erst durch Picassos Zuzug im letzten Herbst zum Herzzentrum der Avantgarde geworden. Und es gab zwei Salons, die über die Deutungshoheit der Moderne stritten, auch jeder eine Welt für sich (aber in beiden war Picasso der Kristallisationspunkt). Einerseits der ernsthafte, traditionelle von Gertrude Stein (und ihrem Bruder, bevor sie sich trennten) und dann der verwilderte, exotische, russische Salon von Hélène d'Oettingen und ihrem sogenannten Bruder Serge Férat, der aber in Wahrheit nur der Sohn ihres einstigen Geliebten war. Auch ihre Namen stimmten wohl nicht, sie spielten täglich mit neuen Pseudonymen und Ahnenreihen und Identitäten, nur dass Picasso mit Hélène eine kurze Affäre hatte, das bezweifelte niemand. Während die Steins ihr Geld in Kunst steckten und reihenweise Werke von Cézanne, Picasso, Matisse erwarben, finanzierte Hélène d'Oettingen auch Apollinaires Zeitschrift »Les Soirées de Paris« und machte sie zum Zentralorgan von Montparnasse. In ihrer Wohnung im Boulevard Raspail 229 herrschte ein offenes Haus, Künstler gingen ein und aus, zu allen Tages- und Nachtzeiten gab es Wein und Gebäck, und dazwischen spazierte Hélène in gewagten gelben Moirée-Pyjamas und hochhackigen Schuhen. Erst abends zog sie sich um und setzte sich dann zu den italienischen Futuristen und Modigliani und de Chirico und all den anderen Italienern, und es gab Ravioli und Chianti. Und für die Russen, für Marc Chagall, für Lipchitz und Archipenko natürlich Wodka. Und für die Franzosen Anis. Und für alle ein bisschen Kokain. Im Jahr 1913 standen Seroschka und Ljalesna, wie die beiden geheimnisvollen Salonbetreiber Serge und Helene sich nannten, im Zentrum der Avantgarde von Montparnasse – sie repräsentierten dauerhaft jene barbarische Extravaganz, die mit Djagilew und Nijinsky und den »Ballets Russes« im Frühjahr über Paris hineingebrochen war.

*

Marcel Proust bekommt am 2. Oktober einen vierten Korrekturlauf für »Auf der Suche nach der verlorenen Zeit« zugesandt, einen fünften dann am 27. Oktober. Er sitzt und korrigiert und klebt dazu und schreibt dazu und reicht das alles dann herüber zu Agostinelli, seinem Chauffeur und Liebhaber, der mit einer Schreibmaschine eigentlich nicht umgehen kann und vor allem nicht mit den Korrekturschrullen seines Arbeitgebers. Im Grunde hat Proust seit April ein neues Buch geschrieben, die Menge seiner Korrekturen übertrifft inzwischen die Menge seines ursprünglichen Textes. Agostinelli an seiner Schreibmaschine blickt nicht mehr durch und verzweifelt. Aber dennoch, man glaubt es kaum, wird aus all diesen Korrekturen und Collagen am Ende doch noch: ein Buch. Am 14. November erscheint der erste Band von »Auf der Suche nach der verlorenen Zeit«. Unglaublich. Ein großes Datum der Weltliteraturgeschichte. Wider alle Wahrscheinlichkeit hat Marcel Proust auch die letzten Druckfahnen seiner »Suche nach der verlorenen Zeit« zum Druck freigegeben. Er hat zwar noch ein letztes Mal alles umgestellt, noch ein letztes Mal komplette Passagen gestrichen und andere neu geschrieben, aber dann hat er es doch hinausgehen lassen in die Welt. Als das Jahrhundertbuch dann zur Überraschung des Verlegers im November 1913 erscheint, steht in den ersten 100 Exemplaren dennoch das Erscheinungsdatum »1914« vorne drin. So hatte die Wirklichkeit den Pessimismus des Verlegers überholt, hatte er doch einst im März seinen Drucker angewiesen, schon einmal vorsorglich die 1913 in eine 1914 zu verwandeln, weil er nicht glaubte, dass das Buch noch in diesem Jahr fertig werden würde. Und es ist auch ein großes Wunder. Aber in Proust wird nun, da alles geschafft ist, der Marketingdirektor geweckt: In seiner Wohnung plant Proust mit viel Raffinesse und kleinen Geldgeschenken für die Rezensenten einen großen Auftritt, 2000 Francs zahlte er für die Platzierung einer lobenden

Kritik auf der Titelseite des »Journal des débats« und nur 1000 Francs für eine Hymne auf der ersten Seite des »Figaro«. Und die wiederum wurde verfasst von niemand anderem als Marcel Proust persönlich, unter einem lächerlichen Pseudonym. Dieser Roman, so schrieb also Marcel Proust über Marcel Proust, sei »ein kleines Meisterwerk«. Alles, so mag sich der Dichter gedacht haben, muss man selber machen!

Aber eigentlich dachte Proust doch nur die ganze Zeit an Agostinelli. Er überlegte die ganze Zeit, wie er seinen geliebten Chauffeur und Sekretär weiter becircen und dauerhaft von den Vorzügen der Homosexualität überzeugen konnte. Doch der macht, als die fertigen Fahnen endgültig an den Verlag Grasset geschickt sind, seinem Herrn und Gebieter klar, dass er sich eigentlich mehr für andere Maschinen als Schreibmaschinen interessiere, nämlich solche, die fliegen. Und Proust finanziert daraufhin Agostinelli im November einen Kurs in der Fliegerschule Blériot auf dem Flugplatz Buc. Doch die 800 Francs für die Kursgebühr sind lächerlich im Verhältnis zu den 27000 Francs, die Marcel Proust bezahlen muss, weil er sich in seinem Liebeswahn dazu hat verleiten lassen, seinem angeschmachteten Agostinelli zur Belohnung gleich ein ganzes leibhaftiges Flugzeug dazu zu schenken. Panisch muss Proust, als er die Rechnung für das Flugzeug erhält, seine restlichen Aktien verkaufen, diesmal die Anteile an den Utah-Copper-Minen und der Spassky AG. Er fasst seinen persönlichen Schlamassel in einem Brief an seinen Freund Albert Nahmias treffend so zusammen: »Ich breche hier ab, ich kann Ihnen gar nicht sagen, wie viel seelischen Kummer, wie viel materielle Schwierigkeiten, wie viele psychische Leiden und literarische Scherereien ich habe.« Und damit hatte Proust, vielleicht zum einzigen Mal in seinem Leben, nicht übertrieben. Denn was macht der gute Agostinelli mit dem geschenkten Flugzeug? Er fliegt davon. Kommentarlos verlässt er mit seiner Ehefrau

Anna (er konnte von den Frauen einfach nicht lassen) die Wohnung von Proust am Boulevard Haussmann und reist nach Südfrankreich. Proust engagiert Privatdetektive, die Agostinellis Aufenthaltsort ausfindig machen. Man weiß nicht, ob man es perfide nennen soll oder charmant oder aberwitzig, aber dieser Agostinelli wird sich bei der Flugschule der Gebrüder Garbero in Antibes wenig später mit dem Namen »Marcel Swann« einschreiben. Also mit dem Vornamen seines verlassenen Gönners und dem Nachnamen der Titelfigur aus dessen gerade erschienenem Roman. Nicht schlecht. Doch auch diese Liebe von Swann endet wie die des Romans tödlich: Der kaltblütige Chauffeur wird mit seinem geschenkten Flugzeug, kaum endet das Jahr 1913, ins Mittelmeer stürzen und versinken.

*

Helen Hessel, Schülerin der Expertin für menschliches Leid, Käthe Kollwitz, und danach dennoch Geliebte des problemlosen Blumenmalers George Mosson, will ein Kind von ihrem Ehemann, dem Flaneur und Entziehungskünstler Franz Hessel. Und das, obwohl sie ihre Hochzeitsreise nach Südfrankreich auch mit dessen Mutter verbringen musste, und auch, obwohl sie eigentlich merkt, dass sie mindestens so sehr wie Franz dessen Freund Henri Roché begehrt. Und auch, obwohl sie ihren geliebten Bruder Otto gerade in die Irrenanstalt bringen musste (bei der Hochzeit hatte er noch die Familie von Franz antisemitisch beschimpft). Alles egal. Sie will jetzt ein Kind von Franz. In diesen Oktobertagen, an denen die Sonne die Blätter so wunderbar färbt und so purpurrot aufleuchten lässt. Und damit es klappt mit der Empfängnis, möchte Helen Hessel nichts dem Zufall überlassen. Sie packt den Ehemann ein in Paris und fährt mit ihm ins beschauliche Blankensee in

Brandenburg. Dort nämlich hatte die junge Malerin Helen einst sehr schöne rauschhafte Liebesnächte mit George Mosson erlebt. Und offenbar dachte sie sich, wenn sie nur, im Bett mit Franz, die Stimmung von einst im Mai mit Mosson heraufbeschwören könne, dann müsste es doch klappen. Und es klappt. Helen Hessel wird sofort schwanger in diesen goldenen Oktobertagen in Blankensee.

✷

Es sind genau jene stillen zeitlosen Tage des warmen Lichts, in denen August Macke in Hilterfingen am Thunersee die schönsten und heitersten und sorglosesten Bilder des ganzen Jahres 1913 malt.

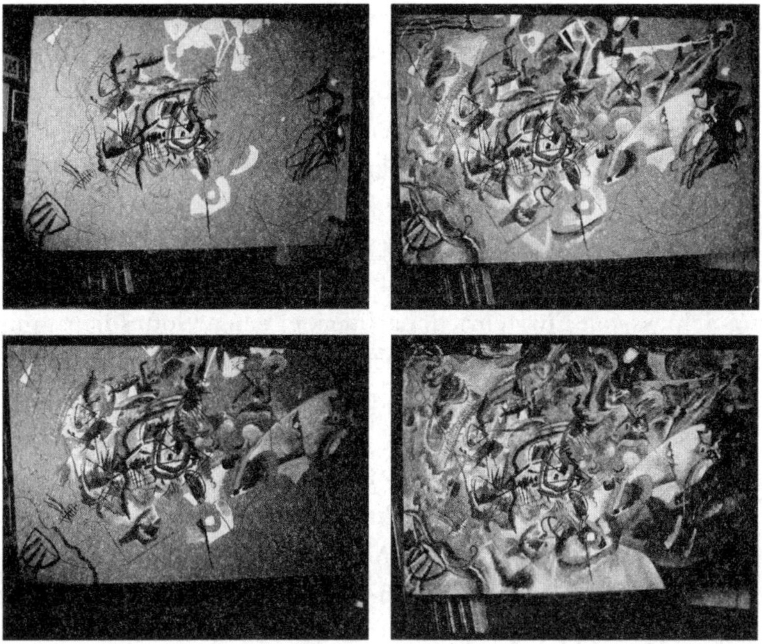

Der Beginn der Abstraktion im Zeitraffer: Kandinskys »Komposition VII« am 27. und 28. November 1913, fotografiert von Gabriele Münter.

In Bayern gehen die Uhren natürlich anders. Deshalb stört sich auch keiner daran, dass es mit der Thronbesteigung von Ludwig von Wittelsbach am 5. November 1913 plötzlich für drei Jahre zwei regierende Könige in Bayern gibt. Numero 1, König Otto, war im Grunde bereits geisteskrank auf den Thron gestiegen, im deutsch-französischen Krieg hatte er 1871 noch vernünftig mitgekämpft, aber wenig später wurde er zunächst im südlichen Pavillon von Schloss Nymphenburg unter Kuratel gestellt, dann im Schloss von Fürstenried, nachdem er einen Gottesdienst mit einem offenherzigen Sündenbekenntnis gestört hatte. Er litt unter religiösen Wahnvorstellungen, und seine dunklen Tage verliefen zwischen apathischer Bewegungslosigkeit und stundenlangem Schlagen seines Kopfes gegen die vorsorglich gut gepolsterten Wände, ohne dass ihm die besten Ärzte des Landes anders als mit Eisbädern und Morphiumspritzen helfen konnten. So regierte dann also nach einer unendlichen Prinzregentenzeit ab dem 5. November offiziell Ludwig III. operativ das schöne Bayern, und der Bayerische Landtag beschloss, dass Otto I. als erster regierender König alle königlichen Rechte verlor. Aus Anstand ließ man dem offiziell als »schwermütig« geltenden armen Mann aber seinen Titel und seine Würden. Dieses monarchische Kuddelmuddel gilt als Hauptgrund, warum dann ein paar Jahre später das Königreich Bayern so überraschend schnell in eine Räterepublik verwandelt werden konnte.

*

Am Samstag, dem 8. November gehen Franz Kafka und seine Angebetete Felice Bauer im Tiergarten in Berlin von 10.15 Uhr bis 11.45 Uhr spazieren, es ist neblig und unangenehm, dann muss Felice weiterfahren zu einer Beerdigung. Ihre Beziehung zu Kafka ist da ebenfalls fast klinisch tot.

✷

Wer frei denken will in diesem Jahr, der denkt dabei an Henri Bergson. Der Professor für Philosopie am Collège de France in Paris war sicherlich der einflussreichste Theoretiker der Zeit um 1913. Max Scheler schreibt in der Novemberausgabe der »Weißen Blätter«: »Der Name Bergson durchtönt gegenwärtig in so aufdringlich lauter Weise die Kulturwelt, daß die Eigentümer feinerer Ohren zweifelnd fragen mögen, ob man wohl solchen Philosophen lesen soll. Denn mehr wie je muß heute der Beifall der Bildungs- und Literatenmasse den Weisen erröten machen. Dann mögen sich jene Feinohrigen sagen lassen, daß man Bergson trotzdem lesen soll. Er hat etwas zu sagen.« Bei Misia Sert, der großen Pariser Salondame, bei Marcel Proust, bei Gertrude Stein, da lagen die Einladungen zu seinen Vorträgen am Collège du France neben denen zu den Ausstellungseröffnungen von Picasso, von den Futuristen, von Matisse.

✷

Laut der preußischen »Verordnung über den Verkehr mit Kraftfahrzeugen« dürfen Automobile innerhalb geschlossener Ortschaften eine Fahrgeschwindigkeit von 15 Stundenkilometern nicht überschreiten. Das Zeitalter der Beschleunigung begann also 1913 im ersten Gang.

✷

Rainer Maria Rilke, zurück in Paris, geht es nicht so gut. Ach, es geht ihm überhaupt nicht gut. Er dichtet: »Tränen, Tränen, die aus mir brechen. Mein Tod, Mohr, Träger meines Herzens, halte mich schräger, daß sie abfließen.«

✷

Der Agentenfilm »S1« kommt ins Kino. Gertrud, gespielt von Asta Nielsen, wird von ihrem heimlichen Verlobten ausspioniert, er will von ihr die Pläne für ein »neuartiges Aeroplan« für ausländische Agenten bekommen. Gertrud gesteht das ihrem Vater, dem General, der das Luftschiff fliegt. Darauf er: »Niemals werde ich die Hand meiner Tochter einem geheimen Feinde meines Vaterlandes geben.« Nun muss sich die arme Gertrud entscheiden – zwischen der Liebe und dem Vater, der, die Klischees sind gnädig, eben auch für das Vaterland steht. Und natürlich ist sie eine anständige Deutsche – sie entreißt dem Geliebten die entwendeten Luftschiffpläne, laute Geigenmusik, dann das feierliche Schlusswort: »Das Glück des Vaterlandes ist das Glück aller.« Warum auch immer wurde der Film in Berlin für Jugendliche nicht zugelassen, und die Polizei in München verhängte unter den Prüfnummern 11 377, 11 378 und 11 379 gleich dreimal ein Jugendverbot. So wurde der Film am 15. November im unempfindlichen Essen uraufgeführt, in dem Riesenkino »Schauburg«.

✷

Wenn die Gegenwart zu viel verwirrende Gleichzeitigkeit erzeugt, dann muss doch wenigstens die Kunst eine Antwort darauf finden. Kaum jemand kam dabei 1913 so weit wie Sonia Delaunay. Die Pariser Künstlerin hatte im Jahr zuvor mit ihrem Mann Robert den Orphismus begründet, eine Farbtheorie, die die Wirklichkeit in Prismen aufspaltete und neu zusammensetzte, gefeiert von Guillaume Apollinaire und tief verehrt von August Macke und Franz Marc – und von beiden aus dem Französischen ins Deutsche übersetzt. Nun wollte sie die prismatisch gesprungene Wirklichkeit auf noch mehr Ebenen erfassen, und so arbeitet sie mit dem Dichter Blaise Cendrars an der verwegenen Idee des »Simultaneismus«. Sprache und Bild sollten sich unauflöslich vermischen und das Ganze nicht nur für einen Augenblick, sondern am besten bis in die Unendlichkeit: Ihr erstes Simultanbuch wurde »La Prose du Transsibérien et de la petite Jehanne de France«, das in diesem Herbst die Öffentlichkeit erreicht, es war zwei Meter lang und in Form eines Leporellos gestaltet. Rhythmisch wie das Rattern der transsibirischen Eisenbahn gleitet hier das Auge über Text und Bild hinweg, ein wunderbares Gewoge der Farben und Formen, wie eine Fahrt durchs ganze lange wilde 1913. Und Blaise Cendrars dichtet dazu: »Die Fenster meiner Poesie sind weit geöffnet zur Straße und in ihren Scheiben / leuchten die Juwelen des Lichts / Hörst Du das Geigenkonzert der Limousinen und die Hylophone der Druckmaschinen? / Der Maler macht sich sauber im Handtuch des Himmels, Farbflecken überall / Und die Hüte der Frauen, die vorbeigehen, sind Kometen im Feuerschein dieses Abends.«

✷

Umberto Boccioni, Verfasser des Futuristischen Manifestes, schreibt am 25. November erbost, dass nicht Sonia und Robert Delaunay, sondern natürlich die italienischen Futuristen die wahren Erfinder der Simultaneität seien. Und: »Wir sind es gewesen, die als erste erklärt haben, dass das moderne Leben fragmentarisch und schnell ist.« Aber das interessierte da schon kaum einen mehr, das moderne Leben rast einfach zu schnell voran. Der Futurismus, obwohl kaum anderthalb Jahre alt, war bereits Ende 1913 wieder Vergangenheit.

*

Am 18. November 1913 feiert der neben Thomas Mann und Gerhart Hauptmann berühmteste Schriftsteller Deutschlands seinen 50. Geburtstag: Richard Dehmel. Kaum jemand kennt ihn heute mehr. Und doch kannte ihn 1913 jeder.

Seine Lyrik hält Europa in Atem, sein lebensgieriges, mondänes Bohème-Leben mit seiner schönheitstrunkenen Frau Ida im Jugendstilhaus in Hamburg-Blankenese, Westerstraße 5, ist eine der vielbeschworenen Projektionsflächen der bürgerlichen Sehnsüchte um 1913. Alles ist miteinander verschlungen in diesem Haus, nicht nur die Körper von Ida und Richard Dehmel sind es, sondern eben auch die Tapeten mit den Bilderrahmen und den Tischdecken und den Teppichen und den Bildern von Ludwig von Hofmann. Ein einziges Lianengeflecht des Jugendstils, das hier noch immer neue Äste trieb, ein Gesamtkunstwerk aus Kunsthandwerk, Gedanken und Gedichten. Und alles mit Besteck von Henry van de Velde. Am Abendbrottisch der Dehmels und in ihrem Briefkasten versammelten sich 1913 alle gleichzeitigen Ungleichzeitigkeiten des Jahres: Stefan George kam und ebenso Max Brod aus Prag, Else Lasker-Schüler und Arnold Schönberg, Ernst Ludwig Kirchner und Max Liebermann. Und nach dem Essen wurde immer gefeiert und getrunken und getanzt, als gäbe es kein Morgen. Gustav Schiefler etwa, der Hamburger Kunsthistoriker, schreibt nach einer solchen Nacht in sein Tagebuch: »Dehmel tanzte, daß es an die Brunst eines Tieres gemahnte.« Aber trotz einer wilden Affäre, die die wilde Ehe zwischen Ida und Richard Dehmel ausgerechnet in diesem Jahre 1913 erschütterte, blieben die beiden lebenslang vereint (und noch heute liegt ihrer beider Asche in einer Urne in der Westerstraße 5, von wegen »bis dass der Tod euch scheidet«).

Eine ganz besondere Feier fand also zum runden Geburtstag des Hausherrn am 18. November statt. Und die zentrale Rolle, die Dehmel in der geistigen und gesellschaftlichen Welt dieses Jahres spielte, wird deutlich an dem Kreis derer, die ihm an diesem Tag das Haus schenken, in dem er bislang zur Miete wohnte. Stefan Zweig und Thomas Mann gaben Geld, Arthur Schnitzler, Harry Graf Kessler und Hugo von Hofmannsthal, dann die Berliner Verleger Bruno Cassirer und Samuel Fischer, die Industriellen Eduard Arnhold, Walther Rathenau und Eberhard von Bodenhausen. Albert Ballin und Otto Blohm, die Hamburger Reeder, stehen ebenso auf der Liste der Schenker wie der Bankier Max Warburg und der berühmte Kunsthistoriker Aby Warburg. Und so geht es immer weiter: Henry van de Velde, Peter Behrens, Elisabeth Förster-Nietzsche sind unter den Donatoren, Julius Meier-Graefe und Max Liebermann. Das ganze Who-is-who des Jahres 1913 trug den erforderlichen Kaufpreis von 47 194,92 Reichsmark zusammen. Unglaublich. Und hätte er Geld gehabt, wäre sicher auch Arnold Schönberg dabei gewesen. Der nämlich gratulierte Dehmel schriftlich mit den Worten: jede seiner neuen Werkphasen sei durch ein Gedicht Dehmels eingeleitet worden und erst durch ihn habe er den Ton gefunden, »der mein eigner sein sollte«.

Der 18. November wurde, wie es Ida Dehmel beschrieb, »zum erhabensten Feiertag in unserem Leben«. Es kamen viele hundert Glückwunschtelegramme, viele tausend Briefe, um Dehmel zum 50. Geburtstag zu gratulieren, und vor der Tür bildete sich eine lange Schlange von Gratulanten, die aus ganz Deutschland angereist waren. Es erscheint eine Sondernummer der Zeitschrift »Quadriga« – darin die Glückwünsche von Kandinsky, Franz von Stuck, Ferdinand Hodler, Lovis Corinth und Adolf Loos. Es scheint, als habe Dehmels schwärmerische, erdnahe Lyrik um 1913 eine ganz besondere Saite bei den unterschiedlichsten Gemütern zum Klingen gebracht, selbst Benn musste gestehen, dass Dehmel den »frühen Benn« sehr geprägt habe. Am Tisch bei Dehmels saßen Walther Rathenau aus Berlin und Julius Meier-Graefe, man trank Champagner und stieß an auf den Jubilar, immer wieder, bis es abends zu einem feierlichen Festmahl kam, irgendwie fanden sich 50 Stühle in dem eigentlich viel zu kleinen Wohnzimmer. Anschließend wurde auf den Fluren eine Gavotte getanzt, es wurde gesungen und heiß debattiert, ob nun der Jugendstil wirklich zu Ende sei oder eben doch noch lange nicht. Ein Symposium von Schönheit und Geist und gutem Wein. Richard Dehmel brauchte ein wenig, um sich von dem freudigen Schock zu erholen, nicht nur 50 Jahre alt zu sein, sondern vor allem Hauseigentümer: »Ich sitze noch immer recht erschüttert und schmauche zu meiner Beruhigung aus einem geschenkten Meerschaumkopf – dann wieder erhebe ich mich und gehe fast wie auf Zehenspitzen vorsichtig durchs Haus, keine bösen Kobolde zu wecken, denn dies Haus ist ja jetzt mein Eigentum und daran gewöhnt sich ein Wolkenwanderer wie ich es bin nicht von einem Tag auf den anderen!« Im August hatte Dehmel zwar den Montblanc bestiegen und kurz zuvor an seine Frau Ida geschrieben: »Grade in diesem Jahr würde es mir das schönste Geburtstagsgeschenk sein, wenn ich endlich hinaufkäme.« Aber der wahre Gipfel des Jahres kam für den Wolkenwanderer dann eben doch auf Erden, und zwar am 18. November.

*

Niels Bohr, der bedeutendste Physiker seiner Zeit, geht in Kopenhagen nach der Arbeit im Labor gerne ins Kino. Am

20. November schaut er sich einen Western an. Auch dort versucht er, die Wahrscheinlichkeitsrechnung anzuwenden: »Ich glaube ja gerne, dass sich ein Mädchen allein auf eine schwierige Wanderung durch die Rocky Mountains begibt. Ich verstehe auch, dass sie ins Stolpern gerät, fast in eine Schlucht stürzt und dass in genau dem Moment ein hübscher Cowboy des Weges kommt und sein Lasso wirft. Ich halte es nicht für ausgeschlossen, dass ihre Kraft ausreicht, um sich daran festzuhalten und in die rettende Höhe ziehen zu lassen. Was mir nur extrem unwahrscheinlich erscheint, ist die Tatsache, dass zur selben Zeit, in der dies alles passiert, sich zusätzlich ein Kamerateam am Ort des Geschehens eingefunden hat, das die ganze Aufregung auch noch auf Film festhält.«

*

Am demselben 20. November geht Franz Kafka in Prag ins Kino. Er notiert nachher im Tagebuch die legendären Worte: »Im Kino gewesen. Geweint.«

*

Dank des Himmelsforschers Carl Dorno wissen wir, dass »mit dem 21. November eine Periode schöner Morgendämmerungen ohne Purpurlichter beginnt«. Das wird er später in einem Buch mit dem nicht weniger schönen Titel »Beiträge zur Kenntnis der Dämmerungs-Erscheinung und des Alpenglühens. Historisch-chronologische Übersicht der schweizerischen Beobachtungen und Veröffentlichungen über Dämmerungsfärbungen und Alpenglühen« für die Nachwelt bewahren.

*

Am 25. November beginnt Kandinsky in der schönsten Morgendämmerung in der Ainmillerstraße 36 in München die Arbeit an seinem Hauptwerk »Komposition VII«. Nach dem Abendessen spannt er die riesige, 2 x 3 Meter große Leinwand auf den Keilrahmen auf. Am nächsten Morgen um 11 Uhr macht Gabriele Münter ein erstes Foto: Die gesamte Bildanlage hat Kandinsky mit schnellem Pinsel skizziert, das Boot mit den Rudern unten links und die explodierende Kanone als Abstraktionsknäuel in der Mitte und rechts eine Art Reiter, eher apokalyptisch als blau. Am 27. November morgens um 11 Uhr fotografiert Gabriele Münter den grellen Strahl, den Kandinsky über Nacht als Bildöffner von oben rechts eingebaut hat. Und als sie am nächsten Morgen, dem 28. November, ins Atelier kommt und auf die 2 x 3 Meter große Leinwand blickt, da kann sie in ihrem Tagebuch nur notieren: »Bild fertig«. Drei Tage – und ein Quantensprung für die moderne Kunst. Es ist Kandinskys bedeutendstes Werk seiner Münchner Jahre, die Summe seiner Abstraktion, ein Feuerwerk an Farben und Formen, eine gesprengte Welt voll Dynamik und kühnen Verzahnungen. Man braucht aber eben nur drei Tage für so etwas, wenn man zuvor 30 Jahre auf diese Komposition hingedacht und hingemalt hat.

✷

Im November bringt die Firma AEG den ersten handlichen Hausstaubsauger auf den Markt. Er trägt die absurde Modellbezeichnung »Dandy«.

✷

Was ich unbedingt noch erzählen wollte: Der größte Dandy des Jahres 1913 hat in seinem Leben nie Staub gesaugt –

Gabriele D'Annunzio. Der wort- und schönheitstrunkene Nietzsche-Verehrer ist eine der schillerndsten Figuren dieses Jahres. Perfekt gestylt, den Schnurrbart gezwirbelt, der Blick entschlossen wie auf einer ewigen Jagd, so zieht er durch Europa, immer auf der Suche nach der nächsten Eroberung, dem nächsten kulturellen Großereignis oder wenigstens dem nächsten Grandhotel. Ungefähr 3000 Verehrerinnen, mit denen D'Annunzio ins Bett ging, verzeichnet das Tagebuch, das ist selbst für 1913 rekordverdächtig. Die berühmteste Beute des »Raubvogels« D'Annunzio, wie ihn Romain Rolland nannte, war Eleonora Duse. Oder umgekehrt: Bekannt war er selbst weniger durch seine Lyrik oder seine Dramen, sondern als Geliebter der Duse. Ihn auf die Rolle des Don Juans zu reduzieren erscheint sinnvoll: denn alle seine Schriften sind nur Erzählungen seines eigenen Lebens, und selbst seine zahllosen Liebesbriefe sind eigentlich nur Notizen für zu schreibende Bücher. Als sein Liebesfuror für die bildschöne Römerin Barbara Leoni vergangen war, versuchte er über Umwege, die Liebesbriefe zurückzukaufen, die er ihr geschrieben hatte. Leider hatte er keine Abschriften davon gemacht, und er brauchte sie gerade dringend für ein neues Buch. Und es gelang. So verwandte er in seinem Buch »Lust« dann die schwärmerischen Beschreibungen, die er einst über die schlafende Barbara gemacht hatte, nun 1:1 in seinem Buch, inklusive des Erstaunens über ihre zu großen Füße. Irgendwann wimmelte dann ganz Italien von verlassenen, gedemütigten, weinenden Geliebten D'Annunzios, und der Dichter musste, vollkommen abgebrannt, von zahllossen Duellforderungen und der Insolvenz verfolgt, nach Paris fliehen. Dort machte er einfach genau so weiter wie zuvor. Natalie Barney, die lesbische Salondame und Muse, fasste die Rolle D'Annunzios in Paris im Jahre 1913 so zusammen: »Er war der letzte Schrei. Wer es als halbwegs gutaussehende Frau nicht geschafft hatte, mit ihm ins Bett zu gehen, wurde zum Gespött von Montparnasse.« Relativ dauerhaft und wiederholt landete er in den Armen von Nathalie de Goloubeff, einer russischen Fürstin, mit der er die Liebe zu den Greyhounds teilte und die sich um die gemeinsamen 60 Tiere kümmerte. Mit einem von ihnen, »Weiße Havanna« genannt, gewann D'Annunzio im August das Windhundrennen von St. Cloud, danach hatte er für ein paar Wochen wieder etwas Geld in der Tasche. Und dann, im Oktober 1913, übernimmt die Kosten für seine Wohnung in der Avenue Kleber und für seine Windhunde und seine sonstigen Eskapaden endlich Luisa, Marchesa Casati Stampa di Soncino und reichste Erbin Italiens. Die war nun so ganz nach dem Geschmack des Dichters: Rotgefärbtes Haar, gebleichte Haut, exzentrisch bis in die Zehenspitzen. Kaum war sie im Pariser Ritz abgestiegen, bestellte sie beim Concierge sechs lebende Kaninchen. Aber nicht zum Spielen, sondern als Abendbrot für ihre Boa Constrictor, die sie immer mit sich führte, sowie für ihre beiden hungrigen Windhunde (ihre beiden Geparden hatte sie für diese Reise in ihrem Palazzo in Venedig gelassen). Sie selbst aß ein paar Austern, obwohl sie sich ja angeblich nur von Champagner und exquisiten Drogen ernährte. Aber zum Dessert gab es im Ritz diesmal einen frischen Gabriele D'Annunzio, endlich, nach sieben Jahren, die sie sich nun kannten, gingen sie miteinander ins Bett. Luisa Casati war nicht besonders hübsch, aber dafür besonders exzentrisch – und deshalb lagen ihr alle zu Füßen. Die italienischen Futuristen betrachteten sie als ihre Verbindungsoffizierin, die »Ballets Russes«, Picasso, Man Ray als ihre Verbündete, ihre Verschwendungssucht, ihre absurden Eskapaden hielten die Hautevolee europaweit in Atem. Sie lebte, um sich zu inszenieren, ihre Maskenbälle im Stile des 18. Jahrhunderts waren die mondänsten und verwegensten Feste: Auf einem bat der größte lebende Tänzer Waslaw Nijinsky die größte lebende Tänzerin Isadora Duncan zum einzigen gemeinsamen Tanz ihres Lebens. Im September 1913 hatte sie gerade den Markusplatz in Venedig für ihren »Grande Ballo Pietro Longi« mit einem 14000 Quadratmeter großen Tanzboden ausgelegt. Irgendwie war es ihr gelungen, den Polizeipräsidenten und den Präfekten zu bestechen. Und so wurde der ganze Markusplatz zu einer Inszenierung ihrer Exzentrik. Um Mitternacht fuhr sie selbst in einer Gondel vor, komplett in Blattgold eingeschlagen, und vom Campanile des Doms schlug jene Uhr, die die »Unheilvolle« hieß. Luisa Casati liebte das Spiel mit der eigenen Bedeutung, die groteske Selbstüberhöhung und das Diabolische. Es war wirklich nur eine Frage der Zeit, bis sie in den Armen Gabriele D'Annunzios landete. Auch wenn man es kaum glaubt: Wenn diese beiden Verrückten nachmittags über die Boulevards rund um das Ritz spazierten, dann führte die Marchesa immer ihr kleines, dressiertes Krokodil bei sich, dessen Geschwindigkeit sie mit einer diamantbesetzten Leine bestimmte. Wo war ich noch mal stehengeblieben? Richtig: beim ersten Staubsauger. Davon bin ich jetzt leider etwas abgekommen.

*

Isadora Duncan reist durch Europa, um ihren Schmerz zu betäuben. Der Tod ihrer beiden Kinder im April hat auch sie selbst fast aus dem Leben gerissen. Die größte Tänzerin ihrer Zeit – unfähig, einen Schritt neben den anderen zu setzen. Selbst auf dem Monte Verità in Ascona, wo sie für ihre Tänze verehrt wird wie eine Göttin, kann sie keine Sekunde ihr Leid vergessen. Doch es gibt eine Frau, die sie zu trösten versteht: Eleonora Duse, »die Duse«, neben Sarah Bernhardt die wohl größte Schauspielerin dieser Zeit. Diese lädt sie im November 1913 ein in ihre Villa Rigatti in Viareggio, nur wenige hundert Meter entfernt von der Villa Giacomo Puccinis, in der dieser sich der Liebe mit der frisch geschiedenen Josephine von Stengel erfreut. Die Duse nimmt Isadora Duncan in den Arm, sie bittet sie ausdrücklich, von ihren verstorbenen Kindern zu erzählen, zu berichten, was sie am meisten vermisst, die Duse will Fotos sehen und Erinnerungen hören. Immer wieder muss Isadora Duncan ihr Sprechen unterbrechen, weil ihr der jähe Herzschmerz die Stimme versagen lässt, weil ihr die Tränen aus den Augen schießen, wenn sie an den dreijährigen Patrick denkt und die siebenjährige Deirdre, die mit ihrem Fahrer und ihrem Kindermädchen im April in der Seine ertrunken sind. Doch während alle anderen Isadora Duncan schonen wollen, indem sie nicht von dem Leid sprechen und es durch das Schweigen nur noch größer machen, ist die Duse die Einzige, die Duncan wirklich hilft, zu trauern. Und durch das Trauern ihre Lebensgeister weckt. Der Bildhauer Romano Romanelli war nach Viareggio gekommen, um sie als Brunhilde zu porträtieren. Die spielte sie nämlich in Wagners Oper »Siegfried« in Paris. Während einer der Porträtsitzungen, als sie nackt unter ihrer Tunika posierte, wurde Romano Romanelli zu ihrem Siegfried. Und auch wenn der Name nun wirklich klingt wie eine Romanfigur und ihn mir wahrscheinlich keiner glaubt: er war ganz offensichtlich aus Fleisch und Blut. Isadora Duncan will nicht nur Brunhilde sein. Sie will Mutter sein. Sie will das schreckliche Geschehen vergessen machen. Sie will die Geschichte neu schreiben. Sie will schwanger werden. Und sie wird schwanger. Ende 1913 wächst in ihrem Bauch ein kleiner Romano Romanellino. Das nennt man wohl eine gelungene Trauerarbeit.

✷

Passend dazu entwickelte der amerikanische Biologe Alfred Sturtevant die erste DNA-Analyse. Doch für seine erste Darstellung eines Chromosoms hat er sich nicht den kleinen Romanellino, sondern die Fruchtfliege Drosophila melanogaster ausgesucht.

*

Im November 1913 spürt Kaiser Wilhelm II. erstmals die Grenzen seiner Macht. Er hat keine Chance gegen den Tango. Argentinische Musiker, die nach Paris gekommen waren, hatten das südamerikanische Virus Anfang des Jahrhunderts in Europa verbreitet. Die größten Infektionsherde waren inzwischen London, Moskau, Paris und Berlin. Auf Latein heißt tango: Ich berühre. Auf Englisch formulierte es George Bernhard Shaw so: »Dancing is a vertical expression of a horizontal desire.«

Doch Kaiser Wilhelm II., der Märsche und Polonaisen und überhaupt Übersichtlichkeit liebt, versteht es, nachdem am Tag zuvor ausgerechnet sein Sohn beim Tangotanzen in Uniform erwischt worden war, etwas anders: »Wir verpflichten hiermit durch die Hofansage die gesamten Hofstaaten, Chargen und Rekrutierten, sich sowohl in der Öffentlichkeit als auch im Privaten eines ausgesprochen widerwärtigen Tanzes zu enthalten. Auch die Mitglieder der allerhöchsten Familie sind bei Ordre gehalten, sich dieser fremdländischen Unsitte zu entziehen.« Doch es half alles nichts. Die Zeitungen sprachen von der »Tangomanie«, im »Tanz-Brevier«, das Ende 1913 erschien, wird vermeldet, dass »Ältere, ansonsten vernünftige Menschen, plötzlich Tangostunden nehmen«, das Establishment tobte, auf der zwölften Welttanzlehrerkonferenz in Paris, der »Academie internationale des amateurs professeurs de danse, tenue et maintien« kam der Tango sogar auf den Index. Doch trotz aller Verbote durch Kaiser und Tanzlehrer ging es immer weiter. In der Winterausgabe der Zeitschrift »Die

Woche« wird vermeldet: »Wer es bisher liebte, sich leidenschaftlich in politische oder gar Kunstgespräche zu verstricken, tritt nun in die Reihe der Tangopassionisten.« Da es immer mehr katholische Priester gab, die das Tangotanzen als »Sünde« einordneten, griff irgendwann Papst Pius X. zu einem beachtlichen Faktencheck. Er ließ sich im Vatikan eines schönen Nachmittags vom jungen Prinzen Antici Mattei und dessen Cousine zu Grammophonmusik eine Tangovorführung geben, um zu schauen, ob da Sünden geschehen, die man dann nachher immer wieder mühsam erlassen muss.

Er saß also andächtig im Stuhl und beobachtete das Tanzpaar. Es ist jetzt irrevelant, ob er in diesen Fragen als kompetent gelten darf oder nicht – auf jeden Fall fand Papst Pius X. das Ganze wirke sehr wenig erotisch, sondern nur offenbar sehr anstrengend. Er bezweifelte daraufhin, dass es sich beim Tango wirklich um ein Vergnügen handeln könne. Deshalb hielt er das Tangotanzen auch für keine Sünde. Statt eines Verbotes kam deshalb aus dem Vatikan nach diesem Nachmittag die Duldung des Tanzes – und die Empfehlung, doch statt des Tangos lieber die harmlose Furlana zu tanzen, einen venezianischen Volkstanz. Pius X. konnte da noch nicht ahnen, dass nur neun Päpste später mit Franziskus ein Tangotänzer Gottes Stellvertreter auf Erden werden sollte.

*

Walter Benjamin hat beschrieben, wie sich die Menschen des 19. Jahrhunderts mit Stoffen umgaben wie in einem Etui. Das Rascheln der Stoffe, die Materialität, die verhüllten Beine und Arme, das war die alte Zeit, auch das war 1913. Nur das Gesicht und die Hände der Frauen von Stand waren zu sehen, hochgeschlossene Blusen und Jacken verhüllten den Oberkörper, lange Ärmel die Arme, Hüte die Haare und ein langer

Rock die Beine. Der Mann trug Anzug und Weste mit Krawatte, auch oft einen Hut, alles perfekt luft- und lichtdicht verschlossen. Kein Wunder also, dass es den Menschen unter diesen Schichten immer enger zumute wurde. Kein Wunder auch, dass es die Sonnenstrahlen und die frische Luft waren, mit denen die Reformler die eingeschnürten Großstädter auf den Monte Verità nach Ascona lockten und die Gurus wie Fidus, wie Dieffenbach und Gustav »Gusto« Gräser die Damen in ihren Bann zogen. Denn natürlich, das war die Verheißung, auf gelockerte Kleidungsvorschriften folgte postwendend auch eine gelockerte Sexualmoral. Und so etwas zog selbst in Stuttgart: Zu den Vorlesungen Gräsers am Waldesrand pilgerten Hunderte hochgeschlossen gekleidete Damen, lauschten gebannt dem bärtigen Propheten und dachten dann auf dem Heimweg lange nach über die Pros und Kontras der sexuellen Befreiung.

✷

Am Kurfürstendamm in Berlin wohnen genau 45 Einkommensmillionäre, sowie etwa drei- bis viermal so viele Vermögensmillionäre. Damit ist der Kurfürstendamm die mit weitem Abstand wohlhabendste Straße Deutschlands.

✷

Sidonie Nádherný, die geheimnisvolle Baronin aus Mähren, schreibt aus dem Palace Hotel in Prag am 26. November eine Eilnachricht an Karl Kraus: »Komme nachts. Ergebenst: Sidonie.« Er kommt. Und am nächsten Tag notiert sie in ihr Tagebuch mit beglückter Lakonie: »1. Mal«. Und Kraus dürfte wohl ebenso befriedigt gewesen sein, im spätromantisch berauschten, jugendstilbeseelten, neurotisch überfeinerten Fin-de-Siècle-

Wien Schnitzlers, Hofmannsthals, Klimts und Freuds eine Frau, Gräfin dazu, gefunden zu haben, die seine Hoffnung auf sexuelle Hemmungslosigkeit erfüllte. »Der Mann«, schrieb er, »hat fünf Sinne, das Weib bloß einen.« Dieser eine aber schien ihm ein »Urquell«, »an dem sich der Geist des Mannes Erneuerung hole«. Und er erneuerte sich in der Liebe zu Sidonie grundlegend. Aber die Welt zu hassen, das konnte er nur lassen, wenn er in ihren Armen lag. Ansonsten galt: »Es wird schon etwas zu bedeuten haben, daß ich an der Welt kein gutes Haar lasse außer jenem, das Du auf Deinem Kopfe trägst.«

*

Paul Klee schreibt im November das wunderbare Fazit in sein Tagebuch: »Eine einzige Liebeserklärung an die Kunst ist das Jahr 1913.« Meine Rede.

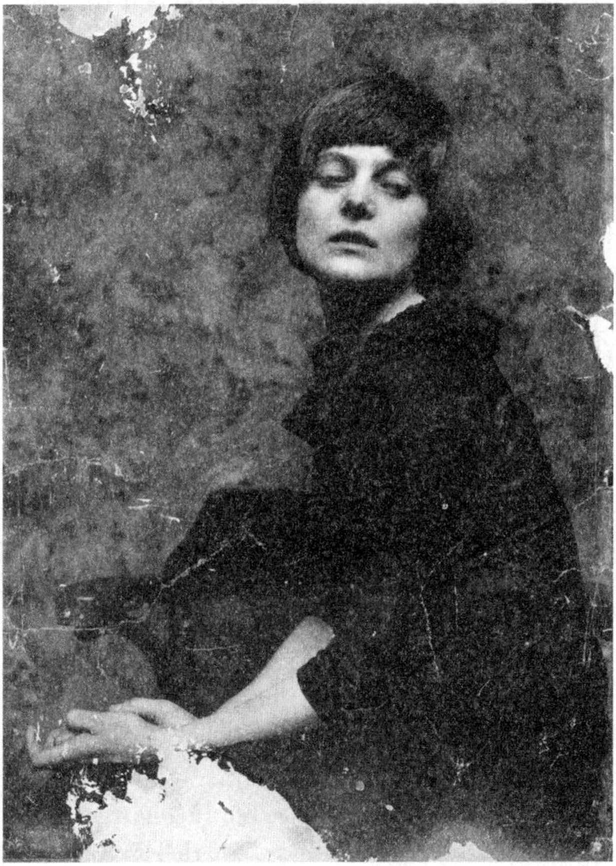

1913, das erste Jahr der Gegenwart:
Emmy Hennings weiß nicht, ob sie nach vorne
oder hinten schauen soll.

Am 1. Dezember eröffnet in Pittsburgh die erste Tankstelle der Welt.

*

Am 1. Dezember feiert Sidonie Nádherný ihren 28. Geburtstag. Ihr Name ist so lang wie die Liste ihrer Verehrer: Sidonie Amálie Vilemína Karolína Julie Marie Nádherná von Borutín. An diesem 1. Dezember aber kämpfen vor allem zwei Gratulanten um den Platz in ihrem Herzen. Rainer Maria Rilke der eine, beharrlich, einfühlsam, frauenverstehend. Als im Frühling ihr geliebter Bruder gestorben war, da fand Rilke mit seinem Ton des nichtaussprechenden Verstehens als Einziger Zugang zu den Schattenkammern ihres Herzens. Sie schwieg stets viel, das fand Rilke vielsagend. Und Rilke ließ seine Frau Clara eine Büste von Sidonie erschaffen (Rilke liebte das Spiel über Bande), die nun in deren neuer Wohnung in der Trogerstraße in München stand, und er schrieb Sidonie in ihr fernes Schloss: »Dagegen sah ich gleich am dritten Tag meines Hierseins Ihre Büste, Sie müssten sie fast an der jetzigen Stelle zuerst wiedersehen, goldtönig, hineingestellt in das ananas- bis orangengelbe Leuchten eines blonden schwedischen Zimmers, so warm und sonnig im Ton, köstlich und so schön und still und irgendwie nachdenklich-traurig im Ausdruck.« So also, wie immer irgendwie nachdenklich-traurig im Ausdruck, schreibt Rilke ihr. Seine innere Ekstase für sie war aber abgekühlt – die hatte im Sommer eher Hedwig Bernhard in Bad Rippoldsau gegolten und galt nun, im Winter, Magda von Hattingberg, einer Pianistin und Busoni-Schülerin, zu der er sich in tausend taubenblauen Briefen hinschmachtete. Bei Sidonie ging es ihm im Dezember 1913 mehr um Besitzstandswahrung. Und darin fühlte er sich herausgefordert durch Karl Kraus. Kraus, schockverliebt seit dem 8. September, nennt Rilke gegenüber Sidonie nur »die Maria«. Schon an ihrem ersten Abend, als sie in die Sterne schauten, sprachen sie über den Dichter, er kreist als Dritter wie ein ferner Adler immer über dieser Zweisamkeit. Er wird dann Sidonie warnen vor Kraus und dessen jüdischer Herkunft – traurig, aber wahr. Jetzt aber, in diesem Dezember ist Kraus eindeutig derjenige, der in der größten Liebe entbrannt ist: »Oh Sidie«, »Meine Braut vor Gott«, »Du Heilige, Herrliche«, »Beglückerin Du! Vernichterin! Erretterin«, »Ich hätte nie geglaubt, daß es so über mich hereinbrechen kann«, »Ich verbrenne«. So also schreibt Karl Kraus an Sidonie Nádherný. So also schreibt der strenge Mahner und Prophet, der bissige Satiriker und der Alleinunterhalter der »Fackel«, wenn er von Sinnen ist. Und Sidonie? Diese weise Frau also schreibt: »Warum bedeutet immer Liebe, beim Mann wie beim Weib – Zerstörung?« Gute Frage.

*

Djagilew sinnt auf Rache. Auch er fragt sich: Warum bedeutet Liebe immer Zerstörung? Seine Antwort: Weil es so sein muss. Er hat sein Geschöpf Nijinsky verstoßen, ihn hinausgeworfen aus den »Ballets Russes«, als der sich einer Frau hingegeben hat. Er entzieht ihm die Choreographie für die »Josephslegende«. Per Telegramm entlässt er ihn. Doch wirklich besiegen und überwinden, das weiß er, kann er ihn nur, wenn er einen neuen Mann in sein Herz hineinlässt und in sein Bett.

Als er am Ende dieses unglaublichen Jahres in Moskau ein wenig zur Ruhe kommen will, da sieht er plötzlich bei Proben in der Oper einen bildschönen Statisten mit einer Servierplatte einen Schinken auf die Bühne tragen. Am nächsten Abend sieht er ihn leidlich tanzen, die Tarantella im Schwanensee. Leonid Mjasin, später bekannt geworden unter dem Namen Léonide Massine, ist sein Name. Djagilew verpflichtet ihn sofort für die »Ballets Russes«, fährt mit ihm am nächsten Tag nach St. Petersburg, geht dort mit ihm in die Ermitage und abends sofort ins Bett. Er hat seinen neuen Star gefunden. Leonid Mjasin bekommt die Hauptrolle in der »Josephslegende«, die Richard Strauss und Hugo von Hofmannsthal für Nijinsky erdacht hatten. Aber Nijinsky und Romola, immerhin, bekommen ein Kind.

*

Am Morgen des dunklen 2. Dezember verlässt die dänische Autorin Karen Blixen ihren Gutshof in Rungstedlund, das Heim ihrer Kindheit und Jugend, und macht sich auf den Weg nach »Afrika, dunkel lockende Welt«, wie später ihr Roman heißen wird. Sie will dort, in Britisch-Ostafrika, ihren Verlobten heiraten, den schwedischen Baron Bror von Blixen-Finecke, und ein neues, freieres Leben beginnen. Vier Jahre zuvor hatte sich Karen schon einmal in einen Baron von Blixen-Finecke verliebt, in Hans, den Bruder ihres jetzigen Bräutigams, doch der wollte nicht. So versuchte sie jetzt mit Bror nach Afrika zu übersiedeln und eine Milchfarm zu betreiben, so wie sie es von Jack Londons Farm gehört hatte. Sie wollte raus aus der Enge Dänemarks, sie wollte in die Wärme und ins Licht. Bror fuhr im Sommer 1913 voraus und kaufte die 800 Hektar große Mbagathi-Farm am Fuße der Ngong-Berge südlich von Nairobi – finanziert von Karens Familie, denn der Bräutigam war pleite.

Als der Kauf perfekt war, packte Karen ihre Koffer. Ihre Mutter Ingeborg und ihre kleine Schwester Ellen begleiteten sie auf der langen, langen Zugreise durch ganz Europa. In Neapel machten die drei Frauen über Weihnachten noch ein paar Tage Urlaub, ließen sich gefangennehmen von den Krippenfiguren, den Gesängen im italienischen Süden, »jenseits von Afrika«. Am 28. Dezember schiffte sich Karen Blixen nach Mombasa ein. Im Januar wird Bror sie abholen und tatsächlich heiraten, aber das führt jetzt zu weit. Wichtiger ist, dass sie sich schon nach drei Tagen auf See, am Silvesterabend, verliebte – in den deutschen Oberstleutnant Paul von Lettow-Vorbeck, den späteren Kommandanten der kaiserlichen Schutztruppe in Deutsch-Ostafrika. Um ihn weiterhin an ihrer Seite zu haben, machte Karen, durchaus praktisch veranlagt, ihre neue Flamme gleich zu ihrem Trauzeugen. Enttäuschend war dann eher, dass ihr Mann dummerweise keine Milchfarm, wie verabredet, sondern eine Kaffeefarm gekauft hatte. Aber leider lagen deren Anbauflächen so ungewöhnlich hoch, dass der Kaffee immer wieder einging und die Afrikaner froh waren, einen dummen Europäer gefunden zu haben, der ihnen das Land abkaufte. Noch enttäuschender aber war, dass ihr Ehemann sie schon in der Hochzeitsnacht mit Syphilis ansteckte – und sie wenig später nach Europa zur Behandlung musste und ein Leben lang unter den Folgen litt. Die Krankheit, die sich ihr Mann offenbar in einem Bordell auf der Reise nach Afrika geholt hatte, war für Karen Blixen ein besonderer Schock: Ihr eigener Vater, streng protestantisch, hatte sich 1895 erhängt, nachdem ihn der Arzt mit der Diagnose Syphilis konfrontiert hatte und er diese Schande seiner Familie nicht zumuten wollte. Und dann steckt sich seine arme Tochter in ihrer Hochzeitsnacht damit an. Das nennt man wohl Familienschicksal.

*

Die russischen Flieger flogen 1913 die ersten Loopings, aber niemand kreiste so formvollendet um sich selbst wie der russische Dichter Wladimir Majakowski. Am 2. Dezember, als Karen Blixen nach Afrika aufbricht, wird in St. Petersburg die Premiere von Wladimir Majakowskis »Wladimir Majakowski. Eine Tragödie« gefeiert. In der Hauptrolle, logisch, Wladimir Majakowski. Der mit dem Namen des Autors identische Titel des Stücks geht eigentlich auf einen Irrtum der Petersburger Zensurbehörde zurück, das erschien dem Autor aber dann als sehr plausibel.

*

Man wächst an seinen Herausforderungen. Also forderten die jungen, intellektuellen russischen Revolutionäre gleich mal die Sonne heraus. Ach was: Sie behaupteten bereits im Titel ihrer verwegenen »futuristischen Oper« den »Sieg über die Sonne«. Die Uraufführung der Künstler rund um Kasimir Malewitsch, die um 9 Uhr abends am 3. Dezember im Luna Park in St. Petersburg stattfand, war ein Urknall für die Moderne in Russland, der aufräumte mit aller traditioneller Logik im Musiktheater. Entstanden war ein krudes Gesamtkunstwerk, reine Lautpoesie, verwirrende Klänge, Lichteffekte, die Figuren hießen »Irgendeiner mit schlechten Absichten« und »Schwätzer am Telefon«, und auf den Bühnenvorhängen sah man das erste schwarze Quadrat von Malewitsch. Das sollte der »Keim der Möglichkeiten« sein. Dennoch gelang es Malewitsch nicht, seine Version eines »Futuristischen Kraftmenschen« auf die Bühne zu stellen, eine Art Gerät, das »einerseits Elektrizität speichern und andererseits auf Knopfdruck losschlagen« sollte. Gelungen allerdings waren die beiden Schlusssätze des »Sieges über die Sonne«: »Die Welt wird natürlich untergehen. Aber für uns gibt es kein Ende.« Da hat man die ganze Besessenheit des russischen Aufbruchs um 1913, die Zerstörung als Schaffensprinzip, das Ende als Bedingung für den Neuanfang. Die wunderbar dissonante verwirrende Musik zu der futuristischen Oper »Sieg über die Sonne« stammte von Michail Matjuschin. Von ihm stammt auch die schlüssigste zeitgenössische Diagnose des Jahres 1913 in den Künsten überhaupt: »In der Malerei alle diese Verschiebungen von Fläche und Perspektive, Dynamik der Form und Dynamik der Farben. In der Musik die Idee neuer Harmonien, einer neuen Chromatik, einer neuen Tonleiter. In der Entdeckung des Wortes und daher der Entdeckung der Loslösung des Wortes vom Sinn: das Recht des Wortes auf Selbständigkeit. Und dies waren die Folgen: In der Malerei der Zerfall der alten akademischen Zeichnungen, des Klassizismus, dessen wir überdrüssig geworden sind. In der Musik der Zerfall des alten Tones, des diatonischen Systems, dessen wir überdrüssig geworden sind. In der Literatur der Zerfall des alten, abgenutzten, vollgepfropften Wortes, dessen wir überdrüssig geworden sind.« Auch hier also: Erst muss das Alte vergangen sein, damit das Neue endlich beginnen kann. So also die Lage der Kulturnation Russland Ende 1913.

*

Der Ausbruch des Vulkans Katmai in Alaska im Jahre 1912 sorgte noch das ganze Jahr 1913 für eine für die Menschen neuartige und seltsame Verschleierung des Himmels. Die Sonne scheint nicht mehr richtig, es wird kühl und regnet das ganze Jahr mehr als sonst. Die Aschespuren sorgten nicht nur in Amerika, sondern auch in Europa für eine, wie es die Forscher nennen, »atmosphärisch-optische Trübung«, und zwar in Form einer »markanten Dunstsscheibe um die Sonne«. Ab 1914 wird es für die Himmelsgucker etwas langweilig. So schreibt

Carl Dorno später aus Davos: »Ab Januar 1914 folgt eine an meterologisch-optischen Erscheinungen dürftige Periode, die erst durch eine neu einbrechende Störung wieder belebt wird.« Ob damit der nächste Vulkan oder der nächste Krieg gemeint ist, bleibt offen. Astronomen und Meteorologen argumentieren gerne etwas zurückhaltend. Aber Thomas Mann, der Dorno in Davos in dessen Physikalisch-Metereologischem Observatorium bei seinen Recherchen für den »Zauberberg« kennengelernt hat, wird diese Diskretion gefallen haben.

✷

Am 5. Dezember wird Asta Nielsens Film »Die Filmprimadonna« uraufgeführt. Die irrwitzige Story geht so: Ein Drehbuchautor verliebt sich in die Hauptdarstellerin, die wiederum einen anderen liebt. Jener andere braucht Geld, weil er spielt und säuft, und darum geht die schon halbkranke Schauspielerin auf Tournee – doch als sie das Geld abgeliefert hat, verlässt sie der andere schnöde. Sie kehrt zurück zum Drehbuchautor, der in seiner Verzweiflung einfach ihre gemeinsame Geschichte zu einem Film verarbeitet hat. Die Schauspielerin spielt sich also selbst. In der Schlussszene stirbt sie, also Asta Nielsen – und zwar in den Armen des Drehbuchautors. Was für ein wahnsinniges Spiel mit den Ebenen von Film und Wirklichkeit. Als die Schauspielerin stirbt, trägt sie das Kostüm eines Pierrot – und der Drehbuchautor passenderweise auch. Im Tod also sind sie vereint. Ergriffen verlässt Erich Heckel, der große Brücke-Maler, am späten Abend des 5. Dezember das Kino am Kurfürstendamm, ergriffen vor allem von jener Schlussszene mit den beiden Pierrots. Er geht nach Hause, er wird heute keine Stiefel mehr putzen, denn er glaubt nicht mehr an den Nikolaus. Er glaubt nur noch an die Kunst. Und darum beginnt er noch in der Nacht an seiner Radierung

»Sterbender Pierrot«. Wie in der letzten Filmszene, die Heckel immer noch in seinem Kopf mit sich trägt, hat er den Kopf des Pierrot verzerrt angewinkelt, wenig später beginnt er mit seinem Gemälde »Toter Pierrot«, wo die Halskrause von Asta Nielsen zu einer Art Heiligenschein wird. Es ist also ein Bild nach einem Film über einen Film, in dem eine Schauspielerin die Rolle einer Schauspielerin spielt, in der sie sterben soll – und tatsächlich stirbt. So verschränkt waren die Kunst und das Leben am Ende des Jahres 1913.

*

Am 6. Dezember erscheint ein Sonderheft der Zeitschrift »Die Aktion« für Otto Gross. Der Psychoanalytiker, der, getrieben vom Opium, der Liebe zu den Frauen und zur Wahrheit, gegen die Verkrustungen des Wilhelminismus trotzig aufbegehrte, am Monte Verità, in Berlin und in München, war im November von seinem Vater für verrückt erklärt und in eine Irrenanstalt eingeliefert worden. Dagegen begehrten nun die Dichter auf, Erich Mühsam, Franz Jung (in dessen Wohnung Gross von der Polizei gefasst wurde), Else Lasker-Schüler, Johannes R. Becher, Jakob von Hoddis, René Schickele, sie alle schrieben wütende Verse. Der Kampf zwischen Vater und Sohn Gross wurde zu einem beispielhaften Generationenkonflikt, Söhne gegen Väter, Jung gegen Alt. Es siegten, leider, die Väter. Aber, immerhin, Gottfried Benns Gedichtband aus diesem Jahr heißt »Söhne«. Auf dem Titel: Eine »apokalyptische Landschaft« von Ludwig Meidner.

*

Paul Souday, der wichtigste Literaturkritiker Frankreichs, schreibt am 9. Dezember über Marcel Prousts gerade erschienene »Suche nach der verlorenen Zeit«: »Das Werk ist maßlos und chaotisch.« Aber, immerhin, es gäbe zwischen all den Hunderten und Aberhunderten von Seiten ein paar ganz gute Stellen, aus denen »hätte man ein nettes kurzes Buch machen können«.

✷

Am 13. Dezember wird in Frankfurt das erste deutsche Heinrich-Heine-Denkmal enthüllt. Für den Körper des breitschultrigen deutschen Dichters des 19. Jahrhunderts stand dem Bildhauer Georg Kolbe absurderweise Djagilews abhandengekommener Faun, der schmächtige Tänzer Waslaw Nijinsky, Modell. Der hatte Kolbe in seinem Pariser Atelier gerade besucht, als dieser den Auftrag für das Denkmal aus Frankfurt erhielt. So zeigt das Heine-Denkmal einen zarten, athletischen Jungenkörper, der über eine nackte Frau hinwegtanzt, und auf seinen Zehenspitzen balanciert. Er habe, sagte Kolbe zur allgemeinen Verblüffung, mit seiner Skulptur nur die Leichtfüßigkeit von Heines Gedichten ausdrücken wollen, nicht mehr und nicht weniger.

✷

Karl Wilhelm Diefenbach hat die »Toteninsel« von Arnold Böcklin, das vielleicht berühmteste Gemälde der deutschen Kunst des 19. Jahrhunderts, am letzten Tag des 19. Jahrhunderts gefunden. Als er am 31. Dezember 1899 auf der Insel Capri mit seinem Boot anlegt, ahnt er, dass hier, auf dieser Insel der Toten, sein neues Leben beginnen wird. Er hat schon einmal versucht, sich und die Welt komplett umzukrempeln, im Isartal, in Höllriegelskreuth. Aber es ist kein Wunder, dass es bei diesem Ortsnamen nicht klappen konnte. Nun also:

Capri. Hier wollte er einen neuen Menschen züchten. Wie Gorki auf der anderen Seite der Insel, der einst auch versucht hatte, genau hier die russischen Arbeiterkinder zu Revolutionären auszubilden, so wollte Diefenbach mit Vegetarismus, Sport und christlicher Esoterik gegen Industrialisierung und Kapitalismus antreten. Es ging um Luft und um Licht, um Homöopathie und um Yoga, um sexuelle Befreiung und um das Leben in der Kommune. Es ging darum, sich von Diefenbach selbst »wie weiches Wachs bilden und anders gestalten zu lassen«. Am extremsten war Diefenbachs Lebenswandel seit ein, zwei Jahren, alle paar Monate gab es eine neue Frau an seiner Seite, rückblickend lässt sich ein deutlicher Hang zu Blondinen aus altem deutschen Adel erkennen, die ihm verfielen, als sie für ein paar Tage auf Capri im Hotel Quisisana Quartier nahmen und dann bei ihren Spaziergängen in den Bann des bärtigen Kuttenträgers mit dem verwilderten Blick gerieten. Diefenbach lebte auf Capri seine sexuellen Wunschvorstellungen aus. Aufgabe des »Weibes« sei, so stellte er fest: die »Befriedigung meines unwiderstehlichen natürlichen Geschlechtstriebes«. Die Schwester seiner Ehefrau Mina, Marie Vogler, musste seinen Geschlechtstrieb ebenfalls befriedigen, was zu einem Dauerstreitthema zu Hause führte, klar. Und 1912, also letztes Jahr, hatte er auf Capri eine vornehme junge Russin kennengelernt, Eugenie von Reinke, die nur für ein paar Tage aus Neapel herüberkommen wollte und dann doch Teil seiner Kommune wurde, dann folgte Agnes Bogler von Plankenfeld, eine alte Verehrerin aus Wiener Zeiten, die sich ihm nun erneut hingab und in der Diefenbach ebenfalls hoffte, sein »besseres Ich« zu finden. 1913 schließlich traf er bei einem Spaziergang auf Capri die ostpreußische Gutsbesitzerin Martha Rogalla von Bieberstein als »seelenverwandtes Wesen«, auf das er ein Leben lang gewartet hatte. Aber Diefenbach hatte nicht allzu viel Zeit für die Frauen, denn er musste vor allem malen auf Capri, auch nachts.

Das war nun seit der Zeit der Romantik die Sehnsuchtsinsel der Deutschen geworden, die Blaue Grotte, sagenumwoben und lange verschwunden. Ausgerechnet von einem deutschen Maler wurde sie, tauchend, wiederentdeckt. Und dass dieser August Kopisch eigentlich berühmt dafür war, das Märchen von den Heinzelmännchen erfunden zu haben, das machte diese Geschichte der wiedergefundenen Grotte natürlich gleich noch einmal sagenumwobener. Capri vor Diefenbach war also vor allem: blau. Darüber die goldene Sonne. Doch Diefenbach wartet buchstäblich ab, bis die Sonne sich hinter Capri ins Meer versenkt. Dann, wenn es dunkel wird und die Gischt der Brandung jäh aufleuchtet im Licht des Mondes, wenn die Wellen, die an die Kalkfelsen schlagen, klingen wie Donnerbrausen, wenn das Kreischen der Möwen plötzlich tönt wie das der Krähen in einem Gedicht Georg Trakls, dann, ja dann erst macht sich Diefenbach mit seiner Staffelei und seinen Ölfarben auf den Weg an den Strand. Nur vom Mond beleuchtet, umtost vom nächtlichen Meer, beginnt er zu malen, schwarz in schwarz, und aus den dunklen Fluten seiner Bilder entsteigen die großen Figuren der Geschichte, die ägyptischen Götter, Odysseus, Jesus, Dante, darüber immer die Möwen, deren jähe Schreie fast jedes seiner Gemälde durchzucken. Das Schwarz seiner riesigen Bilder ist körnig, er mischt den Sand vom Strand darunter, er reibt ihn ein in die Farbe, bis er selbst dunkel wird wie die Nacht, er malt und malt und malt, und dann, als ganz langsam der Morgen dämmert und hinten am Horizont das erste ferne warme Leuchten zu sehen ist, packt Diefenbach seine Sachen. Er schultert die Staffelei und er nimmt die noch nasse Leinwand mit der einen Hand, die Pinsel und die Farben mit der anderen und steigt den Weg wieder hinauf zu seinem Haus. Er stellt das Bild in den Wohnraum, auf dass es alle sehen, wenn sie erwachen, erstaunt, ergriffen, ergeben, der Meister selbst jedoch geht in sein Gemach, blickt noch einmal zum Himmel, spricht ein Gebet, zieht sein leinenes Reformkleid aus und sein leinenes Reformnachthemd an und schläft hinein in den Tag, hoffend, dass auch dieser goldene Tag wieder enden wird in einem Abend voller Dunkelheit. Am 13. Dezember 1913 dann, symbolträchtiger geht es nicht, wird Capri endgültig zu Diefenbachs Toteninsel. Als die Sonne gegen halb fünf untergeht, da erlischt auch das Leben des großen Lebensreformers, Verrückten, Genies und Hallodris Karl Wilhelm Diefenbach.

✷

Am 13. Dezember 1913, dem Tag, als Karl Wilhelm Diefenbach stirbt, legt der dreißigjährige Karl Jaspers an der Philosophischen Fakultät der Universität Heidelberg sein Lehrbuch der »Allgemeinen Psychopathologie« als Habiliationsschrift im Fach Psychologie vor. Er hinterlässt damit der Psychiatrie eines ihrer Grundlagenwerke und wandte sich selbst aber fortan ganz der Philosophie zu.

✷

Der deutsche Ballonfahrer Hugo Kaulen blieb zwischen dem 13. und dem 17. Dezember für insgesamt 87 Stunden ohne Unterbrechung in der Luft. Sein Ballon, der im Morgengrauen des 13. Dezembers in Bitterfeld losfuhr, landete erst am 17. Dezember 2828 Kilometer entfernt bei Perm in einer unzugänglichen Steppe im russischen Uralgebirge. Die einzige Landkarte, die er dabei hatte, war ein alter Schulatlas. Sonst hätte er sich eventuell ein schöneres Reiseziel ausgesucht. Nachdem er und seine beiden Gefährten weitere drei Tage auf einem Hundeschlitten zur nächsten größeren Ansiedlung gereist waren, wurden sie sofort auf den Boden der Tatsachen geholt und wegen Spionageverdachts verhaftet. Doch als die russischen Militärs den lächerlichen Schulatlas bei ihnen fanden, ließen sie Kaulen und seine Mitstreiter wieder gehen. Er zehrte bis zu seinem Tod von den fünf Tagen über der Erde. Und erst im Jahre 1976 blieb ein Mensch länger in der Luft als unser guter Hugo Kaulen aus Bitterfeld.

*

Am 19. Dezember boxten in Paris Jack Johnson und sein Herausforderer Jim Johnson aus Memphis/Tennessee um den Weltmeistertitel im Schwergewicht. Womit schon mal vorher klar war, dass auch der neue Weltmeister Johnson heißen würde. Ansonsten aber war nichts so richtig klar. Zum ersten Mal bei einem Weltmeisterkampf waren beide Boxer Schwarze, was weltweit in den Medien diskutiert wurde. Jack Johnson war gerade aus Amerika nach Europa geflohen, weil er in seiner Heimat angeklagt und zu einem Jahr Haft verurteilt worden war. Ein Gesetz dort verbot den »Transport von Frauen« von einem US-Bundesstaat in einen anderen zum Zweck »unmoralischer Betätigung«. Offiziell richtete sich das Gesetz gegen Prostitution. Aber bei Johnson wurde es angewandt, weil er eine Affäre mit einer Weißen hatte und ihr aus einem anderen Bundesstaat eine Bahnkarte geschickt hatte, damit sie ihm bei einem Kampf zusehen konnte. Statt die Haftstrafe anzutreten, floh Jack Johnson also nach Europa. Der Kampf am 19. Dezember in Paris im Elysee Montmartre muss sehr merkwürdig gewesen sein. Ab der dritten Runde nutzte Johnson nur noch seinen rechten Arm und ließ den linken hängen. Doch sein Herausforderer nutzte die Chance nicht und schlug nicht zu, nur zwei starke Uppercuts in der siebten Runde sind vermerkt. Im Saal schrien die Leute und wollten ihr Geld zurück, weil nichts passierte im Ring. Angeblich hatte sich Jack Johnson in der dritten Runde den Arm gebrochen. Das glaubte aber keiner so recht. Der Kampf endete nach zehn Runden mit einem Gleichstand nach Punkten. So blieb Jack Johnson Weltmeister. Georges Braque, der Maler und Boxer, applaudierte, ging nach Hause und malte einen kubistisch zuckenden Boxring. Gabriele D'Annunzio, der Schriftsteller und Boxer, ging nach Hause und schlug auf seinen Boxsack, den er als griechische Göttin verkleidet hatte.

✷

Arthur Schnitzlers »Liebelei« kommt ins Kino. Eine Geschichte über ein Duell, das zu einem Zeitpunkt kommt, als der Herausgeforderte gar nichts mehr wissen will von seiner Geliebten. Eine Geschichte also über den falschen Zeitpunkt. Am 20. Dezember bekommt Schnitzler in Wien eine Arbeitsfassung des Films zu sehen. Im Tagebuch notiert er: »Im ganzen mäßiger Genuß.« Unzufrieden ist der Dichter mit der Duellszene. Da, so sagt er, wäre »kinematographisch viel mehr herauszuholen«. Das sieht der »Kinematograph« ganz anders. In einer Kritik heißt es dort: »Man hat wohl kaum einen Film gesehen, der so eindringlich die eigene, resignierte Stimmung der wienerischen Genußwelt wiedergibt wie gerade diese ›Liebelei‹.«

✷

Stefan Zweig, mitten drin in der wienerischen Genusswelt, notiert in sein Tagebuch: »Eine wunderbare Unbesorgtheit ist über die Welt gekommen, denn was sollte den Aufstieg unterbrechen, was den Elan hemmen, der aus seinem eigenen Schwung immer neue Kräfte zieht? Nie war Europa stärker, reicher, schöner, nie glaubte es inniger an eine noch bessere Zukunft.« Tja. Dumm gelaufen. Leider wird Zweig, wenn er diese Worte 1942 veröffentlichen wird, sie in einem Buch drucken, das den Titel »Die Welt von Gestern« trägt.

✷

Emmy Hennings, 28 Jahre alt, goldener Bubikopf, sehnsüchtige Augen und im Ausdruck eine herrliche Flensburger Sprödigkeit, kehrt im Herbst aus Kattowitz und Budapest, wo sie auf den Bühnen von Varietétheatern gesungen hat, nach München zurück, in die Leopoldstraße 4, mitten hinein in die Schwabinger Herrlichkeit. Die Schauspielerin, Sängerin und Komödiantin lebte und liebte sehr flexibel, zwischen 1910 und 1915 gibt es allein im Münchner Einwohneramt 26 An- und Abmeldungen. Eine Frau auf der schiefen Bahn. Oft singt sie abends im Münchner »Simplicissimus«. Dann zieht sie weiter: Von der Leopoldstraße reist sie erst einmal weiter nach Berlin, ins »Linden-Cabaret«, wo sie Auftritte hat mit ihrer traumverlorenen Stimme und ihrem grünen Chiffonkleid. Wenig später dann der Auftritt im »Bier-Cabaret« des Berliner Passagetheaters als »dänische Futuristin«. Sie ist permanent am Rande des Nervenzusammenbruchs – und die Drogen und der Ekel, wenn sie sich nach einem Gesangsauftritt wieder in einem samtenen Séparée prostituieren muss, lassen ihren Selbsthass wachsen. Aber irgendwie, man weiß nicht warum, wird diese sonderbare Frau aus dem hohen Norden Ende 1913 von der Tingeltangeltänzerin zu einem Liebling der Literaten, Frank Wedekind schreibt »Das Donnerwetterlied« für sie, Karl Kraus schwärmt von ihrer Prosa, Klabund ist verzückt. Im Kurt Wolff Verlag wird zunächst ihr Körper berühmt, es erscheint die Mappe ihres Liebhabers, des Malers Reinhold Junghanns, mit dem Titel »Variationen über ein weibliches Thema« (die Nacktbilder wird ihr ihre Mutter nie verzeihen, aber in Schwabing wird sie damit weltberühmt). Junghanns zeigt dann Franz

Werfel, seinem Lektor im Kurt Wolff Verlag, ein paar Gedichte seines Modells. Der ist »gerührt« und erkennt auf den ersten Blick ihr Talent, bittet sie um mehr Gedichte, liest sie und veröffentlicht vier Monate, nachdem ihr Körper zu sehen war, auch ihren ersten Gedichtband, der passenderweise gleich »Die letzte Freude« heißt. Das gefällt natürlich sehr Jakob von Hoddis, dem drogensüchtigen und halb wahnsinnigen Dichter des »Weltenende«, der ihr und ihren Absinthaugen verfällt. Sie auch ihm. Aber nur kurz. Zu viele Drogen, zu viele Schmerzen, zu viel Alkohol im »Café des Westens«. Ferdinand Hardekopf beschreibt sie in der Zeitschrift »Die Aktion«: »Wer kann dieses Mädchen, das die Hysterie, die Gereiztheit und die hirnzerreißende Intensität der Literaten besitzt, hindern, zu einer Lawine anzuschwellen?« Scheinbar niemand. Doch dann kommt Hugo Ball, noch Expressionist, noch nicht Dadaist. Emmy Hennings schreibt über ihr erstes Treffen: »Er gab mir ein Gedicht, ›Der Henker‹, das ich kaum anzunehmen wagte, weil es mir unheimlich war. Er las es mir vor und mich ergriff die Furcht vor den Worten oder vor dem Menschen selbst, ich weiß es nicht.« Aber Hennings überwindet ihren Schock. Anders als die deutschen Zensurbehörden: Als in der ersten Ausgabe der Zeitschrift »Revolution« Balls Henker-Gedicht erscheint, wird das Heft konfisziert, dem armen Verleger das Verbreiten unzüchtiger Schriften vorgeworfen und Ball vor dem Reichsgericht der Prozess gemacht. Doch da ist längst Emmy Hennigs zu seiner Geschworenen geworden.

*

Seit Tagen hört Kafka nichts mehr von seiner Verlobten Felice Bauer, er bittet seinen Freund Ernst Weiß, sie in ihrem Büro bei der Firma Lindquist in Berlin aufzusuchen und sie um eine Antwort zu bitten. Am 20. Dezember schickt ihm Felice dann tatsächlich ein Telegramm nach Prag und verspricht, einen Brief schreiben zu wollen. Sie schreibt keinen Brief. Daraufhin ruft Franz Kafka Felice Bauer an. Sie verspricht ihm wieder, bald einen Brief zu schreiben. Doch sie schreibt keinen Brief. Einen Tag später schickt ihr Kafka ein Telegramm: »Kein Brief angekommen«. Darauf schickt Felice ein Telegramm zurück: Ihr Brief an Kafka sei nunmehr fertig zum Versenden. Aber er solle bitte Weihnachten nicht nach Berlin zu ihr kommen. Verzweifelt verbringt er das Fest mit seinen Eltern. Am 29. Dezember dann steckt im Briefkasten der seit Wochen angekündigte Brief von Felice Bauer, der erste seit mehr als sieben Wochen. Es ist ein Abschiedsbrief. »Wir würden beide«, so schreibt sie, »durch eine Heirat viel aufzugeben haben.« Weiter liest er nicht. Er weint. Er beginnt einen Antwortbrief, für den er, wie genau ein Jahr zuvor, auch wieder vier Tage brauchen wird. Silvester sitzt er wieder am offenen Fenster und schreibt und schreibt und schreibt, halbherzig fragt er noch einmal, ob es mit ihnen beiden nicht doch irgendwie weitergehen könne, doch eigentlich, so merkt er, glaubt auch er nicht mehr an die Zukunft. Da schlägt die Uhr zwölf, und die Raketen fliegen hoch und bunt und schillernd über dem Hradschin in die dunkle Nacht, verglimmen hoch oben in der Luft und landen dann unsanft auf dem Boden. Kafka schreibt weiter, unglaubliche 35 Seiten wird der Brief am Ende haben. Er wirbt noch einmal um ihre Hand. Und natürlich wieder auf seine ganz eigene Weise, ein Offenbarungseid im Konjunktiv: »Ich bliebe auch nach der Heirat derjenige, der ich bin, und das ist ja eben das Schlimme, das Dich, wenn Du wolltest, erwarten würde.« Felice hat diesen Satz dick unterstrichen. Aber bis zum Redaktionsschluss dieses Buches nicht beantwortet.

*

Und plötzlich steht das eigene Kind vor der Tür des eigenen Lebens. Frank Wedekind ist perplex. Der Autor von »Lulu« und »Frühlings Erwachen«, den harten Realitäten des Lebens also durchaus zugetan, ist dann doch vollkommen überfordert, als die Wirklichkeit an der Haustür klingelt. Er hatte sich im Sommer erstmals gemeldet, dieser Friedrich Strindberg, Wedekinds erster, inzwischen sechzehnjähriger Sohn, den er 15 Jahre lang nicht gesehen hatte. In akkurater Sütterlinschrift bat er den Vater um ein Treffen. Der arme Fritz nennt ihn »Herr Wedekind« und ist so linkisch und unsicher, wie man eben wird, wenn man bei der Großmutter aufwächst und vom Vater nur in der Zeitung liest. Jede Woche schrieb Fritz jetzt geschraubte Briefe: »Wie freue ich mich schon auf Herrn Wedekind, aufs Wiedersehen.« Und er fängt an, den Briefen eigene Gedichte und Dramen beizulegen. Wie der Vater, so der Sohn. Wedekind reagiert höflich. Aber er hat panische Angst, seinen Sohn Fritz in seiner Münchner Wohnung zu empfangen. Er notiert im Tagebuch: »Bin so erregt, daß ich meine Rolle nicht memorieren kann.« Und am 23. Dezember kommt Fritz also wirklich aus Wien mit dem Zug und klingelt bei »Herrn Wedekind«. Doch der schläft, wie immer, bis mittags. Ehefrau Tilly bemüht sich um gute Stimmung, die Halbschwestern Pamela und Kadidja beäugen ihn aus dem Türrahmen. Tilly ist Fritz im Wege bei den Weihnachtsvorbereitungen, sie schickt ihn in die Stadt, in die Museen und leiht ihm eine Krawatte aus dem Theaterfundus. Als Wedekind erwacht, macht er Tilly eine Szene: Wieso sie seinem Sohn eine Krawatte geliehen habe? Sigmund Freud hätte seine Freude gehabt. Alle anderen leiden. Irgendwie muss der Sohn dann mit der Krawatte zurückgekommen sein. Irgendwie scheinen sie zu fünft Weihnachten gefeiert zu haben. Die Tagebücher von Frank und von Tilly Wedekind schweigen darüber. Aus Scham.

✷

Paul Klee reist Weihnachten aus München nach Bern, zu seinen Eltern. Im Tagebuch notiert er dann in präzisen Worten das unlösbare Dilemma, die Verführungskraft und die Sollbruchstellen eines Weihnachtsfestes im Haus der Kindheit: »Man weiß ja, Weihnachten im Elternhaus war je schön, war selig und ist schön und bleibt selig. Gut, lässt sich schwer dagegen reden. Gewisse Ahnungen sprachen aber dagegen. Unheimlich. Scharfe Bilder aus meiner Kindheit sah ich.«

✷

Am 25. Dezember sitzt D. H. Lawrence, der gerade den Erfolg seines Buches »Sons and Lovers« genießt und die Nähe seiner Geliebten Frieda von Richthofen, in einer Hafenbar in Genua und schreibt in sein Tagebuch: »Meine Religion ist es, dass ich fest davon überzeugt bin, dass das Fleisch und das Blut eines jeden Menschen klüger sind als sein Intellekt. Unser Kopf kann sich irren. Doch was unser Blut fühlt und sagen will, das ist immer wahr.«

✷

Graf Dracula hätte seine Freude gehabt. Leider war da sein Stellvertreter auf Erden, der Budapester Turkologe Arminius Vámbery, der Bram Stoker mit allen wichtigen historischen Details über die Figur von Graf Dracula versorgt hatte, gerade erst acht Wochen tot. Im Obduktionsbericht wurden keine Bisswunden im Hals erwähnt.

✷

Mit 71 Jahren verschwindet am 26. Dezember der bedeutende amerikanische Schriftsteller Ambrose Bierce. Er tat dies mit einem berühmten Satz: »Morgen werde ich gehen und zwar mit einem unbestimmten Ziel.« Er war der ewig verbitterte Mann der amerikanischen Publizistik, scharfzüngig, boshaft, verletzend, berühmt für seinen rabenschwarzen Sarkasmus. Sein Programm, so sagt er einmal, bestehe darin, alles zu kritisieren, »darunter alle Herrschaftsformen, einen Großteil der Gesetze und Gebräuche sowie die gesamte Gegenwartsliteratur«.

Als er verschwand, wurde es also etwas friedlicher in Amerika. Es gab sofort absurde Theorien, weil er wie vom Erdboden verschluckt war nach dem zweiten Weihnachtsfeiertag des Jahres 1913. Ob er in den Wirren des mexikanischen Krieges gestorben sei, wie manche vermuteten und wie er es suggerieren wollte? Von Außerirdischen entführt, von Indios verspeist? Alles wurde für möglich gehalten.

Aber wenn man all die verschlüsselten Abschiedsbriefe aus dem Herbst 1913 liest, all die bitteren Lebensbilanzen, die er an Freunde und Feinde schickt, dann könnte das unbestimmte Ziel durchaus das Jenseits sein, in das er sich selbst befördert hat. Von Selbsttötung war Bierce ein Leben lang besessen, er veröffentlichte sogar einmal eine Gebrauchsanweisung für die Kunst des Suizids: »Rasierklingen sind durchaus zuverlässig, nur muss ihrer Anwendung das Wissen um den Sitz der Halsschlagader vorausgehen. Veranschlagen Sie mindestens eine halbe Stunde nach Dienstschluss.« Der 26. Dezember 1913 also markierte Ambrose Bierces Dienstschluss auf Erden.

✷

Kaiser Franz Joseph von Österreich-Ungarn, nunmehr unglaubliche 65 Jahre auf dem Thron, wünscht sich für das Mittagessen am 1. Weihnachtsfeiertag ein Wiener Schnitzel. Und er bekommt es.

✷

Nur das Tagebuch des wunderbar indiskreten Erich Mühsam aus dem Jahr 1913 ist dummerweise verschollen. Aber er schreibt in der letzten Ausgabe seines Journales »Kain«, der »Zeitschrift für Menschlichkeit«, aus der Baaderstraße 1a einen kurzen Text mit dem Titel »Bilanz 1913«. Und die geht leider so: »Abergläubische Menschen werden das verflossene Jahr mit Fug als Beispiel anführen können, wenn sie die Unglücksbedeutung der Zahl dreizehn behaupten. Was in aller Welt unter dem Namen Politik vor sich ging, war der Niederschlag von Knechtsinn, Brutalität und Dummheit. Für Europa bedeutet das Jahr 1913 das Bankrott aller Staatskunst. Sie haben erreicht, dass die Kriegsangst in allen Ländern wirtschaftliche Verheerungen anrichtete, die schon nach dem Kriege selber schmeckten. Die ständig zunehmende Truppenpräsenz in allen Staaten muss ja einmal die Katastrophe des Weltkrieges herbeiführen.« Noch Fragen?

✷

Johannes Geiger entwickelt eine Maschine zur Messung der Ablenkung von Alphastrahlen durch Materie und ein Messinstrument für geladene und ungeladene Teilchen, den sogenannten Geigerzähler.

✷

Der herrlich irrlichternde expressionistische Dichter Alfred Lichtenstein schreibt das Gedicht »Prophezeiung«. Er veröffentlicht es da, wo man als junger, wilder Dichter 1913 so etwas veröffentlicht: in Franz Pfemferts »Die Aktion«, der Zeitschrift der Avantgarde, die inzwischen in Berlin von der Nassauischen Straße 16 aus wöchentlich über 7000 Leser fand. Und was Lichtenstein sich in seinem Gedicht »Sommerfrische« im Oktober ersehnt hatte, das scheint im Dezember 1913 endlich einzutreffen: die Apokalypse. Lichtenstein dichtet in einer wundersamen Mischung aus Benn, Brecht und Kästner und doch eben ganz lichtensteinisch:

Einmal kommt – ich habe Zeichen – Sterbesturm aus fernem Norden. Überall stinkt es nach Leichen. Es beginnt das große Morden.

Und so geht es dann die ganze Zeit weiter: Die Mädchen platzen und die Omnibusse kippen um in dieser Endzeitphantasie aus heiterem Himmel. Lichtenstein beschreibt genau das, was Ludwig Meidner in Berlin zeitgleich in seinen »Apokalyptischen Landschaften« malt. Am 1. Oktober war Lichtenstein als Einjährig-Freiwilliger in das Zweite Bayerische Infanterieregiment eingetreten. Und er hatte das mit dem »Einjährigen« ernst gemeint: Er fällt am 25. September 1914, also genau ein Jahr später. Auch der militärische Dienstgrad Alfred Lichtensteins fällt also in den Bereich der Prophezeiung.

*

Am 1. Januar 1914 endet offiziell die Sperre der Aufführungsrechte für Richard Wagners Parsifal außerhalb von Bayreuth. Doch so lange wollte das Gran Teatre de Liceu in Barcelona nicht warten. Es begann seine Parzifal-Aufführung schon am 31. Dezember, ein paar Sekunden vor Mitternacht. Während draußen auf den Ramblas die Raketen zündeten, begannen die Musiker mit dem ersten Takt, und Richard Wagner war wieder rechtefrei.

*

Carl Sternheim schreibt am 31. Dezember 1913 an seinem Stück »1913«. Er merkt, dass es ein ganz besonderes Jahr gewesen ist. Er notiert an diesem Tag das Motto des Dramas: »Es ist immer nur ein wenig, was der Welt zur Erlösung fehlt.«

✷

Kasimir Malewitsch sitzt mit seinem schwarzen Quadratschädel an seinem Schreibtisch, draußen fällt dichter Schnee, er friert. Auf seinem Tisch liegt das gerade erschienene Debüt von Boris Pasternak, Gedichte mit dem schönen Titel »Zwilling in Wolken«. Malewitsch schreibt an einem kleinen Text, den er »Das Jahr 1913« überschrieben hat, eine Jahresbilanz. Es geht eigentlich um das Abheben, um neue Flugzeuge und neue Erfahrungen: Dass die Menschen also plötzlich von oben auf die Wolken blicken, egal ob Zwilling oder nicht. Und wie das alles im Inneren durcheinanderbringt. »Haben wir einmal den Himmel erlangt, so bleibt uns die Aufgabe, alle Eigenschaften Gottes zu erlangen, d. h. allsehend zu sein, allmächtig und allwissend.« So stark also fühlten sich die Künstler 1913. Das Gefühl, dass die Menschheit nun die Wolken von oben besehen konnte, zog sie alle magisch zu den Flugplätzen, Franz Kafka genauso wie Gerhart Hauptmann, D'Annunzio wie Malewitsch. Das Abheben vom Boden, das war ein radikaler, fundamentaler Akt der Moderne. Gleichzeitig suchte Freud nach den archaischen Ritualen in seinem Buch »Totem und Tabu«, Strawinsky in seinen hämmernden Trommelgesängen in »Le sacre du printemps« und Ernst Ludwig Kirchner in seinen Holzskulpturen, die er aus den Planken schnitt, als stammten sie von fernen Südseeinsulanern. Doch das waren keine Gegensätze mehr. Alles geschah simultan in diesem Jahr, die Vergangenheit und die Gegenwart und die Zukunft wurden unauflöslich miteinander verschränkt in den Jahrhundertromanen, die in diesem Jahr begonnen oder vollendet werden: in James Joyce' »Ulysses«, in Musils »Mann ohne Eigenschaften«, in Prousts »Suche nach der verlorenen Zeit« und in Thomas Manns »Zauberberg«. Auch in der Kunst spannt sich zwischen dem ersten Readymade von Marcel Duchamp und Malewitschs Urquadraten ein unendlich weiter Bogen der Abstraktion, des Kubismus, der zersplitterten Formen, der Sehnsüchte, der brodelnden Manifestationen. Vielleicht nie zuvor hat die Welt so an Tempo gewonnen wie in diesem Jahr. Kein Wunder, dass Henry Ford das Fließband erfindet, die Fluten von Pazifik und Atlantik sich im Panamakanal vereinen und kein Mensch je so hoch flog und so weit und schnell wie 1913. Was für ein Jahr. Im Dezember 1913 erscheint dazu passend Clara Bergs Buch mit dem siegesgewissen Titel »Die Welträtsel sind lösbar«.

✷

Und wie geht es dem Rest der Welt? Fernando Pessoa, der große portugiesische Dichter, notiert am 31. Dezember 1913 in Lissabon in sein Tagebuch: »Was auch immer das Schicksal wollen wird, so wird es geschehen.« Sein Wort in Gottes Ohr.

✷

Bei der österreichischen Erzherzogin Zita beginnen in Schloß Hetzendorf am Silvesterabend die Wehen. Doch sie ziehen sich etwas hin, was auch an der Länge des Namens der zu gebärenden Tochter gelegen haben dürfte: Adelheid Maria Josepha Sixta Antonia Roberta Ottonia Zita Charlotte Luise Immakulata Pia Theresia Beatrix Franziska Isabella Henrietta Maximiliana Genoveva Ignatia Marcus d'Avanio brauchte verständlicherweise ein wenig länger bei ihrem Weg durch den

Geburtskanal. Der werdende Vater, Erzherzog Karl, hofft, dass die Geburt seines Kindes ein gutes Omen für das neue Jahr 1914 werden möge.

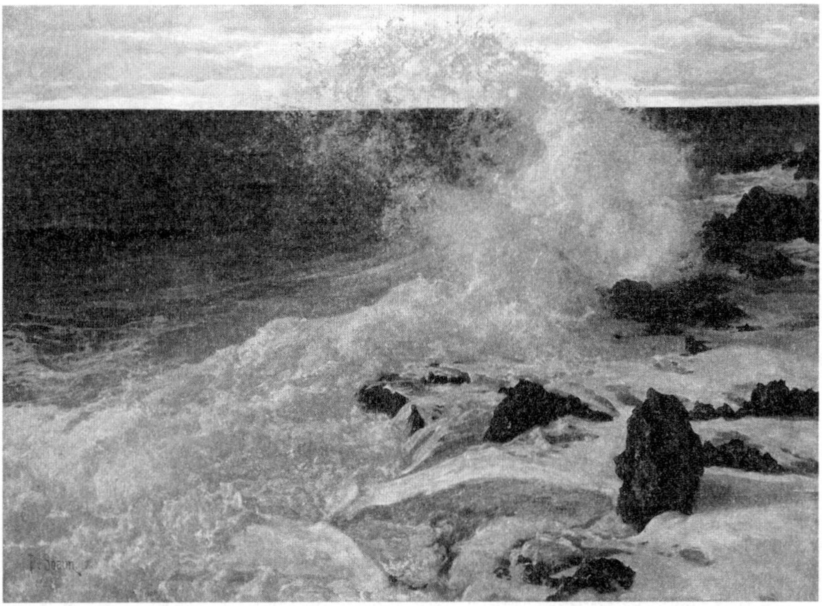

Auf ein gutes neues Jahr:
In den letzten Dezembertagen des Jahres 1913
malt Paul von Spaun in Capri am Strand dieses Bild,
bei dem man die Brandung schon hören kann.

Auswahlbibliographie

Diese Bücher fußen auf zahlreichen Biographien und kulturgeschichtlichen Quellenwerken. Nachfolgend ist eine Auswahl der Werke zitiert, denen der Autor wichtige Hinweise verdankt.

Adolphs, Volker / Hoberg, Annegret (Hrsg.): *August Macke und Franz Marc. Eine Künstlerfreundschaft*. Ausstellungskatalog. Ostfildern 2014.

Albertina, Wien (Hrsg.): *Egon Schiele*. Ausstellungskatalog. München 2017.

Altenberg, Peter: *Extrakte des Lebens. Gesammelte Skizzen 1898–1919*. Wien und Frankfurt a. M. 1987.

Andreas-Salomé, Lou: *In der Schule bei Freud. Tagebuch eines Jahres (1912/1913)*. Frankfurt am Main u. a. 1983.

Astruc, Gabriel: *Meine Skandale. Strauss, Debussy, Strawinsky*. Berlin 2016.

Bauermeister, Christiane / Hertling, Nele (Hrsg.): *Sieg über die Sonne. Aspekte russischer Kunst zu Beginn des 20. Jahrhunderts*. Ausstellungskatalog. Berlin 1983.

Bauschinger, Sigrid: *Else Lasker-Schüler. Eine Biographie*. Göttingen 2004.

Bellin, Klaus: *Das Weimar des Harry Graf Kessler*. Mit Photographien von Angelika Fischer. Berlin 2013.

Becker, Ingeborg / Marchal, Stephanie (Hrsg.): *Julius Meier-Graefe. Grenzgänger der Künste*. Berlin / München 2017.

Benn, Gottfried: *»Absinth schlürft man mit Strohhalm, Lyrik mit Rotstift.« Ausgewählte Briefe 1904–1956*. Hrsg. von Holger Hof. Göttingen 2017.

Benn, Gottfried: *Söhne. Neue Gedichte*. Berlin 1913.

Berenth-Corinth, Charlotte: *Lovis Corinth, Die Gemälde. Werkverzeichnis*. München 1992.

Berg, Clara: *Die Welträtsel sind lösbar. Skizzen*. Berlin 1913.

Berger, Hilde: *Ob es Hass ist, solche Liebe? Oskar Kokoschka und Alma Mahler*. Wien 2008.

Bernauer, Hermann: *Zeitungslektüre im »Mann ohne Eigenschaften« (Musil Studien)*. München 2007.

Bilang, Karla (Hrsg.): *Kandinsky, Münter, Walden. Briefe und Schriften. 1912–1914*. Bern 2012.

Birthälmer, Antje / Finckh, Gerhard (Hrsg.): *Der Sturm. Zentrum der Avantgarde*. Ausstellungskatalog, Band 1. Wuppertal 2012.

Bollmann, Stefan: *Monte Verità. 1900. Der Traum vom alternativen Leben beginnt*. München 2017.

Bourgoing, Jean de (Hrsg.): *Briefe Kaiser Franz Josephs an Frau Katharina Schratt*. Wien 1964.

Brandstätter, Christian (Hrsg.): *Wien 1900. Kunst und Kultur. Fokus der europäischen Moderne*. Wien 2005.

Brecht, Bertolt: *Briefe*. Hrsg. von Günter Glaeser. 2 Bände. Frankfurt am Main 1981.

Brugger, Ingried et al. (Hrsg.): *Liebe in Zeiten der Revolution. Künstlerpaare der russischen Avantgarde*. Ausstellungskatalog. Wien 2015.

Buckle, Richard: *Nijinsky*. Herford 1987.

Bülow, Ulrich von (Hrsg.): *»Sicherheit ist nirgends«. Das Tagebuch des Arthur Schnitzler, Marbacher Magazin 93*. Marbach 2001.

Bunin, Iwan: *Ein Herr aus San Francisco. Erzählungen 1914/1915*. Zürich 2017.

Busold, Stefanie: Henry P. Newman. *Hamburger Großkaufmann und Mäzen*. Hamburg 2012.

Chanel, Coco: *Die Kunst, Chanel zu sein*. Aufgezeichnet von Paul Morand. München 2012.

Christie's: *The Collection of Peggy and David Rockefeller*. Band 1. Auktionskatalog. New York 2018.

Cowling, Elizabeth et al. (Hrsg.): *Matisse Picasso*. Ausstellungskatalog. London 2002.

Csáth, Géza: *Tagebuch 1912–1913*. Berlin 1990.

Decker, Kerstin: *Lou Andreas-Salomé. Der bittersüße Funke Ich*. Berlin 2012.

De Padova, Thomas: *Allein gegen die Schwerkraft. Einstein 1914–1918*. München / Berlin 2017.

Der Sturm. Herwarth Walden und die Europäische Avantgarde, Berlin 1912–1932. Ausstellungskatalog der Nationalgalerie. Berlin 1961.

Die Aktion. Wochenzeitschrift für Politik, Literatur und Kunst. Hrsg. von Franz Pfemfert. Auswahl von Thomas Rietzschel. Köln 1987.

Dorrmann, Michael: *Eduard Arnhold (1849–1925)*. Berlin 2002.

Durieux, Tilla: *Eine Tür fällt ins Schloss*. Berlin 1928.

Dyck, Joachim: *Benn in Berlin*. Berlin 2010.

Echte, Bernhard / Feilchenfeldt, Walter (Hrsg.): *Kunstsalon Cassirer*. Band 5 und 6. Wädenswil 2015.

Ellmann, Richard: *James Joyce. Biographie*. Frankfurt a. M. 1994.

Faber, Monika / Mahler, Astrid (Hrsg.): *Heinrich Kühn. Die vollkommene Fotografie*. Ostfildern 2010.

Feilchenfeldt, Rahel E. / Raff, Thomas: *Ein Fest der Künste. Paul Cassirer. Der Kunsthändler als Verleger*. München 2006.

Feininger, Lyonel: *Gelmeroda. Ein Maler und sein Motiv*. Wuppertal / Halle 1995.

Fest, Joachim: *Hitler. Eine Biographie*. Frankfurt a. M. / München 1973.

Fischer, Ernst Peter: *Niels Bohr. Physiker und Philosoph des Atomzeitalters*. München 2012.
Flügge, Manfred: *Gesprungene Liebe. Die wahre Geschichte zu ›Jules et Jim‹*. Berlin / Weimar 1993.
Föhl, Thomas / Wolff, Stephan: *Alfred Wolff und Henry van de Velde*. Berlin / München 2018.
Franck, Dan: *Montparnasse und Montmartre. Künstler und Literaten in Paris zu Beginn des 20. Jahrhunderts*. Berlin 2011.
Franz, Erich (Hrsg.): *Franz Marc: Kräfte der Natur. Werke 1912–1915. Katalog zur Ausstellung in München und Münster*. Ostfildern 1993.
Frecot, Janos et al.: *Fidus 1868–1948*. München 1972.
Freedman, Ralph: *Rainer Maria Rilke. Der Meister 1906–1926*. Frankfurt a. M. 2002.
Freud, Martin: *Glory Reflected. Sigmund Freud – Man and Father*. London 1957.
Freud, Sigmund / Jung, C. G.: *Briefwechsel*. Hrsg. von William McGuire. Frankfurt a. M. 1974.
Friedländer, Max J.: *Der Kunstkenner*. Berlin 1920.
Fühmann, Franz: *Vor Feuerschlünden – Erfahrung mit Georg Trakls Gedicht*. Rostock 2000.
Gargano, Pietro / Cesarini, Gianni: *Caruso. Eine Biographie*. Zürich 1991.
Gay, Peter: *Sigmund Freud*. Frankfurt a. M. 1988.
Gay, Peter: *Das Zeitalter des Doktor Arthur Schnitzler*. Frankfurt a. M. 2002.
Gebhardt, Miriam: *Rudolf Steiner. Ein moderner Prophet*. Stuttgart 2011.
Gide, André: *Autobiographisches*. Gesammelte Werke in 12 Bänden. Hrsg. von Peter Schnyder. Stuttgart 1990.
Gide, André: *Et nunc manet in te und Intimes Tagebuch. Aus dem Nachlass*. Stuttgart 1952.
Gold, Arthur / Fizdale, Robert: *Misia. Muse, Mäzenin, Modell*. Frankfurt am Main 1991.

Grochowiak, Thomas: *Ludwig Meidner*. Recklinghausen 1966.

Grosz, George: *Ein kleines Ja und ein großes Nein*. Frankfurt a. M. 2009.

Güse, Ernst-Gerhard (Hrsg.): *August Macke. Gemälde, Aquarelle, Zeichnungen*. München 1986.

Gumbrecht, Hans Ulrich: 1926. Ein Jahr am Rande der Zeit, Frankfurt a. M. 2001.

Hauptmann, Gerhart: *Tagebücher 1906–1913*. Hrsg. von Peter Sprengel. Frankfurt am Main/Berlin 1994.

Henke, Matthias: *Arnold Schönberg*. München 2001.

Henkel, Katharina/März, Roland (Hrsg.): *Der Potsdamer Platz. Ernst Ludwig Kirchner und der Untergang Preußens*. Berlin 2001.

Hesse, Hermann: *Die Briefe. Band 2. 1905–1915*. Hrsg. von Volker Michels. Berlin 2013.

Hilmes, Oliver: *Witwe im Wahn. Das Leben der Alma Mahler-Werfel*. München 2004.

Hof, Holger: *Gottfried Benn: Der Mann ohne Gedächtnis. Eine Biographie*. Stuttgart 2011.

Hoffmeister, Barbara: *S. Fischer. Der Verleger. Eine Lebensbeschreibung*. Frankfurt a. M. 2009.

Huber, Hans Dieter: *Edvard Munch. Tanz des Lebens. Eine Biographie*. Stuttgart 2013.

Hülsen-Esch, Andrea von/Finckh, Gerhard (Hrsg.): *Der Sturm. Zentrum der Avantgarde*. Ausstellungskatalog, Band 2. Wuppertal 2012.

Hülsewig-Johnen, Jutta/Mund, Henrike (Hrsg.): *Der böse Expressionismus. Trauma und Tabu*. Ausstellung der Kunsthalle Bielefeld. Köln 2017.

Husslein-Arco, Agnes/Kallir, Jane (Hrsg.): *Egon Schiele. Selbstporträts und Porträts*. München 2011.

Ikelaar, Leo (Hrsg.): *Paul Scheerbarts Briefe von 1913–1914 an Gottfried Heinersdorff, Bruno Taut und Herwarth Walden*. Paderborn 1996.

Illies, Florian: *Gerade war der Himmel noch blau. Texte zur Kunst.* Frankfurt am Main 2017.

In Memoriam Paul Cassirer. 7. Januar 1926. Gedächtnisreden. Weimar 1926.

Jahrbuch der Staatlichen Kunstsammlungen Dresden, Berichte, Beiträge 2005, Bd. 32, Sonderband.

Jasper, Willi: *Der Bruder: Heinrich Mann.* München 1992.

Jasper, Willi: *Zauberberg Riva.* Berlin 2011.

Jauß, Hans Robert: *Die Epochenschwelle von 1912.* Heidelberg 1986.

Joachimsthaler, Anton: *Hitlers Weg begann in München. 1913–1923.* München 2000.

Junge-Gent, Henrike: *Alfred Lichtwark. Zwischen den Zeiten.* Berlin / München 2012.

Jünger, Ernst: *Kriegstagebuch 1914–1918.* Hrsg. von Helmuth Kiesel. Stuttgart 2010.

Jünger, Ernst: *Afrikanische Spiele.* Stuttgart 1936.

Kafka, Franz: *Briefe an Felice und andere Korrespondenzen aus der Verlobungszeit.* Hrsg. von Erich Heller und Jürgen Born. Frankfurt a. M. 1967.

Kafka, Franz: *Tagebücher*, Kritische Ausgabe. Hrsg. von Hans-Gerd Koch, Michael Müller und Malcolm Pasley. Frankfurt a. M. 1990.

Karlauf, Thomas: *Stefan George. Die Entdeckung des Charismas.* München 2007.

Keller, Luzius: *Proust 1913.* Hamburg 2014.

Kennert, Christian: *Paul Cassirer und sein Kreis. Ein Berliner Wegbereiter der Moderne.* Frankfurt am Main 1996.

Kerr, Alfred: *Mit Schleuder und Harfe. Theaterkritiken aus drei Jahrzehnten.* Hrsg. von Hugo Fetting. Berlin (Ost) 1981.

Kerr, Alfred: *»Ich sage, was zu sagen ist«. Theaterkritiken 1893–1919.* Hrsg. von Günther Rühle. Band VII.1, Frankfurt a. M. 1998.

Kessler, Harry Graf: *Das Tagebuch 1880–1938, Band 4: 1906–1914.* Hrsg. von Jörg Schuster, Roland S. Kamzelak und Ulrich Ott. Stuttgart 2005.

Kjetsaa, Geir: *Maxim Gorki. Eine Biographie.* Hildesheim 1996.

Klingsöhr-Leroy, Cathrin / Schneider, Katja (Hrsg.): *Franz Marc – Paul Klee. Dialog in Bildern.* Wädenswil 2010.

Kokoschka, Oskar: »Briefe 1905–1919«, in: ders.: *Briefe in 4 Bänden: 1905–1976, Band 1,* Hrsg. von Olda Kokoschka und Heinz Spielmann. Düsseldorf 1984.

Kraus, Karl: *Briefe an Sidonie Nádherný von Borutin 1913–1936.* Hrsg. von Friedrich Pfäfflin. Frankfurt a. M. 1973.

Kropmanns, Peter: *Das Atelier im Grünen. Henri Matisse – die Jahre in Issy.* Berlin 2010.

Kubik, Szymon Piotr / Kacprzak, Dariusz (Hrsg.): *1913. Frühlingsweihe.* Ausstellungskatalog. Stettin 2013.

Küchmeister, Kornelia / Nicolaisen, Dörte et al. (Hrsg.): *»Alles möchte ich immer«: Franziska von Reventlow (1871–1918).* Lübeck 2010.

Kühn, Heinrich: *Die vollkommene Fotografie.* Ostfildern 2010.

Kunsthaus Zürich (Hrsg.): *Großstadtrausch. Naturidyll. Kirchner – die Berliner Jahre.* Ausstellungskatalog. Zürich 2017.

Kussmaul, Ingrid / Pfäfflin, Friedrich: *S. Fischer Verlag. Von der Gründung bis zur Rückkehr aus dem Exil. Eine Ausstellung des deutschen Literaturarchivs im Schiller-Nationalmuseum, Marbacher Kataloge Nr. 40.* Marbach 1985.

Kutscher, Arthur: *Wedekind. Leben und Werk,* München 1964.

Mächler, Robert: *Robert Walser. Biographie.* Frankfurt a. M. 1992.

Morris, Roy: *Ambrose Bierce. Allein in schlechter Gesellschaft. Eine Biographie.* Zürich 1999.

Lauinger, Horst: Über den Feldern. Der Erste Weltkrieg in *grossen Erzählungen der Weltliteratur.* Zürich 2014.

Lauterbach, Ulrich / Siebert, Eberhard (Hrsg.): *Wirklichkeit und Traum. Gerhart Hauptmann 1862–1946.* Ausstellung der Staatsbibliothek Preussischer Kulturbesitz Berlin. Berlin 1987.

Leopold, Diethard et al. (Hrsg.): *Wally Neuzil. Ihr Leben mit Egon Schiele.* Wien 2015.

Levenson, Thomas: *Einstein in Berlin*. New York 2013.

Lichtenstein, Alfred: *Gedichte und Geschichten*. Band 1. München 1919.

Lichtwark, Alfred: *Makartbouquet und Blumenstrauss*. Berlin 1905.

Lützeler, Paul: *Hermann Broch. Eine Biographie*. Frankfurt am Main 1988.

Luyken, Gunda / Wismer, Beat (Hrsg.): *George Grosz. Der große Zeitvertreib*. Ausstellungskatalog. Köln 2014.

Mann, Golo: *Erinnerungen und Gedanken. Eine Jugend in Deutschland*. Frankfurt a. M. 1986.

Mann, Thomas: *Briefe 1889–1913*. Hrsg. von Thomas Sprecher, Hans R. Vaget und Cornelia Bernini. Große Kommentierte Frankfurter Ausgabe: Briefe und Tagebücher, Tl. 1. Frankfurt a. M. 2002.

Marbacher Magazin, *Vom Schreiben 4*, 74/1996.

Marc, Franz / Marc, Maria: *Briefe*. Hrsg. von Annegret Hoberg. München 2018.

Matisse, Henri: *Radical Invention 1913*–1917. Chicago 2010.

Matuschek, Oliver: *Stefan Zweig. Drei Leben. Eine Biographie*. Frankfurt a. M. 2006.

Mehring, Reinhard: *Carl Schmitt. Aufstieg und Fall. Eine Biographie*. München 2009.

Meier-Graefe, Julius: *Tagebuch 1903–1917 und weitere Dokumente*. Hrsg. von Catherine Krahmer. Göttingen 2009.

Mendelssohn, Peter de: *Der Zauberer. Das Leben des deutschen Schriftstellers Thomas Mann. Erster Teil 1875–1918*. Frankfurt a. M. 1975.

Michalzik, Peter: *1900. Vegetarier, Münster und Visionäre suchen nach dem neuen Paradies*. Köln 2018.

Mocek, Claudia: *Mata Hari*. Stuttgart 2017.

Moeller, Magdalena M. (Hrsg.): *Karl Schmidt-Rottluff. Ostseebilder: Katalog zur Ausstellung in Lübeck, Kunsthalle St. Annen und Museum Behnhaus Drägerhaus – Galerie des 19. Jahrhunderts. Brücke-Museum Berlin, 11.02.2011–17.07.2011*. München 2010.

Moeller, Magdalena M. (Hrsg.): *Emil Nolde in der Südsee*. München 2002.

Moeller, Magdalena M. (Hrsg.): *Emil Nolde. Expedition in die Südsee. Brücke-Archiv 20/2002*. München 2002.

Moeller, Magdalena M. (Hrsg.): *Ernst Ludwig Kirchner in Berlin. Katalog zur Ausstellung im Brücke-Museum, Berlin 2008/2009*. München 2009.

Möhrmann, Renate: *Tilla Durieux, Paul Cassirer*. Berlin 1997.

Mondrian, Piet: *Catalogue Raisonné*. 2 Bände. Bearbeitet von Joop M. Joosten und Robert P. Welsh. München / New York 1998.

Montefiore, Simon Sebag: *Der junge Stalin*. Frankfurt a. M. 2007.

Morton, Frederic: *Wetterleuchten 1913/1914*. Wien 1990.

Musil, Robert: *Tagebücher*. Hrsg. von Adolf Frisé, 2 Bände. Reinbek bei Hamburg 1976.

Muxeneder, Therese: *Arnold Schönberg & Jung-Wien*. Wien 2018.

Nebehay, Christian M.: *Egon Schiele. Leben und Werk*. Wien 1980.

Neider, Andreas: *Michael und die Apokalypse des 20. Jahrhunderts. Das Jahr 1913 im Lebensgang Rudolf Steiners*. Stuttgart 2013.

Ott, Ulrich / Pfäfflin, Friedrich (Hrsg.): *Karl Kraus. Eine Ausstellung des Deutschen Literaturarchivs im Schiller Nationalmuseum Marbach 8. Mai–31. Oktober 1999. Marbacher Kataloge Nr. 52*. Marbach 1999.

Paul-Klee-Stiftung Kunstmuseum Bern (Hrsg.): *Paul Klee. Tagebücher 1898–1918*. Stuttgart 1988.

Pessoa, Fernando: *Dokumente zur Person und ausgewählte Briefe*. Zürich 1988.

Pessoa, Fernando: *Dokumente zur Person und ausgewählte Briefe*. Zürich 1988.

Peteuil, Marie-Françoise: *Helen Hessel. Die Frau, die Jules und Jim liebte. Eine Biographie*. Frankfurt am Main 2013.

Pinsent, David H.: *Reise mit Wittgenstein in den Norden. Tagebuchauszüge, Briefe*. Wien / Bozen 1994.

Rabaté, Jean-Michel: *1913. The Cradle of Modernism*. Oxford, 2007.

Reeds, Bärbel: *Hesses Frauen*. Berlin 2013.

Regnier, Anatol: *Frank Wedekind. Eine Männertragödie.* München 2010.

Richardson, John: *Picasso. Leben und Werk*, Band 2. 1907–1917. München 1997.

Rilke, Rainer Maria: *Briefe aus den Jahren 1907–1914.* Leipzig 1939.

Rilke, Rainer Maria/Cassirer, Eva: *Briefwechsel.* Hrsg. und kommentiert v. Sigrid Bauschinger. Göttingen 2009.

Röhl, John C. G.: *Wilhelm II. Der Weg in den Abgrund. 1900–1941.* München 2008.

Roters, Eberhard/Schulz, Bernhard (Hrsg.): *Stationen der Moderne. Die bedeutendsten Kunstausstellungen des 20. Jahrhunderts in Deutschland.* Berlin 1988.

Rubin, William (Hrsg.): *Picasso und Braque. Die Geburt des Kubismus – Mit einer vergleichenden biographischen Chronologie von Judith Cousins.* München 1990.

Rubinstein, Arthur: *Erinnerungen. Die frühen Jahre.* Frankfurt am Main 1980.

Sarason, David: *Das Jahr 1913. Ein Gesamtbild der Kulturentwicklung.* Leipzig/Berlin 1913.

Savoy, Benedicte: *Nofretete. Eine deutsch-französische Affäre. 1912–1931.* Köln 2011.

Schenkel, Elmar: *Fahrt ins Geheimnis. Joseph Conrad. Eine Biographie.* Frankfurt am Main 2007.

Schickling, Dieter: *Giacomo Puccini. Biographie.* Stuttgart 1989.

Schirrmacher, Frank: *Die Stunde der Welt. Fünf Dichter – ein Jahrhundert. George, Hofmannsthal, Rilke, Trakl, Benn.* München 2017.

Schmid, Adolf: *Rilke in Rippoldsau. 1909 und 1913.* Freiburg i. Br. 1984.

Schmitt, Carl: *Tagebücher. Oktober 1912 bis Februar 1915.* Hrsg. von Ernst Hüsmert. Berlin 2005.

Schmitz, Oscar A. H.: *Durch das Land der Dämonen. Tagebücher 1912–1918.* Hrsg. von Wolfgang Martynkewicz. Berlin 2007.

Schnitzler, Arthur: *Tagebuch 1913–1916.* Wien 1983.

Schnitzler, Arthur: *Briefe 1913–1931*, Hrsg. von Peter Michael

Braunwarth, Richard Miklin und Susanne Pertlik. Frankfurt a. M. 1984.

Schuster, Peter-Klaus / Vitali, Christoph et al.: *Lovis Corinth*. München 1996.

Schwilk, Heimo (Hrsg.): *Ernst Jünger: Leben und Werk in Bildern und Texten*. Stuttgart 1988/2010.

Scotti, Rita: Der *Raub der Mona Lisa. Die wahre Geschichte des größten Kunstdiebstahls*. Köln 2009.

Simplicissimus, Jahrgang 1913, München.

Sinclair, Andrew: *Jack London. Eine Biographie*. Frankfurt am Main 1982.

Sinkovicz, Wilhelm: *Mehr als zwölf Töne. Arnold Schönberg*. Wien 1998.

Smee, Sebastian: *Kunst und Rivalität. Vier außergewöhnliche Freundschaften*. Berlin 2017.

Sommer, Achim (Hrsg.): *Max Ernst. Frühe Zeichnungen. Schenkung Werner und Monique Spies*. Ausstellungskatalog. Brühl 2018.

Spengler, Oswald: *Ich beneide jeden, der lebt*. Düsseldorf 2007.

Stach, Rainer: *Kafka. Die Jahre der Entscheidungen*. Frankfurt a. M. 2002.

Stach, Reiner: *Kafka. Die Jahre der Entscheidung. 1910–1915*. Frankfurt am Main 2017.

Stach, Reiner: *Kafka von Tag zu Tag. Dokumentation aller Briefe, Tagebücher und Ereignisse*. Frankfurt am Main 2017.

Stein, Gertrude: *Jedermanns Autobiographie*. Frankfurt am Main 1996.

Steinfeld, Thomas: *Der Arzt von San Michele. Axel Munthe und die Kunst, dem Leben einen Sinn zu geben*. München 2007.

Sternheim, Carl: *1913: Schauspiel in drei Aufzügen*. Leipzig 1915.

Strauß, Botho: *Der Fortführer*. Reinbek bei Hamburg 2018.

Tomkins, Calvin: *Marcel Duchamp. Eine Biographie*. München 1999.

Tucholsky, Kurt: *Briefe. Auswahl 1913 bis 1935*. Berlin (Ost) 1983.

Vietor-Engländer, Deborah: *Alfred Kerr. Die Biografie*. Reinbek bei Hamburg 2016.

Wagenbach, Klaus: *Franz Kafka. Bilder aus seinem Leben*. Berlin 2008.

Wagenknecht, Christian / Willms, Eva (Hrsg.): *Karl Kraus – Franz Werfel. Eine Dokumentation*. Göttingen 2001.

Wedekind, Frank: *Die Tagebücher*. Hrsg. von Gerhard Hay. Frankfurt am Main 1986.

Wegner, Matthias: *Klabund und Carola Neher. Eine Geschichte von Liebe und Tod*. Berlin 1996.

Weidinger, Alfred: *Kokoschka und Alma Mahler. Dokumente einer leidenschaftlichen Begegnung*. München 1996.

Weinzierl, Ulrich: *Hofmannsthal. Skizzen zu einem Bild*. Wien 2005.

Wencker-Wildberg, Friedrich: *Mata Hari. Roman ihres Lebens*. Leipzig 1994.

Wendt, Gunna: *Lou Andreas-Salomé und Rilke – eine amour fou*. Berlin 2017.

Welt der Frau, Jahrgang 1913, München.

Wichner, Ernest / Wiesner, Herbert (Bearb.): *Franz Hessel. Nur was uns anschaut, sehen wir. Ausstellungsbuch*. Berlin 1998.

Wiggershaus, Renate: *Joseph Conrad. Leben und Werk in Texten und Bildern*. Frankfurt am Main / Leipzig 2007.

Wittich, Evelin (Hrsg.): *Rosa Luxemburg. Herbarium*. Berlin 2016.

Wolff, Kurt: *Briefwechsel eines Verlegers 1911–1963*. Hrsg. von Bernhard Zeller und Ellen Otten. Frankfurt a. M. 1966.

www.wikipedia.de

Zauberfest des Lichts. Henri Matisse in Marokko. Gemälde und Zeichnungen. Zusammenstellung und Nachwort von Annette Ludwig. Frankfurt am Main / Leipzig 2002.

Zeitschrift des Deutschen Vereins für Kunstwissenschaft, *Sammler der frühen Moderne in Berlin*, Bd. 42, Heft 3, Berlin 1988.

Zweig, Stefan: *Die Welt von gestern*. Stockholm 1944.

Abbildungsnachweis

Der Sommer des Jahrhunderts

Januar: Ernst Ludwig Kirchner und Erna Kirchner (Schilling) im Atelier in der Durlacher Straße 14 (Kirchner Museum Davos) (Ausschnitt)

Februar: Franz Marc, Der Turm der blauen Pferde (akg-images)

März: Ludwig Meidner, Apokalyptische Landschaft (Jüdisches Museum der Stadt Frankfurt am Main, Ludwig-Meidner-Archiv)

April: Marcello Dudovich, Gefahr im Anzug (aus: *Simplicissimus,* 5. Mai 1913/VG Bild Kunst, Bonn 2012

Mai: Coco Chanel mit Boy Capel (Collection Edmonde Charles-Roux)

Juni: Egon Schiele, Kämpfer (Privatbesitz)

Juli: Heinrich Kühn, Die vier Kühn-Kinder, 1912/13 (Österreichische Nationalbibliothek, Bildarchiv Wien)

August: Georg Trakl am Lido in Venedig (Universität Innsbruck, Forschungsinstitut Brenner-Archiv)

September: Sigmund Freud mit seiner Tochter Anna (ullstein-bild-Imagno)

Oktober: August Macke, Spaziergänger auf der Straße (Courtesy Privatsammlung, Nordrhein-Westfalen)

November: Herrenmodensalon Knize, Wien (ullstein-bild-Imagno)

Dezember: Marcel Duchamp, Fahrrad-Rad (Succession Marcel Duchamp / VG Bild Kunst, Bonn 2012)

Was ich unbedingt noch erzählen wollte

Titelei: © Heinrich Kühn / Österreichische Nationalbibliothek

Januar: Stanisław Ignacy Witkiewicz-Witkacy, Porträt von Jadwiga Janczewska, Zakopane ca. 1913

Februar: Monte Verita, Dalcroze-Schule, 1913 (ullstein bild)

März: Nijinsky, Nachmittag eines Fauns (Heritage-Images / Art Media / akg-images)

April: Egon Schiele, Selbstbildnis von 1913

Mai: Herbarium von Rosa Luxemburg, 11. Mai 1913, Ulme und Esche

Juni: Rainer Maria Rilke auf einer Parkbank in Bad Rippoldsau (akg-images)

Juli: Eisenbahnunglück auf der Emsbrücke, 25. Juli 1913 (Oliver Westerhoff, Oldenburg)

August: Ernst Ludwig Kirchner, Badende in der Ostsee auf Fehmarn, 1913 (Kirchner Museum Davos)

September: Sergei Djagilew und Misia Sert im Zug

Oktober: Faksimile der Fahnen von Marcel Prousts À la recherche du temps perdu« (Fondation Martin Bodmer, Cologny, Genf)

November: Fotoserie von Gabriele Münter, Dokumentation der Entstehung von Wassily Kandinskys Komposition VII (Gabriele Münter- und Johannes Eichner-Stiftung, München / VG Bild-Kunst, Bonn 2018)

Dezember: Emmy Hennings, fotografiert von Hanns Holdt, 1912/13, (Schweizerisches Literaturarchiv SLA, Bern. Nachlass Ball-Hennings, Signatur C-04-b-OP-12-37)

Schluss: Paul von Spaun, Gischt, 1913 (Ausschnitt) (Sammlung Reinhold, Berlin)

Kurzer Dank

Der Sommer des Jahrhunderts

Der Autor dankt Holger Hof für wichtige Hinweise zu Gottfried Benn, Leonhard Horowski zum preußischen Hof, Reiner Stach zu Franz Kafka und Willi Jasper zu Heinrich Mann. Der ganz besondere Dank gilt dem universalgebildeten kritischen Erstleser Erhard Schütz.

Was ich unbedingt noch erzählen wollte

Ich danke vielen für vieles – vor allem für die intensive Ermutigung, meiner Leidenschaft nachzugehen und tatsächlich dem ersten Buch über 1913 ein zweites folgen zu lassen. Und ich bin dankbar für zahllose Hinweise auf exzentrische Figuren und vergessene Geschichten, denen dringend ein Platz im Kosmos dieses überirdischen Jahres gehört: Felicitas Baumeister, Simon Elson, Mathias F. Hans, Oliver Jahn, Sonja Jost, Luzius Keller, Paul Maenz, Wolfgang Mecklenburg, Christa Meves, Christoph Müller, Stefan Pucks, Lothar Schirmer, Lisa Marei Schmidt, Adam Soboczynski, Cathrin Vogel und Julia Voss.

Jörg Bong, Siv Bublitz und meiner Lektorin Nina Sillem im Fischer Verlag danke ich für die große Unterstützung dieses Projekts. Und Frank Geck, dem Hersteller des Buches, der die Schrift aus dem Jahre 1913 dafür gefunden hat. Sehr froh bin ich, dass auch das neue Buch die kritische und gebildete Erst- und Zweitlektüre von Erhard Schütz und Peter Sillem fand, wie schon in »1913. Der Sommer des Jahrhunderts« – wodurch viele sprachliche und chronologische Klippen doch noch umschifft werden konnten. Ferdinand von Schirach weiß gar nicht, wie wichtig er dafür war, dass dieses Buch genau so geworden ist, wie es ist – und diesen Titel trägt. Und ich danke Matthias Landwehr, dem Geburtshelfer auch dieses Buches.

Personen- und Ortsregister

Dieses Register ist ein Gesamtregister der Personen und Orte beider Bücher von Florian Illies: »1913. Der Sommer des Jahrhunderts« (S. Fischer Verlag, 2012) und »1913. Was ich unbedingt noch erzählen wollte« (S. Fischer Verlag, 2018). Die Seitenzahlen von 9 bis 325 beziehen sich auf den ersten Band, ab 326 bis 557 auf den zweiten. Kursive Seitenzahlen verweisen auf Abbildungen.